LUTO À FLOR DA PELE

Blucher

LUTO À FLOR DA PELE

As tatuagens in memoriam *em leitura psicanalítica*

Miriam Ximenes Pinho-Fuse

Luto à flor da pele:As tatuagens in memoriam *em leitura psicanalítica*
Série Dor e Existência, organizada por Miriam Ximenes Pinho-Fuse, Cibele Barbará e Sheila Skitnevsky Finger

A autora realizou todos os esforços para encontrar os detentores dos direitos autorias incidentes sobre as imagens aqui apresentadas e publicadas. No entanto, nem todas as imagens tiveram seus autores devidamente identificados. Caso alguém identifique algum registro de sua autoria, por favor, entre em contato com a autora.

Editora Edgard Blücher Ltda.

Publisher Edgard Blücher
Editor Eduardo Blücher
Coordenação editorial Jonatas Eliakim
Produção editorial Isabel Silva
Preparação de texto Carolina Tiemi
Diagramação Guilherme Henrique
Revisão de texto Évia Yasumaru
Capa Leandro Cunha
Imagem da capa Acervo da autora

Blucher

Rua Pedroso Alvarenga, 1245, 4º andar
04531-934 – São Paulo – SP – Brasil
Tel.: 55 11 3078-5366
contato@blucher.com.br
www.blucher.com.br

Segundo o Novo Acordo Ortográfico, conforme 5. ed. do *Vocabulário Ortográfico da Língua Portuguesa*, Academia Brasileira de Letras, março de 2009.

Dados Internacionais de Catalogação
na Publicação (CIP)
Angélica Ilacqua CRB-8/7057

Pinho-Fuse, Míriam Ximenes

Luto à flor da pele : tatuagens in memoriam em leitura psicanalítica / Míriam Ximenes Pinho-Fuse. – São Paulo : Blucher, 2022.

536 p. : il. (Série Dor e Existência)

Bibliografia

ISBN 978-65-5506-083-6

1. Luto 2. Psicánalise I. Título II. Série

22-1670 CDD 393.9

Índice para catálogo sistemático:
1. Psicanálise

Sobre a Série Dor e Existência

A presente série se dedica a publicar livros que tratam das dores da existência no contexto dos fenômenos sociais e políticos contemporâneos, tendo como referencial a teoria e a clínica psicanalítica em diálogo com outros discursos. Abordar esses fenômenos não para catalogá-los, mas essencialmente interrogar aquilo que os determina e, principalmente, cingir suas incidências subjetivas e os modos possíveis de respostas em face do Real, ou, de outra forma, os modos de "resistir, para seguir vivendo", como diz a música popular.[1]

Nos idos de 1930, Freud[2] ressaltou que, apesar dos inúmeros benefícios que o processo civilizatório nos proporciona, ele também é fonte inesgotável de dissabores e mal-estar. Viver inserido na civilização implica em renúncias, privações e adiamentos, que ocasionam perda de satisfação e limitam sobremaneira a ânsia humana por felicidade. Estruturalmente restringida, a felicidade só é alcançada

---

1 "*Resistiré, para seguir viviendo*", no original. "Resistiré", canção composta por Carlos Toro Montoro e Manuel de la Calva Diego.

2 Freud, S. (1930/2010). O mal-estar na civilização. In Obras completas. P. C. Souza (Trad.). Companhia das Letras.

em momentos breves e esporádicos, enquanto o sofrimento é uma constante que nos ameaça a partir de três fontes principais: as forças prepotentes da natureza, a fragilidade de nosso próprio corpo e as relações com os outros seres humanos dada a insuficiência das normas que regulam os vínculos afetivos e sociais. Freud considerou esta última fonte o sofrimento que mais nos deixa estremecidos.

Dos tempos de Freud para os nossos, poder-se-ia esperar que o sofrimento humano tivesse sido abrandado graças às melhorias e às notáveis conquistas nos campos científico, tecnológico, econômico e até social. É um paradoxo, mas as pessoas não parecem mais felizes que outrora. Em uma época vetorizada pelas conquistas de mercado, ou seja, produção-consumo-descarte tanto quanto possível, as pessoas se sentem cada vez mais pressionadas a ser produtivas, competitivas, eficientes e bem-sucedidas, em paralelo ao desmantelamento dos laços sociais e do sentido de pertencimento a uma determinada comunidade ou grupo. Sem contar com o anteparo das redes e dos mecanismos de solidariedade e apoio comunitário, as pessoas certamente se encontram mais vulneráveis. Promovem-se assim pensamentos e relações de teor mais individualista em que o consumo de objetos acena como a principal fonte de satisfação e realização. Em vez da prometida felicidade oriunda do progresso, redobram-se os alertas para o aumento significativo das taxas de depressão, suicídio e obesidade. Por toda parte, queixas de solidão e liquidez dos laços sociais.

Decantadas por filósofos e artistas, as dores da existência são inerentes à condição humana diante da constatação da vida como pura e insuportável contingência, sem sentido *a priori*. Para Lacan, a dor de existir irrompe no momento extremo, limiar em que se esgotam para o sujeito todas as vias do desejo, quando nada mais o habita "senão esta existência mesma, e que tudo, no excesso do sofrimento, tende a abolir esse termo inextirpável que é o desejo de viver".[3] Na última fronteira da existência nua e crua, há o despertar para o Real. Porém, a dor de existir denota também uma face humana, que ocorre com a perda inaugural no momento de entrada no campo da linguagem, que imprime em nós as suas leis, os seus limites na falta do significante último da existência, mas que nos concede, em contrapartida, nessa falta mesma, o desejo para nos sustentar para além desse ponto intolerável da existência. Logo, a dor de existir é constituinte de nossa humanidade, em que estamos sempre no risco da perda.

Se Freud apontou que viver em sociedade cerceia nossas pretensões de satisfação, ou seja, nossas possibilidades de gozo, Lacan, por sua vez, considera que a perda de gozo não se deve à sociedade, mas ao fato de sermos seres falantes, "maldição que o discurso, antes, modera", ponderou Colette Soler,[4] em livro que abre esta série. Logo, o discurso é tanto fonte de sofrimento quanto de tratamento possível para as dores da existência. Eis aí um dos grandes paradoxos humanos: se a existência não tem sentido em si mesma e não há nenhum sentido a ser encontrado, sobra para cada um a invenção dos modos possíveis de se continuar vivendo.

Entretanto, há situações extremas, adventos do Real, que levam o sujeito ao esgotamento das vias de seu desejo. A dor irrompe nesse ponto limite arrasando os ideais e as ficções de si mesmo, restando simplesmente a crueza da existência quando todo o desejo nela se desvanece. Poderá o sujeito resistir? De que modo ou por quais vias?

Importa-nos justamente levar ao público títulos que tratam, em suas diferenças, das dores que acompanham as situações-limite – perdas radicais, violência, racismo e outras intolerâncias e abusos diversos –, considerando que a patologia do particular está

---

3 Lacan, J. (1958-1959/2016). *Seminário 6: O desejo e sua interpretação*. C. Berliner (Trad.) (p. 133). Jorge Zahar.

4 Soler, C. (2021). *De um trauma ao Outro* (p. 25). Blucher.

intrinsecamente relacionada com as patologias do social. Sem a pretensão de esgotar essas situações e seus efeitos disruptivos, desejamos que cada livro possa contribuir para enlaçar e intercambiar saberes e experiências, na aposta de que algo sempre se transmite, ainda que com furos e, às vezes, de modo artificioso.

Cibele Barbará, Míriam Ximenes Pinho-Fuse e Sheila Skitnevsky Finger

Organizadoras da Série Dor e Existência

Para Lu-chan, para Nao-chan.

Para o leigo, o luto pela perda de algo que amamos ou admiramos parece tão natural, que ele o considera evidente por si mesmo. Para o psicólogo, porém, o luto é um grande enigma, um desses fenômenos que em si não são explicados, mas a que se relacionam outras coisas obscuras.

Freud, 1916.

Agradecimentos

Não se faz rito nem luto sozinho. Pesquisa tampouco. Foram muitas as presenças generosas e pacientes que partilharam saberes, experiên-cias, referências bibliográficas, críticas, sugestões, apoio e amizade durante o longo curso desta investigação. A todos, os meus sinceros agradecimentos. No âmbito acadêmico, ao acolhimento e suporte da Profa. Orientadora Miriam Debieux Rosa e do Prof. Eric Bidaud, por quando do estágio doutoral na Université Paris 13, Sorbonne; aos Professores Ana Costa, Christian Dunker, Teresa C. Endo e José A. Gomes pela interlocução, presença e comentários durante a banca de doutorado. À estimada Sandra Berta, pelo desejo incontornável que a faz sustentar e ressoar, a cada volta: "*Que se diga...*", e Conrado Ramos pela lógica e, acima de tudo, poética transmissão. Imensa gratidão aos meus queridos familiares, em especial: Naosuke, *a sunshine ray in a Ukiyo-e blue sky*, assim como a meus pais, Maria e Fredy, e ainda a Márcia e Luka pela inspiração, presença amorosa e suporte inestimável ao longo da jornada da vida. E ainda à avó Esmeralda, que cultivava uma familiaridade especial com os mortos. Às queridas parceiras, Cibele Barbará e Sheila Skitnevsky Finger;

e aos amigos: Olinda Miura, Renata Ghislene de Oliveira, Eliane Costa Dias, Mônica e Cristina Jabbour, Cezinaldo Bessa, Lúcia Serrão e Elinete de Mello, Beatriz Gutierra (*in memoriam*), Carla Bohmer, Laura Beluzzo, Ana Augusta Pereira, Edna Chernicharo, Ana Cristina Sunfeld, Helena Aood, Ana Júlia Barros, Ede Silva e Maria Inês, Sérgio Prudente, Braulio Chaves. Aos colegas do Fórum do Campo Lacaniano São Paulo e ao saudoso Welson Barbato (*in memoriam*). À editora Blucher, em especial, à Isabel Silva e ao Jonatas Eliakim, pela acolhida da Série Dor e Existência, da qual este livro faz parte. E, por fim, a todos aqueles que me confiaram suas notas e figuras de amor, dilaceramento e saudade bem como os modos, sempre singulares, de resistir, produzir, forçar, em meio à dor, uma escrita subjetiva do luto.

Ao CNPq e à Capes/MEC pelo apoio financeiro durante o período de realização do doutorado.

Prefácio

Miriam Debieux Rosa

A banalização da morte e os sentidos da vida

Falar da morte nos últimos anos tem sido um tema que atravessa os dias tanto em mensagens cotidianas sobre adoecimento e/ou morte de pessoas queridas como em notícias diárias sobre o número de óbitos. Em 2021, o Brasil ultrapassou a marca de 600 mil mortes pela pandemia de covid-19, uma tragédia mundial que, em nosso país, adquiriu contornos peculiares e tristes de descaso e indiferença.

A pandemia chega ao Brasil num contexto de grave crise institucional, econômica, política e sanitária. A essas dimensões soma-se a problemática do luto referente à suspensão das honras funerárias coletivas, condição de operação do processamento do luto própria da tradição. A experiência da morte invade a vida. Mortes em sentidos reais, simbólicos e imaginários, mortes que não são consideradas perdas, a morte de nossos ideais e de um modo de vida, a morte e o esgarçamento de um projeto político coletivo, com o esvaziamento e desqualificação de algumas instituições públicas de educação, saúde e assistência social, proteção ambiental etc. Além dessas perdas, outras estão presentes: perdemos a vida que, para o bem ou para o mal, era a nossa vida.

Diante desse cenário e de um deliberado descompromisso com as vidas humanas, este livro de Miriam Ximenes Pinho-Fuse, *Luto à flor da pele: as tatuagens* in memoriam *em leitura psicanalítica*, ganha importância fundamental em vários planos. Ele nos brinda com farto e profundo estudo histórico, antropológico e psicanalítico sobre o tema. Além disso, diz respeito à urgência em apreender esse excesso do vivido, a *Erlebnis* (vivência), que gera um esvaziamento do compartilhar, da transmissão como constituinte do que foi vivido, como situa Walter Benjamin[1] no ensaio "Experiência e pobreza". A imagem do soldado retornando dos campos de batalha da Primeira Guerra Mundial – rico de traumas, mas pobre de experiências compartilháveis – é eloquente e remete aos tempos em que vivemos. Sabemos muito sobre tudo o que acontece no mundo – temos conhecimento dos horrores, e as atrocidades são plenamente visíveis –, o que, contudo, apenas amplia nossa impotência. Nessa perspectiva, segundo a proposição de Benjamin,[2] perde-se a *Erfahrung* (experiência), que cede lugar ao privilégio que o experimento passa a ter.

Na contramão desse processo, este livro trata da vida e seus sentidos enquanto criação dos sujeitos a partir dos rituais e ritos de passagem que localizam presente, passado e futuro; memória e história; presença e ausência; alegria e dor. Foi gestado a partir de ampla pesquisa da psicanalista Miriam Ximenes Pinho-Fuse, que, durante anos, estabeleceu um diálogo com várias áreas do saber, o que resultou na tese de doutorado, defendida em 2015 na pós-graduação em Psicologia Social da Pontifícia Universidade Católica de São Paulo (PUC-SP).

---

1 Benjamin, W. (1933/2012a). Experiência e pobreza. In *Magia e técnica, arte e política: Ensaios sobre literatura e história da cultura (Obras escolhidas I)*. S. P. Rouanet (Trad.) (pp. 123-128). Brasiliense.

2 Ibid.

O livro parte da tese de que a forma como a morte é processada socialmente é o resultado de como os grupos sociais dão sentido à vida. A autora demonstra que, durante séculos, a morte foi tratada como um fato social e público que ocorria acompanhado por ritos sagrados. Constata que, na sociedade moderna, ocorreu uma objetivação da morte, resultado da convergência de duas transformações interligadas: por um lado, o encontro das racionalidades científicas das áreas médicas e mercantil, bem como da indústria funerária; por outro, o declínio progressivo da religião no processamento da morte. Assim, a morte converge para intervenções especializadas, e a experiência emocional da morte passa de um acontecimento coletivo para evento privado, invisibilizado e até minimamente disruptivo da rotina cotidiana. A autora ainda comenta que, logo após a Primeira Guerra Mundial, observou-se a precipitação do desmantelamento dos modelos tradicionais de cuidados aos agonizantes e amparo aos enlutados. A morte tornou-se tabu, e essa mesma interdição atingiu tudo o que a ela se refere, incluindo o luto, que se tornou uma experiência íntima e solitária.

O estudo amplo e denso que embasa o livro trabalha as malhas sociais, culturais e políticas que produziram a dessocialização da morte no Ocidente cristão e essa supressão, minimização ou mesmo prescrição do culto público, de modo a localizar o que chama de "desritualização do luto", que redunda em trabalho psíquico privatizado. De outro modo, ainda descortina a morte que comparece no discurso como espetáculo e horror.

A segregação da experiência torna a morte um acontecimento completamente estranho à vida. A autora, a partir de sua experiência clínica, nos diz que o atual distanciamento das questões referentes à morte – como a falta de ritos para marcar a duração do pesar, prestar honra à memória do morto e orientar o modo de tratar os enlutados – faz com que muitos nem sequer consigam se dar conta do quanto uma perda significativa pode abalar. A característica comum entre esses casos é a solidão e a sensação de desamparo ante a falta de reconhecimento do pesar, bem como do apoio afetuoso da comunidade.

O banimento da morte natural do campo social e a interdição das expressões públicas de luto têm, em contrapartida, o silenciamento da dor e o incremento de casos de sujeitos adoecidos por um luto interminável, às vezes insabido, outras vezes clandestino, e, em outros casos, amordaçados sob algum diagnóstico e/ou medicação, adverte-nos a autora.

Para a melhor compreensão das formas de lidar com a vida e a morte, Miriam Ximenes Pinho-Fuse percorre farto material investigativo sobre a história, a cultura e a tradição, permitindo observar as representações sobre a morte em diferentes momentos da história, da Idade Média à Idade Moderna, para refletir sobre como se operam os sentidos e atos nos dias de hoje. Foram identificadas e sistematizadas algumas grandes linhas de experiência com a morte em diferentes épocas.

O livro constata que, durante séculos, os ritos foram os responsáveis por gerir de modo satisfatório as grandes mudanças da vida e os momentos de crise. No entanto, este estudo demonstra que, se a dessacralização da morte levou à desritualização do luto, pode-se observar que, apesar desses imperativos, emergem novas modalidades de relação com os mortos, em que os ritos aparecem reconfigurados.

Na segunda parte do livro, a autora retoma conceitual, etnográfica e psicanaliticamente as concepções de ritos e mitos para debater a questão da eficácia simbólica. Revisita os clássicos para localizar o funeral como rito de passagem, e, portanto, mediador entre a vida e a morte, de modo a localizar o sujeito e o outro e sua relação com o tempo. Com a Psicanálise, destaca-se desse processo a função psíquica do trabalho de rememoração e a necessidade do monumento, que a autora relê para situar a sua função e os limites no nível simbólico, quando processa o trabalho rememorativo e biográfico da relação perdida.

Miriam Ximenes Pinho-Fuse ladeia as concepções em Freud, para quem o luto lida com a tarefa de consumir a perda via trabalho do luto, e em J. Lacan e Jean Allouch. Este último nos apresenta a obra *Erótica do luto: No tempo da morte seca*,[3] cuja contribuição, entre outras, está em entender que encerrar o trabalho de luto implica um ato de sacrifício em que o sujeito suplementa a sua perda com um pequeno pedaço de si (erotizado, fálico). Efetuar o luto é realizar a escrita subjetiva dessa separação, que tem por efeito mudar a relação com o ser perdido. Nesse processo, Jean Allouch reconsiderou, a partir da Psicanálise, a importância da função dos ritos e da participação de um público no luto.

O rito fúnebre implica a comunidade no reconhecimento do valor da vida que foi perdida, na partilha da dor e no amparo aos sobreviventes. A autora retoma o luto como comparece na leitura realizada por Lacan da peça Hamlet lida com o grafo do desejo. A contemplação de um luto verdadeiramente assumido tem, para Hamlet, o valor de uma escrita, elaboração que terá importância na análise de Pinho-Fuse das tatuagens *in memoriam*.

Com esses elementos, o livro caminha para a teorização das formas atuais de processamento do luto. Destacando a dessocialização da morte e desritualização do luto, e, para além das nostalgias, passa a trabalhar as novas modalidades de tributo fúnebre. A autora destaca que, apesar da transposição do culto dos mortos e/ou das honras fúnebres do espaço público para espaço privado, os ritos religiosos continuam a se inscrever, mas de um modo exterior ao controle de instituições religiosas oficiais. Assim, acabam incorporando outros elementos da vida social, de modo que, como um assunto privado,

---

3 Allouch, J. (2004). *Erótica do luto: No tempo da morte seca*. P. Abreu (Trad.). Companhia de Freud.

as pessoas passaram a combinar de modo criativo os ritos e os mitos herdados do universo sagrado oficial com aqueles de raízes mágicas-populares-profanas.

Em contribuição original, transmuta a teorização do que Lacan[4] chamou de "mito individual do neurótico" para o que chamou de "rito fúnebre individual do neurótico", que visa a uma busca singular e privada de elaborar o pesar e prestar homenagem fúnebre. Nessa direção, empreende uma análise das tatuagens *in memoriam* na qual, entre outras coisas, examina a tatuagem como um tributo fúnebre encarnado e a sua produção e exposição como um rito fúnebre individual. Identifica tais tatuagens como uma escrita do luto no corpo como que inventando um ritual, uma modalidade de rememoração e de publicização do luto. Trata-se, diz ainda, de rito individual, mas não privado de público.

Por fim, salienta-se que morrer não é igual para todos, mas o produto dos elementos mobilizados e também a forma como estes são justapostos na rede de processamento da morte. A condição social e o lugar que o sujeito ocupa no processo de segregação operarão nos processos e na rede que intervêm no processamento da morte. Concomitante à pesquisa de doutorado de Miriam Ximenes Pinho-Fuse, outras facetas do luto e seu impedimento político foram pesquisados, cada um a seu modo, abordando as vicissitudes do luto no contemporâneo a partir de circunstâncias em que este se encontrava impedido de ser legitimamente reconhecido nos campos social e simbólico. Tais trabalhos inovaram ao reproblematizar o discurso e a prática psicanalítica junto a experiências de trauma e de luto quando as condições elaborativas se encontram obstruídas ou mesmo negadas por razões sociopolíticas e/ou econômicas insustentáveis.

---

4 Lacan, J. (1954/2008a). Do símbolo e de sua função religiosa. In *O mito individual do neurótico*. C. Berliner (Trad.) (pp. 45-82). Jorge Zahar.

Acompanha-se a formulação precisa de Miriam Ximenes Pinho--Fuse de que, não obstante "o movimento de secularização da sociedade, a relação com os mortos não foi esquecida nem abandonada; ela simplesmente se reconfigurou, combinando elementos diversos e assumindo um caráter mais privativo e exterior aos modelos religiosos tradicionais, em forma de tributos e ritos não convencionais". São novas formas de narrar a morte e processar a experiência da perda, resgatando, ao menos parcialmente – portanto nem sempre suficientemente – a possibilidade de tramitar o luto, indicando, no sujeito, o impossível de governar.

O livro é preciso e precioso, pois nos fornece ferramentas para a análise da produção de mortes e da falta de luto neste momento histórico no Brasil; momento em que impera a indiferença, filha da intolerância, que supõe uma partição entre o *eu* e o outro como o bom e o mau, que recalca o fundamento comum e deixa predominar a tônica paranoica do narcisismo, contexto em que a morte do outro não interessa – "E daí?", diz o atual presidente do Brasil diante das mortes.

Além de tais ferramentas, o texto indica novas pistas de resistência social, subjetiva e política para retomar a dimensão da experiência que se tem na interface das relações do sujeito com o campo do Outro, ou seja, a experiência que se produz ao partilhar uma narrativa e oferecer um espaço aos laços sociais que reconhecem um território comum. Pensar em territórios é pensar em pressupostos éticos que transcendem o campo ideológico, que diz respeito ao domínio da política (o laço com os outros) e da cultura (a relação ao Outro).

Conteúdo

Introdução

Há ainda lugar para os mortos? Qual lugar, hoje, para o luto?

Em todos os grupos humanos de que se tem notícias, a morte, assim como o Sol, não se encara de frente.[1] Mestre absoluto, a morte é impensável, isto é, não simbolizável, e, por este mesmo fato, necessita ser paramentada por todo um sistema de discursos, crenças, fórmulas, gestos e ritos mágico-sagrados que acompanhem a última travessia da agonia ao túmulo e do túmulo ao seu mais-além. A morte não se reduz, portanto, a uma passagem biológica; ela é também um fato histórico e social com efeitos subjetivos e que reflete como um espelho a forma que cada grupo humano trata os problemas da existência, da finitude e da destinação coletiva dos mortos.

Segundo Morin,[2] a espécie humana, é "a única para quem a morte está presente ao longo da vida, a única que acompanha a morte com um ritual fúnebre, a única que crê na sobrevivência ou renascimento

---

1 Lacan, J. (1955-1956/1988). *O seminário, livro 3: As psicoses*. A. Menezes (Trad.). Jorge Zahar.

2 Morin, E. (1970). *L'homme et la mort* (p. 17). Seuil.

dos mortos". Se a morte é a grande democrata que arrasa a todos, animais e homens, ela é também aquilo que os diferencia, pois até mesmo o feroz homem de Neandertal cuidava de seus mortos. A sepultura, primeiro signo de humanidade, visa não só velar a imagem terrificante da dissolução do cadáver como também a preservar na memória coletiva os seus vestígios, conferindo-lhes alguma duração. Do berço à tumba, os ritos e seus signos revestem e marcam a nossa passagem no campo social. As práticas rituais correspondem, assim, a um necessário exercício de humanidade, do mesmo modo que a negação de qualquer tipo de cuidado ao cadáver é uma das mais cruéis formas de afrontar, apagar, aniquilar sua existência como humano.

As (não) relações do homem com a morte e com os mortos – esses que nos precederam e que nos legaram, ao partir, independentemente da vontade deles e da nossa, aquelas milhares de impressões singulares (nem todas benevolentes) – é um tema imemorial que suscita em nós, os (sobre)viventes, as mais antigas e angustiantes inquietações: por que morremos? A morte é o fim? O que acontece com os mortos? Subsistem em algum outro lugar? De que forma? Como lidar ou o que fazer para ficarmos em paz com eles?

De fato, para os psicanalistas, a experiência do luto nada tem de evidente; é um desses "fenômenos que em si não são explicados, mas a que se relacionam outras coisas obscuras".[3] Mais de cem anos se passaram desde que Freud escreveu essas linhas, e ainda o luto e a dor que o acompanha continuam sendo um mistério que interroga a prática e a teoria analítica. Por que nos custa tanto renunciar aos amados perdidos?

São da pena de Freud algumas das mais belas reflexões acerca da transitoriedade da existência humana, o luto e a morte realizadas

---

3 Freud, S. (1917/2010f). Luto e melancolia. In *Obras completas* (v. 12, p. 250). Companhia das Letras. P. C. Souza (Trad.).

durante o turbilhão da Primeira Guerra Mundial, a carnificina que desvelou os mais insanos e cruéis desejos de morte que habitam nosso inconsciente, arruinando o imaginário europeu de superioridade civilizatória ao colocar a ciência e seus profissionais, bem como a tecnologia industrial da época, a serviço da guerra e da morte. Perplexidade, desilusão, medo, indignação e luto eram os sentimentos diante de um mundo que repentinamente havia se tornado estrangeiro. Tão estrangeiro quanto este tempo de pandemia causada pelo novo coronavírus (covid-19), que desnudou, para nossa igual perplexidade, até onde pode ir a necropolítica dos governantes e de seus associados.

Muito embora este livro que ora se apresenta não tenha sido gerado durante a mortandade atual, não poderíamos deixar de aqui manifestar uma homenagem, assim como indignação diante das milhares de vidas que desapareceram e ainda desaparecerão no Brasil por causas diretas e indiretas associadas à covid-19. As palavras de Freud[4] a respeito do clima da Primeira Guerra Mundial nos servem ainda para traduzir em parte o choque atual:

> *Duas coisas, nessa guerra, provocaram nossa decepção: a pouca moralidade mostrada exteriormente por Estados que nas relações internas posam de guardiães das normas éticas, e a brutalidade do comportamento de indivíduos que, como membros da mais elevada cultura humana, não acreditaríamos capazes de atos semelhantes.*

Aos milhares de mortos pela pandemia somam-se os milhares de enlutados não apenas às voltas com o árduo trabalho do luto, mas também com a crise econômica e política, a precarização em

4 Freud, S. (1915/2010c). Considerações atuais sobre a guerra e a morte. In *Obras completas*. P. C. Souza (Trad.) (v. 12, p. 218). Companhia das Letras.

larga escala das redes de apoio e de solidariedade comunitária; e, ainda, a perversão dos valores morais manifestada na indiferença ou mesmo escárnio da dor dos sobreviventes. Nestes tempos de medo e restrição social, o luto tornou-se mais individualizado do que nunca sob os exíguos rituais, com limite de público e de visitas, perante o temor da aproximação física, sem abraços de conforto. Certamente o luto em seu caráter público já se encontrava em progressivo declínio muito antes da pandemia. Esta apenas agravou a situação ao restringir ao mínimo, por conta das atuais exigências sanitárias, as possibilidades de escolha quanto aos ritos e participação de terceiros. Ainda é cedo para se ter conhecimento acerca do impacto da circunstância atual sobre o luto e suas expressões sociais no mundo pós-pandêmico.

Há tempos, historiadores e antropólogos denunciaram o quanto a morte havia se tornado o grande tabu do século XX recobrindo também a experiência do luto. Um fenômeno testemunhado na vida e na clínica cujos feitos subjetivos me sensibilizaram para a problemática do luto no contemporâneo e para o interesse de investigá-lo. Durante o exercício do mestrado no Ambulatório de Cardiologia (EPM, Unifesp) e no trabalho em uma Unidade Básica de Saúde (SMS, SP), tive a oportunidade de acompanhar inúmeros idosos amordaçados por um luto não autorizado por familiares que temiam o agravamento da saúde caso eles se "entregassem ao luto". Na intenção de se pouparem de censuras bem como de pouparem os familiares, esses idosos se esforçavam para viver o pesar, o pranto e a rememoração da forma mais discreta possível, na completa clandestinidade.

Em uma época de declínio da importância dos ritos, o reconhecimento do luto como uma experiência legítima fica evidentemente comprometido. Em um caso emblemático, uma mãe que havia acabado de perder o filhinho questionou-me sobre o motivo pelo qual foi encaminhada para consultar um psicólogo: "Não é normal uma mãe chorar pelo filho?

Diante do embaraço e constrangimento que hoje sentimos diante de expressões efusivas de pesar, uma resposta quase imediata é inibir tais expressões, afastar-se ou até mesmo despachar tal situação o mais depressa possível. Entretanto, gostaria de ressaltar que essas reações não são simplesmente indiferença ou falta de empatia; há um nítido mal-estar diante da ausência de códigos familiares – códigos do Outro – para ajudar a expressar e comunicar sentimentos em momentos críticos da vida. Em geral, não se sabe mais o que dizer ou como consolar alguém nessas situações-limite. Geoffrey Gorer[5] foi o primeiro a associar o endolorimento profundo e prolongado do luto, sua patologização, com a desritualização do luto, a ausência de qualquer forma de rito para amparar os enlutados e orientar seus próximos.

Até recentemente, o luto era uma dor cuja manifestação era não apenas reconhecida, mas socialmente exigível.[6] O silenciamento em torno da morte criou uma intolerância ante as manifestações públicas e espontâneas de pesar. O luto tornou-se um problema pessoal, e o enlutado caiu em um exílio social forçado. A solidão dos enlutados ocorre não apenas porque a perda de alguém querido nos faz querer esse afastamento do mundo, mas porque as pessoas, mesmo as mais próximas, mostram-se cada vez mais desconfortáveis ou mesmo impacientes, dando a entender que é melhor o enlutado se recuperar logo ou agir como se nada tivesse acontecido. Parafraseando Benjamin,[7] no atual deserto afetivo e empobrecimento da linguagem na transmissão de experiências, quem ainda sabe consolar nessas situações? Quem ainda sabe dizer aquelas frases de alívio que nossos avós faziam soar de forma tão calorosa e espontânea, bem diferente dos atuais imperativos da cultura da autoajuda?

---

5 Gorer, G. (1967a). *Death, grief and mourning: A study of contemporary society.* Doubleday Anchor Books.

6 Ariès, P. (1981). *O homem diante da morte.* L. Ribeiro (Trad.). Francisco Alves.

7 Benjamin, W. (1933/2012a). Experiência e pobreza. In *Magia e técnica, arte e política: Ensaios sobre literatura e história da cultura* (Obras escolhidas I). S. P. Rouanet (Trad.) (pp. 123-128). Brasiliense.

A ideia para este livro sobre a tatuagem enquanto escrita do luto no corpo se inscreve nesse contexto e é o resultado de um longo percurso reflexivo e investigativo desenvolvido em grande parte durante o período de doutorado realizado na PUC-SP, sob orientação da Profa. Miriam Debieux Rosa.

Partiu-se, então, de três constatações:

1. A interdição do luto

O predomínio do novo modelo de racionalidade técnico-científica favoreceu a secularização dos Estados e da vida social, e precipitou o desmantelamento do discurso e das práticas tradicionais de morte, seja o cuidado prestado aos agonizantes e ao corpo *post mortem*, seja o amparo aos enlutados. Dessacralizada, a morte se desritualizou, tendo por efeito a perda de seu caráter público e social. Uma nuvem de intolerância recobriu tudo o que a ela se refere, incluindo o luto e suas manifestações. Por séculos, os ritos foram os responsáveis por oferecer um sistema codificado de palavras, atitudes e sentimentos que, na suspensão do tempo, processam e tratam as mudanças nas relações dos vivos com seus mortos. A boa morte e o luto são um trabalho de esforço coletivo. Hoje, os enlutados, mais do que em outros tempos, jazem entregues aos seus próprios recursos na hora de se rearranjar diante da morte.

2. A prescrição do luto

Reduzido a um problema íntimo, silencioso e solitário, o luto pende cada vez mais para ser absorvido pelo discurso medicalizante que impulsionou a proliferação de manuais, práticas, profissionais e serviços de todas as ordens. O ápice dessa tendência é a redução da experiência do luto a um transtorno do humor após um período de duas semanas, segundo a última versão do *Manual de Diagnóstico e Estatístico de Transtornos Mentais*, o *DSM-5*, justificando, assim, o uso de psicofármacos e tornando o luto um sofrimento genérico, banalizado e produtivo. A dor e o sentimento de desamparo na ausência de reconhecimento e apoio afetuoso da comunidade dos próximos faz com que muitos se lancem na busca por um tratamento antiluto de efeito instantâneo e, se possível, sem dor e sem perdas.

3. Novas modalidades de relação com os mortos

O progressivo distanciamento das questões da morte e a supressão de ritos a seu respeito criou uma intolerância ante as expressões públicas e espontâneas de pesar, o que acabou produzindo anomalias – quer sejam as patologias do luto cuja apresentação clínica mais evidente é a suspensão do luto em graves e prolongadas manifestações sintomáticas e fenomênicas de pesar, quer sejam as novas modalidades de prestar homenagens fúnebres, disseminadas nos espaços públicos em forma de tatuagens, camisetas, bicicletas fantasmas, contas virtuais com função memorial, entre outras. Ou seja, longe de ter desaparecido, a relação com os mortos simplesmente se reconfigurou de forma individual e privativa.

O interesse por investigar essas novas modalidades, no contexto do desamparo social da experiência do luto, foi certamente o *Leitmotiv* que originou, animou e orientou este estudo realizado em camadas.

Primeiramente, ao considerar que poderia haver uma íntima relação entre a emergência das novas modalidades de relação com os mortos e a dessocialização da morte e do luto, tornou-se necessário contextualizar a conjuntura sociocultural e histórica na base desses fenômenos. Assim, consultamos as obras clássicas a respeito das relações do Homem Ocidental com a morte, sobretudo com seus mortos, na longa duração, de modo a circunscrever, em cada época, o luto em sua relatividade histórica. O passo seguinte foi verificar em que medida essas novas modalidades de expressão social do luto poderiam, ou não, ser lidas como uma espécie de rito fúnebre não convencional. Para tanto, investigou-se na seara dos estudos antropológicos e sociológicos, clássicos e contemporâneos, o conceito de rito, sua estrutura e função e, especialmente, a finalidade e eficácia das práticas fúnebres (con)sagradas.

Um novo passo se deu a partir do encontro feliz com a obra sensível do helenista Jesper Svenbro que realizou uma leitura inovadora a respeito da função da escrita na Antiguidade Clássica grega, a partir das estelas funerárias. Ajuntamos a essa reflexão os "túmulos literários" que se popularizaram no Ocidente, principalmente a partir do século XIX, com destaque para a escrita de luto de Mallarmé e de Barthes.

Prosseguimos com um estudo detalhado das versões psicanalíticas do luto de Freud a Lacan, com o acréscimo das contribuições de Jean Allouch quanto a uma escrita subjetiva do luto grafada em álgebra lacaniana.

E, por fim, dada a multiplicidade das novas expressões públicas de pesar, e não querendo simplesmente catalogá-las para descrevê-las, optou-se por perscrutar em seus detalhes as tatuagens *in memoriam* devido a sua peculiar forma de prestar tributo. Fenômeno inusitado, as tatuagens fúnebres chamam a atenção por usarem a pele como suporte da homenagem, marcando-a de forma indelével. À flor da pele, ela transita no registro do visível e do invisível, no espaço limite entre o íntimo e o social.

Por meio de leituras diversas e complementares oriundas da história da morte, da antropologia da ritualidade, da sociologia da religião e da consulta apaixonante aos registros dos epitáfios do período helenístico e às letras de amor e de dor de alguns dos mais estimados artistas das palavras, busca-se ampliar e enriquecer a leitura psicanalítica das tatuagens *in memoriam*, seu estatuto e função no luto a partir de duas perspectivas principais: no registro do visível, como uma forma de homenagem fúnebre; no registro do invisível, como um tratamento possível do pesar.

A disseminação da tatuagem *in memoriam* pelo mundo afora é recente. De partida, o encontro com esse signo renovado de luto suscitou espanto e algumas inquietações: O que faziam aqueles sujeitos pesarosos em um estúdio de tatuagem? Como o luto passou a se associar a uma prática considerada ornamental? Uma recusa do trabalho do luto? Por fim, o que vem fazer uma tatuagem no abismo da dor do luto? Qual sua função?

A construção de um certo número de respostas só foi possível graças aos inúmeros sujeitos de luto que decidiram expor e partilhar suas experiências recolhidas em diferentes momentos e espaços. Essenciais, esses testemunhos reviraram os problemas inicialmente propostos, deslocando as reflexões até a circunscrição de uma questão central: para além de se constituírem como uma homenagem fúnebre – um monumento, portanto – seria a produção da tatuagem *in memoriam* uma espécie de rito fúnebre moderno? Esta questão levou a outra igualmente essencial: em caso de se tratar de um signo fixado à flor da pele, como e de que modo seria possível relativizar a relação com ele de modo a deixá-lo, por assim dizer, "cair", ou melhor, "desbotar-se" ao longo da travessia do luto?

Cabe-nos ainda dizer que optamos por ilustrar o material com poucas imagens de tatuagens porque nossa perspectiva era outra. Como se tratava de uma leitura psicanalítica, as falas recolhidas de depoimentos de sujeitos tatuados constituíram a riqueza maior do material coletado. Falas e imagens oriundas, em grande parte, de publicações compartilhadas em sites ou redes sociais virtuais são combinadas com material privativo coletado ao longo do estudo, com o cuidado de se omitir ou substituir por letras aleatórias do alfabeto (X, Y, Z . . .) os dados identificatórios de todos os envolvidos.

Por fim, uma última observação. O livro de luto que ora se apresenta não tem a intenção de se configurar apenas como um exercício investigativo, mas, e talvez principalmente, queríamos que ele fosse uma homenagem, um túmulo literário para os inúmeros mortos aqui evocados, rememorados, comemorados, assim como um tributo a todos aqueles marcados, tocados, logo transformados pela experiência do luto.

1. A dessocialização da morte

O que passou, passou?
Antigamente, se morria.
1907, digamos, aquilo sim
é que era morrer.
Morria gente todo dia,
e morria com muito prazer,
já que todo mundo sabia
que o Juízo, afinal, viria
e todo o mundo ia renascer.
Morria-se praticamente de tudo.
De doença, de parto, de tosse.
E ainda se morria de amor,
como se amar morte fosse.
Pra morrer, bastava um susto,
um lenço no vento, um suspiro e pronto,
lá se ia nosso defunto
para a terra dos pés juntos.
Dia de anos, casamento, batizado,
morrer era um tipo de festa,

uma das coisas da vida,
como ser ou não ser convidado.
O escândalo era de praxe.
Mas os danos eram pequenos.
Descansou. Partiu. Deus o tenha.
Sempre alguém tinha uma frase
que deixava aquilo mais ou menos . . .
Hoje, a morte está difícil.
Tem recursos, tem asilos, tem remédios.
Agora, a morte tem limites.
E, em caso de necessidade,
a ciência da eternidade
inventou a criônica.
Hoje, sim, pessoal, a vida é crônica.

Paulo Leminski, *La vie en close*

Em 1915, Freud[1] registrou a tendência ocidental de excluir a morte dos cálculos da vida. Apenas quando nos ocorre uma tragédia, como em situação de guerra ou pandemia, o número elevado de mortos vem perturbar nossa indiferença. Na base dessa tendência cultural-convencional, há um fator estrutural do sujeito: a própria morte é inconcebível, porque nos falta um representante psíquico para significá-la. A morte, assim como o sexo, é um dos nomes do real, impossível de representar – o que não significa dizer que não haja, no *eu*, a percepção dos perigos que potencialmente ameaçam a integridade do corpo, constatada na liberação dos sinais característicos de angústia diante de situações que provocam medo, terror.

Para o inconsciente, somos imortais. Por mais que tentemos imaginar a própria morte, só conseguimos imaginar na condição de

1 Freud, S. (1915/2010c). Considerações atuais sobre a guerra e a morte. In *Obras completas*. P. C. Souza (Trad.) (v. 12). Companhia das Letras.

espectadores da morte alheia (real ou encenada), ou seja, enquanto vivos, portanto. É somente no mundo da ficção que encontramos o anteparo sob o qual uma reconciliação com a morte se tornaria possível. Por meio da identificação imaginária com os personagens da trama, uma multiplicidade de mortes pode ocorrer sem danos, já que o aniquilamento real da existência está excluído: "morremos na identificação com um herói, mas sobrevivemos a ele e já estamos prontos a morrer uma segunda vez com outro, igualmente incólumes";[2] em outros termos, é como se "por trás de todas as vicissitudes da vida nos restasse ainda uma vida intacta"[3] na sensação apaziguadora de que mantemos controle sobre a nossa existência.

Porém, ainda que ficções, dissimulações, interditos e precauções sejam erguidos para nos fazer crer que a morte é obra do acaso, não é possível negá-la sempre, e, no final, "temos de crer nela. As pessoas morrem de fato".[4] Se a morte é uma experiência que ninguém possui, ao nos depararmos com a morte ou o risco de morte de uma pessoa querida nos desperta; faz-nos refletir sobre o essencial da existência, as coisas e pessoas que realmente importam diante de um tempo que subitamente se realiza finito. A dor causada por tal perda não nos permite manter a morte à distância que pretendemos. Instalam-se, assim, continua Freud, duas atitudes opostas: de um lado, admitimos a aniquilação da vida; de outro, a negamos, como se fosse irreal. Tal conflito é engenhosamente expresso na forma dos compromissos conciliatórios que tentam fazer coexistir as duas ideias. De outro modo, a constatação do término da vida é mais ou menos tolerada quando se junta à crença de uma continuidade além do túmulo. Um fim que afinal não precisa ser definitivo.

---

2 Freud, S. (1915/2010c). Considerações atuais sobre a guerra e a morte, *op. cit.*, p. 230.

3 Ibid., p. 233.

4 Ibid.

Se Freud levantou um fator subjetivo para as dificuldades diante da morte, coube aos antropólogos, sociólogos e historiadores identificar os fatores históricos, econômicos, sociais, políticos e religiosos que condicionaram, na longa duração, as transformações das relações com a morte. Da rica pesquisa organizada em torno da história da morte no Ocidente cristão, puxaremos apenas os fios associados à progressiva dessocialização da morte e do luto.

Com o intuito de acompanhar as mudanças que deslocaram as atitudes coletivas diante da morte e dos mortos, usaremos como principais fontes as obras clássicas de dois historiadores das mentalidades.[5] Philippe Ariès e Michel Vovelle. Ambos marcaram época ao se aventurarem, cada qual a seu modo, na história do sistema global da morte no Ocidente cristão apreendida na longa duração. Philippe Ariès é, nesse sentido, um pioneiro. Ele propôs um modelo do século V a.C. aos nossos dias, em que quatro tipos de morte se recobrem e se sucedem em etapas: "a morte domada", "a morte de si mesmo", "a morte do outro" e "a morte invertida".

Em contraposição, Michel Vovelle propôs uma história não linear, mas "convulsiva", na qual se delineia uma curva com períodos de ascensão e declínio, crises e equilíbrios produtores de novos discursos e representações, e também recorrências e reciclagens. Fenômenos observáveis no domínio da demografia, mas sem a esta se reduzir, e também nos sentimentos da morte, que, de tempos em tempos, se exacerbam. Exemplo disso foi a eclosão das artes macabras que surgiu

5 A história das mentalidades é descrita por Vovelle (1991) como um campo relativamente recente da História. De forma simplificada, pode-se dizer que esses pesquisadores se interessam por uma história ao nível das atitudes, dos comportamentos, das motivações e das representações coletivas conscientes ou não, em torno de um tema de interesse: infância, família, sexualidade, morte etc. Aos interessados, sugiro a leitura da obra *Ideologias e mentalidades*, na qual Michel Vovelle não apenas declara sua perspectiva da história das mentalidades, mas também estabelece as diferenças entre sua abordagem e a de Philippe Ariès.

no século XV, no declínio da Idade Média e logo após a peste negra. Mas há, segundo o autor, os períodos tecidos em silêncio (voluntário e involuntário), em que os homens se calam sobre a própria morte, como nos tempos atuais, e fazem dela uma nova figura do obsceno.

Não nos interessa aqui entrar no debate sobre as vantagens e limites de cada modelo, mas, sim, apresentar um panorama geral da relação dos homens com a morte ao longo da história, na perspectiva de sua progressiva dessocialização com efeitos notáveis para o luto. Para tanto, fizemos uso de um entrecruzamento desses dois modelos, com a ressalva – pela qual antecipadamente nos desculpamos – de que se trata de uma história recontada, em grande parte, a partir de um determinado grupo social, de uma determinada região, a saber, a Europa cristã.

A morte é, no entender de Vovelle,[6] "o reflexo privilegiado de uma visão de mundo". Uma invariante essencial à experiência humana, todavia uma invariante relativa, na medida em que a relação com a morte se transforma. Apreender a morte na História e na longa duração possibilita captar ritmos, ora ruidosos, ora silenciosos, que refletem de maneira direta ou não os discursos que mobilizaram, até os dias atuais, a complexa relação dos seres humanos com a própria existência e com os laços afetivos, com as estruturas sociais e papéis de gênero, com o sagrado e com os bens e produtos por eles produzidos e/ou acumulados.

> *Olhando-se em um espelho, os homens descobrem a morte. É um tema que a pintura ilustrou do século XVI à idade barroca, da Alemanha à Espanha e outros lugares. Os pintores souberam criar esse efeito de surpresa: uma jovem em sua toalete, ou os dois velhos esposos*

---

6 Vovelle, M. (1991). *Ideologias e mentalidades*. M. J. Cottvasser (Trad.) (p. 148). Brasiliense.

Burgkmayr contemplando-se em um espelho que lhes devolve a imagem como figura de mortos...[7] *(Figura 1.1).*

Figura 1.1. *O pintor Hans Burgkmair e sua esposa Anna*, por Lukas Furtenagel. (1529). Museu Kunsthistorisches (Viena, Áustria).[8]

Cabe ainda ressaltar que as relações com a morte se desenrolam e se transformam em uma conjuntura multiforme e sobredeterminada. Vovelle[9] comenta que os grandes giros de discurso e de sensibilidades

---

7 Ibid., p. 128.

8 Fonte: Lukas Furtenagel. Public domain, via Wikimedia Commons. https://commons.wikimedia.org/wiki/File:Lukas_Furtenagel_001.jpg

9 Vovelle, M. (1991). *Ideologias e mentalidades, op. cit.*

coletivas ao longo do tempo afetam não só o sistema de morte mas toda a estrutura social e sua complexa rede de crenças e valores. No século XV, por exemplo, o surto do macabro surgiu logo após a grande mortandade decorrente da peste negra, mas reduzi-lo ao fator demográfico seria esquecer que ele foi um fenômeno ocorrido no contexto geral da crise que abalou todo o regime feudal no declínio da Idade Média. A arte macabra refletia as insatisfações e críticas em relação a esse modelo, e não apenas o problema da morte em massa. Os artistas da época aproveitaram o tema da morte para denunciar a rígida estrutura social que impunha um abismo entre a minoria nobre e o povo que lhe devia sustentar e servir.

Por outro lado, observa-se que diferentes estratificações de ideias e posições podem habitar um mesmo quadro histórico, de modo que discursos e atitudes novas ou renovadas podem coexistir com aquelas mais tradicionais. Assim, enquanto os sentimentos em relação à morte se eriçaram em quase todo o mundo cristão, movimentos contestatórios surgiram para devolver à morte a sua obscura loquacidade. Como bem preveniu Ariès,[10] "expulsa da sociedade, a morte volta pela janela: volta tão depressa como desaparecera".

Se de um lado, em muitos lugares, a maioria se tornou discreta ou mesmo muda em relação à morte – especialmente a própria morte –, os mexicanos seguem preservando a sua celebração do "Día de los muertos", de um lado, eles atraem, por essa mesma razão, milhares de espectadores curiosos e, de outro, tem inspirado criações literárias e cinematográficas, como a animação infantil *Festa no céu* (2014). Acompanhar as transformações diante da morte nos instrui sobre as variáveis que condicionaram a crise atual que fez da morte no Ocidente um novo tabu, com efeitos disruptivos nos laços com os agonizantes e os enlutados.

---

10 Ariès, P. (1981). *O homem diante da morte*. L. Ribeiro (Trad.). Francisco Alves.

1. Figurações da morte em três tempos

No suporte de três figurações da morte (*memento mori*; *memento illius*; *Keep busy, don't think*), inspiradas em Philippe Ariès, reconstituiremos um panorama histórico breve sobre as mudanças nas relações com a morte (e com os mortos), que culminou na sua dessocialização.

1.1 *Memento mori* ou lembrai-vos que és mortal

Uma imagem recorrente da morte na Idade Média retratada tanto na literatura quanto em quadros e gravuras é que não se morria de qualquer maneira; a morte comum era acompanhada por um público atento e por rituais costumeiros. Essa imagem da morte chamada por Ariès[11] de "morte domada" tinha como traço marcante ser percebida. Ela não se apoderava sorrateiramente da pessoa, mesmo quando fosse acidental em decorrência de ferimentos. As pessoas pressentiam o fim não porque alguma entidade divina descia do céu para adverti-las, mas porque elas sabiam ler, em signos naturais, os fatos que avisavam da morte próxima, como na lenda do rei Ban, cavalheiro do Ciclo Arturiano:

> *O rei Ban sofreu uma queda feia do cavalo . . . , quando o rei Ban voltou a si, percebeu que saía sangue da boca, do nariz, dos ouvidos. "Olhou para o céu e pronunciou como pôde . . . ah, senhor Deus . . . acudi-me porque vejo e sei que chegou o meu fim".*[12]

---

11 Ibid., p. 6.

12 Ibid., p. 7.

A convicção íntima do fim próximo e a necessidade de tomar as providências cabíveis não dava espaço para o fingimento de que nada estava acontecendo, como acontece hoje. Saber ler os signos emitidos pelo próprio corpo era um conhecimento passado de geração em geração e que durou por muitos séculos nas mentalidades populares. Em 1910, época em que essa atitude antiga já dava sinais de abalo, Leon Tolstói invocou, no leito de morte, essa simplicidade para si quando indagou sobre como morriam os camponeses russos que ele tanto admirava: "E os mujiques? Como morrem então os mujiques?".[13] Ora, os mujiques morriam como todos os nobres, monges e pessoas comuns da Idade Média: eles sabiam ler os signos e morriam de maneira franca e prática.

Após lamentar a perda da vida, e sentindo o fim próximo, o morrente medieval tomava suas providências e seguia, não sem sofrimento ou temor, o protocolo dos ritos de morte tradicionais. Jacente no leito, reunia os familiares e conhecidos para as últimas recomendações, pedidos de perdão e despedidas, assim como era previsto e como ele mesmo já havia testemunhado. Após as últimas orações, ele aguardava a morte com a face voltada para o céu e as mãos cruzadas no peito, seguindo um cerimonial assim transmitido de forma oral, e que mais tarde seria incorporado pela Igreja Católica como um sacramento[14] de preparação para a morte, constando nos

---

13 Ibid., p. 11.

14 A "extrema-unção", ou "*sagra viático*", compõe o último sacramento em vida. No início, era reservada apenas aos clérigos, e depois se estendeu a todos os que estavam a ponto de morrer. O Concílio Vaticano II (30 de novembro de 1972) a modificou para a "Sagrada Unção dos Enfermos" [*Sacram Unctionem Infirmorum*], retirando dela o sentido de rito associado à morte e podendo ser administrada diversas vezes em caso de doença. Fonte: https://www.vatican.va/content/paul-vi/pt/apost_constitutions/documents/hf_p-vi_apc_19721130_sacram-unctionem.html

Em 2015, o Papa Francisco recomendou aos católicos que fizessem maior uso do sacramento: "Temos a ideia errada de que, quando um padre visita um doente,

testamentos medievais: a profissão de fé, a confissão dos pecados, o perdão dos sobreviventes, as disposições piedosas, a recomendação da alma a Deus e a eleição da sepultura.

Além da simplicidade familiar com a morte, outra característica medieval era a publicidade. A morte era um fato social, e em torno dela se organizava publicamente o cerimonial fúnebre. A socialização ocorria desde o nascimento, sendo pouco comum ficar só, talvez porque as pessoas dependessem umas das outras mais do que hoje para se defenderem das forças implacáveis da natureza, contra a qual só conseguiam, quando muito, vociferar em conjunto e suplicar amparo e proteção de forças divinas.

> *Não só todos morriam em público, como Luís XIV, mas também a morte de cada um constituía acontecimento público que comovia, nos dois sentidos da palavra – o etimológico e o derivado –, a sociedade inteira: não era apenas um indivíduo que desaparecia, mas a sociedade que era atingida e que precisava ser cicatrizada.*[15]

A morte não era tratada como um drama pessoal. Nessa morte simples e aparentemente pacífica, o quarto do morrente se convertia em um lugar público no qual mesmo as crianças circulavam livremente. Norbert Elias[16] assim como Michel Vovelle[17] viram com

---

as pompas fúnebres vêm em seguida. Isso não é verdade. O padre pode ajudar o enfermo . . . É o mesmo Jesus que chega para aliviar o doente, para lhe dar forças, esperança, ajudá-lo". Fonte: https://www.correiobraziliense.com.br/app/noticia/mundo/2014/02/26/interna_mundo,414882/papa-francisco-uncao-dos-enfermos-nao-significa-preparacao-para-a-morte.shtml.

15 Ariès, P. (1981). *O homem diante da morte, op. cit.*, pp. 612-613.

16 Elias, N. (2001). *A solidão dos moribundos, seguido de "Envelhecer e morrer"*. P. Dentzien (Trad.). Jorge Zahar.

17 Vovelle, M. (1991). *Ideologias e mentalidades, op. cit.*

desconfiança essa imagem da morte natural, pacífica e aceita sem temor ou apreensões. Elias, por exemplo, sublinhou que, se por um lado, a morte na Idade Média era realmente um tema mais aberto e familiar do que hoje, por outro, é difícil imaginar que morrer fosse mais fácil, afinal, morria-se, de modo geral, em grande tormento físico e emocional por receio das punições no Além, "com tais imagens aterrorizantes diante dos olhos, uma morte pacífica não pode ter sido fácil".[18] Certamente o que fazia toda a diferença era o fato de que o agonizante morria no ambiente familiar e contava, muito mais do que hoje, com a presença dos familiares, amigos ou até mesmo da comunidade inteira.

Entretanto, ao acreditarmos em Ariès, as imagens terroríficas do fim nem sempre estiveram presentes ao pé do leito de morte. Até o século XI, prevalecia uma concepção escatológica coletiva de humanidade que pouco levava em conta a biografia particular de cada um. Aqueles que dormiam em paz nas terras da Igreja esperavam o fim dos tempos sem temer a severidade do Juízo Final. A morte era o sono dos justos à espera da ressurreição. Adormecidos, eles aguardavam a volta de Cristo e o despertar em uma ressurreição gloriosa no Paraíso, sem julgamento ou condenação. Esse era o destino de todos os cristãos piedosos em paz com a Igreja.

Entre os séculos XI e XII, começou, aos poucos, a predominar na mentalidade dos ricos, poderosos e letrados as preocupações com o destino que os aguardava. Elevou-se, nesses, uma certa noção de individualidade em detrimento da ideia de destino coletivo da espécie. Cada qual era possuidor de uma história pessoal que seria submetida ao julgamento no fim dos tempos, no qual uma corte divina de justiça avaliaria os feitos de cada alma, registrados no "livro da vida", e separaria de forma definitiva os justos dos malditos.

---

18 Elias, N. (2001). *A solidão dos moribundos, seguido de "Envelhecer e morrer", op. cit.*, p. 23.

O "livro da vida" é uma biografia e, ao mesmo tempo, um livro de contas que determinará o destino pessoal de cada um.

A concepção de vida como biografia assinala uma mentalidade nova acerca da existência manifestada paradoxalmente no momento da própria morte; aos poucos, dará um sentido mais dramático e pessoal à morte e, por consequência, ao modo de se interpretar a vida. Trata-se do pré-anúncio de uma concepção de teor mais individualista que se firmará no fim da Idade Média; e ainda o esboço da crise que derrubará a sociedade feudal e seus valores cavalheirescos e eclesiásticos.

No século XV, fim da Idade Média, as pessoas já estavam habituadas à questão da própria morte e destinação no Além; cada qual se preocupava com sua existência e com o fechamento de sua conta na hora final. O drama do juízo no fim dos tempos se deslocou para o quarto do morrente, esvaziando a importância da ressurreição da carne: Deus ou o Diabo consultam o livro à cabeceira do agonizante enquanto disputam sua alma, cujo destino seria decidido ali mesmo, no momento da morte física, e não mais no Além. Nos livros de devoção popular da época – chamados de *Ars moriendi* ("A arte de morrer") –, a rica iconografia expressava um tipo de mentalidade pedagógica com foco no indivíduo; aparece a ideia da última prova, a "última tentação", apresentada ao doente *in hora mortis*, e sua atitude neste instante final dará a sua biografia o grande fechamento que sobrepujará as ações boas ou más que tiver realizado ao longo da vida. A representação tradicional da morte no leito se junta agora à do juízo individual de cada pessoa. O Além, que antes não inspirava medo, tornou-se povoado por imagens de suplícios eternos que invadiam o instante da própria morte, momento da decisão suprema em que o agonizante, elevado à condição de ator principal, pode tudo ganhar ou tudo perder.

Na rica produção artística da época, as preocupações com a questão da morte e a fascinação pelas representações realísticas da dissolução do corpo humano eram temas recorrentes. A irrupção do macabro nas artes surgiu no declínio da Idade Média e após o surto de peste negra, a terrível pandemia responsável por dizimar um terço da população europeia no século XIV. Em plena crise feudal, a peste não encontrou resistências e se propagou rapidamente em uma população já fragilizada pelas guerras, fome generalizada – decorrente da instabilidade política e econômica que afetava o cultivo dos alimentos – e precárias condições de saúde, habitação e higiene. Tantos mortos em tão pouco tempo impediram a adequada ritualização e destinação dos cadáveres que se acumulavam e apodreciam empilhados enquanto aguardavam o destino final, seja na fogueira, em alguns lugares, seja no enterro coletivo em lugares não previstos. Segundo Vovelle,[19] a população, em pânico, partia em busca de explicações e de bodes expiatórios (como ainda acontece hoje), inflamada pelos fanáticos de plantão encarnados, na época, pelos Flagelantes que tocavam o terror com a ideia de pecado, castigo e chegada do fim dos tempos. O discurso de ódio dos Flagelantes incitou a população contra os judeus e outros grupos minoritários acusados de serem os responsáveis pela propagação da peste negra. De forma menos drástica, o pânico gerou também reações inusitadas, como as epidemias de dança nas quais homens e mulheres se sacudiam dias inteiros até a exaustão, a fim de tentar escapar do ataque inesperado da doença.

Os traumas coletivos da "morte negra" encontraram na arte um modo de tratamento possível nos moldes dos temores e fantasmas da época. Nas artes macabras,[20] não há lugar para velamentos ou pudores, e as figurações começam após a morte e param no esqueleto

---

19 Vovelle, M. (1974). *Mourir autrefois: Attitudes collectives devant la mort aux XVIIe et XVIIIe siècles*. Paris: Gallimard/Julliard.

20 A origem e sentido do termo "macabro" podem estar associados ao nome dos santos Macabeus, segundo Ariès (1981). Por volta do século XIV, raramente se usava o termo "cadáver", e sim "Macabeus". Os santos Macabeus eram há muito

dessecado, não poupando os detalhes repugnantes da carniça em decomposição. Essas imagens terrificantes influenciarão os fabricantes de túmulos, as obras de arte, as ilustrações dos livros destinados aos devotos, em especial o ofício dos mortos, e, ainda, a produção de pequenas joias-lembranças.

De pleno acordo com os tratados da época sobre a preparação para a última hora, pequenas joias no formato de pequeno caixão, túmulo ou esqueleto eram confeccionadas para ornar a intimidade dos ricos e lembrá-los da brevidade da vida. O *memento mori* ("lembrai-vos da morte" ou "lembrai-vos que vais morrer") tinha como função menos assustar do que convidar à humilde meditação sobre a condição de ser mortal, exortando o proprietário da joia à preparação para a morte, ao desprezo pelas coisas terrenas e a meditar sobre o encontro com Deus.

Nenhum tema da rica iconografia macabra alcançou tanto sucesso quanto o da "dança macabra" (Figura 1.2). Espalhada por quase toda a Europa, a arte cobriu afrescos decorativos de muros de igrejas a cemitérios. A imagem da dança apresenta uma ronda em que se alterna um casal, um vivo estupefato e um morto animado. Quem conduz a dança é um morto – figura putrefata e assexuada –, que parece ser o único a se divertir e que dança chamando os vivos relutantes a participar. O objetivo moral é lembrar sobre a incerteza da última hora e a igualdade diante da morte que arrebata príncipes, camponeses e o prelado. A morte niveladora empurra todos para o mesmo destino. Para além da questão moral, a dança também pode ser lida como um manifesto da cultura popular contra o rígido sistema hierárquico da época. Entre risos e zombarias, os artistas do povo se apoiaram na morte para criticar e "inverter simbolicamente a hierarquia dos poderes".[21]

---

cultuados como patronos dos mortos por terem realizado as primeiras orações e oferendas por sua intercessão. Conferir na Bíblia: Macabeus, 12: 38-45.

21 Vovelle, M. (1991). *Ideologias e mentalidades, op. cit.*, p. 148.

Figura 1.2. *Pormenor da Dança Macabra* (1539), afresco decorativo no lado exterior da igreja de San Vigilio (Pinzolo, Itália).[22]

A arte macabra expressa um sentimento novo, uma mensagem diferente das *ars moriendi*, apesar de serem contemporâneas. Há o retorno de uma reflexão que já havia inspirado os artistas romanos séculos antes: a ideia de que, diante da constatação da fragilidade da vida humana, resta exaltar o *carpe diem* ("aproveite o dia"). Nos séculos XI e XII, em meio às preocupações com a salvação ou danação da alma, surgem reflexões sobre as vãs ambições e vaidades da vida terrestre. Os poetas latinos, os monges nos claustros e, mais tarde, os monges mendicantes lembram sem cessar a transitoriedade da vida e das conquistas, bem como as grandes vaidades que ameaçam a alma, ou seja, o poder, a beleza e a riqueza.

Os pregadores e moralistas se serviam dessas imagens para impressionar, comover e converter os vivos, inspirando-lhes horror diante da morte. Já os poetas estabeleciam uma associação entre as matérias e líquidos expulsos diariamente de nossos corpos com a decomposição do cadáver: "Considerai o que se esconde nas narinas, na garganta, no ventre: sujidades em toda parte . . .".[23] A velhice e a

22 Fonte: https://commons.wikimedia.org/wiki/File:Pinzolo_San_Vigilio_Au%C3%9Fenfresken_2.jpg

23 Odon de Cluny, século XI, como citado em Ariès, P. (1981). *O homem diante da morte*, *op. cit.*, p. 118.

doença eram transbordamentos da podridão interior que se apoderava do corpo. Uma repulsa não tanto pela aparência externa do corpo ancião ou doente, mas principalmente pelas substâncias que emanam de dentro do organismo, um interior descoberto e ampliado pelas imagens realistas e brutais do cadáver decomposto. Em suma, a morte sempre esteve presente; ela habita o próprio interior da vida e é uma ameaça constante.

Se no final da Idade Média as imagens da morte física substituíram a do Juízo Final, o homem dessa época se defrontava com novas exigências, das quais começava a tomar consciência. De um lado, o sentimento da morte em vida inspirou o ascetismo religioso; por outro, acabou por valorar o gozo da vida terrestre. Ora, em vez de o macabro provocar apenas temor e renúncia aos prazeres da vida, ele acabou por suscitar (como não poderia deixar de ser) o desejo ávido por gozá-la intensamente, um apego apaixonado pelas coisas que resistiam ao aniquilamento causado pela morte. Alguns, mesmo sob a ameaça do inferno, não abriam mão de seus tesouros, levando para o túmulo sacos com moedas de ouro.

A consciência de si mesmo e da biografia confundiu-se com um amor exaltado às coisas terrenas. A morte deixou de ser sono, repouso, ou ainda balanço ou conclusão de uma pessoa cujos atos bons ou maus seriam submetidos ao julgamento final; ela agora se traduz como sofrimento, dissolução física e separação dolorosa dos bens acumulados e das pessoas queridas: "Deslizou-se, assim, ao mesmo tempo, tanto nas representações religiosas como nas atitudes naturais, de *uma morte consciência e condensação de uma vida, para uma morte consciência e amor desesperado dessa vida*".[24] A morte macabra se situa, assim, no cerne de um lento movimento em que uma relação e preocupação mais individualista com a vida começa a se manifestar, especialmente entre os instruídos.

---

24 Ibid., p. 148, grifo do autor.

A morte de si mesmo torna-se dali em diante uma preocupação individual, mas ainda partilhável socialmente, pois, conforme já dito, a morte era um assunto bem mais familiar e aberto que hoje. Uma das consequências mais importantes dessa nova concepção foi dar à solenidade dos ritos de morte no leito, entre as classes letradas, um caráter dramático, com inflação de gestos e cerimoniais que até o fim da Idade Média não existiam. Esta transformação reforçou o papel do agonizante na condução das cerimônias de sua própria morte, determinando suas vontades. Uma questão à qual retornaremos mais adiante.

Nascida de uma antiga concepção escatológica coletiva da morte, a "morte de mim mesmo" convidava à reflexão e à preparação para o fim, mesmo quando suscitava também o apego apaixonado pela vida. Aos poucos, essa concepção foi suplantada por outra, que deslocará o foco das atenções e preocupações da "morte de mim mesmo" para a "morte de ti".

1.2 *Memento illius* ou lembrai-vos dos mortos

No século XVIII, os Estados europeus passaram por profundas modificações de ordem econômica, política, social e religiosa, decorrentes tanto da Revolução Francesa e Industrial quanto como da reforma religiosa. Em paralelo, ocorreu o desenvolvimento do capitalismo industrial e a ascensão da classe social que lhe era correspondente, a burguesia, o que provocou profundas modificações na organização da sociedade. Um cenário político menos absolutista, mais democrático, e uma estrutura social menos rígida favoreceram o fortalecimento dos valores e ideais individualistas que, aos poucos, influenciaram os modos de ser no laço social; surgiu, assim, no lugar da figura de Deus, o "indivíduo absoluto",[25] que se tornou progressivamente o

25 Watt, I. (1990). *A ascensão do romance – Estudos sobre Defoe, Richardson e Fielding*. H. Feist (Trad.) (p. 56). Companhia das Letras.

centro de referência do mundo moderno ocidental, sobrepondo-se à tradição ou às normas coletivas.

O ideário individualista encontrou sua voz literária e artística no Romantismo, que, enquanto movimento, foi um marco do inconformismo da época, apresentando, assim, um sentido muito mais interessante e amplo do que se entende hoje. Nascido na Alemanha nas últimas décadas do século XVIII, o movimento Romântico foi responsável não só por refletir mas também por engendrar uma nova onda de sensibilidade passional como reação à estética literária neoclássica, à filosofia racionalista e à objetividade do Iluminismo. Em sua origem, o movimento questionava o rígido sistema de poder tradicional – sustentado pela aristocracia e pelo clero –, que teve consequências importantes para os arranjos na vida social e, é claro, para o tradicional sistema de morte.

A literatura romântica recusava o tom genérico ou universalista da estética anterior para traduzir com maior liberdade as percepções subjetivas da realidade, uma construção cuja tarefa dominante era afirmar o *eu* e suas expressões emotivas. Assim, produz-se o sujeito romântico movido por "tormenta e ímpeto" – *Sturm und Drang*, no original em alemão, o mote do movimento literário romântico –, cindido por forças irracionais, contraditórias e conflitantes. Esse sujeito se faz representar por um eu-lírico transbordante de imaginação, afetos desmesurados e tormentos que subvertem a ideia cartesiana de um eu-senhor de sua própria morada, sede da lógica racional e da reflexão. Se, por alguma razão, esse sujeito se vê abalado por algum conflito ou dor insuportável que ameace a integridade do *eu*, a saída quase sempre buscada é a evasão para um mundo de sonhos idealizados, como a natureza, a infância, a imaginação, o ópio, o álcool ou . . . a morte. A morte certamente ocupa um lugar privilegiado no anseio de escapismo do imaginário romântico; é o seu porto seguro, estratégia favorita para fugir das dificuldades e dilemas existenciais. Em outras palavras, é como se o pensamento romântico interpretasse as impossibilidades da vida como um fracasso pessoal reversível em um mundo além, lugar idealizado, onde o encontro com o objeto-felicidade seria não apenas possível, mas também duradouro.

Essas ideias são magistralmente exploradas na obra inaugural do Romantismo, *O sofrimento do jovem Werther*,[26] escrita por Goethe e publicada em 1774. Obra-prima da juventude do autor, o romance narra o drama de um jovem apaixonado por uma mulher comprometida com outro. Baseado em um acontecimento real poetizado por Goethe, o desfecho trágico da história foi associado a uma onda de suicídio entre os jovens europeus.

> *Está decidido, Carlota, quero morrer, e escrevo-te sem nenhuma exaltação romanesca, sossegado, na manhã do dia em que te verei pela última vez. . . . Não é desespero, é a certeza inabalável de que termino minha carreira e me sacrifico por ti. Sim, Carlota! Por que eu haveria de ocultá-lo? Um de nós três tem de morrer, e eu quero ser eu!.*[27]

Se, no limiar do século XVI, o príncipe Hamlet lamentava que o suicídio fosse um pecado punido com a danação eterna, Werther propõe o ato suicida sem qualquer menção ao inferno, apesar de se declarar um cristão devoto. Na voz dos *Stürmers* (isto é, dos adeptos

---

26 Segundo Marcelo Backes, em prefácio da obra consultada para o português, no romance, tudo "é construído para afirmar o sujeito. . . . E Werther torna-se, assim, o primeiro romance da História da Literatura Universal em que um personagem vai em busca do absoluto através de suas próprias experiências e vivências íntimas neste mundo, através do amor ao próximo e do amor à natureza" (Goethe, J. W. von (1774/2011). *Os sofrimentos do jovem Werther*. M. Backes (Trad.; org.) (pp. 8-9). L&PM. pp. 8-9).

27 Ibid., pp. 147-148.

da "tormenta e ímpeto") o suicídio é menos um ato de fraqueza – a "retirada fácil dos covardes", como tenderiam a pensar os homens das luzes – do que uma saída nobre de uma situação percebida como insolúvel de outra maneira e que, como veremos adiante, encontrava-se igualmente amparada em uma representação da vida após a morte na qual um paraíso antropomorfo restituiria, na eternidade, os amados perdidos.

De fato, as representações da morte no Romantismo assumiram um sentido novo: a morte passou a ser exaltada e até mesmo almejada ardentemente, na medida em que, paradoxalmente, as pessoas deixam de lado as preocupações com a preparação do próprio fim para se voltarem para a finitude alheia. Porém a fascinação dos românticos pela morte difere significativamente daquela da era macabra, que se centrava nas representações realistas da decomposição depois da morte. A retórica romântica não apenas deslocou os discursos e figurações sobre o fim para o momento da pré-morte – para a agonia no leito e dor daqueles que se despedem – como ainda recobriu com palavras e imagens poéticas a angústia despertada pelo medo da morte.

A morte sublime é um tema recorrente nos romances e poemas da época. No belíssimo "Ode ao rouxinol",[28] o canto do pássaro que celebra o verão suscita apaixonadas reflexões sobre a morte, *la belle dame sans merci*[29] por cujos braços o poeta John Keats[30]

---

28 Keats, J. (1819/2010). Ode to a Nightingale. In *Ode sobre a melancolia e outros poemas*. P. E. S. Ramos (Org. e Trad.) (p. 60). Hedra.

29 Referência ao célebre poema "La belle dame sans merci" (A bela dama sem misericórdia), escrito por John Keats em 1819.

30 John Keats (1795-1821) foi um poeta romântico inglês lamentavelmente abatido pela tuberculose aos 25 anos. Chamada o "mal dos poetas", a tuberculose ceifou outros gênios românticos de seu tempo, como Lorde Byron, Schiller e, entre nós, Castro Alves, Artur Azevedo . . . A obra de Keats, no entanto, conferiu a ele um túmulo duradouro, sendo considerado, ainda hoje, um dos poetas mais amados da língua inglesa.

anseia dissolver-se docemente, dissipando toda a fadiga, febre e desencantos da vida.

> *Às escuras escuto, e muitas vezes,*
> *Quase que enamorado da tranquila Morte,*
> *Doces nomes chamei-lhe em versos meditados,*
> *Para que dissipasse no ar o meu alento;*
> *Agora como nunca eu acho que morrer é uma riqueza:*
> *Findar à meia-noite sem nenhuma dor.*[31]

A complacência com a morte no Romantismo tem suas raízes no pensamento iluminista de Rousseau, cujo mito contrastou a vida simples do homem do campo com o que considerava a vida degradada nas cidades. Para o filósofo, o campo era o lugar ideal onde ainda se preservava uma atitude simples e familiar para com a morte, enquanto, nas cidades, o homem rico e instruído havia desfigurado esse modelo graças à sua submissão ao clero e aos moldes educacionais que o tornaram mais preconceituoso e sensível. O homem das luzes manifestava o desejo de libertação desse sistema, visando a recuperar a significação e as virtualidades da morte no campo, que era percebida, nostalgicamente, como simples e familiar, promessa de "doçura narcótica" e "paz maravilhosa" que se almejava encontrar.[32] Os tempos românticos aproveitaram bem a proposta iluminista de recusa das superstições e da pastoral terrorífica de

31 No original: "Darkling I listen; and, for many a time/ I have been half in love with easeful Death,/ Call'd him soft names in many a mused rhyme,/ To take into the air my quiet breath;/ Now more than ever seems it rich to die,/ To cease upon the midnight with no pain". (Keats, J. (1819/2010). Ode to a Nightingale, *op. cit.*, p. 61.

32 Ariès, P. (1981). *O homem diante da morte*, *op. cit.*, p. 447.

preparação para a morte, porém fizeram do momento final algo impensável para os homens das luzes: ele será transformado em uma verdadeira "apoteose barroca", com grandes cerimônias fúnebres e manifestações dramáticas de luto – trata-se aqui, evidentemente, do luto burguês; aos desafortunados, restava a curiosidade por assistir ao desenrolar dessas grandes encenações.

O luto romântico burguês é vertiginoso, contagiante. O sentimento do outro alcançou uma primazia inédita a ponto de deslocar os cuidados com a própria morte para o cuidado e preservação de um outro cuja perda tornaria insuportável a vida de quem fica. A separação e a saudade, mais deploráveis do que a morte em si, inspirarão prolongadas expressões de pesar, o cultivo privado das lembranças, as peregrinações ao cemitério, o culto público dos mortos, a veneração do túmulo e de tantos outros signos do morto (o quarto, os objetos pessoais, os lugares por onde passou, as imagens fotográficas etc.).

Por essa época, comenta Ariès,[33] difundiu-se o hábito de confeccionar joias portáteis não somente para fixar a lembrança do morto, mas para guardar um fragmento de seu corpo, um cacho de cabelo, por exemplo. As pequenas joias macabras do fim da Idade Média foram substituídas pela lembrança do defunto. Ou, de outra forma, o *memento mori* ("lembrai-vos da morte" ou "lembrai-vos que vais morrer") foi deslocado pelo *memento illius* ("lembrai-vos de", em tradução literal do latim) repetido na oração eucarística da missa católica: "Lembrai-vos também dos nossos irmãos e irmãs que partiram desta vida[34] . . .". No início do século XX, surgirá o "santinho", um pequeno folheto – contendo foto, orações e algumas palavras sobre o defunto – distribuído ainda hoje, embora com bem

33 Ibid.

34 https://www.liturgiacatolica.com/oracao-eucaristica-ii.html

menos frequência, entre familiares e amigos no velório, missa de 7º dia ou por ocasião das visitas aos familiares.

Nas sociedades tradicionais da época medieval, o campo afetivo se irradiava para muito além do círculo familiar nuclear, visto que a própria disposição do plano habitacional favorecia a proximidade e a solidariedade entre parentes e vizinhos. A privacidade (ou intimidade) era raramente experimentada, uma vez que o grupo social se sobrepunha às noções de família e de indivíduo. A consolidação dos valores burgueses, de caráter mais individualista, separou e opôs o grupo familiar nuclear ao grupo social, restringindo o espaço domiciliar aos membros mais próximos. A afetividade passa a se concentrar, desde a infância, apenas em algumas pessoas (familiares e amigos) cujos desaparecimentos desencadeariam dramáticas reações. A família assume o lugar de afetividade absoluta, substituindo, ao mesmo tempo, a comunidade e o próprio sujeito: "A morte de si mesmo já não tinha sentido. O medo da morte, gerado pelos fantasmas dos séculos XVII e XVIII, foi desviado de si mesmo para o outro, o ser amado".[35]

O Romantismo irá misturar a antiga representação da morte como repouso da escatologia cristã com ideias novas de paz e reunião dos seres que se amaram em vida, abolindo qualquer temor ou menção ao julgamento final. Em *Os sofrimentos do jovem Werther*, já encontramos a crença inabalável na morte-felicidade, passaporte para o reencontro imediato com Deus e com os queridos: "Vou ter com meu Pai, com teu Pai. Queixar-me-ei a ele, e ele haverá de me consolar até tua chegada, quando voarei ao teu encontro, cingir-te-ei, ficando unido a ti em presença do Eterno, num abraço infinito".[36]

Nos testemunhos da época, cartas e documentos revelaram a mesma fascinação pela morte, a mesma esperança de reencontros

35 Ibid., p. 666.

36 Goethe, J. W. von. (1774/2011). *Os sofrimentos do jovem Werther, op. cit.*, p. 165.

imediatos no além. O caso paradigmático narrado por Ariès[37] é o de uma família aristocrata francesa, os La Ferronays, cuja história familiar, publicada sob o título *Récit d'une soeuer* em 1867, foi recontada por Pauline de La Ferronays a partir de cartas, diários íntimos e recordações. Na pena da narradora, a morte é o protagonista principal, o significante-mestre que constela o drama de familiares e até de amigos. Assim como uma moderna blogueira, Pauline não hesita em expor ao público detalhes dos acontecimentos e sentimentos mais íntimos que acompanharam a vida, a doença, a agonia final e os grandes ritos litúrgicos de cada morte. Mas não se trata apenas de vontade de fama; a própria escrita e sua publicação parecem lhe servir de consolo ab-reativo e participar da elaboração de seu luto: "pensar neles e deles falar me foi grato desde que eles não estão mais aqui . . .".[38]

Nessa família burguesa obcecada pela morte, o arrebatamento amoroso é tanto mais sublime quando conjugado à vida além do túmulo. Albert, irmão de Pauline, escreveu à então noiva Alexandrine: "eu lhe juro que, quando estou perto de você, o que sinto me parece ser um presságio de uma outra vida. Como é que emoções desse gênero não ultrapassam o túmulo?".[39] Pauline dedicou uma parte significativa de suas memórias a recontar a breve vida do irmão, sobretudo sua agonia e morte. O processo de morte dele por tuberculose foi diligentemente registrado pela esposa Alexandrine em seu diário. É dessa fonte que Pauline recolhe e registra alguns dos comentários que hoje provocariam calafrios, mas, sob a pena da recém-viúva, tornam-se sublimes: "Seus olhos, já fixos, tinham-se voltado para mim . . . , e eu, sua mulher, senti o que jamais teria imaginado, senti

---

37 Ariès, P. (1981). *O homem diante da morte, op. cit.*

38 La Ferronays como citada em Ariès, P. (1981). *O homem diante da morte, op. cit.*, p. 451.

39 Ibid., p. 453.

que *a morte era a felicidade* . . .".[40] Em outra passagem, ressalta-se a felicidade da morte como reencontro imediato no Paraíso:

> *Fechei os olhos e minha alma se encheu de uma doçura . . ., e imaginei . . . a minha morte: um instante de noite fechada e dentro dessa noite, sentindo a presença de um anjo, vendo também indistintamente uma espécie de brancura, e esse anjo me conduzindo a Albert. . . . E nossos corpos eram transparentes e dourados.*[41]

O túmulo de Albert logo se converteu no destino de uma peregrinação familiar diária durante a qual rezam pela paz de sua alma e, paradoxalmente, também pedem que ele interceda por aqueles que o amaram. A pedido de Alexandrine, uma cova é aberta ao lado da de Albert; planejava uma única laje que pudesse cobrir os dois túmulos. Satisfeita, ela devaneia enquanto contempla com alegria aquele espaço ainda vazio. Nos próximos dez anos da vida que lhe restavam, a jovem viúva se manteve reclusa. Nesses tempos de luto apaixonado, apesar de essa atitude radical contrariar os ensinamentos da doutrina cristã e provocar questionamentos, preponderava-se a ideia do pesar profundo como integrante da natureza da viúva, dali até o resto de sua vida seria triste, nos moldes do luto da era vitoriana. Quando chegou a hora de Alexandrine, também em decorrência da tuberculose, a família se reuniu em torno de seu leito para a cerimônia de adeus. Pauline narra seus últimos momentos:

> *Quando pensávamos que já estivesse inconsciente, ainda avançava os lábios para beijar o crucifixo. Enfim, deixa*

40 Ibid., p. 457, grifo do autor.

41 Ibid., p. 458.

> *de respirar às oito e meia. Que anjo! Estava reunida para sempre com seu Albert, com todos os nossos queridos santos . . ., e chorávamos apenas por nós mesmos.*[42]

Ora, se a doença e a morte são obstáculos a se interpor entre o amante e o objeto amado, a recompensa virá das promessas de restabelecimento dos laços rompidos. Devotos e secularizados, livres das ameaças escatológicas do passado, reinventam a ideia de Paraíso como lugar bem-aventurado onde as afeições terrenas se reencontrarão e perdurarão por toda a eternidade. A morte não é mais separação, mas comunhão, restituição, *bonheur*, a felicidade, o bom encontro, a boa hora. De outro modo, no céu dos românticos, a relação sexual não apenas é possível, mas está garantida por toda a eternidade, porém, sem um corpo do qual se possa gozar.

A complacência romântica com a morte preservou por um tempo a coexistência entre amparo ao agonizante, a dor efusiva dos familiares, presença de amigos e vizinhos, a solenidade dos ritos e o consolo aos enlutados. A sentimentalidade romântica se somava à tradição religiosa e às crenças espiritualistas que se propagavam na época, recobrindo de poesia, beleza e doçura a dor das últimas horas, momento crítico para o agonizante e para aqueles que junto ao leito testemunhavam o fim sem poder impedi-lo. A beleza retórica das palavras era um recurso contra o medo de morrer e a angústia da separação, um dique civilizatório erguido para velar uma das mais implacáveis e misteriosas leis da natureza. Frágil, esse dique logo mais não se sustentará. A imagem de uma morte domada pela retórica romântica será suplantada por uma outra versão em que a complacência se converterá em tabu, e a piedade em repugnância.

---

42 Ibid., p. 466.

1.3 *Keep busy, don't think* ou ocupar-se é preciso; pensar, não

A morte selvagem

Do ponto de vista histórico, Ariès[43] localizou a reviravolta brusca na relação com a morte no período pós-Primeira Guerra Mundial. Ele chamou de "selvagem" essa nova atitude que inverteu completamente as relações com a morte até então tomada como uma passagem sagrada, social e pública. Consideramos que a atual selvageria é efeito da dessacralização da morte, logo desritualização que esvaziou a participação do público.

Na entrada do século XX, já se sentia o declínio do poder das instituições religiosas sobre os Estados e sobre a organização da vida social, mas, até aquele momento, ainda se preservava a tradição dos ritos de morte (funerais, sepultamentos e luto), bem como o cuidado dos agonizantes em casa. A Primeira Guerra Mundial, com tantos mortos em tão pouco tempo, em meio às severas dificuldades econômicas, impôs uma revisão da tradição ritual. Porém nenhum fator causou tanto abalo no sistema tradicional de morte quanto os avanços notáveis ocorridos no campo das ciências tecnológicas e médicas. Em pouco tempo, o discurso científico endossado pela necessidade de fortalecimento dos Estados destituiu o discurso religioso oficial, transformando o modo de tratar os enfermos e os enlutados.

Um marco importante desse desenvolvimento foi o deslocamento dos doentes para os hospitais, que se tornou o lugar de morte. O cuidado em casa tornou-se impossibilitado desde que o discurso científico da saúde impôs a necessidade de maior disciplina na assepsia do corpo e do ambiente residencial. Os sentidos, como aponta o autor, ficaram cada vez mais sensíveis e intolerantes aos maus odores, à imagem de deterioração física e ao sofrimento dos

43 Ibid.

doentes. Além disso, nos grandes centros industrializados, a entrada progressiva das mulheres no mercado de trabalho bem como os novos arranjos de moradia que comprimiam famílias inteiras em pequenos apartamentos ou mesmo em um único cômodo restringiram sobremaneira o cuidado domiciliar de um enfermo grave.

Quando a morte foi transferida para o hospital, a assistência aos doentes passou dos familiares para as mãos habilidosas dos profissionais da saúde. Medicamentos e outras medidas de conforto certamente abrandaram, em grande parte, o sofrimento que envolve o processo de morrer, porém, em contrapartida, passou-se a morrer de forma solitária, acompanhado apenas por estranhos, privado do afeto, das confidências e acertos que ocupavam, consolavam e distraíam as últimas horas. Para a maioria, a equipe de enfermagem se torna a única testemunha da última passagem e a principal responsável pela preparação do corpo pós-morte.

Por muito tempo, o homem foi "o senhor soberano de sua morte e das circunstâncias das mesmas".[44] Cabia a ele presidir a cerimônia, fazendo suas recomendações, mesmo quando era muito jovem. Ele sabia do fim e, mesmo que se afligisse com sua aproximação, ou por essa mesma razão, cuidava de se preparar em vez de emudecer e fingir que estava só doente. Um contraste em relação aos tempos atuais em que a maioria renuncia voluntariamente ao direito de saber e de exercer suas vontades, delegando à família a tarefa de assumir integralmente a responsabilidade pelo cuidado. Esse acordo, feito de silêncios e dissimulações, encontra reforço no discurso da ciência que, na tentativa de enquadrar o real, faz acreditar ser possível sempre disfarçar a morte pela doença. Mas já não seria o silêncio a própria morte?

No meio hospitalar, a morte como desfecho pode ser julgada como imperícia passível de punição, seja por meio da violência

---

44 Ibid., p. 215.

praticada (principalmente, mas não só) contra os profissionais em unidades públicas de urgência e emergência, seja por meio de registros de denúncias e processos que, segundo o Conselho de Medicina de São Paulo (Cremesp), só em São Paulo aumentaram exponencialmente nas últimas décadas.[45]

Paradoxalmente, nem o mutismo que cerca a morte, nem sua medicalização, nem mesmo sua banalização (outro modo de reduzi-la a um evento insignificante) foram capazes de aplacar o medo que sentimos dela. No próprio espaço hospitalar, transvestida de técnica médica, a imagem da morte nos assusta: indivíduos inconscientes e sustentados por tubos esperam, por tempo indeterminado, o fim. Uma imagem que desperta em nós tanto calafrio quanto os *trespassados* da Idade Média que surpreendiam os vivos nas cercanias de cemitérios e encruzilhadas.

A morte expropriada, longa, sofrida e solitária nos hospitais elevou a ideia de "morrer como um passarinho" ou morrer dormindo – a morte instantânea, indolor, sem dar trabalho – ao tipo ideal de desaparecimento, em completa inversão ao modelo da Idade Média: "O que chamamos hoje de boa morte, a bela morte, corresponde exatamente à morte maldita de outrora, a *mors repentina et improvisa*, a morte não percebida".[46]

Retirados os véus que encobriam de retórica – romântica para alguns, religiosa para outros – o fim da vida, este virou um espetáculo de repugnância e horror. A higiene, um grande valor burguês, aliou-se à ordem moral: casa limpa e corpo limpo são sinônimos de sanidade e bem-estar. Tornou-se indecente expor ao público a visão dos excrementos, da decrepitude física do corpo envelhecido ou adoecido, os odores e estertores de agonia. Elementos ressaltados

45 Ver: http://www.cremesp.org.br/novaHome.php?siteAcao=Imprensa&acao=crm_midia&id=216.

46 Ariès, P. (1981). *O homem diante da morte, op. cit.*, p. 641.

por Tolstói[47] na obra visionária *A morte de Ivan Ilitch*, que, sem rodeios nem floreios, descreve os momentos finais do burocrata burguês Ivan Ilitch: "Medidas especiais tiveram que ser tomadas para ajudar na sua evacuação, o que era um constante sofrimento para ele; sofrimento pela sujeira, pela inconveniência e pelo cheiro e por saber que outra pessoa tinha que ajudar". Sensível ao clima de seu tempo, o grande escritor russo antecipou os sentimentos que se tornariam uma generalidade quase absoluta nos grandes centros urbanos: a face feia da morte que é preciso ocultar por ser suja, inconveniente, sofrida, perturbadora.

Em pouco tempo, desapareceram da literatura as dramáticas cenas de agonia nas quais personagens como Ivan Ilitch morriam no leito por causas naturais. Ora, desapareceram porque se tornou raro assistir a tais mortes tanto quanto velórios em casa. Em 1955, o antropólogo Geoffrey Gorer[48] lançou a célebre observação de que a morte havia se tornado o grande tema tabu do século XX.

Gorer foi pioneiro nas reflexões e pesquisas acerca das mudanças nas práticas, atitudes e representações coletivas da morte nas sociedades industriais, inspirando as pesquisas de Ariès, Vovelle e tantos outros. No breve ensaio *The pornography of death*[49] ("A pornografia da morte"), o autor marcou época ao apontar a virada discursiva que deslocou o interdito do sexo para o da morte. Por séculos, os órgãos genitais, a copulação e o nascimento lideraram a lista das coisas inomináveis, pelo menos na linguagem oficial, retornando clandestinamente em sonhos, fantasias, chistes e manifestos pornográficos. Durante a maior parte desse período, o morrer não era visto como tabu nem mesmo pelas crianças, que, em épocas

47 Tolstói, L. (1886/2009). *A morte de Ivan Ilitch*. V. Karam (Trad.) (p. 68). L&PM.

48 Gorer, G. (1955/1967b). The pornography of death. In *Death, grief and mourning: A study of contemporary society*. Doubleday AnchorBooks.

49 Ainda hoje inédito em português.

de grande mortandade, eram estimuladas a pensar sobre a própria morte, visitar e se despedir dos agonizantes, e participar de funerais.

No século XX, o sexo se tornou objeto de interesse, entrando no discurso oficial enquanto a morte tornou-se um assunto tabu, recebendo o mesmo tratamento antes dispensado à concepção e ao nascimento: "Aos nossos bisavôs era dito que os bebês eram encontrados em arbustos ou repolhos; aos nossos filhos se diz que quando alguém morre transforma-se em flores ou descansa em jardins encantados".[50]

Em uma interessante investigação sociolinguística, o autor propõe distinguir pornografia de obscenidade, para pensar o estatuto pornográfico da morte nos tempos atuais. "Pornografia" seria um termo em oposição ao pudor e a "obscenidade", um aspecto do decoro social. Todas as sociedades, cada uma a seu modo, elegem regras de decoro que, ao serem quebradas, tornam-se gafes, geram constrangimento ou riso. Nesse sentido, a obscenidade é universal, um aspecto do homem inserido em sociedade, predominantemente usufruída no campo social. Por suas características clandestinas e privativas, a pornografia é desfrutada na intimidade e encontraria melhor desenvolvimento em sociedades letradas. Assim, muito embora as fantasias subjacentes à pornografia possam ser geradas em qualquer sociedade, sua difusão dependeria da literatura. No entanto há exceções, pois imagens e artefatos podem igualmente expressar erotismo, basta lembrar da arte erótica japonês chamada de arte *Shunga* nascida no período Edo (1600-1868).

No início da década de 1960, Gorer[51] realizou uma ampla pesquisa em toda a Grã-Bretanha cujos dados confirmaram suas observações quanto às mudanças na relação com a morte: as crenças escatológicas

---

50 Ibid., p. 196.

51 Gorer, G. (1967a). *Death, grief and mourning: A study of contemporary society*. Doubleday Anchor Books.

haviam entrado em declínio; os ritos fúnebres se encontravam enxutos ou elididos (com preferência pela incineração dos corpos); a ocorrência majoritária da morte comum no hospital; a ignorância do doente em relação ao próprio diagnóstico; o isolamento social dos agonizantes e enlutados; o momento final desprovido da presença de familiares, mesmo quando se tratava da morte de uma criança; e o encontro de um número significativo de lutos patologizados ou "mumificados", nos termos de Gorer. Esses dados logo se tornaram uma realidade generalizada no Ocidente.

Em ensaio sobre a solidão dos morrentes, Elias[52] notou que o isolamento destes também é resultado da dificuldade de se lidar com a imagem física de um corpo que se esvai, um reflexo da morte em espelho que desperta angústia. Tendemos a escapar dessas situações e considerar quase "natural" deixar agonizante escondidos do convívio social, visíveis e falantes apenas para os profissionais ou os próximos que deles cuidam. A supressão das fórmulas rituais, que, no passado, orientavam como se portar nessas situações, também dificulta os contatos porque há o receio de se embaraçar ou se emocionar, e até mesmo de ser inconveniente ou invasivo. Não se sabe mais o que dizer ou fazer para confortar alguém nessas situações limites.

O agonizante perdeu o status social de outrora que conferia solenidade aos seus últimos momentos, pronunciamentos e dignidade, que se estendia à outra vida na qual se acreditava que este continuaria a existir, podendo até olhar pelos seus familiares. Hoje, o exílio forçado é uma experiência bem amarga para os agonizantes, pois "ainda vivos já haviam sido abandonados", observou Paul Ricoeur[53] em manifesto sensível contra a medicalização do morrer.

---

52 Elias, N. (2001). *A solidão dos moribundos, seguido de "Envelhecer e morrer"*, *op. cit.*

53 Ricoeur, P. (2012). *Vivo até a morte: Seguido de fragmentos*. E. Brandão (Trad.) (p. 12). Martins Fontes.

Aliás, o filósofo recusa enfaticamente o termo "moribundo" por considerá-lo uma imagem deturpada, que toma por "já-morto" aquele que vive ainda: "enquanto lúcidos, os doentes que estão morrendo não se percebem como moribundos como logo mortos, mas como ainda vivos, e isso aprendi com madame Hacpille meia hora antes de ela morrer".[54] Em vez de "moribundo", ele prefere a palavra "agonizante" na intenção de limpar um imaginário que, por contágio, faz do vivo um moribundo e de um moribundo, um morto. Agonizante é aquele que sofre, mas que se encontra "vivo-ainda" até o fim, e por isso deseja ser acompanhado sem o olhar de comiseração que avilta o que nele ainda persiste de dignidade. Ricoeur recupera, então, o "morrer-com" do passado, a morte acompanhada pela "presença fraterna dos verdadeiros próximos" capazes de oferecer nos últimos instantes um aperto de mão ou uma "palavra não médica, não confessional, poética e, nesse sentido, próxima do essencial, o agonizante não moribundo".[55]

Certamente a boa morte não se dá sozinha, ela depende de um esforço coletivo. Em raro livro sobre a história da morte no Brasil circunscrita ao século XIX, João José Reis[56] recupera, em um relato comovente, a "morte bonita" do passado que contava com a solidariedade dos vivos para se concluir:

> *Ao primeiro sinal de que alguém estava "se concluindo", os vizinhos vinham reunir-se ao agonizante e sua família. As mulheres se lançavam a muitas tarefas, cozinhando, lavando, fervendo e passando roupa para o doente, costurando sua mortalha. Ajudavam também no elaborado banho de água misturada a cachaça e álcool, no abanar*

54 Ibid., p. 12.

55 Ibid., p. 18.

56 Reis, J. J. (1999). *A morte é uma festa* (p. 101). Companhia das Letras.

> *e mover o acamado. Em meio à fumaça de incenso, os homens se reuniam na sala a conversar sobre doença e morte. Havia doentes "sem força para morrer", que necessitavam de um empurrão dos vivos, como a queima de velas, rezas, certas beberagens.*

Ocupar-se é preciso, pensar, não

É inegável que as grandes conquistas no campo social, econômico e político revolucionaram a vida humana a ponto de impactar as taxas de expectativa de vida e influenciar as mudanças nas atitudes diante da morte. Durante séculos, surtos de epidemias, guerras e más colheitas arrasaram populações, além de favorecer a sensação de desamparo e o recurso às forças divinas protetoras. Em sociedades consideradas mais desenvolvidas, o aumento de uma segurança relativa fez com que as pessoas tivessem, até certo ponto, maior senso de controle de suas vidas do que no passado. A vida tornou-se longeva, e a morte deixou de ser um fato corriqueiro, o que permitiu esquecê-la com mais facilidade em meio à intensa jornada atual de trabalho e outros afazeres.

Entretanto, conforme já dito, Vovelle[57] nos alerta que não se pode simplificar as transformações na relação com a morte ao peso do recuo da mortalidade, ou seja, ao fator demográfico. Todas essas mudanças envolvem um modelo complexo entre o nível material (o fator demográfico) e o nível ideológico presente nos discursos econômico, político, social, científico e religioso. Ou, de outro modo, a atual lógica do morrer medicalizado e a profissionalização dos cuidados (estendidos, hoje, até o funeral) se inscrevem em uma conjuntura na qual o fator material se entrecruza com o estado atual dos discursos que ordenam as realidades sociais, políticas e

---

57 Vovelle, M. (1991). *Ideologias e mentalidades, op. cit.*

econômicas em nossa civilização. Não é de nosso interesse explorar aqui a composição dos discursos proposta por Lacan no *Seminário 17*, mas apenas assinalar que tanto o discurso da ciência – que almeja um dia recobrir de todo o real com um saber absoluto e universal – quanto o discurso do capitalista – com seu empuxo ao individualismo, à produção, consumo, sucesso... – dominam os laços sociais contemporâneos, com efeitos disruptivos percebidos não só nas relações com os agonizantes e enlutados, mas nas relações em geral.

Hoje em dia, vivemos o tempo das lamúrias. Tornou-se comum queixar-se de solidão e desamparo no quadro da liquidez ou instabilidade no trabalho, na vida familiar e amorosa, na comunidade e no âmbito governamental. Fala-se com saudade da época em que a estabilidade e a previsibilidade pareciam dominar as relações e, de certa forma, até mesmo o processo de morrer; este, sob a cobertura das crenças e da formalidade ritual revestia-se de dignidade e da sensação de que se tinha algum controle sobre a situação.

No campo psicanalítico, muito tem sido dito acerca do desenlace ou ameaça de desenlace como efeito do discurso capitalista e seu correlato, o ideário do indivíduo absoluto (narcisicamente) realizado em si mesmo, conforme apontou Colette Soler.[58] Elevado à categoria de imperativo mestre dessa conjuntura, o individualismo propaga, de um lado, a homogeneidade de todo homem perante a carta de direitos universais que garante que este é um cidadão livre e autônomo; de outro, promove a crença do auto-engendramento, o *self-made man*, capaz de conquistar qualquer coisa desde que tenha força de vontade e determinação para vencer na esteira dos modelos hollywoodianos de exército de um homem só, como ilustrado pelo personagem de Will Smith no filme *Eu sou a lenda*. Porém o mito do herói auto-engendrado cobra seu preço ao levar cada um a ter que se virar sozinho quando os ideais (de carreira, família, consumo,

58 Soler, C. (2016). *O que faz laço?* C. A. A. Oliveira (Trad.). Escuta.

gozo...), cada vez mais pulverizados, não se realizam como esperado e, como sabemos, em geral, não se realizam. Deixa-se assim "cada um com seu pequeno pecúlio de direitos, livres, é bem verdade, mas livres de que, senão para vegetar sozinhos, antes de morrer sós, como todo mundo?"[59]

Pressionadas a serem *up-to-date*, produtivas, eficientes e bem-sucedidas, as pessoas tendem a se afundar em dívidas para manter as aparências e/ou a adoecer quando a situação se torna insustentável. Desde Freud, sabemos que um sintoma individual é sempre um sintoma social, um modo de insurgência tanto mais contundente quanto mais insano for o sistema social que o engendra.

Em um cenário animado pelo significativo progresso científico, grandes conquistas tecnológicas, redes globais sofisticadas de comunicação instantânea e transporte rápido, a felicidade acenava como o coroamento dos êxitos e facilidades alcançados em um século revolucionário. Da morte-felicidade do Romantismo, passou-se a aspirar, ou melhor, a reivindicar como um direito o desfrute da felicidade *hic et nunc*. Na prática, em vez da prometida felicidade, o que mais tem se propagado é a obesidade, as compulsões e a depressão.

Quanto à depressão, é fato conhecido que ela lidera, hoje, a lista das dez doenças mais incapacitantes do planeta.[60] Para além das controvérsias acerca da inflação recente das taxas de prevalência motivada, entre outras coisas, pelos equívocos em termos de diagnóstico (os chamados falso-positivos que só beneficiam as indústrias farmacêuticas), o fenômeno depressivo assim como outros sintomas contemporâneos têm o mérito de denunciar o mal-estar de uma época cada vez mais precarizada em termos de redes de apoio comunitário e, ao mesmo tempo, mais saturada pela demanda de sucesso-produção-consumo-descarte.

---

59 Ibid., p. 11.

60 Ver: https://www.paho.org/pt/topicos/depressao

Em um mundo globalizado, proliferam os efeitos subjetivos dessa nova ordem, que desmantela ou liquefaz as ligações e o senso de solidariedade, responsabilidade, pertencimento e iniciativa de organização da vida coletiva. Mecanismos próprios da vida em comum substituídos por um aglomerado maciço de indivíduos que se esbarram e se apartam rapidamente nos grandes centros urbanos. Consolidam-se, assim, pensamentos e relações de teor mais individualista, por vezes assustadoramente cínicos, no qual o consumo de objetos acena como a principal forma de encontrar satisfação. Busca-se aplicar a mesma lógica de mercado às relações amorosas e sociais. Se no âmbito do amor, conforme sublinhou Soler,[61] é fato mais do que conhecido que este afeto não atravessa a prova do tempo, a instabilidade generalizada encontrada, atualmente, no trabalho e na família é certamente um fenômeno mais recente:

> *Hoje, é como se a dimensão do pacto, e até mesmo mais modestamente, a do contrato que está no fundamento de toda sociedade, parece ter se tornado caduca em razão de um "sem fé" que não é mais próprio das intrigas histéricas, como Lacan havia colocado inicialmente, mas algo generalizado em todos os níveis: político, comercial, íntimo. . . . É uma queixa que surge em toda parte, na voz dos sujeitos tomados um por um, nos meios de comunicação e em todas as produções da cultura.*

Os mecanismos próprios do capitalismo financeiro globalizado vêm produzindo mais exclusão, paranoicização nos laços, precarização social e econômica do que democracia e Estado de bem-estar social. Nessa conjuntura instável, lançam-se sofisticados dispositivos tecnológicos que prometem driblar o mal-estar, facilitando a vida

61 Soler, C. (2016). *O que faz laço?*, *op. cit.*, p. 8.

cotidiana e distraindo as horas de ócio, tédio, angústia e solidão. E como "tudo aquilo que não sendo proibido se torna obrigatório, o possível se converte em tirania dos gadgets, tirania que conhecemos bem, com seus fenômenos de dependência".[62] Uma tirania a qual a maioria se submete de boa vontade desde que os gadgets e as redes sociais virtuais se tornaram as grandes fontes de comunicação, encontros sexuais e amorosos, e entretenimento. Por conta de sua hiperconectividade, o sistema panóptico dos gadgets têm sido igualmente usado, por governantes, para vigiar, controlar, ameaçar e punir os cidadãos em diferentes partes do mundo.

Na era do "*keep busy, don't think*", os *gadgets* são o avesso dos *mementos*. É preciso ocupar-se tanto quanto possível; pensar ou refletir, não, parafraseando aqui o lema da Liga Hanseática. Quanto mais ocupados (mais online), mais os sujeitos ficam alienados, expropriados das próprias palavras e significações acerca do mundo que o cerca, da existência e de sua finitude.

A pulverização dos laços corre paralela à profissionalização das relações, que inclui uma série cada vez mais longa de agentes, conselheiros e gestores. Para explicar esse fenômeno à brasileira, Christian Dunker[63] evocou a alegórica figura da "vida em forma de condomínio", tomando como modelo paradigmático o luxuoso condomínio de Alphaville projetado para se viver, entre muros, próximo à natureza, em uma organização social insular controlada e segura. Dentro do condomínio, vive-se artificialmente um estilo de vida total – com uma série de serviços no entorno (bancário, escolar, de alimentação . . .) – administrado por síndicos contratados para gerir as insatisfações intramuros de segurança, regras de boa convivência, organização e limpeza. A instância de representação

---

62 Ibid., p. 12.

63 Dunker, C. (2015). *Mal-estar, sofrimento e sintoma: Uma psicopatologia do Brasil entre muros*. Boitempo.

coletiva é substituída por uma administração funcional e impessoal que estabelece e mantém uma rigorosa legislação própria a conferir a seus habitantes uma identidade moral suplementar.

> *Em todos eles encontramos traços semelhantes de racionalização: fronteiras, muros, regulamentos, catracas. Assim como o sintoma substitui um conflito por uma formação simbólica na qual não reconhecemos mais o antagonismo inicial, o síndico neutraliza o antagonismo deslocando a falta para uma espécie de zona de excesso. O gestor não resolve, necessariamente, um problema; ele "processualiza" o problema ou "operacionaliza" a solução.*[64]

A "lógica do condomínio" corresponde às exigências modernas de tentar reduzir os problemas de ordem mental, social ou de saúde pública a meros problemas de gestão. Torna-se, assim, imprescindível a figura de um especialista, um bom "síndico de nossa satisfação"[65] para calcular o que poderia, para cada um, ser mais conveniente, produtivo e lucrativo.

Reflexo da privatização da vida moderna, a "lógica do condomínio" se tornou um estilo generalizável aos modos não só de moradia, mas de consumo, de educação, de saúde, de esporte e até de morte, com os atuais serviços que vão de *funeral homes* a cemitérios que lembram parques.

O modelo profissionalizado de morte converteu o ritual fúnebre tradicional em *memorial service*. Iniciada nos Estados Unidos, a *funeral home* dá uma solução mercantil ao que outrora fora função da igreja, da família, da comunidade. A técnica estadunidense de

---

64 Ibid., p. 78.
65 Ibid., p. 71.

preparação do corpo impôs a sofisticação dos serviços e o surgimento de novas categoriais profissionais (os tanatopraxistas, os maquiadores da morte . . .). Segue-se uma série de complexas e onerosas práticas que envolvem a toalete, o embalsamento e embelezamento dos cadáveres e sua exposição em um salão pomposo, acompanhado por exéquias solenes, música de fundo e serviço de buffet:

> *As técnicas químicas de conservação servem para fazer esquecer o morto e criar a ilusão do vivo. O quase vivo vai receber pela última vez seus amigos, em um salão florido ao som de uma música suave ou grave, mas nunca lúgubre. Desta cerimônia de despedida a ideia de morte foi banida, junto com toda tristeza e todo o patético.*[66]

Atualmente, esse modelo (comercial) de despedida, amparado em teorias psicológicas sobre o luto, deslocou a ênfase, antes centrada na homenagem ao falecido, para a expressão dos sentimentos e conforto dos participantes. Busca-se com a música ambiente, as eulogias, as pequenas lembranças, entre outros recursos, facilitar o afloramento das emoções ou, em termos psicanalíticos, favorecer o chamado "trabalho do luto". Na era tecnológica, hoje é, até mesmo, possível acompanhar a cerimônia a distância por meio da transmissão do velório ao vivo.

No Brasil, o modelo de *funeral home* de luxo chegou há pouco tempo. Em um mundo globalizado, o consumo em massa do serviço funerário comercial tende a homogeneizar as práticas fúnebres, suprimindo os valores tradicionais locais, fenômeno observável, hoje, até em países reconhecidos pela prática milenar de honrar e celebrar

---

66 Ariès, P. (2012). *História da morte no Ocidente: Da Idade Média aos nossos dias.* P. V. Siqueira (Trad.) (p. 248). Nova Fronteira.

os ancestrais, como o Japão.[67] Pode-se dizer que a profissionalização dos funerais é tanto resultado das mudanças na relação com a morte – efeito de sua dessacralização – quanto do marketing da indústria funerária, que gera demandas, logo transformações culturais onde primariamente se exerciam os rituais comunitários tradicionais.

Impressiona a rapidez com que o modelo romântico de morte se dissolveu até culminar, nos dias atuais, na demissão quase generalizada da sociedade de suas funções de amparo na morte e no luto. Na era romântica, a íntima ligação entre morte, crenças e práticas rituais mantinha estreitos os laços comunitários com os agonizantes e enlutados, na medida em que mantinha a uma distância segura a imagem terrorífica da morte-aniquilamento. O sofrimento causado pela separação era compensado pela crença na continuidade e em reencontros no Além. A relação com os mortos podia prosseguir no plano tanto comunitário quanto individual.

A medicalização da morte, a profissionalização dos cuidados (ao morrente, ao cadáver e ao enlutado) e a comercialização das práticas fúnebres avançaram sobre os espólios de um discurso religioso monolítico e universal. O discurso científico prontamente tomou a dianteira, e o capitalismo financeiro enxergou aí uma oportunidade de negócio no vácuo do que um dia foi a função da comunidade e de suas práticas rituais.

2. Luto desritualizado, luto privado

A desritualização do luto no Ocidente está intimamente relacionada à dessacralização da morte, fruto do declínio do domínio hegemônico das instituições religiosas sobre os saberes e fazeres dos homens na

---

67 Suzuki, H. (2000). *The price of death – The funeral industry in contemporary Japan*. Stanford Press University.

sociedade. Com a modernidade e a secularização da vida social, a devoção pública dos mortos deslizou para os espaços privados. Constrangido a uma experiência íntima e solitária, o luto tornou-se um problema pessoal em benefício de sua medicalização. Luto interdito, luto prescrito.

2.1 A privatização do luto

Falar da privatização do luto é falar de sua desritualização, logo da perda do seu caráter público e social. Até recentemente, o luto era "a dor por excelência cuja manifestação era legítima e necessária".[68] O silenciamento em torno da morte nas grandes capitais criou uma intolerância ante as manifestações públicas e espontâneas de pesar. Segundo a reconstrução histórica de Ariès, na Alta Idade Média, até os soberanos e os guerreiros prostravam-se publicamente diante de corpos de amigos e parentes, e, sem nenhum pudor, rasgavam as vestes, arrancavam a barba, desmaiavam, batiam no peito, gritavam em desespero. O luto dos sobreviventes era desmedido, ou ao menos deveria parecer sê-lo. Mas, uma vez passado o período de maior expressão dramática, salvo algumas exceções, os sobreviventes retomavam o curso da vida.

Nessa época remota, não havia ainda uma cerimônia propriamente religiosa, o luto e o cortejo seguiam apenas com leigos e os eclesiásticos não participavam, a menos que o morto fosse um clérigo. Os ritos fúnebres eram dominados pelos lamentos dos sobreviventes e pelas homenagens ao morto. Eles eram civis, e a Igreja não intervinha, senão para absolver.

Enquanto os ritos de *planctus* prosseguiam em seus excessos, começa a se formar, entre os séculos VIII e X, um culto ritualizado

---

68 Ariès, P. (1981). *O homem diante da morte, op. cit.*, p. 227.

dos mortos limitado à sociedade fechada dos padres e monges: missas em intenção dos defuntos, orações perpétuas, registros dos mortos nos chamados obituários etc., cultos contidos realizados na paz dos claustros e igrejas. Por volta do século XIII, as expressões desmedidas de luto começam a perder a espontaneidade. A Igreja reprovava esses excessos, mais ainda quando eram animados por carpideiras contratadas para chorar e lamentar. Junto com as novas concepções escatológicas – medo do Juízo final, da condenação eterna etc. –, passou-se, como já visto, do destino coletivo para o destino particular. A vontade de se interceder pelos mortos – as pobres almas do então recém instituído culto católico do Purgatório – parece ter sido a principal razão para as mudanças na estrutura das missas, que passaram a incluir uma lista com os nomes dos mortos e também a dos ofertantes.

Um luto "clericalizado" começa a se propagar, atenuando as efusivas demonstrações de pesar, e o luto, dali em diante, tenderia para a dignidade e o autocontrole. O que antes era expresso pelos gestos ou palavras passa agora para o vestuário e uma cor, a preta, sem que se saiba bem a razão, ou ao menos esta não foi ainda localizada por nós. Ariès[69] recuperou uma anotação do século XII escrita pelo abade e historiador Baudry de Bourgueil (ou Baudri Dol), que registrou seu estranhamento ao ver espanhóis vestidos de preto durante as práticas fúnebres. Em 1514, o rei francês Luís XII vestiu-se de preto por ocasião da morte de Ana da Bretanha e obrigou a corte a seguir o mesmo procedimento. Na Europa do século XVI, a roupa preta já havia sido adotada como expressão pública de luto, em paralelo, as expressões dramáticas de outrora entravam em declínio. O morto deixou de pertencer à família e seus próximos, ao passo que a Igreja se impunha como a protagonista principal na condução dos ritos de morte.

---

69 Ibid.

No novo modelo, a vigília e o cortejo fúnebre tornaram-se eclesiásticos. A leitura do "ofício dos mortos" substituiu as grandes lamentações. Se os familiares e amigos ainda participavam, eles agora se manteriam discretos, silenciosos e calmos durante todo o período imposto de reclusão e penitência no qual as relações sociais e os prazeres da vida mundana eram deixados de lado.

Entre os séculos XVI e XVII prevalece a sensibilidade barroca, com os grandes cerimoniais públicos que beiram ao espetáculo. A morte é valorizada como o coroamento de toda uma existência, e a partir desse momento define-se a salvação ou danação eterna. Há, de um lado, o respeito pelo momento da morte e de outro, uma tentação à exacerbação dramática que inspira toda uma literatura de memórias forte na época. Segundo Vovelle,[70] os grandes cerimoniais que cercam a agonia se prolongam nas pompas fúnebres que a aristocracia carrega de ostentação, e os pobres se resignam a assisti-las pasmos com a distância que há entre essas mortes faustosas e as suas, que serão pequenas, banais. Porém, a morte continua ainda um profundo exercício espiritual que segue as formalidades fúnebres da época.

No Brasil, a morte barroca é o que melhor representa o ideal do bem morrer de outrora: "Era uma morte marcada por uma extraordinária mobilização ritual, coerente com um catolicismo que enfatizava as manifestações exteriores de religiosidade: a pompa, as procissões festivas, a decoração elaborada dos templos".[71] No apogeu do barroco colonial brasileiro, as mortes espetaculares eram diligentemente preparadas pelo próprio agonizante que presidia seu fim. Assim, em 1675, o governador da Bahia Afonso Furtado de Mendonça tão logo sentiu o fim se aproximar, providenciou uma

70 Vovelle, M. (1974). *Mourir autrefois: Attitudes collectives devant la mort aux XVIIe et XVIIIe siècles*, *op. cit.*

71 Reis, J. J. (1999). *A morte é uma festa*, *op. cit.*, p. 91.

boa partida: durante seu tempo de agonia, ele cuidou dos assuntos do Estado, indicou uma junta sucessora, fez consultas e reuniões, tomou providências quanto ao pagamento de seus empregados e, como não poderia deixar de ser na época, cuidou de coisas da alma, como confissões, pedidos de missa, distribuição de esmolas e orações. A boa morte significava prestar contas aos que ficavam e também fornecer orientações quanto aos cuidados com seu cadáver, com sua alma e bens terrenos. Toda essa preparação ocupava e distraía a espera da morte e aliviava a agonia dos momentos finais.

As extravagâncias barrocas, entretanto, geravam grandes despesas com o cortejo, culto e enterro, e ainda com as vestimentas de luto, que eram mais custosas quanto maior fosse a posição social da pessoa, uma vez que cada detalhe da toalete implicava uma posição na hierarquia social. Essas manifestações belas e onerosas tinham caráter obrigatório e poderiam ser absolutamente impessoais e concernidas mais a uma satisfação a ser dada à sociedade do que a uma expressão pessoal de dor. Ariès[72] recuperou o processo no qual a recém-viúva marquesa de Noe, em 1757, moveu contra sua cunhada, pedindo 8 mil libras como reembolso por suas despesas de luto. A cunhada lhe ofereceu cerca de um terço do valor pedido. A réplica da viúva aparece em um memorial:

> *A* decência pública *exigindo que as mulheres ponham luto pelos maridos, era justo lhes dar para as provas de suas roupas de luto o mesmo privilégio que para as despesas fúnebres.... Essas roupas fornecidas à viúva não são para ela uma vantagem nem um ganho nupcial.* Submetida pela lei à necessidade do luto, *e não devendo fazer-lhe as despesas, cabe ao herdeiro do marido lhas fornecer.*[73]

72 Ariès, P. (1981). *O homem diante da morte, op. cit.*
73 Ibid., p. 357, grifo do autor.

Porém, se havia espetáculo, isso não significa dizer que não houvesse também saudade e tristeza canalizadas para os rituais, pois as formalidades exigidas "pela lei" não explicitavam a dor dos sobreviventes. Em inscrições tumulares e elegias da época, já apareciam lamentos efusivos que perdurariam até o século XIX. Mas, passado o período de luto, o costume não mais toleraria essas expressões pessoais intensas, e aquele que permanecesse ainda preso às aflições não teria outra opção a não ser se recolher a um convento ou ao campo. A comoção ou a indiferença eram revestidas de pesados protocolos tradicionais seguidos pela aristocracia. Protocolos que impediram até o século XIX, por exemplo, que as mulheres de famílias tradicionais francesas pudessem acompanhar o ofício religioso, devendo permanecer reclusas em suas casas. Quando possível, algumas o assistiam às escondidas. Assim, os cerimoniais, embora espetaculosos, eram rígidos e impessoais, com maior peso para o lado das mulheres. Eles nem sempre significavam a possibilidade de participação ativa de todos os envolvidos nem a liberdade de expressar o pesar como quisessem.

As pompas fúnebres da idade barroca se estenderão na Europa até o início do século XX. Gorer,[74] quando criança, assistiu os elaborados cerimoniais ingleses mesmo entre as classes trabalhadoras que chegavam a comprometer uma pequena parte do salário semanal com assistência funerária, dado o horror de ser enterrado como indigente, ou, ainda pior, tornar-se objeto de estudo nas escolas médicas.

A partir do fim do século XVIII, o Romantismo apresenta a oportunidade de se dar, novamente, livre curso aos impulsos da dor. Está no ar um novo tipo de sentimentalidade baseado na impossibilidade de se esquecer dos mortos: as manifestações dramáticas de dor, o culto exaltado das lembranças e a peregrinação aos túmulos

---

74 Gorer, G. (1967a). *Death, grief and mourning: A study of contemporary society*, *op. cit.*

constituem manifestações novas na cena do luto. Há um retorno, portanto, à espontaneidade dos grandes lutos da Alta Idade Média, porém, conservando-se a moldura do ritual. O rigor da reclusão foi preservado, com a diferença de que, agora, tornou-se muito mais um direito a expressar do que uma quarentena imposta. Véus, cortinas de crepe e panos negros passam a vestir a casa de luto, mas as maiores expressões de pesar são manifestadas diante do túmulo, "que se torna então o que não era, o lugar privilegiado da lembrança e da saudade".[75]

Outra mudança importante foi a liberação da participação das mulheres no ofício fúnebre. Aos poucos, elas acabaram por invadir a cena, quebrando o protocolo. Na Inglaterra vitoriana, as mulheres também adotaram o costume, já em voga nas classes mais abastadas, de usar vestidos de luto sob véus e crepes negros. Uma tendência que se firmou e se propagou pelo mundo ocidental após a rainha Vitória adotar, de modo permanente, os trajes de luto em memória de seu amado príncipe Albert, morto em 1861. Um luto romantizado que ela fez perdurar por 40 anos, ou seja, até o fim de seus dias.

A atitude da rainha influenciou a moda e a etiqueta de luto da época, principalmente na classe média, desejante de aderir aos costumes das classes abastadas. A exemplo da rainha, a cor preta se tornou sinônimo de decência e recato, tingindo, entre outras coisas, envelopes, papéis de carta, cartões de visita, as bordas de guardanapo etc. Como representantes sociais de seus maridos, cabia às mulheres a tarefa de dar o tom do luto à família e mostrar à comunidade o quanto aquela perda era sentida por meio do seguimento estrito de regras de etiqueta social. Muitas viúvas aderiram à moda de prolongar o uso dos trajes pretos muito para além dos dois anos e meio previstos pelos costumes nos quais as vestimentas evoluíam gradualmente do *full mourning* (luto fechado) para *half mourning* (luto parcial).

---

75 Ariès, P. (1981). *O homem diante da morte, op. cit.*, p. 577.

Em fotos da época, até os bebês aparecem com faixa preta na manga da camisa.[76] No mesmo período, no Brasil, o protocolo prescrevia luto de dois a três anos para as viúvas, mas, em provável imitação ao luto vitoriano, elas podiam seguir com as indumentárias até o final da vida.[77]

Em um pequeno relato autobiográfico, Gorer[78] nos fornece um testemunho precioso de dois momentos distintos em relação ao luto na perspectiva histórica inglesa: um anterior à Primeira Guerra Mundial, no qual o luto vitoriano ainda subsistia unânime, e outro pós-Segunda Guerra, quando os ritos tradicionais já haviam entrado em desuso.

No primeiro momento, ele relembra o pesar público ante a morte do filho da rainha Vitória, o rei Eduardo VII, em 1910. Gorer contava à época apenas 5 anos de idade, mas reteve na memória o domingo seguinte à morte do rei. A praça pública de Londres repleta de transeuntes trajando luto e, no almoço familiar, até sua mãe apareceu de luto fechado, assustando o pequeno Gorer, que insistiu para que ela mudasse aquelas roupas "horríveis"; ela, então, gentilmente lhe explicou que o país havia perdido "um bom rei, e sentimos muito a sua morte, usar preto é um sinal de que o respeitamos e sentimos a sua falta e compartilhamos o pesar de sua família".[79]

Cinco anos mais tarde, o autor perdeu o pai, morto tragicamente durante a Primeira Guerra, vítima de um ataque alemão ao navio que o trazia de volta ao Reino Unido. Por essa época, o modo de tratar os enlutados bem como as insígnias de luto ainda seguiam a tradição do luto vitoriano. Aos 10 anos de idade, ao ser comunicado sobre a perda do pai, seu luto foi acolhido e reconhecido pelas autoridades

---

76 Fonte: http://www.fashion-era.com/mourning_fashion.htm..

77 Reis, J. J. (1999). *A morte é uma festa, op. cit.*

78 Gorer, G. (1967a). *Death, grief and mourning: A study of contemporary society, op. cit.*

79 Ibid., p. 15.

do colégio interno onde então residia. Ninguém o tratou como se fosse criança demais para absorver a situação; muito pelo contrário, foram-lhe imediatamente dadas gravata preta e fita de crepe para pôr na camisa, além de ele ser liberado, por um tempo, de toda a estrita rotina escolar, de modo que pudesse dar livre curso ao pesar. As insígnias do luto o distinguiram entre seus colegas, que, por sua vez, evitavam envolvê-lo em brincadeiras e conversas animadas, não por segregação, mas por senso de respeito a sua dor.

Do mesmo modo, sua mãe seguiu estritamente o protocolo previsto para as viúvas. Naquela época, era inconcebível que uma mulher pudesse fazer de outra maneira. Com o avançar da guerra, o aumento considerável de viúvas fez com que ela se tornasse apenas mais uma nas vias públicas. Essas cenas comuns do luto vitoriano (ou "luto burguês", como prefere Vovelle) desaparecerão quase por completo no período em que se seguiu a guerra, um movimento iniciado, aliás, já durante a guerra, em consequência do número impensável de mortos e das restrições econômicas que exigiam funerais exíguos. Outro fator importante foi a convocação em massa das mulheres para substituírem os homens nas fábricas e nos hospitais. Estimuladas pelo governo, um enorme contingente de viúvas deixou de lado o protocolo de luto para cooperar, abreviando, assim, o tempo de reclusão e uso das vestimentas pesadas. Uma prática que se estabeleceu, sem volta, em todo o Reino Unido e se expandiu por todo o mundo ocidental. A própria mãe de Gorer nunca havia antes trabalhado, mas atendeu prontamente ao apelo do governo para atuar em hospitais no socorro aos soldados feridos.

> *O vazio de sua vida foi adequadamente preenchido com trabalho qualificado e útil. Se isso tivesse ocorrido em um tempo anterior, ela não teria tido tal recurso; e se tivesse sido um tempo depois, ela não teria tido o*

> *suporte dos rituais de luto, que a liberaram de muitas decisões tediosas.*[80]

No pós-guerra, o seguimento estreito da formalidade de luto já era excepcional, e não mais uma generalidade absoluta. Tomam força um discurso e atitude mais secularizados em relação à vida social como um todo, que se torna mais privativa e discreta, enquanto as crenças religiosas oficiais caem em descrédito. Em pouco tempo, os cortejos solenes e as pompas fúnebres que paravam as ruas e interrompiam a continuidade da vida social se tornaram acontecimentos excepcionais, como ocorre, hoje, com a morte de estadistas e ídolos populares. A ritualização do luto, aos poucos, deixou de fazer sentido e, junto com ela, os signos que invadiam as vias públicas para dar visibilidade ao luto das famílias – de vestimentas a avisos de "fechado por luto" –, assim como as visitas que vinham oferecer condolências.

Em pouco tempo, a morte se tornou um acontecimento diante do qual era preciso ser discreto e se dominar, comportar-se como se nada de importante tivesse acontecido, para não incomodar ou perturbar com lamentos e lágrimas o clima da comunidade em torno. Em meados do século XX, esta já era a atitude considerada "normal" e, portanto, esperada dos enlutados não só na sociedade inglesa.

Gorer se deu conta mais claramente dessa situação quando seu irmão morreu em 1955. O seu pedido testamentário previa cremação acompanhada de serviço religioso. A cerimônia contou com presença considerável de amigos e familiares, mas, curiosamente, Elizabeth, a viúva, e os filhos pequenos do casal não compareceram. E por que não? A recém-viúva confessou o receio de "se descontrolar e deixar os outros verem a sua aflição",[81] para poupar a si própria e aos filhos dessa exposição, ela preferiu se retirar com as

80 Ibid., p. 21.
81 Ibid., p. 31.

crianças e passar o dia em um "agradável" piquenique no campo! Desse modo, para essas crianças, a morte do pai passou em branco, completamente desritualizada.

Enquanto a viúva continuou a se esforçar para se manter discreta no luto a ponto de rechaçar qualquer menção ao nome do falecido, Gorer decidiu dar livre expressão ao luto do irmão, optando por usar gravata preta por três meses e recusar convites que exigiriam dele excessiva concentração. A atitude estoica da viúva teria causado escândalo 50 anos antes, porém, por essa época, estava em conformidade com a maneira daquela sociedade tratar seus enlutados. O próprio autor observou o embaraço que despertava quando alguém lhe convidava para algum evento e ele recusava alegando luto. Em geral, as pessoas se constrangiam e se afastavam correndo como se ele tivesse proferido alguma obscenidade: "Elas certamente não tinham nenhuma orientação vinda de algum ritual sobre como tratar alguém de luto; e eu suspeitava que elas temiam que eu me deixasse levar pela dor e as envolvessem em uma desagradável onda de emoção".[82]

O enlutado que não soubesse se comportar de acordo com os novos costumes corria o risco de cair em um exílio social forçado. A cunhada de Gorer, por exemplo, queixava-se de se sentir uma "leprosa". Os amigos do casal, antes tão próximos, agora a evitavam. Portanto a imagem de viúva forte e discreta no luto que, a duras penas, ela tentava sustentar correspondia muito mais aos novos ideais de atitude e força de caráter do que aos seus sentimentos.

Gorer[83] foi o primeiro a associar o endolorimento profundo e prolongado do luto, sua patologização, com a "ausência de ritual, seja individual ou social, leigo ou religioso, para guiar os enlutados bem como às pessoas com quem eles entram em contato". Ele viu

82 Ibid., p. 32.

83 Ibid., p. 91.

sua cunhada - constrangida na expressão social do luto - mergulhar em um estado depressivo profundo e prolongado:

> *O luto é, obviamente, uma experiência endopsíquica e a elaboração do luto é psicológica; mas tenho a convicção de que o trabalho do luto pode ser ajudado ou impedido, e seu desfecho facilitado ou tornado mais difícil pela maneira como o enlutado é tratado pela sociedade em geral e, em particular, pelos membros mais próximos, incluindo aí sua própria família.*[84]

Observações precisas e sensíveis que orientaram as investigações de Ariès[85] quanto a atual intolerância à morte e seus referentes: "A sociedade não suporta mais a visão das coisas da morte, e por conseguinte nem a dor corpo do morto, nem a dos próximos que o choram. O sobrevivente fica, portanto, esmagado entre o peso de sua dor e o interdito da sociedade". Aos enlutados resta sofrer de forma clandestina ou rechaçar a dor que pode se ressentir em patologias do luto.

Em sua pesquisa na Grã-Bretanha, Gorer[86] se espantou com o número significativo de casos de luto sem fim, categorizados por ele em três tipos: 1) aqueles que se declaravam incapazes de superar a perda; 2) aqueles em estado de desespero, o que podia incluir ideação suicida; e, por fim 3) aqueles presos em um luto "mumificado", isto é, um luto prolongado no qual se tenta preservar a relação com o morto e com sua memorabilia, como se ele tivesse desaparecido, mas fosse voltar a qualquer momento. O termo "mumificado" foi

---

84 Ibid., p. 150.

85 Ariès, P. (1981). *O homem diante da morte*, *op. cit.*, p. 636.

86 Gorer, G. (1967a). *Death, grief and mourning: A study of contemporary society*, *op. cit.*

empregado pelo antropólogo em referência aos antigos egípcios e suas técnicas sofisticadas de preservação do cadáver. As patologias do luto por ele apontadas podem ser consideradas, em nosso vocabulário psicanalítico, como os lutos melancolizados apontados por Freud. Luto melancolizado pode tanto se referir a um luto com traços melancólicos quanto à melancolia no quadro da estrutura clínica (neurose narcísica para Freud; psicose para Lacan).

A intolerância das expressões de luto hoje se tornou um fato observável mesmo no seio da própria família. Em um atendimento, por exemplo, uma senhora idosa lamentava a falta de compreensão e acolhimento dos filhos quanto ao pesar que sentia pela perda recente do marido. Nesse caso específico, não havia queixas de solidão ou abandono; ao contrário, era o excesso de zelo familiar que oprimia suas manifestações de pesar. Em suas palavras:

> *Chorar mesmo só choro aqui porque lá em casa não tenho mais privacidade. Se me veem chorando meus filhos ficam tristes, eles não me deixam olhar a caixa de fotografias e nem visitar o lugar onde ele trabalhava. Sinto a falta dele, foram mais de 50 anos juntos . . .*

O silenciamento atual em relação à morte, a falta do amparo ritual somados aos novos ideários de força de vontade, firmeza e produtividade fazem com que muitos se sintam perdidos por não saberem mais como consolar em situações de luto. A dificuldade na comunicação gera constrangimentos e afastamentos, estimula o silêncio, a interdição ou a negação. Em outro atendimento, um jovem recém-viúvo foi "aconselhado" pelos amigos a retomar imediatamente a "vida noturna", porque "a fila anda". Em meio às baladas e muito álcool, o jovem tentava, em vão, fazer a "fila andar". A ausência de manifestações de empatia e de solidariedade na dor por parte da comunidade dos próximos, tem por efeito colocar em curto-circuito o reconhecimento da legitimidade dos próprios afetos.

De fato, nas últimas décadas, consagrou-se a ideia ou exigência de que o luto pode ser atravessado rapidamente e sem participação subjetiva nem perdas. Mesmo as expressões privadas de tristeza, se insistentes, têm sido vistas como sinais de fraqueza moral e/ou transtorno psiquiátrico, em geral, depressão. Entretanto, lembramos que o silenciamento da comunidade não implica só indiferença; há um nítido desconforto na ausência de códigos familiares – códigos do Outro – que ajudem a expressar e comunicar sentimentos em momentos críticos.

A falta que nos faz um simbolismo codificado para exprimirmos fortes emoções dentro de uma certa borda. Conforme notou Elias,[87] o número de palavras e gestos para essas ocasiões é sempre relativamente pequeno, e, nos dias atuais, a maioria sofre por se sentir constrangida em usar fórmulas convencionais que soam caducas ou superficiais: "É especialmente a geração mais jovem que, mais que em séculos anteriores, fica entregue a seus próprios recursos, a sua própria capacidade de invenção individual, na procura de gestos e palavras certas para os sentimentos".

Nesse deserto de linguagem fica mais fácil compreender a tendência atual de se presentear enlutados com livros de cunho religioso, espiritualista, de autoajuda ou no estilo de literatura de consolação. Mas atenção: esse gesto, no entanto, nem sempre soa bem. Pode despertar incômodo, aborrecimento ou mesmo indignação, especialmente quando o conteúdo do livro passa ao largo dos interesses, crenças ou valores daquele que o recebeu.

---

87 Elias, N. (2001). A solidão dos *moribundos*, seguido de "Envelhecer e morrer", op. cit., p. 32.

2.2 O culto intimista dos mortos

Na Antiguidade clássica, a veneração dos mortos redundava em caprichadas estelas funerárias dispostas mais ou menos próximas ao longo das estradas, como a via Appia em Roma.[88] Imponentes, os monumentos fúnebres atraiam a atenção dos transeuntes e costumavam valer mais do que o lugar onde foram erguidos, pois eles se situavam à margem da cidade e quase não havia a delimitação de um espaço cemiterial.

Assim, nota-se que, apesar da maior familiaridade com a morte, os antigos temiam o contato com os mortos e os mantinham a distância. Aliás, na Roma Antiga, a deferência aos ritos fúnebres e às sepulturas correspondia, em grande parte, ao temor de que os mortos pudessem arrastar os vivos para o mundo das sombras ou simplesmente perturbá-los. Entre os romanos, o festival Lemúria dedicava três dias de maio aos mortos, período considerado *dies nefasti* durante o qual não era possível realizar casamentos ou nenhum tipo de negócio, por isso estabelecimentos como lojas, instituições governamentais e templos permaneciam fechados. O festival visava a apaziguar e manter a distância os espíritos malfazejos, especialmente os *manes,* os lêmures e as *larvas*, considerados os mais temíveis, enquanto os *Lares* eram cultuados como espíritos protetores. O término do festival ocorria à meia-noite, quando o *pater familias* realizava o ritual doméstico de expulsão dos fantasmas resistentes de casa.[89]

Segundo Ariès,[90] nos primórdios da era cristã, o imaginário popular ainda conservava as superstições antigas em relação aos mortos. Por ainda causar temor e repugnância, os primeiros cristãos também eram enterrados nos mesmos espaços destinados aos pagãos, isto é,

---

88 Ariès, P. (1981). *O homem diante da morte, op. cit.*

89 Lux, J. (2004). *Examination of the lemures and the lemuria* [Unpublished master's thesis]. University of Florida.

90 Ariès, P. (1981). *O homem diante da morte, op. cit.*

fora da cidade. As novas crenças quanto à ressurreição dos corpos associada à veneração dos mártires e seus túmulos contribuirão para subverter as antigas concepções. De início, em contraposição ao culto pagão dos túmulos, os cristãos mais radicais não se importavam com a destinação final dos restos mortais por se fiarem no dogma da ressurreição da carne, e somente essa crença lhes era suficiente. Porém, desde que os mártires se tornaram os únicos garantidos no paraíso, estabeleceu-se o costume popular do enterro *ad sanctus*, isto é, perto dos túmulos dos mártires, com o intuito de assegurar a proteção do corpo e do espírito até o dia do despertar final.

Os túmulos dos mártires logo viraram lugares de peregrinação, gerando um movimento de convivência nova entre os viventes e os mortos. Basílicas cemiteriais são erguidas em torno deles, e os bairros se desenvolveram em seguida. Esses cemitérios se tornaram não apenas reservatórios de cadáveres, mas lugares sagrados, públicos e frequentados: "Daí por diante os mortos deixaram completamente, e por muito tempo, de fazer medo".[91]

Ao longo da Idade Média, surgiu uma mentalidade nova em relação ao cemitério. As superstições antigas associadas ao cuidado com a destinação do cadáver e importância do sepultamento refluíam à escatologia cristã popular. Temia-se novamente a violação do corpo e o sepultamento inadequado, pois estava-se convencido de que isso derivaria na impossibilidade de ressurreição. Toma importância o lugar onde os corpos serão depositados. Nesse período, a morte era considerada um trespasse, porém não para uma sobrevivência em outro mundo. A fé cristã na ressurreição sugeria que os mortos dormiam, descansavam até o despertar no fim dos tempos, logo tornava-se importante depositar o corpo em um espaço protegido, sagrado, público e fechado. Essa imagem antiga e popular dos mortos como aqueles que repousam foi perpetuada nas inscrições "descanse

---

91 Ibid., p. 41.

em paz" ou "repouse em paz" (*resquiece in pace*; R.I.P., em latim), que ainda persistem sob diversas formas de homenagem fúnebre.

Por essa época, toda uma prática fúnebre se desenrolou em torno das dependências das igrejas, o enterro *apud ecclesiam* em que os cadáveres são confiados aos cuidados eclesiásticos. O culto funerário da sepultura tão difundido na Antiguidade é completamente abandonado. Com exceção de alguns clérigos e nobres, os corpos são lançados anonimamente em fossas comunitárias e esquecidos. Daí resultam as imagens comumente encontradas na literatura da época, na qual crânios e ossos misturados à terra afloravam no interior ou ao lado das igrejas. Em cena clássica, o príncipe Hamlet pega, sem repugnância nem temores, o crânio de Yorick, o bobo da corte que lhe trouxe tantas alegrias. Reduzido a um dejeto, no final da cena, seu resto mortal é simplesmente atirado ao chão sem nenhuma complacência.

Por volta do século XIV, período de eclosão da arte macabra nas cidades, teve início a organização do enorme amontoamento dos ossos, que passaram a ser dispostos artisticamente em lugares visíveis (galerias, pórticos das igrejas, capelas etc.). As ossadas ficavam amontoadas, anônimas e expostas.

> *É preciso ver. Os carneiros*[92] *eram lugares de exposição, feitos para serem vistos. Sem dúvida, de início, não passaram de um depósito ao acaso, onde se procurava desvencilhar dos ossos exumados somente para desocupar espaço, e não havia a preocupação especial em mostrá-los,*

92 "Carneiro", do latim *carnarium*, era o antigo pátio da igreja onde os corpos eram enterrados e que mais tarde assumirá o sentido geral de cemitério. No fim da Idade Média, na França, o termo "*charnier*" designava também uma parte específica do cemitério, o ossário e as galerias onde os ossos eram dispostos e expostos (Ariès, 1981).

> *mas, em seguida, a partir do século XIV, sob influência de uma sensibilidade orientada para o macabro, quis-se, ao contrário, tirar partido disso: dispuseram-se os ossos e os crânios de tal maneira a formarem em torno do pátio da igreja uma decoração para a vida cotidiana desses tempos sensuais.*[93]

Vale ressaltar, entretanto, que o descaso com os mortos é apenas aparente. Se os cadáveres eram descartados anonimamente, isso não era feito de qualquer forma, pois eles eram depositados no solo sagrado das igrejas. Uma destinação orientada pela crença Paulínia de que a verdadeira vida era a do espírito, e o solo sagrado lhes acolhia como última morada à espera do fim dos tempos. Em paralelo, a Igreja Católica rendia diversos cultos em homenagem à memória coletiva dos mortos graças à preocupação com a salvação da alma no Juízo Final.

Porém a *pietas* para com os mortos não foi desde o início aceita pela Igreja. Segundo registrou Vovelle,[94] nos primeiros séculos da era cristã, tentou-se de diversas formas combater a forte devoção popular. Quanto mais a Igreja insistia em negligenciar essa devoção, mais pressões ocorriam para o reconhecimento do culto popular dos mortos, sendo o segundo uma consequência do primeiro. Após séculos de debates e incertezas sobre a condição intermediária dos eleitos – eles dormiam? Descansavam? Onde, de que forma, por quanto tempo? –, a Igreja finalmente promulgou, em 1274, no Concílio de Lyon II, o Purgatório como um lugar de espera e expiação, reconhecendo, assim, a necessidade popular de lembrar

93 Ariès, P. (1981). *O homem diante da morte, op. cit.*, p. 66.

94 Vovelle, M. (2010). *As almas do purgatório, ou o trabalho de luto.* A. Meyer & R. Cattani (Trad.). Unesp.

de seus mortos. A proclamação definitiva ocorreu quase dois séculos depois no Concílio de Florença, em 1439.

É curioso notar que, apesar de a Igreja já ter estabelecido, entre 1024 e 1033, o 2 de novembro como dia de comemoração dos mortos, o reconhecimento do Purgatório como um lugar terceiro, mediador, tornou-se possível apenas no momento em que uma nova necessidade de justiça na sociedade laica favorecia a

> *eclosão do conceito de julgamento individual, em que a leitura binária da ordem do mundo vê-se substituída, como no universo feudal, por um esquema ternário, que tolera uma categoria intermediária entre os bons e os malvados; em que a nova propensão para medir e contar pode levar a modular as penas, introduzido o tempo humano na economia da salvação.*[95]

Se a instituição do "terceiro local" permitiu absorver e disciplinar a crença popular nas aparições que contrariava a ideia de que os mortos dormiam, tornou-se possível também "gerir de modo satisfatório e apesar das aparências, apaziguador, o trabalho de luto, rompendo o trágico dilema do esquema dualista: o paraíso aberto a poucos eleitos e o trágico das penas infernais".[96] O Purgatório vem, portanto, dar um lugar aos mortos, domesticá-los e propor maneiras de se relacionar com eles. Em vez de temê-las, o povo deveria agora se comover com o destino das chamadas "pobres almas do purgatório" e prestar-lhes socorro em forma de sufrágios (orações, indulgências, boas obras, missas etc.) na intenção de aliviar-lhes as penas e abreviar o tempo de expiação.[97]

95 Ibid., p. 28.

96 Ibid, p. 14.

97 Em um site católico, lê-se: "Fazem muito mal, os que não se lembram de aliviar com sufrágios as almas dos finados. Alguns só procuram que o enterro seja

O Purgatório (crença hoje quase esquecida) revela-se, assim, um rico sistema imaginário-simbólico inventado para canalizar as heranças pré-cristãs acerca dos espíritos atormentados e atormentadores, herança, diga-se de passagem, nunca de todo abandonada na mentalidade popular, apesar dos esforços de absorção do catolicismo. Graças ao reconhecimento oficial do culto das almas, a celebração coletiva dos mortos recuperou o status da Antiguidade, confirmando a ideia de que a negligência do povo para com mortos era apenas aparente.

Um testemunho curioso dessa devoção no Brasil é o "Natal das almas" celebrado em Florianópolis até um pouco mais da metade do século XX. Difundido em jornais locais, o culto consistia em oferecer abundantes sufrágios aos finados no mês de dezembro:

> *Oremos pelas benditas almas do purgatório! "Se soubéssemos a riqueza desta devoção, voaríamos em socorro do Purgatório" - dizia o S. Cura d'Ars. "Os mortos são muito esquecidos" - gemia Sto. Agostinho. Vamos, pois, fazer um rico Natal das Almas. Eu conto com os meus queridos leitores d'*O apóstolo*! Socorrer as Almas é uma necessidade e uma caridade* (O apóstolo, *1947 como citado em Tomasi, 2014, p. 219).*

Foi apenas a partir do fim do século XVIII que uma nova sensibilidade popularizada na época romântica não mais tolerou a negligência aos restos mortais e à sepultura. À celebração coletiva dos mortos nos cultos religiosos soma-se agora a necessidade de um cultivo pessoal de suas lembranças e de seus signos. Ariès[98] ressaltou

bem suntuoso e nada ou muito pouco fazem para alívio da alma". Fonte: http://regisaeculorumimmortali.wordpress.com/2010/11/12/os-sufragios/.

98 Ariès, P. (1981). *O homem diante da morte, op. cit.*

que o período de maior devoção às almas do Purgatório correspondeu àquele em que a morte do outro se tornou intolerável. Como já visto, ocorreu a passagem de uma devoção de origem individualista (a morte de si, preocupação com a própria salvação) para a altruística (a morte de ti, intervenções para o outro).

Há o retorno dos cemitérios dispostos na topografia urbana para além das jurisdições religiosas. Herdeiros do mobiliário fúnebre das igrejas, eles agora sustentam soberbos mausoléus e monumentos que atrairão a curiosidade de visitantes. Se a Igreja havia tornado os corpos dos mortos objetos abandonados, chega o tempo de recuperá-los, pois a afetividade, agora concentrada no círculo familiar, demanda outro tipo de relação. As reações dramáticas se estenderão ao espaço público do cemitério, que se tornará, aos poucos, um lugar de visita e concentração da piedade para com os mortos.

A organização dos novos cemitérios propõe a individualização da sepultura, o uso da pedra sepulcral para identificar o cadáver e propaga a adoção de monumentos tumulares. Ornados com uma escultura comovente e com um breve epitáfio (com nome, data, uma breve elegia), eles lembram aos vivos que os mortos precisam não apenas de orações, mas de recordações e lágrimas. O túmulo é, ao mesmo tempo, o lugar onde o corpo foi depositado e um memorial aonde as pessoas irão para se lembrar, meditar, rezar e chorar. Atitude encontrada na família La Ferronays, que faz da sepultura um lugar de peregrinação nostálgica diária.

Observa-se, nos epitáfios, a mesma esperança dos reencontros no além-túmulo exaltada na literatura da época: "Eu vivo para a chorar e a ela me juntar no túmulo" diz a inscrição de 1820 de um viúvo.[99] Do século XIX ao início do século XX, esses sentimentos expressos nos epitáfios continuam, embora apresentem variações de

99 Como citado em Ariès, P. (1981). *O homem diante da morte, op. cit.*, p. 576.

estilo. Com a entrada da indústria funerária, os epitáfios passam a ser reproduzidos em massa; frases prontas como "Saudades eternas", "Sempre na memória", "Sempre em nossos corações" e "Descanse em paz" são encontradas por toda parte em coroas de flores e túmulos. A universalização, logo banalização dos epitáfios seguiu em paralelo à transferência da homenagem pública para a homenagem privada dos mortos, com o progressivo abandono das sepulturas.

Na França, no século XIX, um movimento de laicização do culto dos mortos foi amplamente propagado pelos positivistas discípulos de Auguste Comte. Anticlericais, eles reanimam um culto fetichista dos mortos – que a Igreja católica, durante muito tempo, havia banido – e serão os responsáveis pela fomentação de um movimento leigo de preservação dos cemitérios e túmulos, além da exaltação das lembranças como a verdadeira imortalidade que se poderia conceder aos mortos. Segundo um desses positivistas:

> *O homem prolonga para além da morte os que morreram antes dele . . ., continua a amá-los, a conhecê-los, a* entretê-los *depois que deixaram de viver, e institui em sua memória um* culto *onde seu coração e sua inteligência se esforçam por assegurar-lhes a perpetuidade. . . . Essa propriedade da natureza humana . . . nos torna bastante afetuosos e inteligentes para amar seres que já não existem,* para arrancá-los ao nada e para criar em nós mesmos essa segunda existência, *que sem dúvida é a única imortalidade verdadeira.*[100]

A "segunda existência" é assegurada não mais no além-religioso, mas na memória daqueles que os conheceram e, por contiguidade,

100 Dr. Robinet, como citado em Ariès, P. (1981). *O homem diante da morte, op. cit.*, pp. 589-90, grifo do autor.

também nos objetos que eles deixaram ou que a eles remetem, como fios de cabelo ("arte capilar"), joias, medalhões, túmulos, lápides e retratos. Esses *mementos* funcionam como objetos fetiches, isto é, objetos com função de substituir os ausentes. São "signos e animação do próprio signo", isto é, eles fazem reviver os mortos, dando-lhes continuidade ante a ilusão de uma presença.[101]

A manutenção do vínculo com os mortos a partir de seus signos se tornou um dos traços marcantes dessa nova sensibilidade que tornou intolerável a morte do outro. Na França do século XIX, à medida que cresce uma emancipação da religião, a veneração laica dos desaparecidos e de seus signos se expandem sem cessar, tornando-se, entre franceses, "a grande religião popular".[102] O grande batalhão de mortos da Primeira Guerra incrementará a confluência do culto dos mortos e do sentimento nacional. Cultos cívicos serão estabelecidos pelo próprio Estado, que constrói monumentos e estabelece datas comemorativas para homenagear os mortos sem relação com nenhuma religião.

No século XX, o culto coletivo (sagrado ou cívico) dos mortos entrou em declínio e, em paralelo, cresceu a veneração de caráter mais privativa e fetichista. O apego aos objetos do morto gerou a necessidade de preservá-los, porém esse apego se distanciou, aos poucos, dos signos públicos (túmulos, cemitérios, Dia de Finados, por exemplo) para se centrar naqueles mais privativos. Assim, o quarto do morto é transformado em verdadeiro santuário onde seus pertences são devotamente cultuados. O caso célebre é o da rainha Vitória, que preservou todos os objetos do príncipe Albert do jeito que ele gostava de arrumá-los, e todas as manhãs repetia-se o ritual de preparar suas roupas e sua água de barbear como se ele ainda estivesse por lá.[103]

---

101 Ibid., p. 590.

102 Ibid., p. 592.

103 Gorer, G. (1967a). *Death, grief and mourning: A study of contemporary society, op. cit.*, p. 86.

Em 2014, a imprensa divulgou o curioso caso do soldado francês Hubert Rochereau.[104] Morto aos 22 anos durante as batalhas da Primeira Guerra, sua mobília (a cama com a colcha de renda, mesa, cadeira, fotografias, cachimbo, medalhas, o casaco militar pendurado em um cabide etc.) se mantém preservada quase 100 depois de sua morte. Os pais do jovem soldado mantiveram o cômodo exatamente como estava no dia de sua partida para o *front*. Em 1935, ao venderem a casa, eles estipularam uma cláusula em contrato de venda na qual o quarto do filho deveria permanecer inalterado por 500 anos (!). Embora não houvesse nenhuma base legal para sustentar o pedido, os novos donos o acataram e mantiveram o quarto do jeito que o encontraram. O dono atual, que herdou a casa dos avós, decidiu não só preservar o santuário em memória do soldado como também levá-lo a conhecimento público.

Assim, o declínio do culto público dos mortos não implicou de forma nenhuma esquecimento ou indiferença. O pesar continuou, apenas assumiu um caráter absolutamente íntimo, discreto e privativo em consonância com o individualismo atual. A visitação pública ao cemitério foi suplantada pelo cultivo privado das lembranças em casa, onde alguns seguem inconsoláveis, e a veneração aos seus signos beira a mumificação.

Estar habitado por aquele que se perdeu é um dos traços mais marcantes do luto moderno, propôs Allouch:[105] "em razão desse desconhecimento da morte tornado quase sistemático, cada um se acha habitado não tanto pela 'questão da morte' (uma fórmula de duvidosos ares filosofeiros), mas, bem mais concreta e 'insabidamente',

104 "Quarto de soldado francês da primeira guerra mundial está preservado há quase 100 anos". O *Globo*, 20 out. 2014. http://oglobo.globo.com/mundo/quarto-de-soldado-frances-da-primeira-guerra-mundial-esta-preservado-ha-quase-cem-anos-14271402.

105 Allouch, J. (2004). *Erótica do luto: No tempo da morte seca*. P. Abreu (Trad.) (p. 318).Companhia de Freud.

por seus mortos". O morto não habita mais o espaço do além-religioso, onde antes podia ser localizado. Quando as crianças perguntavam sobre o paradeiro do falecido, ouvia-se: "ele está no céu". Hoje, no declínio das crenças dos grandes sistemas religiosos, onde localizá-lo se não no próprio enlutado?

Daí o deslocamento da devoção dos monumentos públicos onde repousava o cadáver para os tributos intimistas, os pequenos *mementos illius* carregados para todo lado. Freud, por exemplo, carregava um minúsculo medalhão preso à corrente de seu relógio em homenagem à Sophie. Ele o mostrou, um dia, à poeta imagista Hilda Doolittle, sua então paciente: "ela está aqui", disse-lhe emocionado, 13 anos após a morte da filha ocorrida em 1920.[106]

Em tempos governados pelo discurso capitalista, os tributos intimistas podem facilmente se transformar em gadgets. A empresa estadunidense *LifeGem* inventou o *memorial diamond*, que promete, para nosso espanto, transformar as cinzas ou mechas de cabelo de uma pessoa querida em diamantes. Em sua página virtual, lê-se: "*Um* diamante autêntico criado das cinzas da pessoa amada como um memorial a sua vida maravilhosa e única".[107] A empresa disponibiliza ainda toda uma linha de *cremation jewelry* para aqueles clientes que necessitam de mais do que "simples palavras" para lembrar-se do amado perdido: "Você teve alguém verdadeiramente especial em sua vida e meras palavras simplesmente não bastam"[108]. Essas relíquias de ar macabro prometem salvar da morte um pequeno pedaço transformado em diamante por preços que variam, segundo exposto no site, entre 3 mil e 20 mil dólares.

---

106 Gay, P. (1989). *Freud: uma vida para o nosso tempo.* D. Bottman (Trad.) (p. 360). Companhia das Letras.

107 No original: "An authentic diamond created from the ashes of your loved one as a memorial to their unique & wonderful life".

108 No original: "You have had someone truly special in your life and mere words simply will not do".

Esse tipo de apelo comercial alcança ressonâncias tanto mais contundentes quando se trata da perda do(a) filho(a), hoje considerada a dor maior. No Ocidente, à medida que as preocupações com a própria morte assumiram um ar altruísta e as taxas de fecundidade e de mortalidade diminuíram, a morte de um filho tornou-se um acontecimento excepcional. A pesquisa realizada por Gorer,[109] na década de 1960, mostrava a perda de um filho crescido como o mais angustiante e duradouro de todos os pesares: "Em tal caso parece ser realmente verdadeiro, e não apenas uma figura de linguagem, que essa perda os pais nunca conseguem superar". Uma observação em consonância com o comentário de Freud a mãe do viúvo de sua filha: "Na verdade, uma mãe não pode ser consolada, e, como estou agora descobrindo, dificilmente um pai".[110]

Nos dias atuais, até mesmo a perda de um filho não nascido é capaz de gerar grande choque nos pais. Por séculos, no Ocidente cristão, a morte de uma criança foi tratada como um acontecimento socialmente banalizado em decorrência da alta mortalidade infantil, o que não implica dizer que, do ponto de vista dos pais, não fosse um acontecimento doloroso. Os corpos das crianças, conforme Ariès,[111] eram igualmente abandonados de forma anônima no entorno sagrado da igreja.

Por volta do século XIX, esses pequenos seres, por tanto tempo negligenciados, tornaram-se verdadeiros objetos de culto, como se fossem personagens ilustres. Nos cemitérios franceses (mas não só) disseminaram-se os túmulos de crianças e adolescentes ornados com as mais belas homenagens. Estátuas-retratos que reproduziam em tamanho realista os "anjinhos", dando-nos a comovente ou aterradora "ilusão de sua presença".[112]

---

109 Gorer, G. (1967a). *Death, grief and mourning: A study of contemporary society, op. cit.*, p. 121.

110 Gay, P. (1989). *Freud: uma vida para o nosso tempo, op. cit.*, p. 360.

111 Ariès, P. (1981). *O homem diante da morte, op. cit.*

112 Ibid., p. 584.

Allouch notou esse deslocamento de ênfase no luto que, em pouco mais de um século, passou da morte dos pais para a do filho.[113] Basta lembrar que Freud, no início do século XX, considerou a morte do pai o acontecimento mais importante da vida de um homem, todavia e quando este homem se torna pai?

Freud tinha 63 anos de idade quando perdeu a filha Sophie, então grávida do terceiro filho, em decorrência da gripe espanhola, a grande pandemia do século XX, causada pelo vírus H1N1, que abateu cerca de 50 milhões de vidas em todo o mundo. A perda do filho atinge em cheio o narcisismo dos pais, observou Freud, voltaremos a esse ponto.

No passado, o luto dos pais encontrava certo regramento nas crenças religiosas que recobriam a morte com um farto manto de imagens e significantes. Na Bahia do século XIX, por exemplo, Reis[114] recuperou que as meninas pequenas eram vestidas com mortalha de Nossa Senhora da Conceição em referência, supõe o autor, aos mitos de fertilidade, "uma medida para que filhos futuros sobrevivessem. Perder uma filhinha significava a perda de uma vida e ainda de alguém que, quando adulta, geraria mais vida". Já os meninos eram vestidos de São João, santo considerado um "herói popular da virilidade, tradição já existente na Colônia, um São João namorador, protetor dos amantes, promotor do casamento".[115] Mas, continua o autor, a mortalha mais usada pelos meninos era de cor vermelha, ou "à cardeal", por sua relação com o costume da liturgia católica de pintar de encarnado os paramentos usados pelos sacerdotes no dia dos santos inocentes (28 de dezembro), talvez para marcar o luto intenso dos pais.

Era comum também que meninas e meninos usassem mortalhas festivas com estampas e listas coloridas em referência às celebrações

---

113 Allouch, J. (2004). *Erótica do luto: No tempo da morte seca, op. cit.*

114 Reis, J. J. (1999). *A morte é uma festa, op. cit.*, p. 120.

115 Ibid., p. 122.

religiosas, dado que sua inocência as transformava em anjinhos, o que lhes garantiriam um bom lugar no céu, uma certeza que trazia considerável consolo às famílias. Esse vestuário festivo sugere que as mortes de criança eram então menos graves do que a morte de adultos.

Sob o velamento das crenças religiosas, o luto do filho podia ser suportado de outra forma. Sem este recurso, acabou assumindo o valor que hoje faz da morte do filho a dor maior. Nessa mesma perspectiva, Allouch[116] comentou:

> *Terá, pois, sido preciso a morte de Deus, proclamada por Nietzsche, terá sido preciso que Deus fosse pelo homem destituído da contabilidade. Enquanto Ele mantinha as contas – contas de que Sua transcendência nos deixava essencialmente incapazes de saber o que quer que seja –, o luto podia ser bem mais regrado: a morte do filho tinha, por certo, um lugar singular, como ainda tem, no México, em "a arte ritual da morte criança", mas esse próprio lugar deixava-se, para acabar, absorver no jogo do pecado e de seu perdão, no grande jogo do inconhecível juízo de Deus.*

De fato, a perda e o sofrimento da separação de um filho pequeno encontravam resguardo na esperança da salvação imediata dada a sua inocência e/ou na crença do reencontro no Paraíso, como pode ser escutado no depoimento comovente de uma mãe entrevistada por Gorer:[117]

> *Ele foi morto na Força Aérea durante a guerra, meu filho mais novo, e com frequência ele volta e fala comigo . . .*

116 Allouch, J. (2004). *Erótica do luto: No tempo da morte seca, op. cit.*, p. 351.

117 Gorer, G. (1967a). *Death, grief and mourning: A study of contemporary society, op. cit.*, p. 28.

eu estava deitada – sentindo a falta dele – . . . e todo o tempo pensava, tomara que ele tenha sido salvo; e uma voz disse, "está tudo bem, mamãe"; e eu pensei obrigada meu Deus por ele estar bem; mas ele se foi. Ainda assim, eu penso que o verei novamente um dia. Isso me faz continuar.

2.3 A medicalização do luto

Uma mãe que havia acabado de perder o filho pequeno questionou-nos sobre o motivo pelo qual recomendou-se que consultasse um psicólogo: "Não é normal uma mãe chorar pelo filho? Não posso chorar pelo meu filho?".

Um exemplo mais que ilustrativo de que a proscrição do luto do campo social beneficiou sua medicalização, isto é, sua absorção pelo discurso da ciência e, quando este discurso se encontra capturado pelo discurso do capitalista, o luto é recoberto pela oferta abundante de serviços, fármacos e outros produtos. Estes são convocados para preencher o vazio deixado pelo amparo da comunidade e das crenças e práticas religiosas, o que, no fundo, atesta que a experiência do luto não pode ser tolerada sozinha.

Em outro atendimento, solicita-se orientação sobre como "retirar a mãe do luto" decorrente da perda abrupta da filha mais velha dessa mãe ocorrida há pouco mais de dois meses. Para essa pessoa era muito difícil compreender como era possível a mãe estar tão devastada mesmo sob o uso ininterrupto de antidepressivo, iniciado há dois anos, desde o momento em que a mãe ficou viúva. Mergulhada no contexto da preocupação altruística com a morte do outro, ela temia que a mãe, em suas palavras, "se entregasse ao luto", seguindo o mesmo destino do pai e da irmã. Decidida a salvar a mãe, essa pessoa apresentava-se como se essas perdas familiares importantes não lhe tivessem igualmente afetado. Buscava, em vão, algum outro tipo de antídoto contra o luto como se fosse possível evitá-lo ou proteger alguém da dor da perda de um filho ou de um parceiro.

"Medicalização" é um termo sugerido por sociológicos, no início dos anos 1970, para descrever a perda de autonomia dos sujeitos em face dos critérios, por vezes abusivos, de saúde e doença sustentados por um "tipo" de discurso médico – um "tipo" porque existem outros. O processo de "medicalização" se refere precisamente ao empoderamento desse discurso decorrente dos grandes avanços técnico-científicos, de tal maneira que extrapolou o campo da patologia para se tornar normativo, fazendo da saúde um imperativo persecutório.[118] Medicalização, segundo Peter Conrad, um dos principais expoentes do conceito, é "um processo pelo qual problemas não médicos se tornam definidos e tratados como problemas médicos, geralmente em termos de doença e transtornos".[119] O avanço da jurisdição médica sobre a vida cotidiana tem sido apontado como uma das grandes transformações da segunda metade do século XX no Ocidente.

Ao ser encampado por grandes laboratórios, o discurso médico se tornou paradoxalmente patogênico, isto é, em vez de produzir uma população mais saudável, tem gerado um contingente significativo de doentes e incapacitados, potenciais consumidores de todos os tipos de tratamentos e fármacos, tornando o padecimento psíquico uma grande oportunidade comercial. No campo da saúde mental, por exemplo, temos assistido a padronização das narrativas de sofrimento via fabricação vertiginosa de diagnósticos psicopatológicos que desimplicam tanto a conjuntura sócio-política-econômica quanto o sujeito de seu sofrimento ao reduzi-lo a uma causalidade biológica

---

118 Freitas, F., & Amarante, P. (2015). *Medicalização em Psiquiatria*. Fiocruz.

119 Conrad, P. (2007). *The medicalization of society: On the transformation of human conditions into treatable disorders*. The Johns Hopkins University Press, p. 4.

que joga a favor do empoderamento do mercado das indústrias farmacêuticas, dos profissionais e gestores da saúde.

Em 2013, por exemplo, o luto foi oficialmente declarado um problema médico pela American Psychological Association (Associação Psiquiátrica Americana – APA), na quinta versão do Manual de Diagnóstico e Estatístico de Transtornos Mentais (DSM-5). Até o DSM-4,[120] o luto figurava como um critério de exclusão para o diagnóstico do Episódio Depressivo Maior aplicado a sintomas depressivos que tiveram início dentro de dois meses após perda de pessoa significativa. Somente após esse período, persistindo os sintomas, o diagnóstico de Episódio Depressivo poderia ser aplicado, logo o luto medicado. Lembramos que dois meses já é absurdo, um tempo exíguo demais quando comparado a duração do luto proposta pela grande maioria dos ritos consagrados, mais atentos e próximos da experiência humana comum.

O DSM-5 conseguiu insistir no pior ao retirar o luto do critério de exceção e diminuir o tempo para duas semanas, ou seja, aquele que estiver de luto por um período em torno de 15 dias (!) sem melhora significativa pode ser declarado portador de transtornos de humor, justificando-se, assim, a necessidade de consulta médica e uso de psicofármacos. Questionado sobre a polêmica decisão, David Kupfer, coordenador do grupo que revisou o novo manual, justificou-se em entrevista:[121]

> *Remover a exclusão do luto ajuda a prevenir que a depressão deixe de ser diagnosticada em certos pacientes, e facilita que eles recebam tratamento adequado. Embora o*

---

120 American Psychiatric Association. (1994/2000). *DSM-IV: Manual Diagnóstico e Estatístico de Transtornos Mentais*. D. Batista (Trad.). Artes Médica.

121 "O DSM-5 é o melhor que temos para diagnosticar os transtornos mentais". *Veja*, 12 maio 2013. http://veja.abril.com.br/noticia/saude/o-dsm-5-e-o-melhor-que-temos-para-diagnosticar-os-transtornos-mentais

> *processo de luto seja natural e único para cada indivíduo, e apesar de compartilhar algumas características da depressão, como tristeza intensa e desinteresse em atividades habituais, luto e depressão também são bastante diferentes em aspectos importantes. Por isso, o DSM-5 vai substituir a regra por duas notas, uma que alerta os médicos para que tentem diferenciar um luto normal do diagnóstico de uma doença mental e uma outra mensagem lembrando os psiquiatras que a depressão e o luto podem coexistir.*

Ou seja, apesar de reconhecer que a resposta à perda é "natural e única para cada indivíduo", Kupfer e o grupo que ele representa optaram por endossar o *furor curandis* próprio do estado atual do discurso da ciência que tende a reduzir os males da alma a qualquer outro problema de saúde. A regra que antes impunha algum limite ao *furor* foi substituída por recomendações que jogam para o profissional a responsabilidade pela decisão, desconsiderando suas condições de trabalho e formação; é imaginar que todos os profissionais que atuam no ramo da psiquiatria têm tempo de atendimento necessário para uma escuta clínica qualificada, têm experiência e conhecimento adequado de diagnóstico e prudência ética para não ceder às seduções da indústria farmacêutica. Há um abismo entre essa concepção e àquela do início do século XX quando ainda não se considerava o luto como uma doença que necessitava de acompanhamento médico. Atento ao saber psiquiátrico da época, Freud comentou em *Luto e melancolia*:[122]

> *Também é digno de nota que jamais nos ocorre ver o luto como um estado patológico e indicar tratamento*

122 Freud, S. (1917/2010f). Luto e melancolia. In *Obras completas*. P. C. Souza (Trad.) (v. 12, p. 172). Companhia das Letras.

> *médico para ele, embora ocasione um sério afastamento da conduta normal da vida. Confiamos em que será superado após certo tempo, e achamos que perturbá-lo é inapropriado, até mesmo prejudicial.*

Em um tempo em que o enlutado contava ainda com o amparo da comunidade, não fazia sentido nenhum colocá-lo sob jurisdição médica. Certamente, casos de luto agravados não deixavam de ocorrer, porém muito provavelmente com bem menos frequência do que hoje. O número significativo de lutos melancolizados mas ainda não medicalizados, localizados por Gorer no período pós guerra, já anunciava que o luto privado (de rito, de público e de reconhecimento) tenderia a parar nos serviços de saúde: "Considero que adultos precisam de ajuda para sobreviver a fase mais intensa do luto; mas eu me pergunto se eles podem apelar abertamente por ajuda em uma sociedade, como a Grã-Bretanha contemporânea, onde a maioria deseja ignorar o luto e tratá-lo como mórbido".[123]

Ao não encontrar mais eco na comunidade, o enlutado acabou se voltando para os serviços de saúde ao preço de ver sua dor tratada e medicada como uma enfermidade ou uma infecção qualquer. No fim do século XX, a medicalização do luto tornou-se um fato consumado na Grã-Bretanha, como pode ser lido em um dos livros de Colin M. Parkes, uma das maiores autoridades em luto no mundo. Parkes[124] trata o triunfo desse arranjo em seu país sem estranhar ou contestar:

> *a tendência maior hoje, na Grã-Bretanha, é de que a viúva ou viúvo se voltem para o médico de família em*

123 Gorer, G. (1967a). *Death, grief and mourning: A study of contemporary society, op. cit.*, p. 151.

124 Parkes, C. M. (1998). *Luto: Estudos sobre a perda na vida adulta* (p. 222). M. H. Franco (Trad.) (p. 222). Summus.

> *busca de ajuda profissional. Dessa forma, em meu estudo com prontuários de 44 viúvas de Londres, verifiquei que 33 delas haviam consultado seu clínico geral em algum período durante os primeiros seis meses do luto. Quinze queixavam-se de sintomas que eram claramente psicológicos e treze foram tratadas com sedativos ou tranquilizantes.*

Sem interrogar as razões pelas quais a busca por ajuda médica e uso de psicotrópicos no luto é a principal tendência atual entre seus conterrâneos, o autor aborda com naturalidade a questão, mostrando-se discreto ao comentar a medicação generalizada do luto:

> *Sua eficácia* [refere-se aos antidepressivos] *em casos de luto normal não foi demonstrada até hoje e seria precipitado recomendá-los até que estudos cuidadosos tenham sido conduzidos, mas são razoavelmente seguros e podem até mesmo, como constatei em minha experiência, ajudar as pessoas com dificuldade em entrar no processo de luto. Certamente não há motivo para acreditar que inibam o luto. Lynn e Racy (1969) relataram alívio de depressão importante em enlutamento, por meio de tratamento com eletrochoque, e esta ainda é uma alternativa, quando os outros métodos falham.*[125]

O luto, concebido pelo autor como "um processo de 'aprendizagem'",[126] é centrado principalmente na perspectiva de pesquisas e

---

125 Ibid, p. 224.

126 "O luto é um processo de 'aprendizagem', e se é necessário que a pessoa enlutada passe pela dor do luto para aprender, então qualquer coisa que continuamente

serviços médicos. O autor afirma, entre outras coisas, que "os psiquiatras sempre tiveram papel importante nos cuidados da pequena minoria de pessoas que apresentam distúrbios psiquiátricos em razão desse luto, mas em sua formação profissional só recentemente passou a ser dada suficiente atenção a tópicos relacionados à perda e ao luto". Já os psicólogos...: "os psicólogos foram os últimos a entrar nessa área, mas agora estão podendo mostrar a importância de seu trabalho".[127] (??). O autor toma distância da psicanálise e não faz nenhuma menção à abordagem do tema por Freud ou qualquer outro analista depois dele.

Observa-se que o discurso da neurociência, aliado ao do capitalista, tem cada vez mais se imposto na tentativa de reduzir as aflições humanas a um déficit biológico. Nessa versão, os reguladores neuroquímicos sozinhos poderiam eliminar os sintomas incômodos e restabelecer os níveis "adequados" de integração e utilidade social.

Paradoxalmente, o sujeito correspondente ao discurso da ciência é o sujeito da crença, ressaltou Antonio Quinet:[128] "ao universal da ciência responde não o sujeito da ciência, mas o sujeito da Igreja Universal. Pois é lá que o sujeito encontra *prêt-à-porter* o máximo da totalidade do saber". Acontece que o sujeito da crença é o sujeito dividido (*$*), dividido hoje pela multiplicidade de sistemas de crenças que pululam o universo de qualquer um inserido no laço social. Assim como aconteceu com a doutrina católica quando esta tentava inibir a relação com os mortos, quanto mais se esforça por espantar bruxas e outros demônios, mais o discurso da ciência produz esse mundo de sombras. Basta observar que, em paralelo ao uso de serviços médicos tradicionais, cresce mundialmente o número de adeptos

---

permita à pessoa evitar ou suprimir esta dor poderá vir a prolongar o curso do luto" (Parkes, 1998, p. 224).

127 Ibid., p. 192.

128 Quinet, A. (2006). *Psicose e laço social: esquizofrenia, paranoia e melancolia* (p. 20). Jorge Zahar.

de crenças, ritos mágico-religiosos e outras práticas não-oficiais: "O sujeito dividido como produto da ciência, resto do saber científico, é também aquele que é excluído por ela. E é por isso que ele acredita desacreditando na ciência".[129]

2.4 Luto prescrito

O empuxo à medicalização não se reduz ao campo médico. Esse discurso contamina também teorias psicológicas que, banalizadas pela popularidade que alcançam, acabam reduzidas às fórmulas repetidas à exaustão, e até mesmo prescritas como se fossem um medicamento. Os cinco estágios do processo do morrer (raiva, negação, negociação, depressão, aceitação) propostos por Elisabeth Kübler-Ross,[130] por exemplo, têm sido adotados por muitos como se fossem um guia universal sobre a maneira pela qual as pessoas lidam "com qualquer tipo de perda", como se fosse possível antecipar, padronizar, uniformizar seus efeitos e respostas (sempre singulares).

O próprio termo "luto", em sua acepção psicológica, sucumbiu a uma banalização tal que se tornou hoje praticamente "um estado de base do funcionamento psíquico",[131] observou Martine Lussier intrigada com a enorme repercussão do termo freudiano "trabalho do luto". De fato, ouve-se falar de "luto" por qualquer situação que o sujeito, ou outros, tomem como uma perda: do seio, da infância, da chupeta, de um exame em que se foi reprovado, de um emprego, de uma pessoa próxima que morreu, de um brinquedo quebrado, de um filho que saiu de casa, de mudança de cidade, de um relacionamento ou casamento encerrado, de um país que se abandonou etc.

---

129 Ibid., p. 21.

130 Kübler-Ross, E. (1998). *A roda da vida: Memórias do viver e do morrer*. M. L. N. Silveiral (Trad.) (p. 132). GMT.

131 Lussier, M. (2007). *Travail de deuil* (p. 19). PUF.

Assim, todas essas perdas foram horizontalizadas e equacionadas: "Toda perda, toda renúncia, toda separação suscitaria um afeto de luto que necessitaria de um trabalho".[132] A consistência dada a essa ideia contraria a própria posição de Freud,[133] que deixa claro que as perdas capazes de provocar luto não são perdas quaisquer, apenas aquelas ligadas aos objetos libidinalmente atados por mil elos, ponto ao qual retornaremos em outro capítulo.

Na internet, não faltam sites e materiais dedicados à orientação dos profissionais e mesmo dos enlutados e seus familiares. Alguns sites se limitam a repetir jargões de autoajuda que desfiguram e empobrecem a experiência do luto: "seja forte", "ocupe-se", "com o tempo passa", "a vida segue" etc. Em um guia do Reino Unido, "keep busy" (ocupe-se), é uma das recomendações básicas às mães que não trabalham fora:

> **Mantenha-se ocupado**
>
> *Outros pais enlutados recomendaram manter-se ocupado. Papai provavelmente já faz isso, a menos que ele tenha desistido do trabalho para ajudar a cuidar do filho. Geralmente é mamãe que sente as horas intermináveis enquanto os outros estão fora o dia todo. Encontre algo para preencher essas horas vazias – um emprego, trabalho voluntário, redecoração, qualquer coisa que obrigue você a se manter ocupada.*[134]

---

132 Ibid., p. 19.

133 Freud, S. (1917/2010f). Luto e melancolia, *op. cit.*

134 No original:
Keep Busy
Other bereaved parents have all recommended keeping busy. Dad probably is anyway unless he gave up work to help care for his child. It is usually Mum who finds the hours endless while everyone is out all day. Find something to fill those empty hours - a job, voluntary work, redecorating, anything which

No passado, a convenção ritual ocupava e, ao mesmo tempo, distraía as horas vazias com as exigências cerimoniais e as visitações no limite do cansaço, mas que retiravam o enlutado do estado de entorpecimento característico do luto, sem, no entanto, aliená-lo da própria experiência; muito pelo contrário, o rito se fazia justamente em torno dessa falta.

Em outro guia, o modelo pergunta-resposta se propõe a orientar os pais sobre as questões práticas relacionadas à morte e aos funerais:

> **O que fazer se meu filho quiser ir ao funeral?**
>
> Esta é uma decisão sua: *pode ser muito saudável para uma criança assistir ao velório e funerais se ela for emocionalmente madura para isso e se tiver o seu apoio, de outros adultos de confiança ou de seus amigos. Velórios e enterros são lugares em que choramos juntos e começamos a nos curar. Se o seu filho nunca foi a um velório ou funeral, você pode ajudar a prepará-lo, dizendo-lhe o que ele pode ver ou ouvir. Se houver um caixão aberto, você precisa prepará-lo para o fato de que ele vai ver a pessoa e que ela pode parecer diferente para ele. Você também pode falar sobre a experiência quando voltar para casa...*[135]

---

will force you to keep busy. Fonte: "A Special Child in the Family: death and Bereavement". http://www.specialchild.co.uk/death.htm

135 No original:
What if my child wants to go to the wake or the funeral?
This is a decision for you to make: It can be very healthy for a child to attend wakes and funerals, if they are emotionally mature enough, and if they have support from you, from another trusted adult or from their friends. Wakes and funerals are ways in which we all grieve together and begin to heal. If your child has never been to a wake or funeral you can help prepare them by telling them what they might see or hear. If there is an open casket, you need

Manuais, serviços e profissionais proliferam no espaço vazio deixado pelos ritos e pela comunidade. Quem, no século XIX, consultaria estranhos ou guias para saber se as crianças deveriam ou não participar dos funerais de algum familiar ou de alguém próximo? A participação infantil no velório é recomendada pelo guia,[136] como uma boa prática, uma "prática saudável" como quem fala sobre prática física ou nutricional. Uma "prática saudável" para a criança "emocionalmente madura". E há realmente alguém maduro o suficiente para antecipar o que vai sentir ou como vai se exprimir diante de um morto, diante da morte de alguém querido?

Na própria Psicanálise, o termo "trabalho do luto" inicialmente apresentado por Freud[137] acabou assumindo o valor de

---

to help them prepare for the fact that they will see the person and that he or she might look different to them. You can also talk about the experience after you return home...
Fonte: "Talking to children about death: a brief guide for parents". http://www.d21.k12.il.us/pdf_general/supportservices/parentguidetalkingchilddeath.pdf (não mais disponível).

136 Em uma consulta recente ao site, este material aparece levemente revisado. A parte inicial foi modificada para: "what works well is to invite children or teenagers to the funeral, without forcing them to make a particular decision. A basic guideline is to let your child decide what he or she wants to do. Many children prefer to attend the funeral or memorial service. Some may prefer not to attend. It can be very healthy for a child to attend funerals, especially when they have support from you, from another trusted adult or from their friends.
Em tradução livre: "o que funciona bem é convidar crianças ou adolescentes para o funeral, sem forçá-los a tomar uma determinada decisão. Uma diretriz básica é deixar seu filho decidir o que ele ou ela quer fazer. Muitas crianças preferem assistir ao funeral ou ao serviço memorial. Alguns podem preferir não comparecer. Pode ser muito saudável para uma criança ir a funerais, especialmente quando tem seu apoio, de outro adulto de confiança ou de seus amigos".
https://www.hsd.k12.or.us/cms/lib/OR02216643/Centricity/domain/89/documents/Parents-Talking%20to%20Children%20About%20death.pdf

137 Freud, S. (1917/2010f). Luto e melancolia, *op. cit.*

regra a ser prescrita como um exercício ou medicamento. O uso abusivo do termo abunda, ainda hoje, nas falas, artigos e livros de psicanalistas, até mesmo entre os renomados. Allouch[138] notou, por exemplo, que "chegou-se mesmo, em nome dessa dita 'necessidade' do trabalho de luto, até dar como sugestão fazer chorar a criança enlutada. Mas como?". O autor recolheu da obra *La pathologie du deuil*, do psicanalista francês Michel Hanus, publicada em 1993, a surpreendente resposta: "mostrando-lhe o que ela perdeu, ainda que isso pareça cruel, ainda que ela recuse . . . faça chorar as crianças que querem ignorar que sofrem, é o mais caridoso serviço a lhes prestar". Em nome dos *patterns* de conduta esperada no luto, a sugestão dá a entender que qualquer pessoa (um familiar, um profissional, um conhecido ou um completo estranho . . .) poderia, mesmo realizando uma selvagem intervenção, produzir o efeito de "dar início ao trabalho do luto", desconsiderando, por completo, a importância do laço afetivo ou transferencial em jogo. Cabe perguntar: o que nos autoriza a concluir tão apressadamente que alguém não está "fazendo o seu trabalho do luto"? Em nome de qual versão teórica?

> *O que se vai mostrar à criança como sendo o que ela perdeu? Um cadáver? Mas não, não foi que ela perdeu! Uma foto do morto? Mas a foto está bem ali! O amor? O ódio? O desprezo? Mas de quem seriam essas palavras que diriam esse amor, esse ódio, esse desprezo? De mais a mais, a criança perdeu um amante ou um amado, um odiante ou um odiado, um desprezante ou um desprezado? E, sobretudo, o que sabemos disso? Pois o ponto está aí: cremos saber o que a criança perdeu, em todo*

---

138 Allouch, J. (2004). *Erótica do luto: No tempo da morte seca*, *op. cit.*, p. 46.

> *caso o pretendemos, e essa pretensão, além de causar um curto-circuito no que lhe cabe dizer, continua a ser, de ponta à outra, abusiva.*[139]

Luto interdito ou prescrito, tanto faz, o resultado é o mesmo: o sujeito de luto aparece silenciado e falado por outros saberes detentores de sua verdade: "seja forte!", "supere-se", "ocupe-se!", "viaje!", "chore!", "faça seu trabalho do luto!", "tenha outro filho!" – essa última frase costuma deixar arrepiados pais que perderam os filhos justamente por dar a entender que um filho é como uma mercadoria passível de substituição. Se um homem "esquece que é portador da fala", diz Lacan[140] que "ele já não fala. É efetivamente o que acontece: a maioria das pessoas não fala, elas repetem, não é exatamente a mesma coisa. Quando o homem já não fala, ele é falado".

A palavra empobrecida de seu valor metafórico, poético, torna-se um jargão, uma palavra técnica, banal, expropriada do sujeito que a enuncia. Walter Benjamin,[141] em conhecida passagem, lamentou profundamente esse estado de empobrecimento da linguagem na transmissão de experiências. Para onde foram os bons contadores de história e os bons ouvintes? Cadê aqueles que podiam transmitir de forma simples, às vezes, por meio de provérbios, as experiências da vida?

> *Que foi feito de tudo isso? Quem encontra ainda pessoas que saibam narrar algo direito? Que moribundos dizem*

139 Ibid., p. 47.

140 Lacan, J. (1954/2008a). Do símbolo e de sua função religiosa. In *O mito individual do neurótico* C. Berliner (Trad.) (p. 61). Jorge Zahar.

141 Benjamin, W. (1936/2012b). O narrador: Considerações sobre a obra de Nikolai Leskov. In *Magia e técnica, arte e política: Ensaios sobre literatura e história da cultura (Obras escolhidas I)* S. P. Rouanet (Trad.) (pp. 213-240). Brasiliense.

> *hoje palavras tão duráveis que possam ser transmitidas como um anel, de geração em geração? Quem é ajudado, hoje, por um provérbio oportuno? Quem tentará, sequer, lidar com a juventude invocando suas experiências?*[142]

Constatamos que a referência de saber passou das gerações mais velhas para os ciberespaços, que uniformizam as palavras e narrativas, os modos de expressar os afetos e até o sofrimento. Integrante da geração que sobreviveu à barbárie da Primeira Guerra, Benjamim testemunhou o emudecimento dos poucos combatentes que voltaram. Traumatizados por uma experiência impossível de transmitir, eles voltaram "mais pobres em experiências comunicáveis, e não mais ricos".[143] O discurso científico da época os classificou como "neuróticos de guerra". A fuga para a doença, no entanto, era a possibilidade, talvez a única, de eles serem liberados, ao menos temporariamente, da carnificina das batalhas, conforme observou Freud.[144] Porém, em tempos de guerra, essa estratégia cobrava seu preço, e esses pobres sujeitos, tratados com desconfiança pelos companheiros e autoridades, receberam o rótulo de covardes ou mesmo trouxas por não saberem agir como mercenários e tirar proveito da desgraça da guerra.

> *É a experiência de que a arte de narrar está em vias de extinção. São cada vez mais raras as pessoas que sabem narrar devidamente. É cada vez mais frequente que, quando o desejo de ouvir uma história é manifesto, o*

---

142 Benjamin, W. (1933/2012a). Experiência e pobreza. In *Magia e técnica, arte e política: Ensaios sobre literatura e história da cultura (Obras escolhidas I)* S. P. Rouanet (Trad.) (p. 123). Brasiliense.

143 Ibid., p. 124.

144 Freud, S. (1919/2010d). Introdução à psicanálise das neuroses de guerra. In *Obras completas*. P. C. Souza (Trad.) (v. 14). Companhia das Letras.

> *embaraço se generalize. É como se estivéssemos sendo privados de uma faculdade que nos parecia totalmente segura e inalienável: a faculdade de intercambiar experiências.*[145]

A palavra tem função de reconhecimento, diz Lacan. Ela não serve apenas de signo, mas realiza o caráter fundamental e estruturante do reconhecimento do sujeito pelo sujeito, "e é no interior dessa função que ela opera para categorizar, polarizar, ordenar".[146] Se do lado do sujeito está a fala - uma linguagem por ele mesmo assumida que requer alguma resposta -, do lado do Outro - lugar onde opera os ideais do *eu*; ideais do Outro - está a homologação, às vezes arbitrária, do valor daquilo que foi emitido. Se do Outro não vem o acolhimento das produções linguageiras do sujeito, a fala fica encolhida, amordaçada com pendor de insurgir em forma de sintomas e outras formações sorrateiras que cifram, de outro modo, a fala abolida.

É fato que o luto tem sido afetado justamente pela perda do reconhecimento no laço social, o que gera um curto-circuito na significação desta experiência pelo sujeito e uma dificuldade de dar reconhecimento aos próprios afetos no luto. Os efeitos do desamparo discursivo se fazem sentir no aumento significativo das chamadas "psicopatologias do luto" e na demanda por tratamento especializado. É compreensível, nesse contexto de desamparo, o sucesso alcançado pelo diagnóstico sindrômico generalizado e pelos psicotrópicos, que tendem a uniformizar e reduzir o sofrimento a processos neuroquímicos. Dessocializado, o luto restringiu-se a um problema pessoal, psicológico, e recentemente neuroquímico.

---

145 Benjamin, W. (1936/2012b). O narrador: Considerações sobre a obra de Nikolai Leskov, *op. cit.*, p. 213.

146 Lacan, J. (1954/2008a). Do símbolo e de sua função religiosa, *op. cit.*, p. 55.

Nesses tempos de medicalização e tamanho desamparo social, a fuga para a doença e recorrência ao serviço de saúde aparece como possibilidade – às vezes a única – de algum reconhecimento na dor ainda que sob a forma de tratamento médico. Lembramos e homenageamos aqui o caso Flor discutido por Sandra Alencar[147] em tese de doutorado. A autora narra o drama de uma mãe siderada pela perda violenta do filho assassinado, assim como tantos outros jovens negros, na periferia da cidade de São Paulo. Atendida em um serviço público de saúde, Flor foi primeiramente diagnosticada como sofredora de depressão grave. Sob uso de antidepressivo, sem melhora significativa, ela foi encaminhada, no próprio serviço público, a uma analista decidida a escutá-la. Insone, sem vontade de viver, angustiada, Flor não conseguia falar nem respirar. Aos poucos, pode contar sua tragédia. Em um dia de trabalho como outro, recebeu a ligação de um estranho, via celular de seu filho, que relatou que este havia sido assassinado. Entorpecida, sem conseguir acreditar no que escutou, ela foi encontrá-lo, e o que viu não poderia nunca mais esquecer: o corpo do filho amado estirado na calçada como uma carcaça. "Em nome de que ou de quem ele morreu?", ela indaga. O delegado de polícia – encarnação de um Outro obscuro e temerário para esta mulher que nasceu sob o estigma de preta, pobre, da periferia – recomenda-lhe "silenciar", esquecer após constrangê-la com dúvidas sobre o caráter do garoto: "seria ele realmente a vítima ou o infrator?" Suspeição para a qual não havia nenhum fundamento investigativo nem interesse em realizá-lo. Flor desfalece na dor de um luto socialmente não reconhecido: o luto das mães pobres e pretas das periferias das grandes cidades do Brasil.

Flor é um caso paradigmático da vetorização geopolítica e econômica do valor da vida e da morte, e, por consequência, do luto: Quais vidas merecem luto? Quais merecem ser comemoradas

---

147 Alencar, S. L. S. (2011). *A vivência do luto em situações de violência urbana e as ações dos Serviços de Saúde Pública* [Tese de Doutorado em Psicologia não publicada]. Pontifícia Universidade Católica de São Paulo.

coletivamente e quais podem simplesmente desaparecer sem qualquer consternação pública e homenagens?

Questões igualmente tratadas com sensibilidade por Fabio Franco[148] em tese que investigou os dispositivos de desaparecimento no Brasil, tomando como fio condutor o caso da vala clandestina de Perus (zona norte de São Paulo), descoberta em 1990, onde foram localizadas cerca de 1.049 ossadas de indigentes, presos políticos e vítimas dos esquadrões da morte. Deflagra-se uma política de morte, nomeada pelo autor de "necrogovernamentalidade", a gerir o descarte dos cadáveres, os rituais de morte, as expressões sociais de luto e até os modos (aceitáveis) de lidar com essas perdas. Uma necropolítica que

> *se efetiva tanto na produção da morte em larga escala, na criação de situações mortíferas para grupos populacionais inteiros, quanto no governo da morte e dos mortos. É administrando o fluxo dos cadáveres, a identificação e perícia dos corpos, os sepultamentos, o luto público, que os dispositivos necropolíticos governam os vivos e exercem incidência sobre as formas de subjetivação.*[149]

3. *A morte redescoberta*

Cada vez que uma interdição violenta esmaga um determinado conteúdo, formações reativas se produzem em seu lugar. A partir dos anos 1960, após algumas décadas de silêncio e rechaço, um duplo movimento contraditório se manifestou em relação à morte: o triunfo

---

148 Franco, F. L. F. N. (2018). *Da biopolítica à necrogovernamentalidade: Um estudo sobre os dispositivos de desaparecimento no Brasil* [Tese de Doutorado em Filosofia não publicada]. Universidade de São Paulo. Biblioteca Digital USP. https://teses.usp.br/teses/disponiveis/8/8133/tde-25022019-112250/pt-br.php

149 Ibid., p. 5.

de sua interdição, que se estendeu a tudo que se lhe assemelha, e o processo inverso de redescoberta da morte.

Estamos no tempo do retorno dos mortos, anunciou o antropólogo Daniel Fabre[150] nos fins da década de 1980. Todavia a grande novidade desse movimento é a de que se trata de um retorno mais civilizado do que selvagem, o qual se manifesta em fontes plurais, desde o discurso oficial de acadêmicos e especialistas, passando pela emergência de novas escatologias, especialmente as que pregam a comunicação com os mortos, até o universo do entretenimento com seu atual pendor para o macabro – na arte gráfica e cinematográfica, sim, os mortos retornam selvagens, mais furiosos do que nunca.

3.1 A morte em discurso

Já vai longe a época em que Geoffrey Gorer[151] lançou o apelo, na época solitário, de retirar a morte e o luto da clandestinidade ou garantiríamos, assim, a continuação do pior . . .

> *Se desgostamos da moderna pornografia da morte, então devemos devolver à morte – morte natural – sua exibição e publicidade, readmitir o pesar e o luto. Se tornamos a morte algo inominável nas sociedades civilizadas – "não na frente das crianças" – nós quase que asseguramos a continuação do "horror cômico". Nenhuma censura jamais foi eficaz.*[152]

A partir de 1970, um coro de vozes se une a Gorer, e a morte se torna loquaz. Antropólogos, etnólogos, historiadores, sociólogos,

---

150 Fabre, D. (1987). Le retour des morts. *Études Rurales*, (105-106), 9-34.

151 Gorer, G. (1955/1967b). The pornography of death, *op. cit.*, p. 199.

152 Ibid., p. 199.

médicos, psicólogos aderem ao movimento de reinvestimento da morte tornada objeto de pesquisas, publicações, teses, congressos e debates, conquistando os meios acadêmicos, midiáticos, sites e redes sociais virtuais. Tornou-se ainda tema de debates éticos acirrados que invadiram os meios de comunicação, popularizaram termos técnicos ("eutanásia", "distanásia", "ortotanásia", "suicídio assistido", "testamento vital"...) e fomentaram movimentos no sentido de mudança das leis e diretrizes quanto à comunicação e cuidados no fim da vida.

Diferentemente da época romântica, o interesse se deslocou do culto dos mortos e veneração dos túmulos para o amparo ao morrente e ao enlutado. Surgem, assim, novas identidades profissionais (o historiador da morte, o tanatólogo, o paliativista, o terapeuta do luto...) e uma ampla rede de cuidados formais e informais (serviço de cuidados paliativos, programas e grupos de apoio a pessoas em situação de luto, aconselhamento especializado, terapia do luto...).

Mais recentemente, o mundo digital inaugurou novos dilemas éticos e a necessidade de regulamentação do legado digital quando uma pessoa morre: o que fazer com o perfil da pessoa morta: apagá-lo ou mantê-lo? É certo manter o perfil do morto ativo e seguir alimentando a rede com informações? Quem teria o direito de continuar gerindo o perfil como "contato herdeiro"? Seria possível registrar nos aplicativos de rede social as medidas que gostaria que fossem tomadas no caso de falecimento? Além disso, há questões de ordem prática: como fazer para cancelar o perfil digital de alguém que faleceu ou, em caso de querer conservá-lo, como solicitar ao aplicativo para que mude o status do perfil para "página memorial"? E ainda: de que modo anunciar ao público a mudança de status? Outra questão muito sensível diz respeito a importância de uma certa etiqueta digital ao expressar luto no mundo virtual.[153]

153 Ver interessante discussão sobre esse assunto na matéria: "How 1 billion people are coping with death and Facebook". http://mashable.com/2013/02/13/facebook-after-death/

3.2 As novas escatologias

Em um universo aparentemente irreligioso, chama bastante a atenção a rápida ascensão das escatologias que creem na reencarnação e comunicação com os mortos, assim como a atual expansão de múltiplas crenças espiritualistas e práticas mágico-religiosas curativas ou divinatórias. Multiplicam-se, a cada dia, os novos crentes para os novos xamãs, adivinhos, feiticeiras e exorcistas. Em tempos de aparente racionalização, e, portanto, desprestígio dos mitos, das lendas, das fábulas encantadas e das crenças no sobrenatural, observa-se a persistência do imaginário popular em repovoar os espaços com seres sobrenaturais, fantásticos ou demiúrgicos: anjos, santos e demônios, gnomos, fadas e unicórnios, fantasmas hostis e espíritos benfazejos ressurgem, sob novas aparências, para ressacralizar ou reencantar o mundo. Imaginarizações do real que resistem e contrariam o sonho da razão.

Toda essa mobilização e comoção espiritual se inscreve no pendor moderno à individualização e subjetivação de crenças e práticas, "a modernidade religiosa, é o individualismo", resumiu Hervieu-Léger,[154] estudiosa da complexidade religiosa atual. Observa-se uma busca espiritual individual e privativa ao modo de um estilo de vida apartado das instituições religiosas e suas práticas dominicais. Ou seja, se as pessoas estão mais espiritualizadas, um fenômeno mundial, isso não significa necessariamente engajamento em alguma seita ou grupo religioso, muito menos fidelização. Experimentar diversas práticas e grupos religiosos, e produzir, a partir desses elementos, a sua própria crença/prática se tornou um fenômeno bastante comum.

Segundo propôs Hervieu-Léger,[155] o panorama religioso contemporâneo destaca-se pelo movimento. A religião em movimento

---

154 Hervieu-Léger, D. (1999). *Le pèlerin et le converti: La religion en mouvement* (p. 157). Flammarion.

155 Ibid.

é um fenômeno marcado pela bricolagem de crenças e práticas, e bem representado pelas figuras do "peregrino" e do "convertido"; o primeiro caracterizado pela busca individual de experiência religiosa e o segundo, pelo trânsito religioso. Conforme já assinalado, o triunfo do discurso da ciência e a secularização da vida social não produziram o desaparecimento do homem da crença, muito pelo contrário.

Trata-se de um triunfo da religião, previu Lacan, porém, de uma religiosidade pulverizada, móbile, fragmentada, paradoxal. O número dos que se declaram sem religião corre em paralelo ao ingresso de muitos jovens em religiões fundamentalistas. Há também o engajamento e trânsito por seitas e outros grupos religiosos minoritários, procura por escatologias que preguem a comunicação com os mortos e, ainda, a busca do autoconhecimento por meio de peregrinações, leituras místicas e práticas adivinhatórias. Somado a esses, tem crescido, especialmente entre jovens, uma atração por práticas rituais de base xamânica e animista. O neoxamanismo recorre a substâncias psicotrópicas para gerar alterações no estado de consciência, a fim de realizar a passagem para o estado de transe necessário à comunicação com o mundo espiritual e à prometida iluminação ou cura. O corpo, nessas práticas terapêuticas, assume um lugar privilegiado. Ele é veículo e signo do contato com o mundo sagrado. Tambiah[156] observou que os "ritos de cura, adivinhações, ritos de chuva – todos prometendo um resultado empírico, mas que não refutáveis nesse sentido – têm a tendência a proliferar, a competir com os rivais, e a entrar e sair de moda rapidamente dependendo dos seus supostos resultados".

Em nosso meio, observa-se a força de crenças de orientação espírita constatada no enorme sucesso alcançado por livros, filmes e telenovelas

---

156 Tambiah, S. J. (2018). *Cultura, pensamento e ação social: Uma perspectiva antropológica*. L. Loman (Trad.) (p. 149). Vozes.

que abordam a comunicação com o Além, ainda que o Brasil continue um país cuja população se declara, em sua maioria, Católica Romana. Em queda, a religião Católica tem perdido adeptos para os evangélicos, primeiramente, e depois para os espíritas.[157] Entretanto, há, entre nós, uma forte tendência ao sincretismo religioso e à circulação entre diversas práticas, que vão de missas e outros ritos da liturgia católica a sessões espíritas, terreiros de umbanda e/ou candomblé etc.

O sincretismo religioso à brasileira combinou a tradição do Catolicismo europeu com o culto africano dos Orixás e a pajelança indígena. Dessa mistura, nasceu a Umbanda e também as crenças em assombrações ou visagens que compõem fortemente o imaginário popular brasileiro. Somos herdeiros de um rico sistema intercultural que preservou, nas bordas do fervoroso catolicismo português, as crenças no sobrenatural oriundas dos povos indígenas e dos escravos africanos. Segundo Gilberto Freyre,[158]

> *o brasileiro é por excelência o povo da crença no sobrenatural: em tudo o que nos rodeia sentimos o toque de influências estranhas; de vez em quando os jornais revelam casos de aparições, mal-assombrados, encantamentos. Daí o sucesso em nosso meio do alto e do baixo espiritismo.*

A morte é concebida, por aqui, como uma passagem para outro mundo, diz DaMatta,[159] um fluxo de "subida ou descida" que implica,

---

157 IBGE. Censo 2010: número de católicos cai e aumenta o de evangélicos, espíritas e sem religião. https://censo2010.ibge.gov.br/noticias-censo?id=3&idnoticia=2170&view=noticia

158 Freyre, G. (2000). *Casa-grande & senzala* (p. 209). Record.

159 DaMatta, R. (1997). A morte nas sociedades relacionais: Reflexões a partir do caso brasileiro. In *A casa & a rua* (pp. 121-144, p. 132.). Rocco.

não uma partida definitiva para o Além, mas a possibilidade de manter um intenso tráfego com os mortos por meio de múltiplos meios e instrumentos: "Avisos, presságios, sinais, acidentes, coincidências e, sobretudo, sonhos e a mediunidade de certas pessoas são modos regulares pelos quais a comunicação se dá". Esse rico imaginário associado à tendência ao sincretismo favoreceu, em nosso meio, a aceitação e rápido desenvolvimento do Espiritismo e outras crenças que pregam a comunicação com os mortos.

O catolicismo, por sua vez, ao autorizar e promover o culto das almas do Purgatório favoreceu a troca entre este e o outro mundo. A preservação da relação terrena no Além, tornou-se um excelente instrumento de purgação e pacificação das relações com os mortos. Entretanto, esse sistema codificado do Além (Paraíso, Inferno e Purgatório), apesar de apaziguador, não foi suficiente para suturar o furo real da morte, daí o apelo incessante às "escatologias de contrabando".[160] Essas escatologias abarcam uma pluralidade de crenças: reencarnação, comunicação com os mortos e até comunicação com os extraterrestres e outras experiências cósmicas e transcendentais. Soluções, por vezes bizarras, que se apropriam de elementos dos sistemas religiosos tradicionais para misturá-los aos gostos e sabores da ocasião, às vezes com sucesso passageiro.

Em situação de luto, o recurso às crenças e práticas plurais é frequente mesmo entre os que se dizem sem religião. Alguns se lançam em uma verdadeira peregrinação no anseio de alguma resposta, notícia ou simples comunicação. Escatologias com práticas mediúnicas são buscadas na esperança de um reencontro, não mais no Além da época romântica, mas antecipado para o aqui e agora. O desespero e a saudade encontram algum conforto na crença de que os mortos habitam alhures, mas podem ser sentidos e acessados

160 Vovelle, M. (2010). *As almas do purgatório, ou o trabalho de luto*, *op. cit.*, p. 86.

e até mesmo interceder em favor daqueles que amou. Trata-se de uma inversão curiosa da crença católica nas almas cuja fé comum localizava o espaço onde habitavam quando ainda não salvas (o Purgatório) como também orientava os cristãos a intercederem por elas (e não o contrário) para aliviá-las de suas penas, pois como lembrou Vovelle,[161] em referência às antigas recomendações dos libretos da pastoral tridentina, as almas penadas "são vossos pais, e vossos amigos".

3.3 O retorno dos mortos

Quando a taxa de mortalidade por causas naturais abrandou e a morte no leito se escondeu nos espaços privativos, outro tipo de morte passou ao domínio público, conquistando noticiários, ciberespaços e meios de entretenimento: a morte súbita decorrente de violência e acidentes, acolhida com temor e fascinação por espectadores ávidos por sangue, entranhas, gritos e gemidos.

A morte retorna macabra e derrisória no universo da arte e da indústria do entretenimento. Segundo Gorer,[162] o *horror show* (ou *horror comic*) é uma forma furtiva, todavia criativa, de trazer os mortos de volta, mas não qualquer tipo de morto. Trata-se do retorno dos mortos selváticos que, na Idade Média (e mesmo antes dela), vagavam, sozinhos ou em grupos, pelas charnecas, cemitérios, encruzilhadas e pedranceiras como pode ser observado na belíssima imagem *L'Esercito furioso ou cortège fantastique des morts* (Figura 1.3), do livro de horas encomendado pelo duque de Berry em 1410.

161 Ibid., p. 21.

162 Gorer, G. (1955/1967b). The pornography of death, *op. cit.*

Figura 1.3. *Le cavalier de la Mort. Les Très Riches Heures du duc de Berry par Jean Colombe*, musée Condé (vers 1485-1486).[163]

Vovelle[164] comenta a ilustração nos seguintes termos:

> *Em uma atmosfera noturna, há um cemitério atrás do qual despontam um castelo e casas. No centro, em formação de batalha, o exército dos mortos empunha foices, lanças e alabardas. Como se estivesse no comando, temos a silhueta do cavaleiro da morte, vestido de vermelho. Diante dessa aparição, uma tropa de homens de armas, bem vivos, mas mortos de medo, debanda e recua desordenadamente.*

---

163 Fonte: https://fr.wikipedia.org/wiki/Mort_(mythologie)#/media/Fichier:Folio_90v_-_The_Horseman_of_Death.jpg

164 Vovelle, M. (2010). *As almas do purgatório, ou o trabalho de luto, op. cit.*, p. 34.

Nas atuais versões literárias e cinematográficas, os mortos são terrivelmente malvados, eles invadem as casas e vias urbanas, aterrorizam e arrastam para a morte quem eles encontram. O gênero terror ou horror, antes depreciado como filmes de segunda categoria (filmes B), hoje arrasta multidões e eleva figuras grotescas, como o temido Freddy Krueger (*A hora do pesadelo*) ao panteão dos monstros *pop* responsáveis por movimentar o milionário mundo do *horror movie merchandise* com produtos e serviços expandidos em games, vestimentas, acessórios, objetos colecionáveis (bonecos, figuras de ação...), parques de diversão e até tatuagens (*horror movie tattoos*).

Vovelle,[165] quem acompanharemos, analisou uma série de figurações da morte expressas nas histórias em quadrinhos (HQ) oriundas dos Estados Unidos, França e Itália. O historiador notou o quanto as figuras de Deus e do diabo obscureceram nessas produções. Salvo exceções, eles têm pouca ou nenhuma relevância para explicitar a morte, refletindo a pulverização atual dos sistemas religiosos consagrados. Se a referência ao Paraíso e ao Purgatório praticamente desapareceu, o inferno dantesco aparece deslocado para a terra onde reina a morte, personificada em uma legião de monstros, demônios, bruxas, vampiros, súcubos, seres extraterrestres e híbridos etc. Em um universo imaginário paranoide, a morte é soberana, é a grande "senhora do jogo e a ordenadora do mundo",[166] porém, não se trata aqui da morte natural, e sim da morte agressiva que arrasta suas vítimas de forma impiedosa e abrupta.

Em um cenário bestial, os corpos são fagocitados ou destroçados e atirados como carcaças. Criaturas sobrenaturais agressivas encarnam os novos cavaleiros do Apocalipse, que traduzem um imaginário

---

165 Vovelle, M. (1997). *Imagens e imaginário na História: Fantasmas e certezas nas mentalidades desde a Idade Média até o século XX*. M. J. Goldwasser (Trad.). Ática.

166 Ibid., p. 373.

coletivo ávido por liberar tendências pulsionais expulsas do laço civilizatório sem ter que sofrer as consequências. Por meio desses avatares, a violência explícita e gratuita aliada a uma sexualidade macabra e desenfreada encontra modos culturalmente tolerados de expressar nossa disposição pulsional agressiva. Na indústria do entretenimento – assim como nos noticiários – a morte impera desritualizada e banalizada, reduzida à condição de acontecimento insignificante e gratuito, aplacando e dessensibilizando as sensações de medo, culpa, repulsa e até de indignação. Desumanizada, a morte mais cruel, quando muito, suscita apenas curiosidade descompromissada pelas vítimas.

Para criar distração e relaxar a atmosfera sinistra da morte que ronda, apela-se, com frequência, ao erotismo macabro e ao humor *trash*. Enquanto o primeiro esquenta o clima ao jogar o desejo contra a morte, a bizarrice *trash* dissolve o terror no cômico, zombando da morte e da sorte das vítimas: "em uma sociedade que considera a morte um tabu, o meio mais simples de superar a angústia talvez seja brincar com ela. Daí essa complacência com o sangue e com a morte mais cruel".[167]

Dentre as inúmeras personificações da morte, os mortos-vivos ocupam certamente um lugar privilegiado no universo HQ estadunidense bem como no cinematográfico e nos games. Um retorno esmagador dos mortos que parecem ser mais importantes que a morte em si. De múltiplas formas (vampiros, zumbis, múmias, espectros, seres reencarnados...), eles são capazes de realizar trocas fantásticas e gratuitas com o outro mundo. Herdeiros das larvas e lêmures da Antiguidade greco-romana, os folcloristas na Idade Média os descreviam como hostis, reivindicativos e assassinos, bem diferentes dos mortos piedosos que tinham negócios a resolver e vinham solicitar

---

167 Ibid., p. 385.

ajuda e prestações. Esses mortos perigosos mantêm a ambiguidade do duplo inquieto que rondava os lugares onde viveu:

> *O duplo nas antigas representações coletivas anteriores à cristianização medieval, e conforme se encontra no folclore, se exprime pela presença enfraquecida do morto errante, durante um certo tempo, em torno dos lugares onde viveu, pelo menos até que encontre o sono ou repouso eterno. Uma etapa transitória, digamos, entre a morte física e a separação definitiva, durante a qual o morto continua visível, para certas pessoas ao menos, sob a forma humana ou sob outras aparências mais macabras.*[168]

Presenças benéficas ou hostis, o encontro é sempre temido. Nas HQ e filmes de terror, a intenção é essencialmente maléfica, e os mortos se entregam a perseguições vingativas ou injustificadas, arrastando os vivos para seu mundo de sombras. Com exceção dos vampiros, em geral figuras nobres e elegantes, e de alguns poucos fantasmas benevolentes, como o encantador Patrick Swayze em *Ghost*, o panteão dos mortos-vivos é povoado por criaturas repugnantes, destituídas de referências que possam localizá-las como humanas. Nesse sentido, o grupo dos zumbis é, de longe, o mais assustador por expor, sem véus nem limites, um imaginário sedento de sangue. Acéfalos, asquerosos e agressivos, eles são puros pedaços de carne movidos por uma única necessidade elementar: a fome insaciável que os arranca das tumbas para caçar humanos.

O temido apocalipse zumbi projeta a paranoia coletiva da destruição em massa que o imaginário norte-americano atualiza de

168 Ibid., p. 374.

tempos em tempos em suas produções culturais. No tempo da Guerra Fria, a campanha paranoide do macarthismo instigava o pânico em torno da suposta infiltração comunista na sociedade estadunidense. Disfarçados como simples civis, os agentes comunistas contaminariam a mentalidade dos cidadãos com seus ideais. Nas obras de ficção, esse temor aparecia deslocado para o espaço sideral de onde seres extraterrestres hostis – outras figurações da morte – ameaçavam dominar a terra por meio da invasão dos corpos de seus habitantes: "O tema dos *invasores* exprime o pânico secreto de toda uma sociedade. A morte temida é tanto mais angustiante por ser secreta, oculta por trás de aparências anódinas do vizinho ou do amigo, e – quem sabe? – talvez já esteja dentro de nós".[169] Hoje, mais do que nunca, o pânico da destruição em massa se deslocou para os agentes biológicos (vírus ou bactérias), transformados em armas militares ou de dominação sobre a economia de mercado. Nesses tempos da covid-19, pudemos testemunhar com assombro a enorme proliferação de teorias conspiratórias em torno do vírus e da vacina. No mundo da ficção, esse fantasma contemporâneo é traduzido sob a forma da hecatombe zumbi que, segundo algumas versões, foi deflagrada pela propagação de um vírus (*the walking dead virus*) capaz de transformar cadáveres em armas incontroláveis.

Do que se trata-se, afinal, indaga Vovelle,[170] essas novas mitologias bizarras e derrisórias? Trata-se de "literatura angustiada" ou "literatura de alienação, relaxante pela válvula de escape que representa"? Enfim, "quem as lê? Que se percebe neles? . . . além de ser uma ocupação lúdica de quinze minutos, não são também o reflexo de um modo de sentir coletivo?".

Após essa breve incursão pelo fértil imaginário popular desde a Antiguidade, não é mais possível falar em retorno dos mortos.

---

169 Ibid., p. 384, grifo do autor.

170 Ibid., pp. 386-387.

No sentir coletivo e nas expressões culturais, selvagens ou domesticados, eles nunca deixaram de nos perturbar. As interdições que cercam hoje a morte cotidiana apenas fizeram proliferar formas imaginárias mais selváticas de retorno.

Se há realmente retorno, propõe Vovelle,[171] é, sem dúvida, de uma certa figura da morte transvestida sob nova aparência: a morte zombeteira da era macabra a refletir os sentimentos e os discursos de uma época. E que tipo de figuração ou enredo se poderia esperar de um imaginário coletivo liberado do freio ou do contorno do antigo sistema religioso e, portanto, confrontado, mais do que no passado, com a falta de um significante para a morte, com o absurdo que ela é para nós?

Certamente, esse imaginário caótico e derrisório não serve para resolver o tabu atual que cerca a morte e o luto, mas, ao menos, tem o mérito de explicitar a nossa ambígua relação com os mortos, entre anseio e temor, que os ritos sagrados e os gestos do costume popular se esforçam para tratar de forma velada ou explícita. Porém, quando essa satisfação que se deve aos mortos falta, vemos pulular em seu lugar, sem mais ambivalência, os *ghosts* mais vingativos e hostis, fenômenos do luto projetados desde a Antiguidade.

171 Ibid.

2. O luto em seu caráter público ou o luto como ritual social

Always and in everything let there be reverence.

K'ung-fu tzu, *Li Chi*

Assim, os primeiros ritos teriam sido ritos mortuários,
os primeiros sacrifícios teriam sido ofe-
rendas alimentares
destinadas a satisfazer às necessidades dos defuntos;
os primeiros altares teriam sido túmulos.

Durkheim, *As formas elementares de vida religiosa*

Do luto interiorizado, não há sinais.
É a consumação da interioridade absoluta.
Todas as sociedades sábias, todavia, prescreveram e
Codificaram a exteriorização do luto.
Mal-estar da nossa na sua negação do luto.

Roland Barthes, *Diário de luto*

O termo "luto" deriva do latim *luctus* (dor), do radical supino de *lugere* (lamentar, chorar). Do mesmo modo que a palavra inglesa "*mourning*" e a alemã "*trauer*", "luto" significa, em sua origem, tanto o "sentimento de pesar ou dor pela morte de alguém" quanto "os sinais exteriores dessa dor".[1]

Etimologicamente, portanto, o termo luto compreende duas dimensões que se recobrem: o luto psíquico, o pesar individual que compreende, segundo Freud,[2] o trabalho que consome o *eu* até o ponto da renúncia do objeto perdido; e o luto público ou social, a manifestação externa da dor emoldurada por convenções especiais. E há, ainda, uma terceira, sugerida pelo antropólogo italiano Valerio Valeri[3] como a dimensão cognitiva do luto, que envolve as questões existenciais despertadas diante da morte de alguém amado ou nas circunstâncias de morte em massa, como nas guerras, catástrofes naturais, epidemias.

Indissociável das práticas rituais, o luto público é responsável por inscrever o desaparecimento de alguém no corpo social. Para Morin:[4]

> *Não existe praticamente nenhum grupo arcaico, por mais "primitivo" que seja, que abandone seus mortos ou que os abandone sem ritos. Assim, por exemplo, se os Koriaks do leste siberiano jogam seus mortos no mar, eles são por este meio confiados ao oceano, e não negligenciados.*

1 Cunha, A. G. (2010). *Dicionário etimológico da língua portuguesa* (p. 397). Lexikon.

2 Freud, S. (1917/2010f). Luto e melancolia. In *Obras completas*. P. C. Souza (Trad.) (v. 12). Companhia das Letras.

3 Valeri, V. (1994a). Luto. In *Enciclopédia Einaudi, v. 30: religião-rito* (pp. 476-487). Imprensa Nacional-Casa da Moeda.

4 Morin, E. (1970). *L'homme et la mort* (p. 33). Seuil.

Hoje, predomina a individualização com sua tendência à informalidade. Desconfiamos dos rituais convencionais e fórmulas das gerações passadas, notou Elias,[5] por serem baseadas em antigos sistemas de dominação, como o uso de véus e roupas pretas adotadas pela aristocracia inglesa e imitadas pelas classes trabalhadoras. No atual declínio do código ritual,

> *A tarefa de encontrar a palavra e o gesto certos, portanto, sobra para o indivíduo. A preocupação de evitar rituais e frases socialmente prescritos aumenta as demandas sobre a capacidade de invenção e expressão individual.*[6]

As novas gerações tendem a diminuir a importância dos rituais por considerá-los como eventos ultrapassados, convencionais, rígidos ou artificiais que não combinam mais com o senso de utilidade e o ritmo acelerado da vida moderna. Peirano[7] lembra que, muito embora possamos ver os ritos como eventos de outras eras, eles estão presentes de diversas maneiras e podem ser encontrados "em qualquer tempo ou lugar, a vida social é sempre marcada por rituais".

Uma visão reducionista dos ritos tende a limitá-los à sua aparência em detrimento do sentido que eles portam e visam a transmitir. Já os estudiosos dos fenômenos sociais veem, nos ritos, um elemento essencial da vida social humana. Por meio deles, é possível observar aspectos fundamentais das representações, atitudes, ações e transformações coletivas de um determinado grupo. Sem nos darmos conta,

---

5 Elias, N. (2001). *A solidão dos moribundos, seguido de "Envelhecer e morrer"*. P. Dentzien (Trad.). Jorge Zahar.

6 Ibid., p. 35.

7 Peirano, M. G. S. (2003). *Rituais ontem e hoje* (p. 7). Jorge Zahar.

> *Fazemos ritos quando amamos e fuzilamos; do mesmo modo que existem ritos marcando a expropriação e mesmo a opressão e a tortura, como não faltam atos e teatros revolucionários, messiânicos, libertários.... O rito, assim, também enquadra – na sua coerência cênica grandiosa ou medíocre – aquilo que está aquém e além da repetição das coisas "reais" e "concretas" do mundo rotineiro.*[8]

No passado, por conta da moldura ritual e participação coletiva, o luto era cercado por convenções e obrigações que, de um lado, estimulavam as expressões dos afetos relacionados ao luto e, de outro, forneciam uma linguagem para que estes pudessem se expressar de acordo com a ordem do universo simbólico do grupo. Entretanto seria um erro considerar que o envelopamento ritual impedia que o enlutado sentisse menos; é claro que ele se afligia, mas, por estar amparado por essa rede de proteção, de modo geral, o desespero prolongado certamente era menos frequente que hoje. Ressalta-se, como veremos, que os ritos de luto tinham funções muito mais amplas do que só socorrer os sobreviventes:

Neste capítulo, uma pequena excursão antropológica e etnográfica dos rituais se fez necessária para que pudéssemos, minimamente, ter condições de acompanhar as querelas que envolvem a abordagem do tema assim como os seus deslocamentos ao longo do tempo, no entanto, sem a intenção de esgotar o assunto, além de estarmos limitados pela certeza de que o fazemos como leigos. Algumas questões-guias auxiliaram nossa investigação: o que são ritos? Por que cercamos a morte de ritos? A quem eles se destinam? Quais funções eles exercem no luto? De que modo se fazem eficazes?

---

8 DaMatta, R. (2011). Apresentação. In A. van Gennep. *Os ritos de passagem* M. Ferreira (Trad.) (pp. 10-11). Vozes.

1. O que são ritos?

1.1 Em busca de um conceito

Quando partimos em busca de um conceito de "rito", logo nos deparamos com alguns obstáculos e surpresas. Em primeiro lugar, chama a atenção, na literatura consultada, o uso indistinto de "rito" e "ritual" – haveria alguma distinção entre eles? Em segundo, descobrimos que, apesar de o universo das relações sociais formalizadas ser um tema antropológico clássico desde Durkheim, não há consenso sobre a definição de rito que segue sendo uma pedra de toque no campo da Antropologia.

Rito ou ritual?

Em um dicionário etimológico da língua portuguesa, os dois termos aparecem reunidos no mesmo verbete: "Rito: conjunto de regras e cerimônias que se devem observar (na prática de uma religião); Do latim *ritus* || Ritual, do latim *ritualis*".[9] Se ambos derivam da mesma raiz latina, seria a palavra "rito" uma forma abreviada de "ritual"? Para esta questão, no entanto, não localizamos nenhuma resposta.

Com exceção de Aldo Terrin, estudioso da história das religiões, todos os outros especialistas consultados fazem uso intercambiável de "rito" e "ritual", sem demarcar nenhuma diferença entre eles. Terrin[10] concebe "rito" como uma "ação realizada em determinado tempo e espaço", como o rito judaico de *Bar Mitzvah*, que realiza a passagem de menino a homem; enquanto "ritual" lhe parece como "uma ideia geral da qual o rito é uma instância específica". Assim,

---

9 Cunha, A. G. (2010). *Dicionário etimológico da língua portuguesa*, *op. cit.*, p. 566.

10 Terrin, N. A. (2004). *O rito: Antropologia e fenomenologia da ritualidade*. J. M. Almeida (Trad.) (pp. 19-20). Paulus.

para o autor, "o ritual" não existe; ele é uma abstração e denotaria mais o campo virtual, seria uma ideia (mais geral, abstrata). Já o "rito" implicaria o ritual encarnado em algum evento social.

Ainda intrigados com essa questão, consultamos Mariza Peirano, uma referência brasileira no estudo do rito e a quem agradecemos a gentileza, que confirmou não haver realmente nenhuma diferença significativa no uso de um termo ou outro, e que poderíamos usar o que soasse melhor na ocasião. Assim justificados, optamos pela forma poética sugerida pela antropóloga e usaremos, a cada vez, o que soar melhor.

O que é rito?

Se não há consenso sobre o conceito de rito, sua definição depende do autor e de suas coordenadas epistemológicas, o que nos leva a um curto-circuito de interpretações contraditórias não só no campo antropológico e etnográfico como também na Teologia, Sociologia, Fenomenologia, Psicologia, Linguística etc. Dado o problema de definição, optar por uma que sirva adequadamente como uma ferramenta analítica para um estudo em particular não é tarefa fácil.

Concordamos com a posição de Jack Goody[11] de que não é possível fazer de conta que tais problemas não existam e deixar de propor qualquer definição pelo receio de enfrentar a questão uma vez que as vantagens da delimitação de uma área de discurso são maiores que os riscos de não se posicionar. Decididos a correr esse risco, entre as várias versões encontradas, optamos pela proposta conceitual de Stanley Tambiah. Nascido no Sri Lanka e sociólogo de formação, seus estudos na área antropológica estão entre os mais proeminentes do século XX. Sua visão crítica e multidimensional de ritual é uma referência contemporânea importante e contribuiu significativamente para nos auxiliar quanto a uma perspectiva mais

11 Goody, J. (2012). Religião e ritual de Tylor até Parsons: o problema da definição. In *O mito, o ritual e o oral*. V. Joscelyne (Trad.) (pp. 19-42). Vozes.

ampla de ritual, logo mais próxima de nossos interesses quanto à leitura das manifestações contemporâneas de luto como ritos não-convencionais.

Antes de apresentarmos a versão conceitual do autor, consideramos importante dizer ainda algumas palavras sobre uma antiga dicotomia, fonte de querela entre os antropólogos, que envolve os termos "sagrado" e "profano". Falar da disputa entre o sagrado e o profano é o mesmo que falar da controvérsia entre os domínios da magia, da religião e da ciência. Por muito tempo, tentava-se abordar esses fenômenos ora por uma perspectiva evolutiva, ora por categorias que tentavam separá-los entre "primitivos" e "civilizados", ou demonstrar sua racionalidade ou irracionalidade.[12]

Lévi-Strauss[13] deu o passo fundamental para encerrar esses impasses ao demonstrar que o pensamento humano é essencialmente selvagem tanto faz se desenvolvido na atualidade ou na antiguidade, no homem nativo ou no homem da cidade. Com Lévi-Strauss,

> *a aproximação entre as coordenadas de tempo (evolutivo ou histórico) e espaço (etnográfico) se resolveu de maneira conclusiva com a premissa de que todos, primitivos e civilizados, com ou sem escrita, com mais ou menos tecnologia, somos não só racionais em contexto, psiquicamente unos, mas... pensamos da mesma forma (em temos binários) e temos todos, nossa própria magia, ciência e religião.*[14]

Essas disputas incidem diretamente no domínio ritual, especialmente na tentativa de se diferenciar "ritual" de "cerimonial"

---

12 Peirano, M. G. S. (2003). *Rituais ontem e hoje, op. cit.*

13 Lévi-Strauss, C. (1962/2012c). *O pensamento selvagem*. T. Pellegrini (Trad.). Papirus.

14 Peirano, M. G. S. (2003). *Rituais ontem e hoje, op. cit.*, p. 18.

ou, em outras palavras, na tentativa de se diferenciar as ações mágico-religiosas daquelas de cunho racional-instrumental ou seculares. Um homem que repetidamente ara a terra para prepará-la para o plantio teria seu comportamento facilmente identificado como sendo de teor racional porque é adequado aos seus fins. Mas se este mesmo homem mudar de hábito e passar a benzer enquanto murmura palavras, olhar para o céu ou beijar uma imagem que retira do bolso, teria seu comportamento considerado ritual.

Entretanto, na prática, não é tão simples assim delimitar com clareza a natureza das ações sociais. As oposições entre ações rituais e ações racional-instrumentais se embaralham quando, por exemplo, considera-se o ritual de cura de um xamã. Poderíamos considerar, juntamente com Valeri[15] que "se um xamã cura efetivamente um doente, a sua ação já não é ritual, ao passo que é ritual quando ele fracassa?".

Ao examinar essas discussões, Goody[16] ressaltou a dificuldade ou mesmo a inutilidade de se estabelecer, com precisão, quando uma ação social é religiosa, mágica, cerimonial, profana, civil, festiva, formal ou informal. Em muitas sociedades as "forças naturais e sobrenaturais como nós as concebemos estão inseparavelmente entrelaçadas".[17] A tentativa de separá-las em categorias reflete uma visão etnocêntrica, pois essas distinções fazem parte da óptica do observador, e a consideração de que elas também fazem parte da percepção dos protagonistas da situação leva, inevitavelmente, a equívocos e conclusões enviesadas. Ou seja, não se pode categorizar ou definir de modo absoluto o que é ou não ação ritual, menos ainda quando se está amparado apenas em observação externa.

---

15 Valeri, V. (1994b). Rito. In *Enciclopédia Einaudi, v. 30: religião-rito* (p. 325-359). Imprensa Nacional-Casa da Moeda, p. 325.

16 Goody, J. (2012). Religião e ritual de Tylor até Parsons: o problema da definição, *op. cit.*

17 Ibid., p. 29.

Feitas essas ressalvas, podemos retomar agora a questão inicial acerca da definição de rito. Em relação à etimologia da palavra, "rito" deriva do latim *ritus, ritualis* que indica a "ordem estabelecida" e liga-se ao grego *artýs*, que significa também "prescrição, decreto".[18] Portadora de uma rica polissemia, a sua raiz primitiva

> *parece ser a de* ar *(modo de ser, disposição organizada e harmônica das partes no todo), da qual derivam a palavra sânscrita* rta *e a iraniana* arta, *e, em nossa língua, os termos "arte", "rito", "ritual", família de conceitos intimamente ligada à ideia de harmonia restauradora e à ideia de "terapia" como substitutivo ritual. Outros autores observam que "rito" poderia ter, em sua base, a raiz indo-europeia* ri, *que significa "escorrer" e, nesse sentido, ligar-se-ia ao significado que têm as palavras "ritmo", "rima", "rio"* (river*), sugerindo, respectivamente, o fluir ordenado de palavras, da música e da água.*[19]

Já a definição operacional proposta por Tambiah[20] é a seguinte:

> *O ritual é um sistema de comunicação simbólica construída culturalmente. Ele é constituído por sequências de palavras e atos padronizadas e ordenadas, frequentemente expressas em diversos meios, cujo conteúdo e arranjo são caracterizados, em graus variados, pela formalidade (convencionalidade), estereotipia (rigidez),*

---

18 Terrin, N. A. (2004). *O rito: Antropologia e fenomenologia da ritualidade, op. cit.*, p. 18.

19 Ibid.

20 Tambiah, S. J. (2018). *Cultura, pensamento e ação social: Uma perspectiva antropológica.* L. Loman (Trad.) (p. 139). Vozes.

> *condensação (fusão) e redundância (repetição). A ação ritual, em seus aspectos constitutivos, é performativa nestes três sentidos: no sentido austiniano de performativo, em que dizer algo é também fazer algo, como um ato convencional; no sentido bastante diferente de uma* performance *encenada que utiliza múltiplos meios pelos os quais os participantes vivenciam o evento intensamente; e no sentido indiciais - conceito derivado de Peirce - que são vinculados aos e inferidos pelos atores durante a* performance.

A definição de Tambiah, dita pelo autor "em desenvolvimento", destaca que o ritual se ampara em concepções "cosmológicas" específicas a um determinado sistema cultural. A estrutura ritual comporta certas características padronizadas e formais e faz uso de certos veículos comunicativos e semióticos. Porém, uma das principais contribuições do autor para o campo da ritualidade foi destacar sua ação performativa entendida não só na perspectiva de que a encenação posta em jogo pelos ritos possibilita a vivência de emoções intensas com efeito catártico e que podem realizar a transmissão de valores e de conhecimentos, mas que eles fazem uso de enunciados com o propósito de desenvolverem uma ação ou, de outro modo, de serem enunciados performáticos, e não simplesmente de expressão comunicativa.

A concepção do autor recupera e reformula algumas das ideias apresentadas por grandes estudiosos da Antropologia e para além dela. Peirano[21] destacou: de Émile Durkheim e de Marcel Mauss, a definição recuperou a ideia de que a sociedade é um sistema de forças atuantes que nos precede e de que a análise dos mecanismos

21 Peirano, M. G. S. (2003). *Rituais ontem e hoje, op. cit.*

de movimento e reprodução da sociedade deve levar em conta as ações sociais – seus ritos – e suas representações – suas crenças; de Edmund Leach, incorporou-se a ideia de *eficácia* e de *ação* como modo de transmitir conhecimento e, ainda, a complexa interação entre ação (viver) e palavra (pensar). Além disso, para melhor expressar a ideia da conjunção entre pensamento e ação ou, nos termos de Tambiah,[22] que "aspectos semânticos e pragmáticos estão atrelados às mesmas formas e componentes do ritual", o autor combinou a análise da linguística estrutural de Saussure com o caráter performativo da linguagem – os atos de fala performativos do filósofo inglês John Austin – e com os signos indiciais propostos por Peirce.

Ainda pouco conhecidos pelo grande público brasileiro, os estudos de Tambiah têm sido amplamente difundidos, aplicados e discutidos em nosso meio por Mariza Peirano, de quem extraímos alguns comentários:

Em primeiro lugar, a proposta pretende uma definição relativa de ritual: "Na perspectiva etnográfica, *não* compete aos antropólogos definir o que são rituais . . . ao pesquisador cabe apenas a sensibilidade de detectar o que são, e quais são, os eventos especiais para os nativos".[23] A ideia de ritual não pode ser concebida *a priori* ou de forma absoluta; ela precisa ser etnográfica, ou seja, circunscrita pelo pesquisador em campo junto aos "nativos", sendo eles "políticos, o cidadão comum e até os cientistas sociais" aos quais ele observa.[24]

Em segundo lugar, a natureza dos ritos não está em questão. Não importa distinguir ritual de cerimonial (ou ritual mágico-religioso de profano), uma vez que eles podem ser estudados em si mesmos

---

22 Tambiah, S. J. (2018). *Cultura, pensamento e ação social: Uma perspectiva antropológica*, *op. cit*, p. 11.

23 Peirano, M. G. S. (2001). Rituais como estratégia analítica e abordagem etnográfica. In *O dito e o feito: Ensaios de antropologia dos rituais* (p. 8). Relume-Dumará, Núcleo de Antropologia da Política/UFRJ, grifo do autor.

24 Ibid., p. 9

pela função que desempenham no campo social sem a necessidade de estarem atrelados à religião. Em outras palavras, tanto sua natureza (ou o conteúdo explícito) quanto a estrutura, a função e a eficácia social não interessam, de modo que eventos diversos recortados por um determinado grupo como especiais (formatura, casamento, eleição, jogo de futebol, marchas políticas, peregrinações, o carnaval...) podem ser vistos e analisados potencialmente como rituais.

Em terceiro lugar se a definição é etnográfica, um ritual não se caracteriza pela ausência de racionalidade ou de finalidade prática. Estes critérios racionais, comuns a nossa sociedade ocidental, devem ser deixados de lado para se apreender melhor o rito sem antecipar uma definição tendenciosa, etnocêntrica.

Em quarto lugar, ao se considerar que toda sociedade tem um repertório relativamente definido e compartilhado de categorias, classificações, formas, valores etc., o ritual, como evento especial, deve refletir e ressaltar o que já é comum a um determinado grupo. Nessa perspectiva, o carnaval tomado como um ritual, por exemplo, possibilita entrever os costumes, as crenças ideológicas e a hierarquia de poder da sociedade brasileira por meio das fantasias, blocos e desfiles, brincadeiras, enredos e marchas.

E, por fim, segundo a autora, viver em sociedade implica considerar que toda ação social (o modo de nos vestirmos, comermos, cumprimentarmos, nos relacionarmos...) é permeada por elementos simbólicos que refletem discursos, crenças, preferências e status socioeconômico de uma determinada sociedade. Por sua vez, a fala enquanto comportamento simbólico pode ser ainda pragmática – performativa na proposta de Austin –, ou seja, uma forma de agir ou realizar atos, e não apenas expressão, representação ou descrição da realidade: "falar e fazer têm, cada um, sua própria eficácia e propósito, mas ambos são ações sociais".[25]

---

25 Peirano, M. G. S. (2003). *Rituais ontem e hoje*, *op. cit.*, p. 11.

Tambiah inovou ao interpretar os rituais para além do sistema clássico tripartite sugerido por Van Gennep (comentado em detalhes mais adiante) e reelaborado por inúmeros estudos antropológicos que o seguiram. Sua concepção basicamente elabora

> *as implicações dos rituais como amálgamas ou totalidades constituídas tanto de palavras quanto de ações, da fala entrelaçada à manipulação de objetos, do uso simultâneo e sequencial de múltiplos meios de comunicação (auditivo, tátil, visual e olfativo) e modos de apresentação (canção, dança, música, recitações, entre outros). Outra implicação dessa abordagem foi a abertura e a busca por padrões e regras de combinação, sequenciamento, recursividade e redundância, que constituem a totalidade e que não podem ser descobertos por uma dependência tão previsível do esquema tripartite (que pode ser esclarecedor em alguns casos, mas não em todos).*

Vale ainda ressaltar que, na visão do autor, a estrutura formal que acompanha o ritual e gera sua formalidade, convencionalidade, estereotipia, não limita sua capacidade de criar ou produzir variâncias imprevisíveis, uma vez que é impossível reproduzir na sua integralidade uma mesma performance. Esta é afetada por variáveis (estilo singular do responsável pela ação, condições econômicas dos atores, interesse do público etc.) que tornam maleáveis uma grande parte dos rituais. Logo, apesar da aparência estereotipada e inflexível, o processo ritual pode variar em seu grau de formalização, dada as circunstâncias contextuais e contingenciais, e em seu uso de múltiplos meios (dança, música, palavras).

A maleabilidade da ação ritual e de seus meios ajuda a explicar a multiplicidade de suas funções: revelar, iluminar, comunicar e transmitir conhecimentos e valores; reproduzir, restabelecer e fortalecer as relações sociais; tornar público o que é privado; tratar, aliviar, curar problemas de diversas ordens; revelar ou resolver conflitos; ajudar a recompor o tecido social em momento de crise; e, no caso dos ritos de passagem, marcar, tratar, processar as mudanças de status na vida de um indivíduo ou grupo.

Relativizada, a ação ritual pode ser considerada

> *uma porta de entrada heurística, pela qual podemos vislumbrar aspectos de uma sociedade que dificilmente se manifestam em falas, depoimentos e discursos. Estamos, assim, preparados para reconhecer hoje que, muitas vezes, a ação social é mais eloquente para o analista que uma fala descontextualizada. Por meio da análise de rituais, podemos observar aspectos fundamentais de como uma sociedade vive, se pensa e se transforma.*[26]

1.2 Ritos e mitos

Ao tratarmos da ação ritual, não poderíamos deixar de abordar, ainda que de modo breve, os debates que agitam as relações desta com o mito, um tema caro tanto à Antropologia quanto à Psicanálise desde Freud.

Segundo Valeri,[27] no século XIX, os primeiros antropólogos adotaram duas abordagens antagônicas das ações rituais: uma de razão prática e outra de razão teórica. De um lado, os funcionalistas

---

26 Peirano, M. G. S. (2003). *Rituais ontem e hoje, op. cit.*, p. 50.

27 Valeri, V. (1994b). Rito, *op. cit.*

associados ao nome de William Robertson Smith, para os quais o ritual é a tradução (no nível da ação) de crenças mágico-religiosas destinadas a explicar os fenômenos naturais. De outro, os intelectualistas associados aos nomes de Edward Tylor e James Frazer, pertencentes à chamada escola antropológica do evolucionismo social.

Os funcionalistas defendem "o caráter cognitivamente ilusório das crenças, mas afirmam que estas nascem e perpetuam-se, não para satisfazer uma necessidade teórica ou técnica, mas por uma necessidade 'prática' (moral ou social)".[28] O totemismo animal, nesse sentido, é concebido não como uma concepção teórica errônea da zoologia, mas como motivada pela sua função (prática) social. O pasto totêmico, por exemplo, é um rito que serve para reproduzir dentro do grupo a crença na relação de parentesco entre certas espécies de animais e certos grupos humanos, de modo a constituir e fortalecer estes como entidades orgânicas. As representações religiosas, portanto, são motivadas por sua função social.

Para os intelectualistas, a ação ritual depende de processos intelectuais. O rito é a tradução, em ação, das crenças mágico-religiosas. Ou, de outro modo, se as crenças se destinam a explicar os fenômenos naturais, os ritos se propõem a controlá-los. No grupo dos intelectualistas, inclui-se também os estruturalistas, entre eles Claude Lévi-Strauss, que realizou não apenas modificações na abordagem original dessa escola mas também rupturas impagáveis ao campo das ciências humanas ao demonstrar, conforme dito anteriormente, a horizontalidade do pensamento científico e do pensamento selvagem.

De acordo com Peirano,[29] a eliminação da clássica dicotomia entre "civilizados" e "selvagens" incidiu positivamente na desconstrução das categorias magia, religião e ciência na perspectiva da teoria evolutiva e da racionalidade. Porém, as complexas relações

28 Ibid., p. 328.

29 Peirano, M. G. S. (2003). *Rituais ontem e hoje, op. cit.*

entre ritos e mitos se mantiveram e ainda se mantêm, para alguns, polarizadas. Desde o início, colocou-se, de um lado, os mitos na ordem da representação, do pensar, do dizer, e, de outro, os ritos na ordem da ação, do viver, do fazer.

Em 1956, na conferência "Sobre as relações entre a mitologia e o ritual" realizada perante a Sociedade Francesa de Filosofia, da qual Lacan participou como um dos debatedores, Lévi-Strauss[30] declarou que buscava "englobar no reino do simbolismo o domínio do ritual, que eu havia até agora deixado de fora". Ele, então, opôs-se às simplificações que reduziriam as relações entre mito e rito a um puro paralelismo: "em termos de ideias, todo mito repetiria o que o próprio rito afirma em termos de atividades ou o contrário. Segundo esta concepção, o rito não seria mais que um mito em ação; ou ainda é o mito que fornece o fundamento teórico do rito".[31] Essa simplificação, diz ele, não resolve a questão de se saber por que alguns grupos parecem preferir mais um sistema a outro. Em seu entender, ritos ou mitos, tratar-se-ia ambos de linguagem, códigos diferentes que um grupo exprime por meio de mito e outro realiza em forma de rito: "os motivos pelos quais essas diferentes escolhas se produzem devem-se, de certo modo, a motivos residuais que não dizem respeito ao essencial da interpretação simbólica, mas põe em jogo a história respectiva dessas populações".[32]

Entretanto, até onde pudemos investigar, Lévi-Strauss nunca aprofundou o estudo do ritual; até o fim, priorizou o mito em suas pesquisas, sustentando a dicotomia entre mito e rito, e, principalmente, a primazia do primeiro sobre o segundo. Para ele, o mito é

30 Lévi-Strauss, C. (1956). <<Sur les rapports entre la mythologie et le rituel>>. Intervenants: Mme Denise Paulme, MM. Diop, Louis Dumont, Goldmann, Dr Lacan, Leiris, Merleau-Ponty, Métraux, Tubiana, Jean Wahl. Séance du 26 mai 1956. *Bulletin de la société française de philosophie*, 50 (3) : 99-125, p. 117.

31 Ibid., p. 100.

32 Ibid., p. 117.

a via real de acesso à estrutura do pensamento humano, o pensar pleno, enquanto o rito estaria limitado à prática, à realidade. Se, em sua concepção, o rito não é o mito em ação; em estado puro, ele representaria uma concessão, ou mesmo um retrocesso, ou "uma marcha ré" do pensamento, conforme resumiu Ruben Queiroz[33] em livro de homenagem aos cem anos do antropólogo:

> *O rito não é uma aplicação do mito,* mas o rito é a marcha ré do mito. *Aqui está presente a ideia de que é possível fazer o descontínuo a partir do contínuo, o que o mito faz, mas é impossível fazer o caminho contrário, o que o rito tenta fazer, mas fica no meio do caminho, e, por isso, o rito é uma ilusão. Ou seja, o dia em que o pensamento voltar a coincidir com o real, ou o dia em que ele pudesse coincidir com o real, deixaria de ser pensamento. Em todo caso, o pensamento não pode nunca coincidir com a vida, pois o princípio, a razão e o modo de existência do pensamento são ser não vida, ser não vivido. Podemos concluir que o ritual possui um caráter nostálgico e romântico, enquanto o mito é iluminista. O rito quer voltar à infância, à fusão, à imanência, ao estado de participação primitiva. Mas insiste Lévi-Strauss, não há volta, a marcha do simbólico é irreversível.*

Influenciada especialmente pela linguística saussuriana, a exaltação lévi-straussiana do mito comunga com o entusiasmo da época pelo registro simbólico da qual Lacan também participou ao acentuar inicialmente o primado do simbólico sobre o imaginário do espelho. Assim, o símbolo, a representação, o pensamento, a linguagem, o dizer,

---

33 Queiroz, R. C. (2013). Do movimento ao fixo (e vice-versa) em Lévi-Strauss. In R. C. Queiroz, & R. F. Nobre. *Lévi-Strauss: Leituras brasileiras* (p. 219). UFMG, grifo nosso.

o significante . . . estariam em um patamar superior em relação ao imaginário (o significado, a prática, a realidade, a imagem, o fazer . . .).

Na tentativa de abarcar o pensamento mítico ameríndio e do homem em geral, Lévi-Strauss precisou deixar muita coisa de fora, entre elas, a questão do rito e do sacrifício: "O que resta é o pensamento dos índios e o pensamento de Lévi-Strauss; um não é a antítese do outro, é outra coisa que um e outro, não é a síntese, é o múltiplo, a diferença que resiste".[34] O pendor de Lévi-Strauss pelo mito deve-se, em grande parte, por puro encantamento, possivelmente por sua afinidade com a estrutura da linguagem. A paixão pelo mito o levou, por duas décadas, a se deixar banhar por eles como que tocado por uma experiência estética arrebatadora: "são histórias magníficas e com frequências emocionantes . . . Comecei a debruçar-me sobre a mitologia em 1950, terminei as *Mitológicas* em 1970. Durante vinte anos, acordando ao nascer do dia embriagado de mitos, realmente vivi num outro mundo".[35] No tempo em que morou no Brasil, Lévi-Strauss realizou inúmeras expedições às tribos indígenas (Bororo, Kadiwéu, Nambikwara), essenciais à sua vida e obra: "eu convivia com todos esses povos e com seus mitos, como num conto de fadas".[36]

Apesar dos avanços empreendidos por Lévi-Strauss quanto à dicotomia entre pensamento racional e pensamento dito selvagem, conforme visto, este preservou até o fim a divisão entre ritos e mitos ou a divisão entre pensamento e ações.

Segundo a análise empreendida por Peirano,[37] a qual acompanharemos, Victor Turner e Edmund Leach objetaram às ideias

---

34 Ibid., p. 219.

35 Lévi-Strauss, C. (2005). *De perto e de longe*. L. Mello & J. Leite (Trad.) (p. 188). Cosac Naify.

36 Ibid.

37 Peirano, M. G. S. (2003). *Rituais ontem e hoje, op. cit.*

estruturalistas, que privilegiavam o pensamento, as representações em detrimento da prática, e buscaram resgatar a dimensão do viver, propondo que os rituais eram espaços privilegiados para se observar os processos sociais. Turner foi um grande observador das ações rituais e se dedicou a estudar detalhadamente os ritos do povo Ndembu, habitantes da Zâmbia. Ele distinguiu dois tipos principais: os ritos de iniciação (para meninos e meninas) e os ritos de aflição (com objetivo de resolver problemas diversos: fertilidade, parto, falta de sorte na caça etc.). Ressaltou a importância dos ritos e de seus símbolos na resolução de conflitos e transmissão de valores e regras sociais, de modo a preservar e restabelecer a ordem social. Uma concepção bem distante da ideia de rito como uma ação restrita ao campo místico ou religioso.

Na década de 1960, em estudo clássico sobre os sistemas políticos dos birmaneses, Leach amenizou a separação entre ritos e mitos, propondo vê-los como fenômenos interligados cujo foco de análise deveria recair na ação. Ele distinguiu três tipos de comportamentos: O racional-técnico, o comunicativo e o mágico. O corte de uma árvore, um aperto de mão e um juramento seriam exemplos de cada um desses comportamentos, respectivamente. Até essa época, a Antropologia considerava ritual apenas os comportamentos do terceiro tipo, e o segundo era considerado etiqueta ou cerimonial. O autor ampliou esta visão ao conceber ambos como rituais: cumprimentar com um aperto de mão ou fazer um juramento por palavras são ambos rituais. Ele tornou indistintos os comportamentos verbais e não verbais, aproximando o rito do mito. O rito seria um complexo de palavras e ações; enunciar palavras já seria considerado um rito, sendo este uma espécie de linguagem condensada, econômica, refletindo, deste modo, a influência de Lévi-Strauss. No entanto, Leach aproximou demais o rito do mito, a ponto de quase eliminar as características específicas de cada um, o que alterou, de certo modo, a combinação que ele originalmente havia proposto entre o viver e o pensar. Se o rito se tornou uma "forma de transmitir e perpetuar o conhecimento socialmente adquirido", agora ele era "principalmente *bom para pensar* (como o mito, antes)".[38]

Stanley Tambiah, por sua vez, retomou as considerações inicias de Leach quanto a combinação entre o viver e o pensar, mas, em vez de sustentar a disjunção entre as duas proposições, ele sugeriu uma conjunção ao substituir o conectivo "ou" por "e": "ritos e mitos eram bons para pensar *e* viver".[39] Além de combinar o pensar e o agir, Tambiah se debruçou, ainda, sobre a ideia da eficácia das ações sociais, e sua grande contribuição, conforme dito, foi considerar a eficácia do rito pela via da ação performativa.

Mito e rito em Psicanálise

Freud era fascinado pela Arqueologia e pela Antropologia Social. Seu interesse pelo mito foi compartilhado com o então amigo Fliess, em carta de 12 de dezembro de 1897:

> *Pode imaginar o que são "mitos endopsíquicos"? São o fruto mais recente de meus trabalhos mentais. A obscura percepção interior de nosso próprio mecanismo psíquico estimula ilusões de pensamento, que são naturalmente projetadas para o exterior e, de modo característico, para o futuro e o além-mundo. Imortalidade, castigo, vida após a morte, todos constituem reflexos de nossa própria psique mais profunda . . . psicomitologia.*[40]

---

38 Ibid., p. 39, grifo da autora.

39 Ibid.

40 Freud, S. (1912-1913/1987b). Totem e tabu. In *Edição Standard Brasileira das obras Psicológicas Completas de Sigmund Freud*. J. Salomão (Trad.) (vol. XIII, pp. 14-15). Imago.

A obscura percepção que funda, ordena e organiza o modo de relação com o mundo e com os outros Freud nomeou, nos idos de 1897, de "psicomitologia", um fenômeno individual correspondente a um fenômeno observável no plano coletivo, a base para o que mais tarde ele nomeará "o romance familiar do neurótico", o roteiro fantasístico encenado repetidamente pelo neurótico nas suas relações com os outros.

Em *Totem e tabu*, Freud[41] dedicou um ensaio inteiro a examinar alguns problemas da Antropologia Social à luz da Psicanálise. Nossa vida psíquica, diz ele, não se distancia tanto quanto se pensa da mentalidade que animava e organizava a vida dos primeiros homens, pois "ele ainda é, em certo sentido, nosso contemporâneo". E conclui:

> *Se essa premissa for correta, uma comparação entre a "psicologia dos povos da natureza", tal como é ensinada pela etnografia, e a psicologia dos neuróticos, tal como foi revelada pela psicanálise, mostrará numerosas coincidências e nos permitirá ver sob nova luz fatos já conhecidos das duas disciplinas.*[42]

Ele antecipa, assim, em certa medida, a horizontalidade proposta por Lévi-Strauss entre o pensamento do homem dito selvagem do pensamento do homem suposto civilizado.

Para embasar suas considerações, Freud examinou um grupo descrito por antropólogos da época como os mais atrasados e miseráveis entre os povos da Austrália por não construírem casas nem abrigos permanentes, não cultivarem, não conhecerem a arte da

---

41 Freud, S. (1912-1913/2012). Totem e tabu. In *Obras completas*. P. C. Souza (Trad.) (v. 11). Companhia das Letras.

42 Ibid., p. 18.

cerâmica, não possuírem reis ou chefes nem manifestarem crenças em seres superiores.

Curiosamente, esses nativos manifestam o mesmo escrúpulo moral que nós em relação à vida sexual. Eles evitam, com o mais severo rigor, relações sexuais incestuosas. No lugar do sistema religioso tradicional do homem europeu, eles possuem o sistema do totemismo. O totem é o que regula e une um determinado clã em torno de um mito fundador. Em geral, ele é um animal considerado um antepassado comum do clã – de uma época imemorial em que os homens e os animais se misturavam e se comunicavam – eleito para ser seu espírito guardião, e, em seu entorno, proibições e punições são estabelecidas. O tabu do incesto está na base da organização do clã; a união sexual entre pessoas do mesmo clã é terminantemente proibida, e a transgressão dessa norma torna a própria pessoa um tabu.

Longe de corresponderem à visão etnocêntrica que os tomou por selvagens, estes nativos têm, no totem, o ordenador das relações sociais que lhes impõe o mesmo rigor moral que as tradicionais instituições europeias.

Freud se interessou pela ação ritual desses povos, em especial, pela refeição sacrificatória totêmica. Amparado na perspectiva antropológica de Robertson Smith, ele assinala que os primeiros sacrifícios à divindade eram os alimentos oferecidos em cerimônia pública. O alimento mais comum era algum animal sacrificado em um festim que envolvia todo o clã. Ao realizarem o sacrifício e a ingestão do animal totêmico, os integrantes do clã se tornavam também sagrados, reforçando a identificação com o totem e uns com os outros, o que fortalecia o elo entre os membros da comunidade e desta com a divindade. Durante o rito da refeição totêmica, a matança cruel do animal era seguida por um período de pranto e lamento, luto expiatório necessário para evitar que a força liberada com o assassinato do animal totêmico não se volte contra seus imoladores, já que o totem é um animal sagrado. Porém, após o luto, aparece o regozijo festivo durante o qual todos os tipos de satisfação estão liberados. O sacrifício do totem possibilitava o extravasamento de todos os gozos socialmente proibidos, sendo a própria essência do sentimento festivo a liberação desses excessos.

Freud enfatizou no banquete totêmico a celebração do pacto entre o clã e seu totem, rito que está na base de sua proposta do mito do pai primevo morto e devorado pelos filhos. No rito, a substância do totem é o veículo que permite a incorporação da vida sagrada, ao mesmo tempo que reforça a unidade do grupo via identificação. Freud interpretou o totem como um representante do pai. No ato de devorar este, o rito performatiza sua incorporação, isto é, a identificação com o pai e com a lei que ele sustenta: "A refeição totêmica, talvez a primeira festa da humanidade, seria a repetição e a celebração desse ato memorável e criminoso, com o qual teve início tanta coisa: as organizações sociais, as restrições morais, a religião".[43]

No sacrifício totêmico, Freud observou que a ambivalente relação com o pai é satisfeita. De um lado, a sujeição do pai e seu aviltamento; de outro, seu triunfo supremo: "A importância que o sacrifício adquiriu universalmente está no fato de que oferece ao pai a satisfação pela injúria sofrida, no mesmo ato em que perpetua a lembrança do malfeito".[44] Encontramos, assim, reunidas as funções de expiação, honra e comunhão (diríamos identificação ao Um do pai). Mas não só: há transmissão, sacralização do grupo, extravasamento dos afetos (amorosos e hostis) e dos gozos retidos.

A morte do pai está na origem do pacto social, "o morto tornou-se mais forte do que havia sido o vivo; tudo como ainda hoje vemos nos destinos humanos. Aquilo que antes ele impedira com sua existência eles proibiram então a si mesmos, na situação psíquica da 'obediência

43 Ibid., p. 217.
44 Ibid., p. 228.

a posteriori', tão conhecida nas psicanálises".[45] O banquete repete, ritualisticamente, o mito fundador da organização social e, desse modo, o atualiza, transmite e perpetua.

O mito do pai da horda primitiva enlaça a fundação da civilização com o pai, a morte e a lei. Mais tarde, esse mito assumirá, no plano individual, o nome de complexo de Édipo, e a função simbólica do pai ocupará, na obra freudiana, o centro da experiência analítica.

Alguns anos antes, Freud dedicou especial atenção ao rito presente no roteiro fantasístico encenado da neurose obsessiva. Ele postulou as semelhanças entre o ato privado obsessivo e as práticas públicas do ritual religioso:

> *é fácil ver onde está a semelhança entre o cerimonial neurótico e os atos sagrados do ritual religioso: na consciência angustiada quando algo não foi feito, no completo isolamento em relação a qualquer outra atividade (proibição de interrupção) e na conscienciosidade da execução dos detalhes.*[46]

Entretanto, enquanto o rito religioso costuma ser valorizado pelo sentido e simbolismo que carrega, o rito do neurótico parece uma

> *caricatura, meio cômica e meio triste, de religião privada. Mas justamente essa decisiva diferença entre cerimonial neurótico e religioso é eliminada quando, com o auxílio da técnica de investigação psicanalítica, chegamos ao entendimento das neuroses obsessivas.*[47]

---

45 Ibid., p. 219.

46 Freud, S. (1907/2015a). Atos obsessivos e práticas religiosas. In *Obras completas*. P. C. Souza (Trad.) (v. 8, p. 303). Companhia das Letras.

47 Ibid., p. 304.

Aparentemente tolo e sem sentido, o rito particular dos neuróticos constitui um ato de defesa ou de segurança, uma medida protetora, em parte contra alguma tentação, em parte contra algum mal esperado; e Freud conclui com uma frase que se tornou célebre: "Podemos tomar a liberdade de caracterizar a neurose obsessiva como a contrapartida patológica da formação da religião, a neurose como uma religiosidade individual e a religião como uma neurose obsessiva universal".[48] Vê-se aí reunidos, no roteiro fantasístico neurótico, o mito e o rito curtidos em versão individual.

Em 1949, ao comparar a cura do xamã com a cura analítica, Lévi-Strauss[49] recuperou e atualizou esta ideia freudiana nos seguintes termos: "o paciente vítima de uma neurose liquida um mito individual opondo-se a um psicanalista real. A parturiente indígena supera uma desordem orgânica verdadeira identificando-se a um xamã miticamente transposto".

Nos tempos do retorno a Freud, Lacan[50] acompanhava com atenção o pensamento do antropólogo francês: "Gostaria que soubessem que, quando venho escutar Claude Lévi-Strauss, é sempre para me instruir". A admiração e o entusiasmo, porém, não foram recíprocos. Lévi-Strauss[51] revelou em entrevista que ele só assistiu a Lacan uma vez (o primeiro seminário na rua Ulm) e não leu seus trabalhos, alegando falta de tempo: "precisaria compreendê-los. Eu precisaria de cinco ou seis leituras. Merleau-Ponty e eu conversávamos sobre isto, concluindo que nos faltava tempo".

---

48 Ibid., p. 312.

49 Lévi-Strauss, C. (1949/2012a). A eficácia simbólica. In *Antropologia estrutural*. B. Perrone-Moisés (Trad.) (pp. 283). Cosac Naify.

50 Lacan, J. (1956/2008b). Intervenção depois de uma exposição de Claude Lévi-Strauss na Sociedade Francesa de Filosofia, 'Sobre as relações entre a mitologia e o ritual', com uma resposta dele. In *O mito individual do neurótico*. C. Berliner (Trad.) (p. 87). Jorge Zahar.

51 Lévi-Strauss, C. (2005). *De perto e de longe*, *op. cit.*, p. 112.

E, afinal, o que Lacan aprendeu com Lévi-Strauss?

Jacques-Alain Miller[52] assim propôs:

> *Para começar que a estrutura simbólica domina. O quê? O social, as relações de parentesco, a ideologia, mas também, para cada um, sua relação com o mundo, suas relações perceptíveis, seu complexo familiar. É depois que roteiros imaginários, isto é, os mitos e ritos fundados, fazem-se necessários para velar as contradições da realidade econômica e social. Terceira lição: essas formações transformam-se, e o fazem obedecendo a leis que são matemáticas.*

A primeira notícia de referência aos textos lévi-straussianos apareceu, em 1949, por ocasião de uma comunicação de Lacan no Congresso Internacional de Psicanálise, em Zurique, chamada "O estádio do espelho como formador da função do eu", publicada somente em 1966. O ano de 1949 marca o nascimento da era estrutural na Antropologia com o lançamento da tese de Lévi-Strauss, "Estruturas elementares do parentesco", e a publicação de dois artigos clássicos do autor, "A eficácia simbólica" e "O feiticeiro e sua magia".

Sob o impacto das palavras de Lévi-Strauss, Lacan, em 1952, elabora a conferência "O mito individual do neurótico", proferida diante do Collège philosophique. A grade usada por Lévi-Strauss na análise das estruturas elementares de parentesco foi aplicada por Lacan[53] na sua leitura do homem dos ratos. Ele ousou ao transpor a análise estrutural do mito coletivo para o plano do indivíduo:

---

52 Miller, J. A. (2008). Posfácio. In J. Lacan, *O mito individual do neurótico*. C. Berliner (Trad.) (p. 101). Jorge Zahar.

53 Lacan, J. (1952/2008c). O mito individual do neurótico ou poesia e verdade na neurose. In *O mito individual do neurótico*. C. Berliner (Trad.) (p. 25). Jorge Zahar.

"Esse roteiro apresenta-se como um pequeno drama, uma gesta, que é precisamente a manifestação do que chamo o mito individual do neurótico".

O caráter mítico do roteiro fantasístico não se reduz ao fato de o homem dos ratos encenar uma cerimônia que reproduz a constelação inaugural entre pai, mãe e o amigo do pai, mas à sua capacidade de se modificar e se deslocar, de modo que os impasses da situação original são transpostos para outro ponto da rede mítica, e o que não é resolvido num lugar se reproduz sempre em outro.

> *Trata-se de algo bem diferente da relação triangular considerada típica na origem do desenvolvimento neurotizante. A situação apresenta uma espécie de ambiguidade, de diplopia – o elemento da dívida está situado em dois planos ao mesmo tempo, e é precisamente na impossibilidade de fazer esses dois planos se encontrarem que se desenrola todo o drama do neurótico. Ao tentar fazer um e outro se recobrirem, faz uma operação circular, nunca satisfatória, que não consegue fechar seu ciclo.*[54]

Lacan deslocou o famoso termo freudiano "o romance familiar do neurótico" para o "mito individual do neurótico" e inovou ao propor uma análise não mais triangular do mito, mas uma estrutura quaternária. Na época de seu ensino, em que o falo ainda não figurava como o quarto elemento, ele propõe um *quatuor* mítico composto pelos seguintes elementos a se renovar em diferentes planos no drama do homem dos ratos: o Pai enquanto representante da função simbólica; o Pai discordante em relação a sua função, "humilhado"

---

54 Ibid., p. 27.

ou "carente"; o amigo que desempenha, no plano imaginário, o papel de semelhante, reflexo da imagem do *eu* que bascula entre os dois avatares do pai; e, finalmente, o quarto elemento, a morte (imaginada, imaginária da relação narcísica).

A função do mito, coletivo ou individual, é dar

> *uma formulação discursiva a algo que não pode ser transmitido na definição da verdade, porque a definição da verdade só pode se apoiar sobre si mesma, e é na medida em que a fala progride que ela a constitui. A fala não pode apreender a si própria, nem apreender o movimento de acesso à verdade como uma verdade objetiva. Pode apenas exprimi-la – e isso de forma mítica. Nesse sentido é que se pode dizer que aquilo em que a teoria analítica concretiza a relação intersubjetiva, e que é o complexo de Édipo, tem valor de mito.*[55]

O mito visa a preencher as lacunas, recorrendo às imagens e significantes inflacionados, entre o sujeito da palavra e o Outro da linguagem. É porque falta no Outro um significante último que responda pelo ser e pelo sentido da vida que o roteiro mítico se faz necessário para alcançar ou tentar tamponar algo do absurdo da existência: "O sujeito às voltas com um real impossível de simbolizar produz um roteiro fantasístico que encena um comportamento estilizado, o qual pode assumir o aspecto de uma verdadeira cerimônia, até mesmo ser acompanhado de um delírio fugaz".[56] A repetição é o palco privilegiado em que o mito e o rito se enlaçam.

---

55 Ibid., p. 13.

56 Miller, J. A. (2008). Posfácio, *op. cit.*, p. 101.

Um pouco mais tarde, em uma intervenção após a fala de Lévi-Strauss sobre as relações entre mito e ritual, Lacan[57] ressaltou, na Psicanálise, a importância da função significante no mito e o arcabouço que este confere ao funcionamento de uma estrutura. São as unidades significantes do mito, designadas por Lévi-Strauss como "mitemas", que devem ser buscadas e analisadas: "O que nos importa aqui é o sistema significante na medida em que ele organiza, na medida em que ele é a armadura de tudo isso, determinando vertentes, pontos cardeais, reversões, conversões".[58] Observa-se nessas e em outras passagens a grande influência da antropologia estrutural de Lévi-Strauss sobre o pensamento de Lacan, especialmente nos primeiros tempos de seu ensino.

1.3 A eficácia simbólica

No clássico *Esboço de uma teoria geral da magia*, Marcel Mauss,[59] em parceria com Henri Hubert, apontou que os atos rituais "são, por essência, capazes de produzir algo mais do que convenções; são eminentemente eficazes; são criadores; eles fazem" e fazem na medida em que participam e se beneficiam das forças de um sistema social – simbólico, diríamos – integrado. A tese do autor se apoia na noção de *mana*, força mágica e misteriosa, "uma quarta dimensão do espaço"[60] que legitima e anima o poder do feiticeiro. Em outras palavras, essa força subjaz e sustenta a eficácia do feiticeiro e de sua magia.[61]

---

57 Lacan, J. (1956/2008b). Intervenção depois de uma exposição de Claude Lévi-Strauss na Sociedade Francesa de Filosofia, 'Sobre as relações entre a mitologia e o ritual', com uma resposta dele, *op. cit.*

58 Ibid., p. 92.

59 Mauss, M., & Hubert, H. (1904/2003). Esboço de uma teoria geral da magia. In *Sociologia e antropologia*. P. Neves (Trad.) (p. 56). Cosac Naify.

60 Ibid., p. 151.

61 "O *mana* é a força por excelência, a eficácia verdadeira das coisas, que corrobora, sem aniquilar, a ação mecânica delas"(Mauss & Hubert, 1904/2003, p. 145).

No momento inaugural de sua antropologia estrutural, Lévi-Strauss[62] retomou a questão da eficácia da ação mágica de Mauss recorrendo não mais ao poder etéreo do *mana*, mas à eficácia simbólica, à articulação entre elementos significantes e significados. Para fundamentar sua teoria, ele examinou um rito oral mágico ou encantamento guiado por um xamã oriundo da tribo Cuna (República do Panamá) que tinha por finalidade ajudar num parto difícil.

Como a terapêutica do xamã – que faz uso de uma manipulação puramente psicológica do órgão doente – poderia ser eficaz diante de uma condição fisiológica específica?

O antropólogo recupera do mito local que o parto difícil ocorre quando Muu, força responsável pela formação do feto, extrapola suas funções e se apossa da alma da futura mãe. O processo de cura consiste na busca pela alma perdida, na batalha entre o xamã e Muu até que, vencida a batalha, a alma da paciente é liberada e o parto se realiza. O autor sublinhou no canto a importância dada à narrativa que rememora minuciosamente os acontecimentos e, ao organizá-los, o xamã faz a paciente reviver toda uma série de eventos "cujo suposto palco são o corpo e os órgãos internos da paciente. Passa-se, assim, da realidade mais banal para o mito, do universo físico para o universo fisiológico, do mundo exterior para o corpo interior".[63]

Para ser eficaz, há toda uma preparação psicológica para que a paciente mergulhe no mito e o sinta realmente como uma experiência real (no corpo). A força da narrativa cria as condições necessárias para que a parturiente não apenas viva o mito mas também possa nomear as sensações dolorosas. A cura consiste em fazer passar uma situação impossível de dizer, compreender e aceitar a condição de aceitável, pensável, nomeável.

---

62 Lévi-Strauss, C. (1949/2012a). A eficácia simbólica, *op. cit.*

63 Ibid., p. 275.

No entanto, para que a cura se torne realmente eficaz, é necessário crer nela, conforme já haviam sublinhado Mauss e Hubert:[64] os "atos em cuja eficácia todo um grupo não crê não são mágicos. A forma dos ritos é eminentemente transmissível e é sancionada pela opinião". A crença se apresenta, assim, sob três aspectos complementares: primeiro, a crença do feiticeiro na eficácia de suas técnicas; segundo, a crença do paciente no poder do feiticeiro; e, finalmente, a crença do coletivo, que forma uma espécie de campo gravitacional no interior do qual ocorrem as relações entre o feiticeiro e aquele que ele cura. A eficácia depende, então, da imersão de todos os protagonistas em um universo simbólico compartilhado que valide os mitos e ritos ali evocados com função de cura.

> *O fato de a mitologia do xamã não corresponder a uma realidade objetiva não tem importância, pois que a paciente nela crê e é membro de uma sociedade que nela crê. Espíritos protetores e espíritos maléficos, monstros sobrenaturais e animais mágicos fazem parte de um sistema coerente que funda a concepção indígena do universo. A paciente os aceita ou, mais precisamente, jamais duvidou deles. O que ela não aceita são as dores incoerentes e arbitrárias que constituem um elemento estranho a seu sistema, mas que o xamã, recorrendo ao mito, irá inserir num sistema em que tudo se encaixa.*[65]

O xamã teria um duplo papel: por uma via mais simbólica, como orador, ele profere encantamentos, lança significantes para estabelecer uma relação imediata com a consciência e mediata com

---

64 Mauss, M., & Hubert, H. (1904/2003). Esboço de uma teoria geral da magia, *op. cit.*, p. 56.

65 Ibid., p. 281.

o inconsciente da paciente; por uma via mais imaginária, ele se oferece, graças aos significantes oferecidos, como o protagonista real do conflito que ela experimenta, intermediando o mundo orgânico e o mundo psíquico. Ele encarna o grande herói à frente do batalhão sobrenatural na luta para resgatar a alma perdida, e a paciente com ele se identifica no combate à desordem orgânica.

A cura consiste em articular "estados confusos e desorganizados, emoções ou representações" na forma de "uma totalidade ou sistema válido precisamente na medida em que permite a precipitação, ou coalescência, desses estados difusos (e também penosos, em razão de sua descontinuidade)".[66] Em outras palavras, o xamã atua como um mediador que reorganiza o universo simbólico do paciente ao integrar ou religar os elementos disparatados na forma de uma totalidade. Como um passador do simbólico, o xamã oferece novos elementos significantes, familiares e inteligíveis para renomear o adoecimento, tornando possível viver de modo organizado, coerente e inteligível uma experiência caótica, indizível e, por essa mesma razão, incompreensível e bem mais dolorosa.

Nas palavras do autor:

> *O xamã fornece à sua paciente uma linguagem na qual podem ser imediatamente expressos estados não formulados, e de outro modo informuláveis. E é a passagem para essa expressão verbal (que ao mesmo tempo permite viver de forma ordenada e inteligível uma experiência atual, mas que sem isso seria anárquica e indizível) que provoca o desbloqueio do processo fisiológico, isto é, a*

66 Lévi-Strauss, C. (1949/2012b). O feiticeiro e sua magia. In *Antropologia estrutural*. B. Perrone-Moisés (Trad.) (p. 259). Cosac Naify.

> *reorganização, num sentido favorável, da sequência de cujo desenrolar a paciente é vítima.*[67]

A eficácia do curador, nesse caso, caracteriza-se, conforme Dunker,[68] "por oferecer ao doente uma linguagem, mesmo que incompreensível, na qual se podem expressar estados não formulados e, de outro modo, informuláveis". Ou seja, mesmo se o xamã recitar um encantamento mágico incompreensível, a eficácia pode se dar ainda assim, pois o feiticeiro não apenas acolhe e exprime o estado doloroso informulado como também se apoia na crença do paciente no poder dele, que, por sua vez, apoia-se na crença depositada nele pelo coletivo. Em contrapartida, Dunker[69] chama a atenção para o fato de que a eficácia terapêutica da prática xamanística não deve ser reduzida ao seu estilo; ela se deve, antes de tudo, às características estruturais de tais práticas, que possibilitam "experimentar o mito de forma participativa e atual" ao conjugar linguagem com ação dramática.

Os "atos do mágico são ritos"[70] que suscitam a participação intensa dos atores, o que é fundamental para o desfecho catártico. O mito não é apenas narrado, mas também vivamente experimentado por mediação do habilidoso xamã. "Ab-reator profissional", ele narra e encena um espetáculo, além de efetivamente reviver, com toda "a vivacidade, originalidade e violência", o universo de efusões simbólicas do qual é crente e passador.[71] A ab-reação é sustentada

---

67 Ibid., p. 282.

68 Dunker, C. (2011). *Estrutura e constituição do sujeito da clínica psicanalítica: Uma arqueologia das práticas de cura, psicoterapia e tratamento* (p. 76). Annablume.

69 Ibid.

70 Mauss, M., & Hubert, H. (1904/2003). Esboço de uma teoria geral da magia, *op. cit.*, p. 81.

71 Lévi-Strauss, C. (1949/2012b). O feiticeiro e sua magia, *op. cit.*, p. 257.

por elementos diversos simbólicos e imaginários (representações, signos, procedimentos, xamã, doente, público . . .) integrados em um sistema total. Vê-se que a eficácia simbólica do rito proposta por Lévi-Strauss reelabora, em grande parte, a noção de fato social total proposta por Mauss e Hubert.

Na mesma trilha, Tambiah[72] propôs o ritual como um modo de ação social que se desenrola sob uma visão de mundo partilhada que o produz, antecede e recobre, visão chamada pelo autor de "concepção cosmológica" presente em todas as sociedades: As cosmologias são "enquadramentos de conceitos e relações que tratam o universo ou o cosmos como um sistema ordenado, descrevendo-o em termos de espaço, tempo, matéria e movimento, povoando-o com deuses, humanos, animais, espíritos, demônios e similares".

Vale ressaltar, no entanto, que, à eficácia simbólica da ação social de Mauss, Tambiah acrescentou seu modelo performativo no qual enfatiza a interconexão entre as características semânticas e pragmáticas, ou entre os pensamentos e as ações presentes em rituais. Os ritos não são, portanto, uma ação que corresponderia a um sistema de ideias (nem à marcha ré do mito, como sugeriu Lévi-Strauss), mas atos de sociedade que revelam o modo de um determinado grupo de ver e de se relacionar com o mundo. Eles são "bons para pensar e bons para agir – além de serem socialmente eficazes".[73]

O autor enfatiza que as palavras que acompanham a ação ritual só alcançam poder e produzem efeito dentro da estrutura ritual, logo precisam ser pronunciadas por determinados atores e no contexto de outras ações. A eficácia do ritual, sua força, deriva do seu caráter performativo em três eixos:

---

72 Tambiah, S. J. (2018). *Cultura, pensamento e ação social: Uma perspectiva antropológica*, *op. cit*., p. 13.

73 Peirano, M. G. S. (2003). *Rituais ontem e hoje*, *op. cit*., p. 27.

> Primeiro, *no sentido pelo qual dizer alguma coisa é também fazê-la – quando digo "eu prometo", por exemplo, digo e faço algo agora, e comprometo-me no futuro;* segundo, *no sentido pelo qual os participantes experimentam intensamente uma performance que utiliza vários meios de comunicação – por exemplo, quando desfilamos em uma escola de samba e somos levados, independentemente da nossa vontade manifesta, a partilhar da alegria coletiva;* terceiro, *no sentido de valores que são criados e inferidos pelos atores durante a ação – por exemplo, quando um embaixador brasileiro participa de uma reunião das Nações Unidas, ele é o Brasil. Suas ações de caráter individual representam um Estado-nação.*[74]

Apoiado na linguística de Roman Jakobson, Tambiah[75] sugere que o caráter performativo da encenação ritual combina, de um lado, as características estruturais paradigmáticas e, de outro, os arranjos sintagmáticos de forma. Na encenação ritual, o encantamento pode explorar o uso metafórico da linguagem, operando substituições (eixo paradigmático), como vimos na cura xamanística analisada por Lévi-Strauss, ou transferência (eixo sintagmático) de um atributo ao seu destinatário ou receptor. No uso metonímico da linguagem, o rito pode evocar, enumerar cada parte ou unidade constitutiva do receptor da magia – um ser humano ou uma canoa, por exemplo –, e a transferência da magia é feita para cada uma delas. Tem-se, assim, a construção de uma imagem realista do todo pelas suas partes. Essa técnica metonímica tem diversas implicações: confere realismo ao rito, transmite uma mensagem por meio da redundância, armazena

74 Ibid., p. 40, grifo nosso.

75 Tambiah, S. J. (2018). *Cultura, pensamento e ação social: Uma perspectiva antropológica*, *op. cit.*

conhecimento tecnológico em uma cultura oral e constrói o próprio encantamento como uma forma verbal prolongada.

Sem entrar nos detalhes relacionados à diferença que o autor estabelece entre rituais reguladores e constitutivos, gostaríamos, por fim, de ressaltar um ponto que muito nos interessa referente à eficácia ritual: a realização da dimensão performativa do rito não garante por si só o alcance dos efeitos esperados, isto é, a eficácia na indução da cura, por exemplo, não está de partida garantida; ela pode ou não ocorrer, muito embora, segundo o autor, isso não afete a validez performativa do rito.

1.4 Características estruturais

Louis-Vincent Thomas[76] destacou, a partir de sua observação das grandes liturgias religiosas, especialmente a católica, alguns elementos característicos que estruturam o rito em função dos meios utilizados e propósitos a serem alcançados. Aos elementos básicos propostos pelo autor acrescentamos outras perspectivas ou mesmo outros elementos.

O espaço cênico

Primeiramente, destaca-se no rito a decoração, uma certa montagem de ornamentos, de objetos e de mobiliário carregados de simbolismo, como pode ser visto seja em uma igreja católica, seja em cultos animistas realizados nas florestas. De partida, o arranjo cênico sensibiliza, cria um clima vivo e realista para a ação que se pretende efetuar. No rito fúnebre, entretanto, uma montagem cênica apoteótica (como os funerais barrocos) ou muito estilizada (como os

76 Thomas, L.-V. (1985). *Rites de mort: Pour la paix des vivants*. Fayard.

providos pelos modernos serviços funerários) acabam, justamente, por acentuar a ausência, a ambição humana de disfarçar a morte.

O fator temporal

É próprio dos ritos fazer esperar, suspender a rotina diária e introduzir outro ritmo na vida do grupo. O rito não se faz com pressa, e o conjunto de sua atividade detém o fluxo do tempo para chamar à ordem toda a inquietude diante do fortuito, do incerto, do inesperado. O rito cria uma estrutura temporal específica que "é no tempo e, do mesmo modo, fora do tempo".[77]

A estrutura temporal se desdobra seguindo rigorosamente uma sucessão de etapas ou sequências, geralmente preparatórias, para o ponto ápice de uma cerimônia, como na missa católica, a celebração eucarística.

O tempo no rito foi especialmente capturado por Van Gennep[78] em sua concepção estrutural dos "ritos de passagem" cuja sequencialidade se desdobra em três etapas (de separação, de margem e de agregação) e cuja lógica parece se conjugar com o tempo operativo de uma análise.

No rito fúnebre, por exemplo, temos: o instante de ver (tempo de defrontar-se com a morte); o tempo de compreender (tempo do luto); e o momento de concluir (fim das restrições de luto e reentrada na vida social).

Nos grupos sociais que praticam o segundo funeral, os parentes mais próximos ficam retidos em outro espaço temporal, segregados da vida social enquanto durar o período que decorre entre o primeiro e o segundo funeral. Um tempo que não é cronologicamente demarcado, mas simbolicamente escandido. Esse tempo de margem é essencial por introduzir uma escansão entre as separações e as reentradas.

---

77 Terrin, N. A. (2004). *O rito: Antropologia e fenomenologia da ritualidade, op. cit.*, p. 250.

78 Gennep, A., van. (1909/2011). *Os ritos de passagem*. M. Ferreira (Trad.). Vozes.

Ele demarca o tempo de inscrição simbólica do desaparecimento de alguém do corpo social.

A participação de atores

Outra característica importante é a participação de um certo número de atores: divindades, oficiantes e oficiados, assistentes, o público. A eficácia simbólica do rito depende tanto da imersão de todos os participantes em um universo simbólico compartilhado quanto da sua capacidade de reunir e combinar todos os elementos de uma situação total (atores, ações, representações, signos . . .), cada qual fazendo sua entrada e realizando o seu papel.

O lugar do público

O rito requer um público consonante com seus elementos e princípios, ou corre-se o risco de vê-lo reduzido a uma reprodução mecânica de gestos e falas que dificilmente o tornaria eficaz. A crença do público na magia forma "continuamente uma espécie de campo de gravitação no interior do qual se situam as relações entre o feiticeiro e aqueles que ele enfeitiça".[79] O rito necessita da presença de um público solícito que participe não apenas como testemunha, mas também que intervenha e valide as representações e procedimentos nele evocados. Nesse sentido, entende-se que o público presta assistência aos protagonistas da cena com nuances semelhantes ao coro das tragédias gregas,

> *o coro (*chórus*) era composto por dançarinas e cantores mascarados, uma espécie de personagem coletivo que representava a* pólis *e a expansão do conflito para além da esfera individual. O coro marca a pausa entre os atos,*

79 Lévi-Strauss, C. (1949/2012a). A eficácia simbólica, *op. cit.*, p. 239.

> *assinala seus movimentos de transição e pode incitar a reflexão sobre um tema moral ou social atinente à narrativa. Ele pode tanto agir como um personagem, dialogando com os atores, como tomar parte ativa na ação ou ainda comentar os acontecimentos da cena dramática. Ele age assim tanto como espectador ideal quanto como uma voz, responsável pela moderação dos discursos e pela economia dos afetos.*[80]

A participação do público (ora mais ativa, ora mais como espectador) no rito é modulada pelas exigências de sua montagem. No rito fúnebre, o público pode intervir mediando a relação entre os sujeitos de luto e os outros atores bem como a relação destes com o morto/a morte, de modo que sua presença no rito não se limita apenas ao suporte imaginário das identificações. Ele opera também como um participante na função de terceiro, lugar para onde a palavra é lançada. Lugar de apelo e meio de reconhecimento. Na tradição das visitas aos familiares do morto e outras formas de consolo, por exemplo, a assistência do público favorece a expressão e catarse dos afetos ao estimular que se fale muitas e muitas vezes o que se passou. O rito implica, portanto, "o cuidado dos enlutados por toda a comunidade que multiplica as condutas de solidariedade e apaziguamento (presença, condolências, dons, serviços)".[81]

O público assume no rito funções bastante amplas. No ritual fúnebre, em particular, destacamos: testemunhar, prestar assistência, validar as lembranças e representações evocadas, mediar, partilhar e consolar participando da cura. Além disso, ele tem a função de moderar, propondo ao pesar alguma medida, conforme observou

80 Dunker, C. (2011). *Estrutura e constituição do sujeito da clínica psicanalítica: Uma arqueologia das práticas de cura, psicoterapia e tratamento, op. cit.*, p. 122.

81 Thomas, L.-V. (1985). *Rites de mort: pour la paix des vivants, op. cit.*, p. 127.

Granet,[82] autor de volumosa obra sobre o pensamento chinês, a respeito do ritual fúnebre na China clássica:

> *A encenação da dor familiar, na sua forma ativa, é possibilitada pelo apoio de dons e simpatia, é necessário, para que ela possa se manifestar que ela se ofereça como espetáculo a um público que a incentive; é por meio da assistência que a representação é regrada; são as condolências que governam a dor; é pela comunidade e pela sua ordem que ela se exprime: ela deve exprimir-se numa linguagem convencional que todos compreendam.*

Ou de outro modo, sob a moldura ritual, a dor encontra moderação e alívio por meio da oferta de um sistema codificado e partilhável de assistência, expressão e comunicação.

A presença e a articulação dos elementos participantes do rito

Há, no rito, uma abundância de elementos simbólicos passíveis de suscitar interpretações diversas e, principalmente, emoções. A predominância do simbolismo expressivo sobre o comunicativo no rito contribui para sua eficácia.[83] Os elementos participantes operam apenas a partir de sua integração no sistema simbólico que os promove. O rito fornece uma linguagem responsável por velar, revelar, traduzir o que é da ordem do mistério, do sobrenatural, articulando-o com o sistema total de crenças e valores do grupo, como a celebração eucarística, que, no rito católico,

---

82 Granet, M. (1922/2012). Le langage de la douleur d'après le rituel funéraire de la Chine classique. *Journal de Psychologie*, 15 février 1922 (p. 14).

83 Valeri, V. (1994b). Rito, *op. cit.*

traduz o mistério da transmutação do fiel na divindade por meio da ingestão da hóstia sagrada.

Ressalta-se, ainda, a importância dos elementos plásticos usados em seu valor simbólico, como o repertório de imagens e estátuas que acompanham diversos sistemas religiosos e suas práticas. Segundo Vernant,[84] o valor do signo plástico não é separável do rito e do sistema simbólico que o engendra e sustenta, e sua função extrapola a mera representação figurativa. O ídolo não visa a apenas ser visto e encantar o olhar dos fiéis mesmo quando se trata de uma reprodução antropomorfa ou representação sob forma simbólica de alguma divindade. Aliás, é fato comum guardar ídolos sagrados e até mesmo encerrá-los em cofres.

No registro do visível, a ambição do ídolo sagrado é suscitar uma força invisível que visa a "estabelecer com a força sagrada, mediante o que a figura de um ou de outro modo, uma verdadeira comunicação, um contato autêntico; a sua ambição é a de tornar presente essa força *hic et nunc*, a fim de colocá-la à disposição dos homens, nas formas requeridas ritualmente".[85]

A dramatização

Uma característica intrínseca do rito, e que faz sua diferença e força, é a possibilidade de colocar "em cena uma situação que, pela mediação do corpo, suscita nos atores e nos assistentes uma emoção cuja intensidade é a condição mesma da eficácia do rito".[86] O caráter performativo do ritual presente tanto nas ações quanto nas palavras induz a vivência intensa do que se pretende alcançar. Para tanto, faz-se uso de diversos meios (gestos, falas, ações, cantos, ornamentos,

84 Vernant, J.-P. (1990). *Mito e pensamento entre os gregos*. H. Sarian (Trad.). Paz e Terra.

85 Ibid., p. 402.

86 Thomas, L.-V. (1985). *Rites de mort: Pour la paix des vivants*, *op. cit.*, p. 12.

objetos, vestimentas, instrumentos, cenário etc.) na intenção de conferir realismo e vivacidade à dramatização com fins catárticos.

A (encen)ação dá corpo às representações significantes do rito, ou melhor, coloca o corpo dos atores em cena para expressar o que nem sempre é alcançado por palavras. A eficácia da ação ritual não reside na mera reprodução ou encenação de acontecimentos, ela repousa, justamente, em sua vivacidade favorecida pelas identificações imaginárias em seu efeito contagiante sobre o participante.

Foi Lévi-Strauss[87] que aproximou o efeito purgativo da cura xamânica do método catártico usado por Freud nos primórdios da Psicanálise:

> *Em ambos os casos, propõe-se trazer à consciência conflitos e resistências que até então haviam permanecido inconscientes, seja por terem sido recalcados por outras forças psicológicas, seja – é o caso do parto – em razão de sua própria natureza, que não é psíquica e sim orgânica, ou até simplesmente mecânica. Também em ambos os casos, os conflitos e resistências se dissolvem, não porque a paciente deles vá tomando progressivamente conhecimento, real ou suposto, mas porque esse conhecimento torna possível uma experiência específica, na qual os conflitos se realizam numa ordem e num plano que permitem seu livre desenrolar e conduzem ao seu desenlace. Em psicanálise, essa experiência vivida é chamada de* ab-reação.

A *ab-reação* induzida pelo rito se torna uma *ad-reação,* pois se faz graças à colaboração coletiva, "é preciso que, tanto quanto

87 Lévi-Strauss, C. (1949/2012a). A eficácia simbólica, *op. cit.*, p. 282.

o doente e o feiticeiro, o público participe, pelo menos em alguma medida, da *ab-reação*, essa experiência vivida de um universo de efusões simbólicas".[88] A situação enigmática organiza-se, regula-se ou liga-se na (re)vivência intensa da situação conflituosa encenada pelo rito. Quanto mais intenso for o espetáculo, mais ele é capaz de favorecer "o reconhecimento intersubjetivo da experiência, aumentando a influência e eficácia da sugestão".[89]

2. Rituais fúnebres: revisitando os clássicos

Se o movimento de redescoberta da morte é relativamente recente, no campo antropológico o interesse pelos rituais em geral (e pelos mortuários em particular) está presente desde o final do século XIX. Dois dos melhores estudos sobre os ritos fúnebres foram publicados no início do século XX: *Contribution à une* étude *sur la représentation collective de la mort* [Uma contribuição ao estudo da representação coletiva da morte], de Robert Hertz (1907), e *Ritos de passagem*, de Arnold van Gennep (1909).

Escritos há mais de um século, esses estudos permanecem, ainda hoje, entre as mais originais contribuições para a sociologia da morte: "Hertz e Van Gennep trouxeram uma sofisticação tão marcante para a compreensão dos ritos de morte que o trabalho realizado por eles pouco foi melhorado desde então".[90] Eles foram os primeiros a tomar o ritual fúnebre como um objeto de estudo independente, dedicados a esclarecer sua estrutura e finalidade. Porém, enquanto Van Gennep dedicou aos ritos fúnebres apenas

---

88 Lévi-Strauss, C. (1949/2012b). O feiticeiro e sua magia, *op. cit.*, p. 259.

89 Dunker, C. (2011). *Estrutura e constituição do sujeito da clínica psicanalítica: Uma arqueologia das práticas de cura, psicoterapia e tratamento, op. cit.*, p. 123.

90 Metcalf, P., & Huntington, R. (1991). *Celebrations of death: The anthropology of mortuary ritual* (p. 11). Cambridge University Press.

um capítulo de sua obra, Hertz realizou um longo e aprofundado estudo das representações coletivas da morte.

Ambos participam da escola sociológica francesa, com intensa influência de Émile Durkheim, que tomava o fato social como um fenômeno que, para ser compreendido, deveria levar em consideração o estudo da sociedade na perspectiva de sua totalidade. No início do século XX, o que era significativo nos estudos sociais era a religião, e a escola francesa associava os ritos não à problemática da racionalidade do pensamento – logo ligados à magia e à religião –, mas aos atos de sociedade. Foi neste clima que os estudos de Hertz e Van Gennep foram gerados.

2.1 Robert Hertz: A prática do duplo funeral

A brilhante produção acadêmica de Robert Hertz foi lamentavelmente interrompida aos 34 anos de idade quando foi assassinado em 13 de abril de 1915, em Marchéville (França), enquanto prestava serviço voluntário durante a Primeira Guerra Mundial. Precoce, ele contava apenas 26 anos quando publicou *Contribution à une* étude *sur la représentation collective de la mort* na renomada revista francesa *L'Année sociologique*, fundada por Durkheim.

O trabalho de Hertz[91] se concentrou nas sociedades, especialmente no povo Dayak,[92] que tratava a morte como um processo

91 Hertz, R. (1907/1970). Contribution à une étude sur la représentation collective de la mort. In *Sociologie religieuse et folklore (1912-1915)* (2nd ed., pp.13-42). PUF.

92 Segundo nota dos tradutores ingleses do material (Rodney e Claudia Needham), "Dayak" não é o nome de um povo em particular. Este termo é oriundo dos etnógrafos holandeses que costumavam usá-lo para designar, de modo geral, os povos do interior. "Dayak" deriva da palavra "dayah", que significa "rio acima" nas línguas faladas em Bornéu. Hertz concentrou boa parte de seus estudos sobre o povo Olo Ngaju, um grande agrupamento cultural de

gradual. São grupos cujas crenças escatológicas guiam a prática do duplo funeral, fenômeno típico, mas não exclusivo, dos povos da Indonésia. Considerado um precursor do estruturalismo, seu estudo permaneceu desconhecido no mundo anglófono até ser traduzido em 1960 e virar um clássico da sociologia da morte.

O estudo se inicia com um comentário sobre o modo ocidental de conceber a morte como um acontecimento que ocorre em um único instante. Dois ou três dias é o tempo que separa a constatação da morte dos funerais e o período de luto que, longo ou curto, inicia-se com a notícia da morte. Na doutrina católica, a alma, liberta do corpo, não se demora em encontrar seu destino, seja o dos bem-aventurados, da purgação ou da danação. Mas essa concepção da morte, das práticas fúnebres e do luto se aplica apenas a nossa sociedade cristã ocidental, conforme já visto.

Entre os Dayak, a morte é um evento que se desenrola na longa duração. Há um longo período intermediário entre a morte e o funeral definitivo. Hertz identificou, nesse período, três elementos interligados: o tratamento dado ao corpo, o destino da alma e o luto dos sobreviventes. Sua análise inovadora ressaltou a via social que inclui as representações coletivas sobre a morte e os ritos relacionados, e a via psicológica que diz respeito ao luto e às relações com o morto.

O tratamento dado ao corpo depende do status do falecido, da idade e das circunstâncias da morte. De modo geral, os corpos são depositados em vasos até que eles alcancem a condição de esqueleto. Nesse meio tempo, os mortos são tratados como se ainda estivessem vivos, os parentes lhes fazem companhia, conversam, oferecem-lhes comida. O tempo de espera varia, mas, de modo geral, dura cerca de dois anos, período considerado necessário para a dissolução da carne. Quando o período intermediário chega ao fim, os familiares

---

povos ribeirinhos localizados no sudeste de Bornéu, Indonésia (em Hertz, 1907/1960, p. 29).

devem providenciar o custoso festim final em que toda a comunidade é chamada a participar.

O autor sugeriu que o grande fator determinante para a não realização imediata do funeral definitivo tem relação direta com o estado do corpo. Há um cuidado extremado na selagem do vaso, de modo a garantir que a matéria pútrida não seja expelida para o exterior. Não se trata de higiene, mas de se impedir que os poderes maléficos que habitam o cadáver – associados ao seu odor – escapem e atinjam os vivos. A carne é considerada matéria "molhada", impura, e só a completa dessecação dos ossos permitirá a liberação do morto de sua "infecção mortuária".

Enquanto o corpo não é levado a um lugar de descanso definitivo, a alma também não chega ao seu destino final. Durante o tempo do funeral provisório, o falecido não é considerado completamente morto, sua alma transita de modo marginal entre dois mundos e "se se aventura no além-mundo, é tratada como intrusa; aqui na terra é um hóspede inoportuno cuja proximidade é temida. Por não ter um lugar de descanso, está condenada a vagar incessantemente, espera ansiosamente pelo festim que colocará fim a sua inquietude".[93]

Somente quando a decomposição tiver ocorrido é que a alma estará livre das impurezas e poderá ser admitida na companhia dos ancestrais. Nesse período, a alma é temida, pois pode se tornar vingativa caso considere que os parentes não estão lhe prestando as devidas honras rituais. Temidas e, ao mesmo tempo, lamentadas, fica-se sem saber se o cumprimento estrito dos ritos é "motivado pela esperança de poupar a alma de uma espera sofrida, ou pelo desejo de se livrarem de sua presença sinistra o mais depressa possível".[94]

---

93 Hertz, R. (1907/1970). Contribution à une étude sur la représentation collective de la mort, *op. cit.*, p. 21.

94 Ibid., p. 22.

A morte muda não apenas o status do falecido, mas também o dos sobreviventes, e quanto maior o vínculo, mais se é assombrado pelo morto. É como se a "nuvem impura" que envolvesse o morto tivesse contaminado igualmente seus próximos, seus objetos e tudo o mais que a imagem dele evocar. Metcalf e Huntington[95] observaram que a poluição causada pela morte não é de natureza física, mas de relação: todos os parentes próximos e tudo que estiver intimamente ligado ao morto são imediatamente atingidos pela nuvem da morte, que altera a rotina daqueles pelo tempo que durar a espera pelo segundo funeral.

Considerados impuros e perigosos, os parentes mais próximos sofrem um banimento temporário da vida social. Alguns permanecem confinados em um canto da casa, sem fazer absolutamente nada, por meses. O contágio fúnebre os torna invisíveis, e, por um tempo, eles estarão condenados a viver no exílio, compartilhando a mesma sorte do morto. Apenas a cerimônia final liberta o falecido e seus próximos das obrigações do luto, e seu desdobramento inclui realizar o enterro definitivo dos restos mortais, garantir a entrada da alma na terra dos ancestrais e, finalmente, o grande festim realizado na presença de toda a comunidade.

O segundo funeral produz uma mudança definitiva do status do falecido, sendo, finalmente, declarado morto. Os restos secos (os ossos), após serem ritualmente processados, são transferidos de seu alojamento solitário para a sepultura coletiva em que repousam os mortos honrosos. Quanto à alma, um rito solene guiado por psicopompos realiza a introdução desta na sociedade dos ancestrais.

O grande festim de encerramento pode durar dias e, ao mesmo tempo, celebra a chegada do falecido à terra dos ancestrais e a readmissão dos familiares à vida social. Uma cerimônia essencialmente

95 Metcalf, P., & Huntington, R. (1991). *Celebrations of death: The anthropology of mortuary ritual, op. cit.*

coletiva que diz respeito não só a família de um morto em particular mas à aldeia inteira. Freud[96] notou o quanto um período de luto severamente imposto é, geralmente, finalizado com grande regozijo festivo em que excessos são não apenas autorizados mas exigidos.

Se a morte é transição operada pelos rituais, o tratamento ritual não é assegurado do mesmo modo a todos. Varia de acordo com status social, idade do falecido e circunstâncias da morte. Os idosos e as crianças menores de 7 anos, por exemplo, não necessitam de um segundo funeral, sendo o luto brevíssimo. No caso das crianças, a partida não causa rupturas porque a sociedade ainda não colocou nada de si nelas. Quanto aos idosos, a idade avançada já os limitava para a vida social, então é como se eles já tivessem dela se desligado.

E há aqueles que não terão direito a nenhum rito, como as vítimas de morte violenta, de acidentes (afogamento, raio etc.), de trabalho de parto e suicídio. A morte inesperada e/ou súbita inspira tanto medo, que se busca livrar-se de suas vítimas imediatamente, dispensando o tratamento ritual. Malditos e temidos por toda a eternidade, eles nunca terão seus ossos reunidos aos que morreram de modo comum, e seus espíritos permanecerão retidos no período intermediário.

Ao contrário do que se passa com as crianças pequenas e os idosos, não é a fraca resposta emocional que bloqueia a possibilidade dos ritos, mas o intenso terror despertado por um acontecimento inesperado. Nenhum ritual é capaz de apagar completamente da memória a forma sinistra como desapareceram; eles permanecerão irremediavelmente apartados de seus parentes. Assim, não faz sentido algum aguardar pelo segundo funeral. A morte para eles não terá fim.

A análise de Hertz mostra que a representação da morte, nesse grupo social, não significa apenas a finalização da visibilidade corporal de um indivíduo, ela também implica na destruição do seu ser

96 Freud, S. (1912-1913/2012). Totem e tabu, *op. cit.*

social. A morte é, antes de qualquer coisa, uma ameaça à unidade do grupo, às crenças e aos sentimentos relativos aos princípios de vida. Os ritos têm por função recuperar o estado de segurança perdido processando a transição identitária do morto, isto é, conferindo a ele a passagem de membro da "sociedade dos visíveis" para a admissão honrosa na "sociedade dos invisíveis".

> *É tão verdadeiro que a morte natural não é suficiente para romper os laços que atam o falecido a este mundo, que, com o intuito de torná-lo um legítimo e autêntico habitante da terra dos mortos ele deve primeiro ser morto . . . O falecido não pode passar de seu estado miserável para um mais feliz, não pode ser promovido à categoria dos espíritos verdadeiros, até que tenha sido ritualmente morto e nascido de novo.*[97]

A morte é transição, porém só os ritos garantem a passagem de um estado a outro. Eles são os responsáveis por processar a mudança da natureza das relações entre os vivos e dos vivos para com os mortos. Enquanto o espírito estiver atado aos elementos do corpo, ele é temido tanto quanto seus próximos, que permanecem contaminados pela sua atmosfera impura até o momento em que seus restos mortais, purificados pelo processo ritual, tornam-se sagrados e seu espírito, em espelho, passa a ser reverenciado como um antepassado benfazejo.

Em suma, pode-se extrair da cosmologia investigada por Hertz duas proposições básicas: primeiro, a morte não se conclui de forma instantânea; e segundo, ela não é aniquilamento, mas transição. Transição operada, no tempo, pelo processo ritual. Vê-se que a morte,

---

97 Hertz, R. (1907/1970). Contribution à une étude sur la représentation collective de la mort, *op. cit.*, p. 30.

apesar de soberana na exclusão da vida, não é irrevogável. Há, nas consciências coletivas, a crença de que a morte não é definitiva, de que é possível se soltar dos grilhões da morte e seguir vivendo e se relacionando com os vivos, ainda que de outra forma. A exclusão social é apenas temporária, e, em seguida, há reintegração propiciada pelos rituais. Se o indivíduo é perdido, ele não o é para sempre. No fim e por fim, pode-se, pelas mãos do ritual, triunfar sobre a morte, pois "a última palavra permanece com a vida".[98] E ele conclui:

> *O luto, em sua origem, é a necessária participação dos vivos no estado mortuário de seu parente, e dura tanto tempo quanto este estado durar. Em última análise, a morte como fenômeno social consiste em um duplo processo doloroso de dissipação mental e síntese. Somente quando este processo é completado que a sociedade, recuperada em sua paz, pode triunfar sobre a morte.*[99]

2.2 Arnold van Gennep: os ritos de passagem

Por ter examinado os ritos mais pela similaridade de estrutura do que por seu conteúdo, considera-se Van Gennep, como Hertz, um dos precursores do estruturalismo. Seu trabalho comparativo inovou ao tornar o rito um objeto básico de investigação, soltando-o das amarras da religião; ele não é mais um apêndice do mundo mágico ou religioso, mas "um fenômeno dotado de certos mecanismos recorrentes (no tempo e no espaço) e, também de certo conjunto de significados".[100]

---

98 Ibid., p. 35.

99 Ibid., p. 42.

100 DaMatta, R. (2011). Apresentação, *op. cit.*, p. 15.

Em *Ritos de passagem*,[101] o autor aborda os ritos em uma perspectiva de sequencialidade cuja estrutura de funcionamento poderia ser aplicada a diferentes eventos ritualísticos provenientes de diversos grupos étnicos do passado e do presente. Os ritos de passagem, nesse sentido, não dependem de crenças em poderes sobrenaturais, eles apenas marcam uma mudança na vida de um indivíduo ou grupo.[102,103]

Os ritos de passagem são os operadores das mudanças de status e transições espaço-temporais relacionadas à vida social. Há os ritos da gravidez, do parto e do nascimento; da infância, puberdade, iniciação, ordenação, coroação; do noivado e do casamento; e, por fim, os ritos fúnebres.

Os ritos de passagem seguem um movimento sequencial composto de três tempos: primeiro, há separação de um status (ritos preliminares); depois, um período de margem (ritos liminares); por fim, agregação em um novo status (ritos pós-liminares). Os tempos não são igualmente desenvolvidos em todos os grupos sociais e cerimoniais. Em alguns predominam os ritos de separação; em outros, de agregação ou, ainda, os ritos de margem.

Os ritos fúnebres seriam, na visão do autor, a forma mais dramática dos ritos de passagem. No início de suas investigações, ele reduzia o luto a um conjunto de tabus e práticas negativas aplicadas ao enlutado e que marcavam seu período de isolamento social. Nessa perspectiva, os ritos de separação seriam predominantes nesses cerimoniais. À luz de novos fatos oriundos do então recém-publicado estudo de Hertz e outros, Van Gennep[104] reconsiderou o luto em uma visão bem mais positivada e complexa: "Na realidade, é um estado

101 Gennep, A., van. (1909/2011). *Os ritos de passagem, op. cit.*

102 Metcalf, P., & Huntington, R. (1991). *Celebrations of death: The anthropology of mortuary ritual, op. cit.*

103 Peirano, M. G. S. (2003). *Rituais ontem e hoje, op. cit.*

104 Gennep, A., van. (1909/2011). *Os ritos de passagem, op. cit.*, p. 129.

de margem para os sobreviventes, no qual entram mediante ritos de separação e do qual saem por ritos de reintegração na sociedade geral (ritos de suspensão de luto)". Constatou que, na verdade, os ritos de separação são pouco numerosos e simples, enquanto os ritos de margem apresentam uma duração e elaboração bastante sofisticadas.

O autor encantou-se pelo período marginal ou liminar dos cerimoniais fúnebres, o "período intermediário" de Hertz, em que a vida social entra em suspensão. Os familiares e, às vezes, a comunidade inteira fazem uma pausa até que a vida cotidiana possa ser novamente retomada via ritos de reintegração. Durante o período liminar, "os vivos e o morto constituem uma sociedade especial situada entre o mundo dos vivos, de um lado, e o mundo dos mortos, de outro, da qual os vivos saem mais ou menos rapidamente conforme fossem mais estreitamente aparentados ao morto".[105] As restrições do luto dependem do grau de parentesco, do status, da idade, do gênero do enlutado (as restrições, em geral, são mais severas para a viúva do que para o viúvo), conforme Hertz havia observado também entre os Dayaks.

Por sua importância e duração, o período marginal adquire uma autonomia relativa em relação ao resto do ritual a ponto de quase dominar seu simbolismo. Porém, a autonomia referida não desvincula a noção de liminaridade do contexto do ritual, isto é, da noção de processo, mudança, passagem. Se estes ocupam um lugar de destaque – talvez isto ocorra em razão do impacto que a morte causa no tecido social –, recorre-se aos ritos para se tentar amenizar os danos de tais mudanças. Os ritos se constituem em um dispositivo privilegiado de restauração da ordem, da paz e da segurança perdidas.

Organizamos em um quadro os simbolismos presentes em cada tempo:

105 Ibid.

Quadro 2.1. Os três tempos dos Ritos de Passagem

Ritos de separação	Ritos de margem	Ritos de agregação
- prevalecem os diversos procedimentos de transporte do cadáver; - a queima dos utensílios, da casa, das riquezas do morto; - a morte das mulheres, dos escravos, dos animais favoritos; - os ritos de purificação e todas as formas de proibições e tabus; - os materiais usados para marcar a separação (caixão, fosso, cemitério etc.); - destruição dos componentes físicos e espirituais do cadáver, e o destino dado às suas cinzas.	- há a suspensão da vida social para todos aqueles que são atingidos pelo luto; - impõe-se o seguimento severo de tabus e proibições enquanto durar esse período; - o tempo é tanto maior para alguns em decorrência do vínculo social com o falecido, gênero ou status social.	- ocorre a reintegração à vida social; - em alguns grupos, a suspensão de proibições e regras sociais do luto ocorre paulatinamente; - há ritos em que a refeição ocupa um lugar de destaque, seja no funeral ou em festas comemorativas que, às vezes, encerram o período de luto.

Van Gennep concebe uma associação estreita entre a série de passagens na vida humana e os grandes ritmos da natureza (estações do ano, fases da lua etc.). Por toda parte haveria momentos de passagem que incluem avanços, retrocessos e estágios de relativa parada, de suspensão. A vida individual, em toda sociedade, consiste em passar, sucessivamente, de uma idade a outra, de um registro a outro, de uma ocupação a outra. Cada passagem é geralmente regulamentada, isto é, acompanhada por atos especiais, religiosos ou profanos, que dão uma moldura especial à ocasião, ao mesmo tempo que garantem que a alteração não ocasionará danos à vida social. Nas palavras de DaMatta:[106]

106 DaMatta, R. (2011). Apresentação, *op. cit.*, p. 20.

> *Viver socialmente é passar, passar é ritualizar. Num universo como o nosso, constituído destes seres frágeis e mortais, esses entes que automatizam ritualizando e, fazendo sempre do paradoxo sua única direção, vivem num jogo constante entre o individualizar-se e o agregar-se; enfim, num universo de homens, a realidade mais viva é a do conflito ordenado e a permanência se realiza, contraditoriamente, como revelou Van Gennep, na passagem.*

Nos estudos de Hertz e no de van Gennep sobre a fenomenologia do ritual fúnebre, evidencia-se a morte como um complexo de crenças, emoções e práticas. O corpo não se reduz à biologia, ele é também uma entidade social. Por essa razão, não é "descartado como se fosse a carcaça de algum animal: ele deve receber um cuidado específico e um funeral adequado; não somente por razões higiênicas mas por obrigação moral",[107] obrigação social, portanto. A destinação dos mortos, as mudanças de status e as transformações nas relações com os vivos dependem, em grande parte, da realização dos ritos, uma vez que a morte biológica não é suficiente para efetuar essas passagens. Somente o processo ritual garante a segunda morte, morte simbólica que efetua a transição identitária dos mortos e dos vivos no corpo social.

3. Perspectiva, finalidade e funções dos ritos fúnebres

Se a morte biológica não faz desaparecer os assuntos e vínculos com aquele que partiu, faz-se necessário, então, cercar a morte de crenças, práticas e gestos mágico-religiosos que mobilizem a comunidade e

107 Hertz, R. (1907/1970). Contribution à une étude sur la représentation collective de la mort, *op. cit.*, p. 27.

produzam alterações significativas na sua rotina. Ao analisar essas práticas mais de perto, constatamos que os ritos fúnebres são muito mais abrangentes do que se imagina. Suas funções não se restringem a dar suporte ao pesar dos sobreviventes e nem somente ao cuidado do cadáver e de seu espírito no Além, como veremos.

Salvo as variações culturais e tempo-espaciais, os ritos implicam duas perspectivas gerais constantes e não excludentes: a do morto e a dos vivos.

> *No nível do discurso manifesto, seu objetivo é duplo: de um lado, regrar o destino do morto juntando a abjeção da putrefação com a atribuição de um lugar para o morto, e se possível, lhe conferindo papeis benéficos para o grupo. De outro, apoiar os sobreviventes marcados pela perda, mobilizar em torno deles a comunidade de modo a regrar o luto. De fato, nos dois casos, trata-se de dominar a morte, em sua forma efetiva naquilo que concerne ao morto, em seu equivalente simbólico naquilo que concerne ao pesar dos enlutados. No nível do discurso latente, mesmo que o cadáver seja sempre o ponto de apoio das práticas, o ritual leva em conta apenas um destinatário: o homem vivo, indivíduo ou a comunidade.*[108]

Seguindo essa via partilhada por outros autores, a finalidade última dos ritos fúnebres seria, de fato, celebrar a vida, e não a morte, ainda que os mortos sejam sempre seu ponto de partida e apoio. “Mestre absoluto” (Lacan) ou “dama sem misericórdia” (Keats), tanto faz, no suporte dos ritos, a morte não teria a última palavra ao cortar o fio da vida.

---

108 Thomas, L.-V. (1985). *Rites de mort: Pour la paix des vivants*, *op. cit.*, pp. 120-121.

Destacamos, a seguir, as funções essenciais dos ritos fúnebres dispostas e coordenadas em três níveis:

O primeiro diz respeito ao morto e seu destino. Os ritos fúnebres se iniciam na pré-morte em forma de prestação dos cuidados ao agonizante e ajuda para que este se prepare e cumpra seu destino pós-morte. Todo esse amparo "maternal" visaria, em última instância, a apaziguar o espírito do morto, evitando seu ressentimento com retorno hostil. Além disso, há os ritos que acompanham a destinação final do cadáver e cuidado com seu nome, imagem, bens e a paz do seu espírito.

Os ritos viabilizam as ações (providências quanto ao corpo, o cortejo, o velório . . .) e os signos que dão visibilidade e reconhecimento ao acontecimento da morte. Quanto a estes últimos, Thomas[109] destaca:

- o lugar destinado ao morto (túmulo, o espaço cemiterial . . .);
- o espaço cênico (velório . . .);
- os atributos diversos (indumentária do luto, velas, incenso, véus, flores, o santinho . . .).

Há, ainda, a presença dos ídolos divinos, signos plásticos que participam dos ritos fúnebres de diversos sistemas religiosos, como o crucifixo do catolicismo. O valor do elemento plástico como ídolo divino, notou Vernant,[110] "não se reveste de todos os seus significados senão através de processos rituais dos quais é o objeto. O signo é 'atuado' pelos homens e ele próprio encerra uma força ativa. Tem uma virtude eficaz". O autor cita o *kolossós*, ídolo arcaico da Antiguidade grega feito de pedra erguida plantada no chão, ou mesmo enterrada, em substituição ao morto. Participante da ritualidade fúnebre, o *kolossós* mediava a comunicação com o mundo dos mortos.

109 Ibid.

110 Vernant, J.-P. (1990). *Mito e pensamento entre os gregos*, *op. cit.*, 397.

O segundo nível diz respeito à função terapêutica do rito orientada para os vivos. Os ritos fúnebres têm por função essencial "curar ou prevenir, função que se reveste de múltiplas faces: desculpabilizar, reconfortar, revitalizar . . . o ritual de morte seria em última instância um ritual de vida".[111] Thomas aproximou a terapêutica do rito da abordagem freudiana do luto:

> *De uma maneira geral, o rito funerário contribui para canalizar o "trabalho do luto" e permite reequilibrar em um prazo mais ou menos curto aqueles que a morte marcou. De partida, a relação final com o morto, que se prolonga durante a vigília fúnebre, minimiza os efeitos da perda enquanto reconhece a sua dura realidade. E as proibições do luto sinalizam pesar, um pesar que é importante expressar por causa da função expiatória que o imaginário lhe atribui para purgar ressentimentos e culpas.*[112]

Os ritos canalizariam o trabalho do luto por terem também, ainda segundo o autor, uma função "defensiva" favorável ao tratamento da ambivalência afetiva própria do luto, seja o estupor e a tristeza profunda despertadas pela perda, seja a ira e a agressividade acompanhadas do sentimento de culpa e do mecanismo de projeção que faz temer a ressurgência hostil do defunto. Os ritos da pré-morte (ritos de maternagem junto ao agonizante) junto com os ritos de homenagens e oferendas pós-morte têm a intenção de aplacar o espírito do falecido e, desse modo, favorecer, em espelho, a absolvição dos vivos que podem quitar suas dívidas e fazer as pazes com o defunto.

111 Thomas, L.-V. (1985). *Rites de mort: pour la paix des vivants*, *op. cit.*, p. 121.
112 Ibid., p. 126.

Os ritos que acompanham o período do luto, estado liminar na proposta de Van Gennep, compreendem tamanha duração e complexidade que chegam a alcançar uma certa autonomia. Tempo reservado para que a família, junto à comunidade, possa ver, compreender e concluir a perda de um de seus integrantes.

Os ritos de luto suspendem a vida social dos enlutados e lhes impõem restrições, a depender do grupo, tanto mais severas quanto maior for o vínculo com o falecido, gênero, idade e status deste no grupo social. Em algumas sociedades, a exclusão social imposta acompanha o estado mortuário do defunto. Durante o tempo de espera, os parentes próximos (assim como os bens do falecido) são considerados tabu e devem viver o período de luto em completa abstinência da vida social. Eles só serão liberados mediante os ritos de separação, durante os quais a sociedade, enfim, aceita a morte. A partir desse momento, a viúva pode se casar novamente e os herdeiros podem usufruir de seus direitos, retomando, por exemplo, o trabalho interrompido na horta ou no campo.

Já no sistema cultural antigo da China,[113] o luto não se passava de modo tão solitário nem totalmente prostrado. Embora houvesse um período de prostração e recolhimento, havia igualmente um período mais ativo no qual o enlutado se unia ao seu entorno; ele agia em grupo por meio de práticas em que todos deviam participar, uma solidariedade regrada pelo protocolo ritual. O dano que a morte causou à família era compensado pela presença e força do grupo, que também tinha interesse em restabelecer o equilíbrio familiar pelos efeitos benéficos sobre os laços da comunidade inteira. As convenções e obrigações que regulam e, ao mesmo tempo, tratam a expressão dos sentimentos têm por princípio, nas palavras de Granet,[114]

113 Granet, M. (1922/2012). Le langage de la douleur d'après le rituel funéraire de la Chine classique, *op. cit.*

114 Ibid., p. 20.

"uma terapêutica de invenção social" que possibilita articular o luto social com a elaboração individual do luto.

A eficácia do rito fúnebre consiste justamente "na sua capacidade para coordenar os vários sistemas e níveis em que se desenrola a experiência do sujeito. Quanto mais os níveis estiverem coordenados mais os sujeitos são capazes de encontrar a sua unidade".[115] Tal tese pode ser ilustrada por um rito fúnebre peculiar oriundo do povo LoDagaa (de Gana) que realiza de modo formidável o que Valeri[116] nomeou de "divisão social do trabalho do luto". No rito, dois grupos se dividem e se enfrentam diante do defunto. Enquanto os membros da linhagem do morto exaltam suas virtudes e cantam seus louvores, os membros das outras linhagens entoam cantos para o vilipendiar, insultando a sua imagem.

> *A cisão dos cantores e do conteúdo dos seus cânticos representa uma forma . . . da organização social do trabalho do luto: não só os carpideiros se multiplicam e se representam reciprocamente a perda do objeto (permitindo melhor assim a sua apreensão e catarse) mas também tem um contrapeso noutro grupo de cantadores que exprimem os sentimentos agressivos que os enlutados experimentam contra o morto (a relação com o morto é ambivalente, cf. Freud), mas que não podem manifestar.*[117]

Esta terapêutica se faz eficaz à medida que os afetos hostis participantes do luto podem ser expressos e tratados no âmbito coletivo de modo seguro por meio do deslocamento destes para outras pessoas, liberando os enlutados do embaraço e sentimento de culpa. O rito

115 Valeri, V. (1994a). Luto, *op. cit.*, p. 481.
116 Ibid., p. 481.
117 Ibid.

fornece, assim, um tratamento social da dor e da ambivalência afetiva própria das relações amorosas, e sua moldura prescreve, modera e transmite os modos socialmente aceitos de comunicar as emoções nessas circunstâncias.

Mas será que, desse modo encenado, codificado, estilizado os sentimentos não correm o risco de se tornarem pouco espontâneos e até hipócritas?

Ao analisar a questão, Tambiah[118] considera que, enquanto comportamentos convencionais, os ritos não se destinam a expressar "as intenções, as emoções, e os estados mentais de indivíduos de uma forma direta, espontânea e 'natural'", eles são planejados justamente para criarem um certo "*distanciamento* de tais expressões espontâneas e intencionais" uma vez que estas podem ser contingentes e circunstanciais e até ocorrerem de forma incoerente e desordenada. Enquanto a expressão direta dos sentimentos e atitudes participam da intenção de comunicar esses processos para as pessoas em interação; o ritual com suas convenções estereotipadas é elaborado para expressar e comunicar atitudes e sentimentos dentro de uma relação institucionalizada. Essas convenções

> *não codificam intenções, mas "simulações" de intenções. As pessoas podem agir significativamente de forma estereotipada porque elas "aprenderam a aprender" . . . , e porque a encenação do ritual é a garantia da comunicação social. Assim, o* distanciamento *é a outra face da moeda da convencionalidade; o distanciamento separa as emoções privadas dos atores do seu comprometimento com uma moralidade pública.*[119]

---

118 Tambiah, S. J. (2018). *Cultura, pensamento e ação social: Uma perspectiva antropológica*, *op. cit.*, p. 144, grifo do autor.

119 Ibid., grifo do autor.

Portanto, o processo ritual pode operar como uma terapêutica social dos males quanto pode vir realmente a contribuir para uma certa "hipocrisia" uma vez que a convencionalidade possibilita encobrir os sentimentos privados e, ao mesmo tempo, substituí-los por aqueles da obrigação moral pública.

Por outra via, Valeri[120] lembra que, em nossa cultura ocidental, "somos tentados a estabelecer uma oposição entre a 'sinceridade' dos sentimentos espontaneamente expressos e a 'hipocrisia' das manifestações exteriores do luto", uma oposição que não faz muito sentido em muitas culturas. Os sentimentos, segue o autor, precisam ser comunicados para se exprimirem, logo necessitam ser "transformados em mensagem e não o pode ser sem um código, sem um sistema de convenções. Quanto mais desenvolvido é o código, mais numerosos são os matizes dos sentimentos que permite exprimir".

Uma questão que merece ser ainda considerada é que os ritos assumem funções diferentes em razão da lógica do sistema social que os elabora e os mantém. Em sociedades "altamente diferenciadas, atomizadas e individualizadas" como as sociedades capitalistas, os ritos visam a "juntar, agregar", ao contrário daqueles realizados em sociedades totalizantes em que "todos se ligam com todos", como nos sistemas "tribais".[121] Nestes últimos, os ritos visam a separar, individualizar, retirar temporariamente a pessoa da intensa rede de relações sociais que tende a esvanecê-la. Em sociedades como a nossa, que exacerbaram características individualistas, a questão não é separar, mas agregar, favorecer "ocasiões de totalização":

> *Deste modo, nossos rituais seriam mecanismos que objetivam a busca da totalidade frequentemente inexistente ou difícil de ser percebida no nosso cotidiano. Num sistema*

---

120 Valeri, V. (1994a). Luto, *op. cit.*, p. 477.

121 DaMatta, R. (2011). Apresentação, *op. cit.*, p. 19.

> *como o nosso, onde o indivíduo sempre tem primazia, tudo já está separado conceitual e concretamente. Por causa disso, aqui o rito não divide, junta. Não separa, integra. Não cria o indivíduo, mas a totalidade.*[122]

Assim, a questão da eficácia do rito enquanto suporte do trabalho do luto individual deve ser também considerada a partir da conjuntura na qual ele se desenrola. Os ritos de passagem propostos por Van Gennep, por exemplo, mostram-se inegavelmente mais eficazes em sociedades com características mais totalizantes, "tribais", nas quais o indivíduo desaparece em prol do social. Nesses grupos, a diferença entre luto psíquico e luto social não faz sentido, pois o primeiro é recoberto pelo segundo. O luto transcorre dentro de um código compartilhado que prescreve e delimita os modos aceitáveis de expressão dos sentimentos e atitudes, as vestimentas, o tempo de duração do pesar, a relação com o morto etc. Gasto o tempo estabelecido para o luto, os familiares estão (idealmente) recuperados.

No Ocidente, até bem pouco tempo, a maior parte das sociedades também se organizava sob a hegemonia de um discurso religioso único cujo sistema ritual uniformizava as expressões de luto e sua duração. Hoje, em nossa sociedade altamente individualista, o luto psíquico acabou se sobrepondo ao luto social. Não há mais, como no passado, a obrigação de cumprir o ofício religioso tradicional, e, em meio a um contexto de dispersão de práticas e crenças, muitas pessoas o fazem por mera formalidade – o que o "distanciamento" presente no rito possibilita –, de modo que a eficácia simbólica dos ritos tradicionais se tornou bastante relativa.

É importante ressaltar ainda que, apesar do rito fúnebre se destacar enquanto terapêutica social do pesar; há outros aspectos a serem

---

122 Ibid., p. 20.

considerados, tais como comunicar e transmitir conhecimentos, crenças, valores, comportamentos e servir para suplementar e regular as questões referentes aos bens do falecido, seus direitos e deveres (herança, obrigações, sucessão de títulos, cargos políticos e religiosos . . .).

E, por fim, no terceiro nível, os ritos fúnebres destinam-se a recuperar a unidade e o estado de segurança da comunidade ameaçados pela morte. Segundo Ariès[123]

> *O luto expressava a angústia da comunidade visitada pela morte, manchada pela sua passagem, enfraquecida pela perda de um dos seus membros. Vociferava para que a morte não voltasse . . . A vida parava aqui, tornava-se mais lenta ali. Gastava-se o tempo com coisas aparentemente inúteis, improdutivas. As visitas do luto refaziam a unidade do grupo, recriavam o calor humano dos dias de festa.*

Os ritos visam, assim, a "*revitalização coletiva compensatória* para contrabalancear a morte daquele sobre o qual o grupo certamente tinha investido".[124] Todo o esforço de processar a transição identitária do morto, de modo a fazê-lo passar para a sociedade dos antepassados protetores, é uma tentativa de reintegração simbólica daquele que foi perdido. Quando este processo se conclui, o tecido social é reparado, e a sociedade recupera sua paz e "pode triunfar sobre a morte".[125]

---

123 Ariès, P. (1981). *O homem diante da morte*. L. Ribeiro (Trad.) (p. 635). Francisco Alves.

124 Thomas, L.-V. (1985). *Rites de mort: pour la paix des vivants*, *op. cit.*, p. 127, grifo do autor.

125 Hertz, R. (1907/1970). Contribution à une étude sur la représentation collective de la mort, *op. cit.*, p. 42.

O fim do luto é marcado pelo encerramento do período de restrição, pela transcendência espiritual alcançada pelo morto e pela aceitação definitiva de sua morte. Os três níveis aparecem assim coordenados. Não é à toa, portanto, que algumas sociedades celebram o fim do luto com um grande e animado festim no qual a unidade do grupo é recomposta em torno dos seus ideais, crenças e valores. Passa-se do luto ao júbilo pela vida ressignificada pela morte. A excitação catártica liberada da angústia revitaliza a comunidade: os vivos são autorizados a cuidar de seus assuntos, e os mortos são recuperados como ancestrais protetores ou símbolos de coesão do grupo: "o ritual do funeral então visaria honrar o ideal comunitário que reconciliaria o homem com a morte e com a vida", concluiu Thomas.[126]

4. Pelo direito ao rito

Enfatizamos, ao longo dessas páginas, que a relação com os mortos nunca se fez sem a intermediação ou regulação de compromissos conciliatórios, alguns oficiais (as práticas fúnebres sagradas, as datas comemorativas como o Dia de Finados . . .) e outros oriundos de tradições folclorizadas. São exemplos destes últimos os gestos e ritos mágicos passados de geração em geração, cuja origem e significado há muito se perdeu nas areias do tempo, como parar os relógios, virar (ou cobrir) a fotografia do morto no momento da morte e o antigo costume, recuperado por Reis,[127] de fechar portas e janelas por cerca de oito dias na intenção de impedir o retorno hostil do morto. Sabemos o que se torna essa relação quando falta, no campo social, a satisfação que se deve aos mortos.

126 Thomas, L.-V. (1985). *Rites de mort: Pour la paix des vivants*, *op. cit.*, p. 177.
127 Reis, J. J. (1999). *A morte é uma festa*. Companhia das Letras.

"Que sempre e em tudo haja reverência." Assim começa o admirável *Livro dos ritos* (cuja escrita original foi transliterada como *Li Chi ou Liji*), atribuído a K'ung-Fu Tzu (551 a.C.-479 a.C.) ou Confúcio, em língua portuguesa. Considerado um dos cinco clássicos dos cânones confucianos, o livro foi lido e muito apreciado por Lacan que o menciona no seminário *O desejo e sua interpretação*, comentado em capítulo mais a frente.

> *Confucius disse, "É pelas Odes que a mente é despertada; pelas Regras de Decoro que o caráter é estabelecido; e da Música que o acabamento é recebido". Em outra ocasião ele disse, "Sem as Regras de Decoro, o respeito torna-se agitação laboriosa; solicitude, timidez; ousadia, insubordinação; e franqueza, grosseria". Estes são dois modos pelos quais Confúcio se expressou acerca do* Li, *As regras de Decoro e Uso Cerimonial reconhecidos em seu tempo.*[128]

Vê-se que o cerimonial na antiga cultura chinesa está muito além de uma manifestação caricata. É por meio de um simbolismo codificado que as emoções, incluindo o pesar, os deveres, o ser político, religioso, moral e social, podem ser expressos e reconhecidos. Conforme expressou Callery[129] na primeira tradução em língua europeia (francês) de uma parte do *Li Chi*:

> *O cerimonial... resume o espírito chinês.... Seus afetos, se houver, são satisfeitos pelo cerimonial; seus deveres, ele os preenche através do cerimonial; virtude e vício, ele*

128 Legge, J. (1885/2008). Introdução. In K'ung-Fu Tsu, *The Li Chi or the book o rites. Part I*. J. Legge (Trad.) (p. 4). Forgotten Books.

129 Citado em Legge, J. (1885/2008). Introdução, *op. cit.*, p.12.

> *os reconhece por meio do cerimonial; em uma palavra, pelo cerimonial se é homem, o homem moral, o homem político, o homem religioso, em suas múltiplas relações com a família, a sociedade, o Estado, a moral e a religião.*

Na antiga sociedade chinesa, hominizava-se pelo protocolo ritual. Era proibido se exprimir fora dessa moldura, e mesmo a dor do luto tinha sua linguagem ou sua "gramática", no dizer de Granet:[130]

> *Quando o paciente fica quieto sobre o golpe que o atinge, quando a sociedade o coloca em quarentena, quando a vida familiar é destruída, mesmo assim ele não pode se entregar a sentimentos íntimos, ele está proibido de ter uma dor que não pode ser expressa com a ajuda única de um simbolismo consagrado. Ele deve usar as palavras que todos usam e as formas fixas de uma linguagem instituída.*

O público acompanha, intervém, tanto quanto vigia o cumprimento estrito das convenções sociais estabelecidas. A encenação da dor familiar é favorecida por um público que a estimula ao mesmo tempo que a regula: as "condolências governam a dor; é pela comunidade e por sua ordem que ela se expressa: deve ser expressa em linguagem convencional que todos entendam".[131] Nessa sociedade total, o indivíduo desaparece em favor do grupo social.

Atualmente, entretanto, em um mundo cada vez mais dominado pelos novos valores mercantis, mesmo as sociedades tradicionais têm sido compelidas a abandonarem suas práticas e valores rituais.

---

130 Granet, M. (1922/2012). Le langage de la douleur d'après le rituel funéraire de la Chine classique, *op. cit.*, p. 10.

131 Ibid., p. 14.

Em 2014, a imprensa[132] noticiou o suicídio de seis idosos chineses motivado, segundo declaração dos familiares, pelo anseio de garantir o direito às exéquias tradicionais de sepultamento. As mortes ocorreram na cidade chinesa de Anqing (província de Anhui), depois da aprovação de uma lei que obriga a cremação. Nos últimos anos, uma campanha nacional de incentivo à cremação tem legitimado a demolição de sepulturas e o confisco dos caixões tradicionalmente guardados em casa em benefício da disputa mercantil do uso dos espaços cemiteriais.

A ação tem ocorrido sem nenhuma consulta ou consideração pelos habitantes locais que devem a ela obedecer, sem protestar. A campanha arrasa uma tradição milenar do culto dos ancestrais, que inclui ritos fúnebres elaborados, o sepultamento e a construção e veneração de túmulos.[133] Na província central de Henan, 400 mil túmulos foram destruídos em 2012, de acordo com a imprensa local.

> *Zheng Shifang, de 83 anos, se matou após as autoridades serrarem seu caixão na frente dela, enquanto a chinesa Wu Zhengde, de 91 anos, se enforcou depois de saber das novas regras, segundo a imprensa. Outros idosos beberam veneno.*
>
> *Em Anqing, os moradores gastam até uma década preparando seus caixões. A notícia da proibição dos*

---

132 "Idosos chineses se matam para não serem cremados". *O Globo*, 28 de maio 2014. https://oglobo.globo.com/mundo/idosos-chineses-se-matam-para-nao-serem-cremados-12631819

133 Sugerimos o documentário do artista e ativista social Ai WeiWei, *Coronation* (2020), que mostra, no auge da pandemia de covid-19 em Wuhan (China), uma cena impactante na qual familiares enfileirados aguardam para receber os restos mortais de algum ente querido morto pelo vírus e que lhes são entregues como se fossem um detrito qualquer. http://www.aiweiwei.com/coronation

> *enterros só foi divulgada em abril, dois meses antes da nova regulamentação entrar em vigor. O governo local disse à imprensa que os suicídios não estavam ligados à proibição do enterro e que as pessoas tinham desistido de seus caixões de forma voluntária.*[134]

Para esses herdeiros de uma cultura milenar de respeito aos ritos mortuários e culto dos ancestrais, a imposição arbitrária de uma nova política ritual destitui, arrasa, avilta o valor dos mortos e, por efeito, o valor e sentido da própria existência. De uma hora para outra, esses idosos foram obrigados a suportar o cancelamento dos valores rituais consagrados imposto por autoridades, que roubaram-lhes o direito e o desejo (que até então lhes cabia) de serem lembrados e reverenciados pelas gerações futuras como ancestrais. Ao apagamento que lhes foi imposto, eles responderam em ato, em a(u)toimolação.

Não podemos deixar de evocar, aqui, o mito de Antígona, filha de Édipo e Jocasta, que se levantou contra os editos de sua cidade pelo direito de assegurar os ritos fúnebres ao irmão Polinice, morto durante a disputa pelo trono com o irmão Etéocles. Creonte, seu tio, herda o trono e confere a Etéocles todas as honras fúnebres, mas deixa o cadáver de Polinice no lugar onde caiu, sem direito ao sepultamento. No *Seminário A ética da psicanálise,* Lacan[135] evoca o destino trágico do irmão de Antígona: "não se trata de se acabar com quem é homem como se faz com um cão. Não se pode acabar com seus restos esquecendo que o registro do ser daquele que pôde ser situado por um nome deve ser preservado pelo ato dos funerais".

---

134 O Globo, 28 de maio de 2014.

135 Lacan, J. (1959-1960/2008d). *O seminário, livro 7: A ética da psicanálise.* A. Quinet (Trad.) (p. 329). Jorge Zahar.

Em vão, Antígona implora pelo direito de enterrar o irmão e, desse modo, assegurar que ele continue sendo "o que ele é", isto é, um sujeito humano apesar de seus atos e acusações.

> *Meu irmão [Polinice], ele é tudo o que quiserdes, o criminoso, ele quis arruinar os muros da pátria, levar seus compatriotas em escravidão, ele conduziu os inimigos para os territórios da Cidade, mas enfim, ele é o que é, e o que está em questão é prestar-lhe as homenagens funerárias.*[136]

Prestar as honras fúnebres para preservar "o valor de seu ser" puramente feito de linguagem, e é só por meio desta que o ser de Polinice pode ser abstraído de tudo aquilo que ele realizou, de bem ou mal:

> *Essa pureza, essa separação do ser de todas as características do drama histórico que ele atravessou, é justamente esse o limite, o* ex nihilo *em torno do qual Antígona se mantém. Nada mais é do que o corte que a própria presença da linguagem instaura na vida do homem.*[137]

Um rito, uma sepultura para assegurar a condição humana de Polinice, livrando-o do ultraje de ter seus restos mortais devorados por cães e pássaros a céu aberto. E, ainda, na ausência dos ritos purificadores, segundo as leis dos deuses, o ultraje o seguiria também no outro mundo onde seu espírito não poderia ser acolhido por Caronte, o severo barqueiro responsável por realizar a passagem dos recém-falecidos para o reino dos mortos. Na célebre jornada

---

136 Ibid., pp. 328-329.

137 Ibid., p. 330.

do herói Eneias,[138] após ter sido derrotado em Troia, o herói chega à região dos mortos onde se depara com o barqueiro do Hades selecionando quem ele atravessaria:

> *Todos se aglomeravam para passar, ansiosos por chegarem à margem oposta [do rio]. O severo barqueiro [Caronte], contudo, somente levava aqueles que escolhia, empurrando os restantes para trás. Espantado com o que via, Eneias perguntou à Sibila:*

– Qual é o motivo dessa discriminação?

> *– Aqueles que são acolhidos a bordo do barco são as almas dos que receberam os devidos ritos fúnebres; os espíritos dos outros, que ficaram insepultos, não podem passar o rio, mas vagueiam cem anos abaixo e acima de sua margem, até que finalmente sejam levados.*[139]

Sem a travessia, os espíritos vagam sem descanso e podem retornar para perturbar os vivos. No mito, Antígona, assim como os idosos chineses, protesta contra essa condenação arbitrária que encerraria seu irmão no pior destino que um homem grego pode enfrentar, que é o completo aniquilamento de sua existência: "Não apenas será esquecido, Polinice não será rememorado, e assim é como se nunca tivesse existido".[140]

---

138 Filho de Afrodite, Eneias é considerado o mais valente guerreiro troiano depois de Heitor.

139 Bulfinch, T. (2000). *O livro de ouro da mitologia (a idade da fábula): Histórias de deuses e heróis*. D. Jardim (Trad.) (p. 318). Ediouro.

140 Dunker, C. (2011). *Estrutura e constituição do sujeito da clínica psicanalítica: Uma arqueologia das práticas de cura, psicoterapia e tratamento, op. cit.*, p. 116.

Para os gregos, o recordar é uma atividade eminentemente humana. Nas regiões do Hades, as águas do rio Letes são oferecidas aos recém-mortos para que esqueçam a vida deixada para trás, assim como sua humanidade. A deslembrança torna-os uma sombra, um reflexo do ser humano que foram um dia: "Nada mais lembra por força do rio, está de fato, morto. Esquecer é morrer".[141]

Recentemente, tem crescido a preocupação por parte dos pais em relação ao destino a ser dado aos corpos dos filhos não nascidos. Eles reivindicam o direito de que seus "anjinhos" tenham sepultura, ou seja, sejam lembrados pela posteridade. Atentos a essa demanda, em janeiro de 2012, as autoridades de Roma inauguraram, no cemitério Laurentino, uma ala dedicada aos bebês não nascidos em decorrência de abortos espontâneos ou terapêuticos, até onde sabemos, o primeiro na história do Ocidente cristão. O "Jardim de los Angeles" visa, segundo informou a imprensa, a atender ao apelo de inúmeras mães, e não interfere na lei do aborto, que permite a interrupção da gravidez antes dos 90 dias: "A ideia do 'Jardim de Los Angeles' é dar uma resposta aos pedidos daqueles que com a sepultura de seu filho tentam restituir o valor desse feto, o qual, de outra maneira, seria considerado um resíduo hospitalar".[142]

Reconhece-se, por este ato, o valor e a importância dos ritos fúnebres e de seus signos. Se eles constituem práticas humanizantes que visam a preservar pelo símbolo o corpo e o nome daquele que faleceu, além de fornecer uma terapêutica de alcance coletivo para aliviar e tratar o pesar, compreende-se porque

---

141 Karnal, L., & Freitas Neto, J. A. (2004). A escrita da memória. In *A escrita da memória: Interpretações e análises documentais* (p. 25). Instituto Cultural Banco Santos.

142 http://g1.globo.com/mundo/noticia/2012/01/cemiterio-para-fetos-e-inaugurado-na-capital-italiana.html. Acesso em: 22 ago. 2013.

> *uma demanda de ritual religioso, e mesmo de "direito ao rito", possa hoje em dia se manifestar por parte de uma população cada vez menos praticante ou mesmo crente. Tal demanda se explica melhor se ainda levarmos em conta o fato que um programa ritual evita ficar "desamparado" diante da morte de um próximo. O rito fornece uma forma convencional de interação com o outro ao delimitar as formas legítimas de expressão da dor, de relação com o defunto, em suma, ele contribui para a definição de papéis diferenciados e socialmente admitidos.*[143]

A reivindicação atual por ritos se conjuga com o anseio por ressocializar a morte e o luto em um contexto atomizado "cada vez menos comprometido com a morte de um dos seus membros",[144] no qual a morte se tornou um problema pessoal, e não mais coletivo. Uma reivindicação que visa a recuperar a função dos ritos de ligar, agregar, fazer laço na dor, favorecendo e promovendo o sentimento de pertencimento a uma comunidade familiar, uma comunidade humana.

Em consonância com essas ideias, Rosa et al.,[145] em artigo sobre as particularidades do atendimento clínico psicanalítico de imigrantes e refugiados, apontaram a necessidade de intervenções que levem em consideração não apenas as especificidades da escuta nesses contextos limítrofes mas também a realização de ações que convoquem e provoquem a participação da comunidade, como o ato público intitulado "Caminhada pela Vida" e promovido por

---

143 Albert, J.-P. (1999). Les rites funéraires. Approches anthropologiques. *Les cahiers de la Faculté de Théologie*, *4*, 145.

144 Ariès, P. (1981). *O homem diante da morte, op. cit.*, p. 668.

145 Rosa, M. D., Berta, S. L., Carignato, T. T., & Alencar, S. (2009). A condição errante do desejo: Os imigrantes, migrantes, refugiados e a prática psicanalítica clínico-política. *Revista Latinoamericana de Psicopatologia Fundamental*, *12*(3), 497-511.

Alencar[146] junto à equipe de um serviço público de saúde mental como modo de engajar, co-mover, mobilizar a comunidade em torno do fenômeno da violência em uma região marcada pela precariedade socioeconômica, número expressivo de homicídio de jovens e desamparo dos enlutados.

> *Estes casos revelam as estratégias que levam em consideração as pré-condições sociopolíticas e subjetivas necessárias para a elaboração do luto, para fazer valer a dimensão do desejo, melhor defesa contra o gozo mortífero. Estas pré-condições podem ser realizadas na clínica estrito-senso ou através de práticas coletivas que permitam a produção de ato que toca dimensões do real, simbólico e imaginário, contornando e significando aquilo que, por vezes, é negado socialmente.*[147]

O ritual enquanto prática coletiva - não importa a via - evita ficar sem recursos diante da morte. Anos antes de escrever *Erótica do luto*, Jean Allouch[148] relatou o desamparo que sentiu na falta de um rito para acompanhar o enterro da filha. Acabou por improvisar um: Ele propôs aos presentes que realizassem um gesto - aparentemente laico, porém profundamente religioso,[149] como ele mesmo veio a admitir mais tarde- que revestisse com um toque de dignidade, delicadeza e reverência aquele momento de dor e de despedida:

---

146 Alencar, S. L. S. (2011). *A vivência do luto em situações de violência urbana e as ações dos Serviços de Saúde Pública* [Tese Doutorado em Psicologia não publicada]. Pontifícia Universidade Católica de São Paulo.

147 Rosa, M. D., Berta, S. L., Carignato, T. T., & Alencar, S. (2009). A condição errante do desejo: os imigrantes, migrantes, refugiados e a prática psicanalítica clínico-política, *op. cit.*, p. 508.

148 Allouch, J. (2004). *Erótica do luto: No tempo da morte seca*. P. Abreu (Trad.). Companhia de Freud.

149 Cf.: "Tu és pó e ao pó da terra retornarás" (Gênesis 3:19).

> *Como não somos filiados a uma religião, encontramo-nos, para essa cerimônia, quase completamente privados de ritual. Aqueles que assim o desejarem, joguem um punhado de terra sobre o caixão de Helène. Estaremos, assim, marcando que deixamos aqui algo de nós mesmos. Diremos também, por esse gesto, o luto que guardamos.*[150]

Poderia esse gesto ser tomado como uma espécie de rito fúnebre individual? O exercício de um direito ao cerimonial aquém e além de qualquer credo ou instituição religiosa? Se hoje o luto é vivido solitariamente, sem contar com o suporte dos ritos e do público que o acompanhava, sobra cada vez mais para o sujeito enlutado a tarefa de encontrar ou inventar um modo particular de ritualizar o pesar e, simultaneamente, fazer valer o direito à memória e à rememoração (logo, comemoração), no coletivo, dos mortos: "E como poderia ser de outro modo desde o momento em que já não existe nenhum ritual de luto? Que outra possibilidade lhes resta, senão inventar cada um uma maneira de luto?".[151]

5. Reconfigurações dos ritos no contemporâneo

Nas últimas décadas do século XX, os estudos sociológicos passaram a debater o ressurgimento da religião na vida social, questionando o movimento de laicização que caracterizou esse período. Segundo Helena Vilaça,[152] estudiosa do tema, fala-se de um "retorno ao sagrado" e até de "revanche do sagrado" para se tratar de fenômenos

---

150 Allouch, J. (1995/2004). *Erótica do luto: No tempo da morte seca*, *op. cit.*, p. 379.

151 Ibid., p. 20.

152 Vilaça, H. (2007). Recomposição dos rituais contemporâneos: A peregrinação. *Sociologia*: Revista da Faculdade de Letras da Universidade do Porto, *17*, 55-68. https://ojs.letras.up.pt/index.php/Sociologia/article/view/2344

emergentes da ritualidade religiosa contemporânea, como as peregrinações empreendidas dentro de um roteiro turístico, vinculadas ou desvinculadas de uma instituição religiosa – nesse quadro, aparecem desde as peregrinações individuais pelo caminho de Santiago até o turismo religioso (nacional e internacional) realizado por grupos em visitação a Jerusalém e aos santuários marianos de Aparecida, Fátima, Lourdes etc.[153]

Se o ressurgimento de uma religiosidade de tom mais popular é uma reação à sua deslegitimação por força do discurso da ciência, percebe-se, na atualidade, a coexistência da secularização e da sacralização. Para a autora, a atual recomposição religiosa no mundo ocidental apresenta um duplo movimento no qual a revitalização e fortalecimento de algumas religiões tradicionais (incluindo, aí, o crescimento da adesão, principalmente pelos jovens, às práticas religiosas de raiz mais fundamentalista) ocorre simultaneamente à busca por uma vivência religiosa de sentido mais espiritualista, isto é, individual e privativa, desvinculada das instituições religiosas oficiais.

Nesse contexto contraditório, conforme Hervieu-Léger,[154] o universo religioso, longe de estar ameaçado de extinção, simplesmente se movimenta, reconfigura-se, combinando a memória religiosa herdada, a racionalidade e os novos mitos. Do mesmo modo, os ritos religiosos continuam a se inscrever, também de um modo exterior ao controle das instituições religiosas; assim, eles acabam incorporando outros elementos da vida social e assumindo uma especificidade própria, como podemos inferir do gesto aparentemente laico de Allouch no funeral da filha ou, ainda, na marcha política, exposta por Alencar.

---

153 Ibid.

154 Hervieu-Léger, D. (1999). *Le pèlerin et le converti: La religion en mouvement.* Flammarion.

Observamos, assim, o surgimento de ritos reconfigurados a partir de elementos diversos que já circulam na sociedade e que, desse modo, evidenciam seus valores, crenças e ideias, na via proposta por Tambiah para quem os ritos, apesar de sua aparente estereotipia e redundância, são fenômenos sociais maleáveis, logo permeáveis à reinvenção: "mudanças e transformações não são inimigas do ritual, mas uma potencialidade desse fenômeno tão familiar aos antropólogos".[155]

Desde que a religiosidade ou compreensão do sagrado tornou-se um assunto pessoal, ressalta Vilaça,[156] os elementos religiosos oficiais deixaram de ser os referentes únicos do sagrado, e as pessoas, então, mais livres em suas crenças, passaram a combinar as práticas e mitos herdados do universo sagrado oficial com aqueles de raízes mágico-popular-profana, como se cada sujeito "bricolasse" sua crença e suas práticas na busca de produzir singularidade nas escolhas.

Lévi-Strauss[157] introduziu a ideia de *bricolage* para tratar da composição heteróclita do pensamento mítico:

> *Subsiste entre nós uma forma de atividade que, no plano técnico, permite conceber perfeitamente aquilo que, no plano da especulação, pôde ser uma ciência que preferimos chamar de "primeira" que de primitiva: é aquela comumente designada pelo termo* bricolage. *... E, em nossos dias, o* bricoleur[158] *é aquele que trabalha com*

155 Peirano, M. G. S. (2003). *Rituais ontem e hoje*, *op. cit*, p. 50.

156 Vilaça, H. (2007). Recomposição dos rituais contemporâneos: A peregrinação, *op. cit.*

157 Lévi-Strauss, C. (1962/2012c). *O pensamento selvagem*, *op. cit.*, p. 33.

158 Segundo nota dos tradutores (Almir de Oliveira Aguiar e M. Celeste da Costa e Souza) da 1ª edição em português do *Pensamento selvagem*, o *bricoleur* "é o que executa um trabalho usando os meios e expedientes que denunciam

> *suas mãos, utilizando meios indiretos se comparados com os do artista. Ora, a característica do pensamento mítico é a expressão auxiliada por um repertório cuja composição é heteróclita e que, mesmo sendo extenso permanece limitado; entretanto, é necessário que o utilize, qualquer que seja a tarefa proposta, pois nada mais tem à mão. Ele se apresenta assim como uma espécie de* bricolage *intelectual, o que explica as relações que se observam entre ambos.*

O pensamento mítico tem em comum com a bricolagem a capacidade de produzir "resultados brilhantes e imprevistos", uma vez que "a regra do jogo é sempre arranjar-se com os 'meios-limites', isto é, um conjunto finito de utensílios e de materiais bastante heteróclitos".[159] Em inglês, o termo equivalente para bricolagem é "do-it-yourself" (DIY, ou "faça-você-mesmo", em português), que se tornou, atualmente, uma espécie de estilo de vida aplicado aos utensílios, roupas, móveis, decoração, cuidado do corpo etc. Na internet, não faltam vídeos com a intenção de ensinar a fazer ou desfazer quase qualquer coisa.

Estendida aos ritos, a ideia de bricolagem permite vinculá-los a reconfigurações criativas. Dentre estas, evocamos aqui a marcha dramática das *Madres y Abuelas de Plaza de Mayo*,[160] analisada por

---

a ausência de um plano preconcebido e se afastam dos processos e normas adotadas pela técnica. Caracteriza-o especialmente o fato de operar com materiais fragmentários já elaborados, ao contrário, por exemplo, do engenheiro que, para dar execução ao seu trabalho, necessita da matéria-prima" (em Lévi-Strauss, 1962/2012c, p. 33).

159 Lévi-Strauss, C. (1962/2012c). *O pensamento selvagem*, *op. cit.*, p. 34.

160 Segundo o site oficial: "Abuelas de Plaza de Mayo es una organización no gubernamental creada en 1977 cuyo objetivo es localizar y restituir a sus

Sandra Berta.[161] Ocorrida durante a Ditadura Militar na Argentina, período durante o qual 30 mil pessoas desapareceram, a marcha em torno da praça pública em frente à Casa Rosada foi o modo que essas mãe e avós, unidas na desolação e no desamparo, encontraram para reivindicar o direito ao rito. Os militares chamaram de loucura a coragem dessas mulheres batizadas de "Loucas da Plaza de Mayo". Para manifestarem publicamente seu pesar, indignação e anseio por notícias sobre o paradeiro dos filhos e netos, elas passaram a se encontrar na praça pública. Proibidas de se reunir, passaram a marchar, como se fosse uma procissão religiosa, mas silenciosa; para se identificarem e sinalizarem a dor e o luto, portavam um lenço branco na cabeça (as fraldas que guardavam dos desaparecidos); e, impedidas de vociferar coletivamente contra aquela barbárie, passaram a exibir as fotografias dos filhos e netos coladas em cartazes amarrados em seus corpos. Ao modo de um rito reconfigurado, esse ato contestatório coletivo de força inesperada chamou a atenção do mundo e pressionou o regime ditatorial, produzindo mudanças.

Vê-se o quanto a conjuntura histórica, política e social favorece à reapropriação e reconfiguração de cerimoniais tradicionais. Ocasião em que seus atores, no uso de materiais disponíveis, colocam algo de si nesses rituais, realizando, assim, atualizações à tradição e permutas entre gerações.

Nas vias públicas e nos espaços virtuais, há algum tempo assistimos à emergência de modos não convencionais de honrar

---

legítimas familias todos los niños desaparecidos por la última dictadura argentina". https://www.abuelas.org.ar/abuelas/historia-9

161 Berta, S. L. (2007). *O exílio: Vicissitudes do luto. Reflexões sobre o exílio político dos argentinos (1976-1983)* [Dissertação de Mestrado em Psicologia Clínica não publicada]. Universidade de São Paulo.

a memória dos mortos. Uma verdadeira "memorial mania" caracterizada por tributos desvinculados do lugar onde repousa o cadáver, observou Cann.[162]

No Brasil, tem sido recorrente a prestação de tributos espontâneos em locais onde mortes trágicas aconteceram. Em geral, deposita-se flores, cruzes, velas, fotografias, cartas, cartões e orações, como vimos ocorrer após a tragédia na boate Kiss, em Santa Maria (RS); no aeroporto de Congonhas (SP), em homenagem às vítimas do voo TAM JJ3054; em Brumadinho (MG), apenas para lembrar alguns. Além desses, símbolos como cruzes e flores têm sido dispostos nas areias das praias, praças e outros lugares públicos tanto para homenagear vítimas (de massacres, epidemias e outras tragédias) quanto para expressar indignação em manifesto social contestatório.

Outro exemplo emblemático é a *ghost bike*[163] (bicicleta fantasma) em homenagem aos ciclistas mortos por um veículo motorizado. Em geral, o memorial é composto por uma bicicleta velha pintada de branco e fixada próxima ao local do acidente, e uma placa que funciona como lápide para inscrever o nome do ciclista e a data do acidente. Na avenida Paulista, em São Paulo, encontramos duas bicicletas fantasmas cujas lápides preservam, no espaço público, a memória da ciclista Márcia Prado, atropelada por um ônibus em 14 de janeiro de 2009, e de Juliana Ingrid Dias, morta no dia 2 de março de 2012 quando se dirigia para o trabalho. Ambas resistem quase desapercebidas no meio fio, entre a calçada e a avenida, por onde circulam diariamente centenas de carros e pessoas.

---

162 Cann, C. K. (2014). *Virtual afterlives: Grieving the dead in the twenty-first century*. The University Press of Kentucky.

163 http://pt.wikipedia.org/wiki/Bicicleta_fantasma

Figura 2.1. Memorial de Marcia Regina de Andrade Prado.[164]

Figura 2.2. Memorial de Juliana Ingrid Dias.[165]

164 Arquivo pessoal da autora.

165 Arquivo pessoal da autora.

Pouco frequentes em nosso meio, os tributos em forma de decalque circulam no espaço urbano colados em carros, assim como as camisetas-memorial que atualizam o antigo "santinho" distribuído em velórios. Há ainda as tatuagens *in memoriam* que analisaremos, em detalhes, no capítulo final.

As homenagens no mundo virtual têm se firmado como a mais recente tendência em termos de novas modalidades de expressão de luto social. Encontramos desde vídeos caseiros criados – postados e compartilhados por familiares em redes sociais e espaços abertos, como o YouTube – até perfis batizados de "*dead profiles*" (perfil da pessoa morta), criados e mantidos por parentes ou amigos em redes sociais para preservar a memória do morto. Em uma reportagem do jornal *O Globo*[166] sobre o luto na web, uma mãe que havia perdido o filho adolescente em um acidente declarou que a criação de um perfil digital muito lhe ajudou no luto. O perfil foi criado para compartilhar informações sobre o filho quando este ainda estava hospitalizado. A ferramenta possibilitou que familiares e amigos pudessem acompanhar diariamente a situação e, além disso, enviar manifestações de apoio. Segundo informou, após a morte do filho, navegar na web era uma das poucas coisas que conseguia fazer, pois não sentia vontade de conversar com outras pessoas. Decidiu por manter ativa a conta, pois, por meio dela, acabou criando uma rede de consolo e solidariedade entre pais que passaram por situações similares.

As contas de perfil com função memorial no Facebook – o *Facebook after death* – são um fenômeno mundial com milhares de acessos todos os meses.[167] Há os perfis criados para este fim, como no

166 "Luto na web: redes sociais mudam relação das famílias com a morte". *O Globo*, 20 jul. 2014. http://oglobo.globo.com/sociedade/tecnologia/luto-na-web-redes-sociais-mudam-relacao-das-familias-com-morte-13315670#ixzz3837dekA8

167 Segundo os cálculos do Facebook, mais de 30 milhões de pessoas visualizam perfis de memorial todos os meses. Ver: https://www.techtudo.com.br/

caso descrito anteriormente, e os perfis deixados quando se morre, que podem ser registrados como memorial pelos chamados "contatos herdeiros" e continuar sendo alimentados com informações, fotos, tributos. As pessoas que querem relembrar os familiares e os amigos que faleceram podem visitar a conta como se visitassem o túmulo, registrar homenagens e interagir com outros visitantes. No Brasil, fundou-se a comunidade "Profiles de gente morta" no Facebook,[168] que reúne, até o momento, mais de 90 mil interessados e cuja iniciativa tem, por finalidade, (descrita na página) "compartilhar perfis, fotos, documentários, curiosidades, entre outros de pessoas falecidas".

Se os antigos cemitérios com seus monumentos pétreos tão imponentes quanto custosos tendem, aos poucos, a desaparecer da paisagem urbana, eles têm sido mundialmente reavivados e deslocados para o mundo da internet. Crescem, inclusive em nosso meio, as ofertas dos chamados "cemitérios virtuais" (*virtual cemeteries*), sendo o mais antigo o World Wide Cemetery, fundado nos Estados Unidos em 1995.[169] A maioria se propõe – embora sem garantias, assim como qualquer website – a ser um espaço permanente de memória que pode ser facilmente visitado, ou melhor, acessado por familiares e amigos de qualquer lugar do

---

noticias/2019/04/contas-de-memorial-no-facebook-ganham-secao-de-tributo-e-novas-funcoes.ghtml

168 Ver: https://pt-br.facebook.com/ProfilesDeGenteMorta. Dada a polêmica gerada pela página, em entrevista, o fundador explicou que a sua intenção não era de forma alguma explorar a dor alheia: "o objetivo principal é que ela funcione como uma espécie de memorial aos falecidos com perfis na rede, uma homenagem e um registro virtual. Entendo os julgamentos. Não é algo comum, gera interpretações incorretas. Mas a página trata de algo natural, que faz parte da vida". http://oglobo.globo.com/sociedade/tecnologia/luto-na-web-redes-sociais-mudam-relacao-das-familias-com-morte-13315670#ixzz3837dekA8.

169 https://cemetery.org.

mundo, com a possibilidade de atualização de informações, fotos, epitáfios e eulogias a qualquer momento.

No Brasil, criou-se o memorial virtual nomeado "Inumeráveis", em homenagem às vítimas da covid-19. Segundo consta, o memorial é uma iniciativa do artista Edson Pavoni em parceria com colegas e voluntários e que visa ser uma "celebração de cada vida que existiu e que existe, e de como podemos entrelaçá-las para construir memória, afeto, respeito e futuro". O espaço retira da invisibilidade as milhares de vítimas da pandemia, pois "*não há quem goste de ser número, gente merece existir em prosa*"[170].

Observa-se o surgimento de um novo modo de relação com os mortos, que tem por característica marcante a desvinculação do lugar onde repousa o cadáver. Essa desvinculação se associa, entre outras coisas, com a dessacralização do corpo e da morte, especificamente com o declínio da crença Paulina[171] acerca do pecado do corpo e da certeza da vida no Além. Não há mais tanta preocupação em se preservar a tradição da inumação do corpo na esperança da ressurreição nem no culto dos mortos com suas grandes peregrinações aos túmulos, a não ser no Dia de Finados que ainda persiste especialmente entre as gerações mais velhas. Hoje, cada vez mais, o cemitério deixa de ser a referência de lugar da lembrança e da devoção aos mortos.

Se a busca por ritos e seus signos resiste ainda, é, certamente, por conta da necessidade humana de dar tratamento à dor suscitada pela perda e preservar, no âmbito coletivo, a memória honorífica dos mortos. Hoje, essa busca assume um caráter mais privativo, por

---

170 https://inumeraveis.com.br/

171 "Os que vivem segundo a carne gostam do que é carnal; mas os que vivem segundo o espírito apreciam as coisas do espírito. Ora, a aspiração da carne é a morte, enquanto que a aspiração do espírito é a vida e a paz". São Paulo na carta aos Romanos (8: 5-8).

conseguinte, tem o pendor de reconfigurar-se, assumindo formas heteróclitas ao combinar elementos oriundos das crenças sagradas herdadas, das raízes mágico-popular-profanas, dos conjuntos de utensílios e materiais disponíveis, dos novos referentes totêmicos e das marcas e preferências singulares da história de cada um.

3. “Essas coisas têm de subsistir de alguma forma”: modos de se resistir à transitoriedade

No, no, go not to Lethe . . .

John Keats, *Ode on melancholy*

Eu sou a sêma da filha de Nadys, o filho de Kares.
Tu que passas, detém-te e chora.

Epitáfio grego dedicado a Parthenia, século V a.C.

Nossa mente é porosa para o esquecimento;
eu mesmo estou falseando e
perdendo, sob a trágica erosão dos
anos, os traços de Beatriz.

Jorge Luis Borges, *O aleph*

Na Grécia Antiga, morrer assim como envelhecer significavam ressecamento. Enquanto vivos somos plenos de seiva úmida e flexível, principalmente quando jovens, já a morte seria a dessecação. No mito da Górgona, seu olhar fulminante, olhar da morte, transforma os seres em pedra rígida, seca e fria. Se os mortos eram os ressecados, um modo de irrigá-los seria oferecer-lhes a água da lembrança e do pensamento, conforme expressou poeticamente Vernant:[1] "De resto, as *psychái*[2] dos mortos são sedentas. Somente saciando-as com os diversos licores da vida, é possível atraí-las até a luz, restituindo-lhes por um momento, com a lembrança e o pensamento, um vago reflexo de sua antiga vitalidade".

A memoração dos mortos e sua perenidade têm uma dimensão religiosa e profana, a *pietas* (piedade) e a fama, respectivamente. Na Idade Média, a *pietas* pela alma dos falecidos movimentava o culto dos mortos lembrados constantemente nos ritos cristãos ("Lembrai-vos também dos nossos irmãos e irmãs que morreram na . . ."). Já a fama era a glória alcançada em vida, por alguns poucos, graças à realização de algo incomum que possibilitará que seu nome seja rememorado pela posteridade.[3] Logo, a fama como forma de autoeternização é para poucos. Para a maioria, a lembrança da existência é mais humilde e se restringe aos próximos.

Se a lembrança é a seiva que alimenta os mortos, o temor do esquecimento – a verdadeira morte – aparece com frequência na fala dos sujeitos de luto. No atendimento clínico, surpreende o receio recorrente de que o trabalho do luto possa implicar apagamento da lembrança da pessoa perdida. Foi assim que uma mãe, devastada pela perda recente do filho, lançou a advertência: "não importa o que você vai dizer, não vai conseguir me fazer esquecê-lo".

Trata-se de um brado mais que ilustrativo da crença de que elaborar o luto significaria beber nas águas do Letes e apagar inexoravelmente as impressões afetivas e os traços de memória deixados em

---

1 Vernant, J.-P. (1990). *Mito e pensamento entre os gregos*. H. Sarian (Trad.) (p. 394). Paz e Terra.

2 Forma plural de *psyché* [alma].

3 Assmann, A. (2011). *Espaços da recordação: Formas e transformações da memória cultural*. Paulo Soethe (Trad.). Editora Unicamp.

nós pelos amados perdidos. Ou, de outro modo, nessa perspectiva, o fim do luto equivaleria ao total esquecimento, a matar o morto uma segunda vez, sem que dele sobrasse mais nada, como se isso fosse de algum modo possível. O luto entendido dessa forma se encontra, de partida, como um trabalho estragado, comprometido.

Entretanto, se escutada em contrassentido, a fala dessa mãe nos endereça não uma censura, mas um apelo: "Por favor, não me deixe esquecê-lo". De algum modo, ela intui que, para além da nossa vontade expressa, nossa "mente é porosa para o esquecimento" como escreveu Borges[4] a respeito da amada Beatriz. O temor do esquecimento é um ponto sensível no luto e, sem dúvida, uma questão perturbadora em relação à morte: o aniquilamento total que aguarda todos quando não houver mais ninguém que se lembre de nós e nenhum traço que lembre a nossa existência; esta, sim, é a verdadeira morte.

Roland Barthes, quando perdeu a mãe, manifestou as mesmas preocupações, recusando a ideia de ter um "monumento" só para si. Em 21 de agosto de 1978, ele anotou:

> *Por que teria eu vontade da mais pequena posteridade, do mais pequeno rastro, se os seres que mais amei, que mais amo, não a terão depois de eu ou alguns sobreviventes termos passado? Que me importa durar para além de mim próprio, no desconhecido frio e mentiroso da História, uma vez que a recordação da* mam, *não durará mais do que eu e dos que a conheceram e hão-de-morrer por sua vez? Não quero um "monumento" só para mim.*[5]

---

4 Borges, J.L. (1943/1998). O aleph. In *Obras completas*. Flávio José Cardozo (Trad.) (v. 1, p. 96). Globo.

5 Barthes, R. (2009). *Diário de luto*. M. S. Pereira (Trad.) (p. 204). Edições 70, grifo do autor.

O lamento de Barthes ressoa a aflição humana diante da ameaça do completo esquecimento-desaparecimento e o anseio, desde tempos imemoriais, de se preservar a memória honorífica dos mortos para além das lembranças daqueles que o conheceram, daí a necessidade de fabricar ritos, homenagens, monumentos e inscrições tumulares. Esse anseio se enlaça com as nossas inquietações quanto à destinação dos falecidos: Para onde vão os mortos? Qual destino dar-lhes? Como se despedir e seguir a vida, sem relegá-los ao esquecimento? O que fazer para preservá-los na nossa memória e na da posteridade?

1. A procriação e a glória, ou o nome e o renome

Em *A transitoriedade*, Freud[6] descreve um passeio ocorrido um pouco antes da Primeira Guerra, na companhia de um amigo silencioso e um jovem poeta famoso. Trava-se um debate filosófico sobre o tema da impermanência da vida. Embora admirasse a natureza exuberante do local, o poeta não conseguia se alegrar, perturbado como estava com o pensamento de que todo aquele encanto desapareceria no inverno do mesmo modo que toda a "beleza humana e tudo de belo e nobre que os homens criaram ou poderiam criar".[7]

Já o amigo taciturno manifestava seu protesto ante a fragilidade do belo e do perfeito: "Não é possível que todas essas maravilhas da natureza e da arte, do nosso mundo de sentimentos e do mundo lá fora, venham realmente a se desfazer em nada. Essas coisas têm de poder subsistir de alguma forma, subtraídas às influências destruidoras".[8] Freud serviu-se do debate para ilustrar duas respostas possíveis à constatação da transitoriedade, que é, afinal, um destino

6 Freud, S. (1916/2010a). A transitoriedade. In *Obras completas*. P. C. Souza (Trad.) (v. 12). Companhia das Letras.

7 Ibid., p. 248.

8 Ibid.

universal: de um lado, uma dolorosa prostração e, de outro, a revolta contra o fato consumado.

Há outras respostas, mais interessantes na perspectiva civilizatória e da espécie: a glória e a procriação, dois modos de se prolongar a existência e se consolar da finitude. Arranjos há muito descritos por Platão[9] no famoso diálogo no qual a sacerdotisa Diotima instrui Sócrates sobre a ambição humana de imortalidade:

> *Se refletires sobre a ambição dos homens, ficarás surpreendido . . . até que ponto eles se deixam dominar pelo desejo de ser ilustres e adquirir renome que pelo futuro adiante os conserve imortais; a menos que saibas que por este motivo, mais ainda que pelo amor dos filhos, é que arrostam todos os perigos, sacrificam todas as riquezas, suportam todos os males, expõem-se, enfim, à própria morte. . . . Acredito que todos os homens praticam grandes feitos para deixar depois de si fama e glória.*
>
> *Os fecundos de corpo dão-se de preferência às mulheres, amam-nas para delas ter filhos, esperando deste modo alcançar a imortalidade, a perpetuidade do nome, a felicidade. Os que são fecundos de espírito – porque os há que são mais prolíficos de alma que de corpo – esses geram as coisas que dizem respeito ao espírito. Que é, então, que o espírito produz? A sabedoria e as outras virtudes da alma criadas pelos poetas e demais artistas reputados de gênio inventivo.*[10]

9 Platão. (c.380a.C./2010). O banquete. In *Apologia de Sócrates, Banquete e Fedro*. E. Bini & A. Pinheiro (Trad.) (pp. 29-66). Folha de São Paulo.

10 Ibid., pp. 56-57.

Diotima contrapõe aqueles cujos feitos podem ser eternizados em belas epopeias ou pela criação de obras de arte – como os heróis e os artistas – àqueles outros que devem se contentar em ser recordados, de modo breve, graças à lembrança de sua descendência mais direta.

Na poesia épica grega, a palavra "*kléos*" é usada para designar o prestígio público, a glória dos indivíduos que realizaram feitos notáveis. Enquanto "*génesis*" é usada para designar a procriação. Assim, lemos em um trecho da *Teogonia* de Hesíodo, citado por Gregory Nagy,[11] especialista em literatura grega clássica:

> *Hail, children of Zeus! Grant an entrancing song.*
>
> *Make into* kléos *the sacred* génos *[génesis] of the immortals, who always are.*[12]

Se "a morte é uma grande democrata, reservando a todos o mesmo destino, a fama . . . é uma grande selecionadora e filtradora, eternizando os nomes de alguns e deixando decair os de outros", lembra Assmann.[13] Para a maioria, no Ocidente cristão, o modo possível de ser lembrado pela posteridade se dava por meio dos ritos e signos religiosos da própria comunidade:

> *O culto cristão dos mortos manteve o seu direito justamente aonde não chegava a fama. Não se exigia nenhuma*

---

11 Nagy, G. (1999). *The best of the Achaeans: Concepts of the hero in archaic Greek poetry* (p. 96). The John Hopkins University Press, grifo do autor.

12 Em tradução livre: "Ânimo, filhos de Zeus. Reverenciem com uma canção arrebatadora. Transformem em glória [*kléos*] a geração [*génesis*] sagrada dos imortais, que sempre são".

13 Assmann, A. (2011). *Espaços da recordação: Formas e transformações da memória cultural, op. cit.*, p. 64.

> *musa literária para os "anais curtos e simples dos pobres"; nomes, datas e epitáfios devotos já lhes suprem o impulso de autoeternização na Terra.*

Para uns, uma imortalidade potencial via fama; para outros, uma imortalidade via transmissão das células germinativas. Em um caso, o renome; em outro, o (sobre)nome. Há ainda aqueles que são bem-sucedidos em condensar *kléos* e *génesis*, como o herói grego Ulisses (ou Odisseu), rei de Ítaca, evocado pelo helenista Jesper Svenbro.[14] As façanhas de Ulisses alcançaram a glória imperecível (*kléos aphthiton*) ao serem celebradas nos cantos homéricos e, ao mesmo tempo, Ulisses é o pai de um filho cujo nome próprio se constitui em uma verdadeira homenagem a ele: *Têle-makhos*, que significa "aquele que combate ao longe", "em Troia" e "com o arco", simultaneamente.[15] Ora, Telêmaco, ao nascer, não combateu nada nem é ainda um arqueiro; ele cresceu enquanto seu pai, um grande arqueiro, combatia ao longe, na guerra de Troia. Seu nome é uma condensação dos feitos do pai, e se espera que se identifique com ele. Durante a ausência de Ulisses, Telêmaco operaria como um significante convocado para substituir o pai, pois sua presença serviria para lembrar a existência do rei e conter os ímpetos dos pretendentes à sucessão.

Em conformidade com a onomástica grega, o filho de Telêmaco, por sua vez, tem um nome que também rememora e celebra as façanhas de Ulisses, chamando-se *Perse-polis*, nome próprio que significa "destruidor de cidades" (*polis*: "cidade"; e *perthein*: "destruir"). Assim como seu pai, Persépolis recebe seu nome antes de ter realizado qualquer coisa. Seu nome é igualmente um significante que

---

14 Svenbro, J. (1999). A criança, a palmeira e as letras fenícias. In *Revista Littoral: Luto de criança*. D. D. Estrada (Trad.) (pp. 7-19). Companhia de Freud.

15 Ibid., p. 9.

tem a função tanto de inscrevê-lo na linhagem paterna quanto de louvar os grandes feitos do avô. A criança se torna, assim, segundo o autor, um memorial que celebra, derrama *kléos* sobre algum ancestral todas as vezes que anuncia seu nome ou é por ele chamada. O ancestral é celebrado não somente pelo monumento sepulcral mas pela descendência.

O sujeito, lembra Lacan,[16] é "servo da linguagem, o é ainda mais de um discurso em cujo movimento universal seu lugar já está inscrito em seu nascimento, nem que seja sob a forma de seu nome". O nome impregna nosso corpo como tatuagem, e provavelmente por essa razão os pais gregos faziam dos nomes dos filhos significantes dos grandes feitos da linhagem que eles vestiriam "como se fossem a própria pele".[17]

O homem comum, aquele que não alcançou a glória a ser imortalizada pelos poetas,[18] contará apenas com a capacidade procriativa para ser lembrado, uma lembrança reduzida aos descendentes mais próximos. Seus filhos serão portadores da memória de sua existência, dos genes que os tornam semelhantes, e ainda do patronímico que receberam: "Não te admires", segue Diotima, "pois, de que todos os viventes se afeiçoem de tal maneira aos seus rebentos. É da ânsia da imortalidade que lhes advém, a cada um, toda aquela solicitude e amor".[19]

Se o filho encarna o significante da ânsia de imortalidade dos pais – trata-se do significante fálico, portanto –, sua morte precoce é

16 Lacan, J. (1957/1998a). A instância da letra no inconsciente ou a razão desde de Freud. In *Escritos* (p. 498). Jorge Zahar.

17 Freud, S. (1900/2019). A interpretação dos sonhos. In *Obras completas*. P. C. Souza (Trad.) (v. 4, p. 211). Companhia das Letras.

18 No Brasil, os eleitos da Academia Brasileira de Letras são chamados de "os imortais".

19 Platão. (c.380a.C./2010). O banquete, *op. cit.*, p. 56.

um grande ataque ao narcisismo destes, conforme expressou Freud[20] em carta ao amigo Oskar Pfister por ocasião da morte de Sophie: "A perda de um filho parece um grande trauma narcisista: qualquer que seja a tristeza que haja, certamente virá depois".

Não muito tempo após a perda da filha, os Freuds foram atingidos pela morte do pequeno Heinele, o filho caçula de Sophie. A perda dessa criança querida, no tenso período entre guerras, deixou Freud inconsolável, atualizando o luto por Sophie:

> *Ele [*o neto*] significava o futuro para mim e assim levou o futuro consigo . . . todos os meus filhos e os outros netos, e desde então, desde a morte de Heinele, não me interesso mais por meus netos, e também não tenho mais prazer na vida. Este também é o segredo de minha indiferença – as pessoas chamam de coragem – em relação ao perigo para a minha própria vida [*Freud referia-se ao diagnóstico de câncer recebido por essa época*].*[21]

Ora, se o filho realiza idealmente a "imortalidade do Eu",[22] sua morte leva consigo um futuro a ser cumprido, as grandes esperanças as quais estava destinado. Um golpe ainda mais duro se ele parte sem deixar feitos e nem descendentes. Essa morte priva seus pais da continuidade da linhagem, uma ameaça direta ao (sobre)nome. Quem agora se lembrará dos pais e carregará o patronímico familiar? Quem agora irá transmitir os genes às gerações futuras? O que farão os pais da ânsia de imortalidade agora esvanecida?

---

20 Como citado em Gay, P. (1989). *Freud: Uma vida para o nosso tempo*. D. Bottman (Trad.) (p. 360). Companhia das Letras.

21 Ibid., p. 386.

22 Freud, S. (1914/2010e). Introdução ao narcisismo. In *Obras completas*. P. C. Souza (Trad.) (v. 12, p. 37). Companhia das Letras.

Os antigos gregos abastados buscavam consolo nos imponentes monumentos que erguiam tanto para homenagear seus filhos mortos quanto para por meio deles se fazer lembrar. Eles eram acompanhados de epitáfios em forma de epigramas[23] encomendados a artistas da época especializados nesta forma poética. As epigramas assim como os haicais da arte poética japonesa se caracterizam pela brevidade e corte impactante. Na Grécia Antiga, os epitáfios inicialmente estavam destinados a ocupar pequenos espaços, de modo que os poetas tinham de ser brilhantes na "compressão do sentido, da alusão, da trama e do personagem" para capturar o interesse dos leitores, em geral, estrangeiros que se sentiam atraídos pelo brilhantismo dos pequenos poemas como se fossem joias preciosas.[24]

Ao contrário da poesia épica dirigida à leitura pública eloquente, os pequenos poemas se destinavam à leitura íntima por estranhos, viajantes que passavam "diante de uma tumba solitária e leriam na pedra tumular (ou contado por ela, pois algumas pedras 'falam') o esboço mínimo da vida de uma pessoa"[25] e, eventualmente, poderiam passar adiante o que encontraram.

Abaixo alguns desses preciosos poemas dedicados à memória dos filhos, em tradução livre:

> *Aqui Phillip, um pai, depositou sua grande esperança:*
> *um filho de 12 anos, Nicoteles.*
>
> [Epitáfio do período helenístico *(323-100 a.C.)]*[26]

23 Epigrama: literalmente "inscrição": "Um epitáfio, a forma mais antiga de epigrama, é uma inscrição 'em uma tumba' (*epi-* e *taphos*)". Wolfe, M. (2013). Cut these words into *my stone – Ancient Greek epitaphs*. (p. 13). The John Hopkins University Press.

24 Ibid., p. 13.

25 Ibid., p. 14.

26 Ibid., p. 78.

Archianax de três anos, brincando perto de um poço,
foi atraído por seu próprio reflexo silencioso.
Sua mãe, com medo de que ele não tivesse mais fôlego,
Puxo-o de volta, todo molhado. Ele tinha um pouco.
Ele não maculou o lar profundo da ninfa.
E cochilou em seu colo. Ele ainda se encontra por lá dormindo.

*[*Epitáfio do período helenístico, Era de Alexandre *(323-100 a.C.)]*[27]

Muito pequena morri e não cheguei à flor da juventude; mas cheguei antes ao Aqueronte, o rio de inumeráveis lágrimas. Aqui, seu pai, Kleodamos, filho de Hiperanor, me erigiu, junto com sua mãe Korona, à filha Tessália.

*[*Epitáfio do início do século V a.C.*]*[28]

A Demótimo, sua própria mãe Anfidama fez erigir este túmulo, pois em sua casa não nasceram crianças. E o tripé que ele ganhou na corrida a pé em Tebas . . .

*[*Epitáfio do século VI a.C. encontrado em Trezena*]*[29]

Eu sou a sêma da filha de Nadys, o filho de Kares. Tu que passas, detém-te e chora por mim. Sou a lápide e o túmulo de sua filha [Partheneia] que, perdendo a flor da juventude, morreu filha única (monogenês) de seu pai . . .

*[*Epitáfio grego do século V a.C. encontrado em Sinope, Paflagônia*]*[30]

---

27 Ibid., p. 65.

28 Svenbro, J. (1999). A criança, a palmeira e as letras fenícias, *op. cit.*, p. 19.

29 Svenbro, J. (1993). *Phrasikleia: An anthropology of reading in ancient Greek*. J. Lloyd (Trad.) (p. 40). Cornell University Press.

30 Ibid., p. 37.

Sabemos que uma homenagem, por mais sublime que seja, jamais poderá indenizar a dor da perda de um filho, a recorrência ao monumento e ao poema era um modo de expressar o luto tanto quanto de se consolar ao oferecer à memória do filho reconhecimento e alguma duração.

O túmulo assume, assim, o sentido de signo que lhe é próprio, pois, em grego, a palavra "*sêma*" tem o sentido geral de "signo" e também o sentido específico de "monumento funerário" ou "túmulo", como pode ser observado no epitáfio da filha de Nadys, cuja *sêma* se dirige aos passantes em primeira pessoa.[31]

Nicoteles, Tessália, Demótimo e Partheneia serão sempre lembrados por suas mortes precoces que causaram enorme desgosto aos pais. A infecundidade lhes rendeu monumentos grandiosos para recordá-los e também para fazer recordar aos passantes sua genealogia: "o leitor dessa lápide é realmente como que incluído na intimidade da família, pois convidado a participar do luto. Caberá a ele assegurar a posteridade da defunta e de seu pai".[32]

Assim, o túmulo reúne, pela letra, os filhos e os pais, em uma tentativa de reparar o dano causado à linhagem. Através dos leitores ao longo dos séculos, o túmulo garante à criança perdida, a fertilidade almejada por seus pais.

> *Não é que a lápide funerária substitua o defunto ou a defunta, mas cada leitor que se detém diante dela fará ressoar um nome próprio que, em conformidade com a onomástica grega, é portador de uma lembrança ancestral. Sob este ponto de vista, a lápide ocupa o lugar do filho: aquele que, em voz alta, lê o nome inscrito na*

31 Ibid., p. 17.

32 Svenbro, J. (1999). A criança, a palmeira e as letras fenícias, *op. cit.*, p. 11.

> *lápide faz a mesma coisa que aquele que chama o nome do filho vivo. Que o (re)nome ressoe!*[33]

A leitura do epitáfio assume o valor de um rito fúnebre, pois convida cada passante-leitor a evocar o nome próprio do(a) falecido(a) e de sua linhagem. Por meio das letras, o nome do falecido acaba por alcançar algo da glória dos heróis comemorados pelos épicos:

> *Enquanto a lembrança assegurada pela descendência biológica do defunto permanece precária e submetida às vicissitudes da vida e da reprodução, o monumento funerário parece estável e imutável, repetindo, através da leitura e de suas letras alfabéticas, o nome próprio do defunto ou da defunta.*[34]

Cada leitor da lápide presta, assim, um culto à memória daquele a quem ela homenageia, e sabemos que os mortos estão sedentos e anseiam pelos licores das lembranças. Cada vez que emprestamos nossa voz à *sêma* de Partheneia – "Eu sou a *sêma* da filha de Nadys, o filho de Kares. Tu que passas, detém-te e chora" –, é como se a revivificássemos e, ao mesmo tempo, participássemos do luto de sua família, lembrada pelos séculos por essa perda que lhe rendeu simultaneamente um modo de posteridade.

Uma imortalidade assegurada pela letra: *Verba volant, scripta manent* (as palavras voam, a escrita permanece). No entanto, a transitoriedade é uma ameaça constante e se impõe a tudo e a todos. Não só os monumentos pétreos, mas as letras literárias também podem passar ao completo esquecimento, à não leitura. A imortalidade do

---

33 Ibid., p. 12.

34 Ibid.

monumento bem como a de qualquer escrito é, portanto, relativa. Nas palavras de Goethe:

> *Ao vermos tantas lápides afundadas na terra e gastas pelos pés dos fiéis, e tantas igrejas desmoronadas sobre suas próprias tumbas, a vida após a morte pode parecer-nos, então, uma segunda vida, na qual se ingressa através de uma imagem, de uma inscrição, e na qual se permanece mais tempo que nesta própria vida. Mas essa imagem, essa segunda existência também se extingue, mais cedo ou mais tarde. O tempo não cede em seus direitos sobre os homens, nem sobre os monumentos.*[35]

2. O túmulo literário ou a posteridade em letras

Plutarco, no século I, escreveu um dos mais belos tratados consolatórios com a intenção de confortar a esposa Timoxena, desolada pela perda da tão sonhada filha, que na época contava com apenas 2 anos de idade. "Carta de consolação à sua mulher"[36] visava também a exortar a esposa a se conter no luto, em consonância com os ideais plutarqueanos de moderação diante das emoções, prazer ou sofrimento. É importante ressaltar que a atitude "moderada" sugerida por Plutarco não é equivalente à atitude estoica de eliminação da dor e nem implica rechaço. Moderar-se é mais no sentido de ir com calma, não se entregar excessivamente à dor ou à alegria. Nessa

---

35 Goethe, J. W. von. (1809/2014). *As afinidades eletivas*. T. Redondo (Trad.) (p. 250). Companhia das Letras.

36 "Carta de consolação à sua mulher" faz parte do conjunto nomeado *Moralia*. Não conseguimos localizar uma tradução estabelecida da obra em português, por essa razão usamos a versão proposta por Mariana Duarte Silveira que integra sua dissertação de mestrado defendida na Universidade de São Paulo, em 2006.

via, o filósofo recomenda à esposa funerais exíguos, sem quaisquer cuidados extremados. Ou seja, nada de excessos, nem no luto da filha amada ansiosamente aguardada por sua mãe, depois do nascimento de quatro meninos. Tanta espera, fez o filósofo render à esposa uma homenagem ao nomear a criança com o mesmo nome da mãe, Timoxena.

> *Somente, minha querida esposa, tanto eu quanto tu mesma no sofrimento permaneceremos calmos. Eu mesmo sei e delimito qual a extensão da circunstância, mas se eu te encontrar suportando com excessiva dificuldade a dor, isto perturbará muito mais a mim do que o que passou.*[37]

Em época de grande mortandade infantil, a carta prossegue elogiando a conduta irrepreensível da esposa por ocasião do falecimento de dois outros filhos do casal, com o intuito de encorajá-la a se manter novamente discreta e exemplar no luto. Fiel aos costumes e leis ancestrais, Plutarco lembra à esposa que não se recomendam funerais nem culto à memória das crianças pequenas,

> *Pois, entre nós não se faz libações às crianças que morrem, nem se sacrifica a elas como é natural que outros façam para os que morrem, pois as crianças não pertencem à terra, nem a nada que lhe diga respeito. Não se frequenta os enterros, as tumbas, não se permanece no velório do cadáver e nem se senta ao lado dos corpos. Pois as leis*

---

37 Plutarco. (século I/2006). Carta de consolação à sua mulher. In M. D. Silveira, *A imagem feminina na Moralia: Heroísmo e outras virtudes* (p. 97). [Dissertação de mestrado em Letras Clássicas e Vernáculas]. Universidade de São Paulo.

> *não permitem lamentar os que são jovens, porque é ímpio lamentar os que mudaram em direção a um lote ou terra melhor ou mais sagrado.*[38]

Ao ser publicada, a escrita de Plutarco extrapolou o limite do privado para se tornar uma carta de consolação para todos os pais e mães que perderam os filhos. Paradoxalmente, ela estava destinada a consolar e exortar a esposa a manter-se firme em um luto exíguo de ritos e homenagens. Sua repercussão, no entanto, a transformou em um monumento duradouro, um túmulo de letras que ressoa e reúne, na posteridade, os nomes da mãe, da filha e o do pai.

No entanto, conforme mostrado anteriormente, essa atitude moderada diante da morte do filho não era unânime entre os gregos. Monumentos majestosos com homenagens compostas por grandes poetas da época eram bastante frequentes. Ao longo dos séculos, as inscrições poéticas sobreviveram mais do que os monumentos, destruídos por conflitos, guerras ou simplesmente ação da natureza e do tempo. Nesse sentido, o memorial dedicado à Phrasikleia é, certamente, um achado histórico inestimável.

Datado do período arcaico da Grécia Antiga (550-540 a.C.), o monumento foi descoberto em 1972, em ótimo estado de conservação, na antiga região do dêmos de Myrrhinous (atual Merenda, Ática). Atualmente instalado no Museu Arqueológico Nacional de Atenas, o memorial de Phrasikleia (figura 3.1) é preciosíssimo, não só por ter sido talhado por Ariston de Paros, famoso escultor da época, mas por ser muito raro que um monumento sepulcral tenha sobrevivido junto com sua inscrição fúnebre.[39]

---

38 Ibid., pp. 104-105.

39 Svenbro, J. (1993). *Phrasikleia: An anthropology of reading in ancient Greek, op. cit.*

Figura 3.1. Memorial de Phrasikleia.[40]

Escrita em primeira pessoa, o monumento de Phrasikleia celebra o culto a sua memória. Ele fala para e através dos visitantes em um calculado interjogo entre imagem e letra no qual o visitante é convidado a participar por meio de um elemento fundamental, a voz:

> *Eu, a* sema *de Phrasikleia,*
> *serei sempre chamada garota (*kourē*),*[41]
> *tendo recebido este nome dos deuses em vez do casamento.*[42]

---

40 https://commons.wikimedia.org/wiki/File:Statue_of_a_Kore_(3414442550).jpg [This file is licensed under the Creative Commons Attribution 2.0 Generic license].

41 *Koúrē*: garota, filha, virgem. Svenbro (1993) sugere que, em decorrência das circunstâncias familiares em que a epigrama foi gerada, a melhor tradução seria "filha".

42 Svenbro, J. (1993). *Phrasikleia: An anthropology of reading in ancient Greek*, *op. cit.*, p. 17.
No original:
"I, Phrasikleia's sêma,
shall always be called girl [kourē],
having received this name from the gods instead of marriage."

O belo monumento tem por função ser uma armadilha do olhar, para então fisgar nossa atenção para a pequena inscrição epigramática. Uma captura na visada de dar voz à *sêma* de Phrasikleia, fazendo ressoar a cada leitura – como em um rito – o lamento fúnebre de seus pais. A escrita, enquanto suporte de memória, é mais duradoura do que qualquer ornamento dispendioso.

Os gregos atribuíam grande importância à leitura em voz alta, pois, para eles, "ler é ler em voz alta",[43] do mesmo modo que fazemos ao lermos uma partitura ou letra de música hoje. Em uma cultura na qual *kléos* tem um papel fundamental, a escrita era cuidadosamente produzida para ser acústica, por isso alguns artistas gregos produziam uma escrita contínua das palavras (*scriptio continua*) para forçar a leitura em voz alta.

Uma característica essencial da *kléos* grega é a de pertencer integralmente ao campo sonoro; "na Ilíada, Homero nos diz: 'Tudo que ouvimos é *kléos*'; e o verbo usado para 'escutar' é *akoúein*. Se *kléos* não é acústica, ela não é *kléos*".[44] Assim, a glória imperecível, que os poetas atribuíam aos heróis e aos outros realizadores de feitos notáveis, só seria plenamente alcançada quando declamada ou lida em voz alta: "O que está escrito permanece incompleto até que chegue o dia em que lhe seja fornecida uma voz".[45]

A epigrama de Phrasikleia foi produzida para ser sonora, pois só esse tipo de leitura lhe permitiria alcançar o estatuto de *kléos*. Os pais de Phrasikleia não mediram esforços em conceder à garota que desapareceu sem descendentes uma posteridade (pela letra) e uma glória imperecível (pelo som). Eterna *Koúrē*, Phrasikleia assim será lembrada. Recebido do Outro, este significante garante posteridade a sua linhagem enquanto houver leitores para ressoarem seu lamento

43 Ibid., p. 18.
44 Ibid., p. 14.
45 Ibid., p. 18.

fúnebre: "Esta leitura provê a única posteridade que Phrasikleia, que morreu antes de se casar, irá adquirir, uma posteridade que não é biológica mais acústica e a qual o leitor é instrumento de criação".[46]

Os antigos cemitérios dos primeiros séculos da era cristã seguiam a tradição da Antiguidade clássica e costumavam dar aos seus mortos um monumento pétreo e uma inscrição. Do mesmo modo que nos tempos de Phrasikleia, o monumento fúnebre tinha a função de identificar o lugar exato onde o corpo foi depositado, e sobre este repousava uma inscrição que fornecia dados básicos do falecido. Alguns túmulos também eram acompanhados por alguma imagem figurativa: estátuas de corpo inteiro, bustos ou efígies: "Se o túmulo designava o local necessariamente exato do culto funerário é porque também tinha por objetivo transmitir às gerações seguintes a lembrança do defunto. Daí seu nome de *monumentum*, de memória: O túmulo é um memorial".[47]

Da Antiguidade clássica aos tempos modernos, as estelas fúnebres e suas inscrições poéticas proliferaram para muito além da forma tradicional cravada em pedra. Desde o século XVIII, entre burgueses franceses, popularizou-se um gênero chamado de "túmulo literário" ou "túmulo poético" (*le tombeau littéraire* ou *le tombeau poétique*), inicialmente escrito para homenagear figuras notáveis.

Na Inglaterra romântica, produzia-se a "elegia", um poema lírico semelhante a um epitáfio mais desenvolvido que inclui um breve relato biográfico do falecido, suas conquistas e glórias, e ainda a eulogia. Impressa em folha, ela costumava ficar afixada no catafalco durante as exéquias.[48] Não mais fixados em pedra, os túmulos literários se constituem em letras destinadas à circulação atingindo

---

46 Ibid., p. 64.

47 Ariès, P. (1981). *O homem diante da morte*. L. Ribeiro (Trad.) (p. 218). Francisco Alves.

48 Ibid.

um número muito maior de leitores; alguns eram compostos pelos próprios futuros mortos ou, mais comumente, a eles dedicados, na tentativa de trazer originalidade à escrita fúnebre, já que, por essa época, os epitáfios quase padronizados eram reproduzidos em massa.

Ariès cita um antigo registro desse tipo, datado de 1619, dedicado à memória de um jovem professor da ordem dos jesuítas. Graças à homenagem, chega até nós a informação sobre a sua brilhante carreira e encerramento precoce:

> *Tão numerosos como os prêmios pouco antes recebidos no meio dos jovens discípulos de Pallas, tão numerosos como as guirlandas reservadas à tua fronte erudita, eis que, triunfante entre os seres do alto graças a uma santa morte, tu possuis prêmios eternos da alma não vencida . . .* [49]

Assim como as epigramas gregas, os túmulos literários extrapolam as lembranças privadas e dirigem-se à posteridade. Não se trata, justamente, de um modo de se resistir à transitoriedade?

Esses túmulos feitos de letras ficaram mais populares durante a era romântica na qual os mais próximos se tornaram o centro absoluto da afetividade. Cultivou-se, na França, o hábito de difundir, entre familiares e amigos do morto, um *memento illius* em forma de "retrato do defunto, pequena nota biográfica e citações piedosas à maneira das inscrições fúnebres – em resumo, um 'túmulo'".[50] Costume popularizado em nosso meio como "santinho".

Por essa mesma época, Stéphane Mallarmé, um dos mais obscuros e celebrados poetas franceses – muito apreciado por Lacan – ornou

49 Ibid., p. 244.
50 Ibid., p. 508.

com túmulos poéticos a memória e a glória dos poetas Edgar Allan Poe, Charles Baudelaire, Paul Verlaine.[51] Em 1961, ou seja, mais de 60 anos depois da morte de Mallarmé, chegou ao público um conjunto de versos até então desconhecidos – reunidos e organizados por Jean-Pierre Richard –, publicado sob o título *Pour un tombeau d'Anatole*, dedicado à memória de Anatole. E quem era Anatole?

Pequeno filho de Mallarmé, Anatole morreu aos 8 anos de idade, em março de 1879, em decorrência de uma grave doença reumatológica. Os versos a ele dedicados foram escritos, muito provavelmente, logo após sua morte e guardados em segredo pelo poeta. Diferentemente dos pais gregos que acorriam para erigir monumentos eloquentes para os filhos mortos, o luto de Mallarmé foi privativo, discreto e silencioso, em consonância com o modelo intimista da era romântica. Silencioso, porém combativo, uma "luta de um gênio e da morte", escreveu o poeta no diálogo impossível com o filho.[52] Luta, que, de partida, sabia estar perdida, um grande golpe, "terror":

fim de I
– ó terror
ele está morto!

---

ele está . . . morto
(absolutamente –
i.e. arrebatado
a mãe o vê de tal –

---

51 "*Le Tombeau d'Edgar Poe*"; "*Le tombeau de Charles Baudelaire*"; "*Le tombeau de Verlaine*", respectivamente.

52 Mallarmé, S. (1961/2021). *[Para um túmulo de Anatole]: [Pour un tombeau d'Anatole]*. G. G. Flores (Trad.) (p. 218). Kotter editorial.

maneira que ele,
doente, parece
aparecer – no futuro –
ou se rever obtido
no presente[53]

Em uma carta endereçada ao amigo Henry Roujon, Mallarmé traduziu o horror de assistir a morte do filho sem poder impedi-la: "o horrível é, para além de nós, o infortúnio em si que este pequeno ser não seja mais, se tal destino é o seu. Reconheço que aí eu fraquejo e não consigo encarar essa ideia".[54] Seria essa a razão pela qual Mallarmé não conseguiu finalizar nem publicar "o túmulo" de Anatole? Silvio Mattoni[55] especula o que teria sido . . .

> *Se Mallarmé tivesse concluído e publicado o Túmulo (ou manchado, riscado, decomposto sua finitude), ele teria transformado o "assim foi" (escrito) por um "eu assim quis" (escrevê-lo), ao passo que pela via do segredo do seu legado foi um "não acabei" (de escrever), como sempre acontece toda vez que há legado.*

O material não acabado de 202 folhas soltas foi deixado pelo poeta, um pouco antes de morrer, em 1898, à filha Geneviève para ser destruído junto com outras notas e manuscritos. Acontece que a filha não atendeu ao pai, mas guardou seu segredo até o fim de seus dias, vindo a falecer em 1919, em decorrência de um câncer. Um pudor,

53 Ibid., folha 55, p. 72.

54 Mallarmé como citado por Richard, J.-P. (1961). Avant-propos. In S. Mallarmé, *Pour un tombeau d'Anatole* (p. 29). Seuil.

55 Mattoni, S. (2004). O fracasso do pudor. In J. Allouch, *Erótica do luto: No tempo da morte seca* (p. 172-x). Companhia de Freud.

porém, que fracassou, notou Mattoni.[56] Na década de 1960, os poemas foram entregues para publicação por uma herdeira indireta da família Mallarmé, a Sra. Louise Bonniot, que herdou o material do marido, o Sr. Bonniot, há muito falecido, cuja primeira esposa foi Geneviève.

Mallarmé um dia comentou na presença da filha que não entendia como Victor Hugo tinha sido capaz de expressar em poemas a dor da perda da filha Léopoldine, morta aos 19 anos, por afogamento: "Hugo é feliz por conseguir falar (a propósito da morte da filha), quanto a mim, isso é impossível".[57] Nos fatos, Mallarmé conseguiu igualmente escrever, ou ao menos tentou traduzir em versos inacabados o abismo aberto pelo luto; o que lhe restou impossível, ao contrário de Hugo, foi tornar público esses fragmentos. O silêncio imposto a essa escrita é outro nome dessa impossibilidade.

(1

X Pref.

caro

= grande peito –

be bem filho do que

pai que

peito

bateu por projetos

tão grandes

– e vindos agora

a gorar

bem convinha –

---

56 Ibid.

57 Richard, J.-P. (1961). Avant-propos, *op. cit.*, p. 35.

herdeiro dessa
maravilhosa inteli-
gência filial, a[58]

A não publicação do túmulo de Anatole deixaria a breve história de sua existência bem como a dor vivida por seus pais restritas às lembranças dos familiares, enquanto estes vivessem. Assim escreveu o poeta:

não – não
se uniu aos grandes
mortos – etc.
– enquanto nós
mesmos vivermos, ele
vive– em nós
–
só depois da nossa
morte ele estará
– e assim os sinos
dos Mortos dobrarão por
ele[59]

Profundamente mallarmeanos em sua musicalidade e forma lacônica, os versos são entrecortados por pausas, suspensões, espaços vazios. Mallarmé não conseguiu nem publicar, nem

---

58 Mallarmé, S. (1961/2021). *[Para um túmulo de Anatole]: [Pour un tombeau d'Anatole]*, *op. cit.*, folha 14, p. 31.

59 Ibid., folha 48, p. 65.

tampouco destruir ele mesmo essas notas íntimas de dor, deixando para a filha esta tarefa inacabada, inacabável. Seu lamento fúnebre não é só expressão de desespero, é o esforço incomensurável de um pai de, no forçamento da letra, tentar sobreviver à morte do filho. É bem possível que os versos inicialmente destinavam-se à publicação, um túmulo único que reuniria pai e filho, mãe e filha. Entretanto, redigidos sob o olhar invisível do filho (olhar da morte), o "pequeno fantasma" acabou sendo o seu único destinatário e interlocutor:

X

(1

que queres, doce
visão adorada –
que tanto vens
até mim, te
inclinar – como a
ouvir segredo (destas
lágrimas) –
saber que estás
morto
– o que ignoras?
– não eu não[60]

Barthes[61] igualmente invocou o "poder apotropaico" da linguagem para fazer frente ao luto da mãe. O poder da fala, segundo ele, reside na possibilidade de traduzir uma dor "intolerável" em uma

60 Ibid., folha 152, p. 170.
61 Barthes, R. (2009). *Diário de luto, op. cit.*

dor "dizível" pelo fato mesmo de oferecer palavras para inscrevê-la ou, em seus termos, "integrá-la" em um conjunto de linguagem.

> *Sinto-me sempre (dolorosamente) espantado por poder – afinal – viver com o meu desgosto o que quer dizer que ele é à letra* suportável. *Mas – sem dúvida – é porque posso, melhor ou pior (quer dizer com o sentimento de não conseguir), falá-lo, fraseá-lo. A minha cultura, o meu gosto pela escrita dá-me este poder apotropaico, ou de* integração: integro*, *através da linguagem.*
>
> *O meu desgosto é* inexprimível, *mas apesar de tudo* dizível. *O próprio facto de a linguagem me fornecer a palavra "intolerável" realiza imediatamente uma certa tolerância.*
>
> * *Fazer entrar num conjunto – federar – socializar – comunicar, gregarizar-se.*[62]

O próprio Barthes também não finalizou nem expôs o túmulo literário dedicado à mãe, Henriette, morta aos 84 anos. Por dois anos (de 26 de outubro de 1977 a 15 de setembro de 1979), ele registrou seu "desgosto"[63] em folhas de papel cortadas por ele mesmo em quatro partes. Sua escrita, assim como a de Mallarmé e de Plutarco, é um recurso que lhe cabe enquanto artista da palavra, sendo esta a singularidade do seu luto.

A palavra contra a morte. Porém há um impossível em jogo quando se trata da morte. Um limite que nada tem a ver com pudor

---

62 Ibid., 1º de agosto de 1978, p. 185, grifo do autor.

63 Barthes resiste à ideia de chamar de "luto" sua dor por considerar esse um "termo novo, psicanalítico, que desfigura". Prefere "desgosto", palavra que recolhe de Marcel Proust. (Barthes, R. (2009). *Diário de luto*, *op. cit.*, p. 166.)

ou com fracasso, e sim com a impossibilidade do simbólico de recobrir de todo o real, seu semi-dizer diante da morte. Silêncio intransponível expresso por Barthes como "vertiginoso", "insignificante", isto é, "sem interpretação possível":

> *Estas notas de luto rarefazem-se. Assoreamento. Então, devir, inexorável, esquecimento? ("doença" que passa?) E no entanto . . .*
>
> *Em pleno mar de desgosto – deixadas as margens, nada à vista. A escrita já não é possível.*[64]
>
> *Agora, por vezes, sobe em mim, inopinadamente, como que uma bolha que rebenta: a constatação:* ela já não existe, ela já não existe, *para sempre e totalmente. Qualquer coisa mate, sem adjectivo – vertiginoso porque insignificante (sem interpretação possível).*
>
> *Dor nova.*[65]

O ponto mais angustiante do luto moderno, sugeriu Allouch,[66] diz respeito não somente à morte em si, mas à ameaça do completo aniquilamento, desde que, no Ocidente cristão, abalou-se a certeza da continuidade da vida e do reencontro no Além. O "infortúnio" que o filho "não seja mais", expressou Mallarmé,[67] no limite da palavra, onde um pai só pode "fraquejar":

---

64 Barthes, R. (2009). *Diário de luto*, *op. cit.*, 4 de novembro de 1978, p. 233.

65 Ibid., 7 de dezembro de 1977, p. 86, grifo do autor.

66 Allouch, J. (2004). *Erótica do luto: No tempo da morte seca*. P. Abreu (Trad.). Companhia de Freud.

67 Mallarmé como citado por Richard, J.-P. (1961). Avant-propos, *op. cit.*, p. 29.

X

(1

ruptura | em dois

escrevo – ele

(sob terra)

decomposição

mãe vê –

o que devia

ignorar . . .[68]

Barthes, que já havia erguido, com suas obras, seu próprio túmulo (*kléos*), também "fraqueja" diante da ameaça da completa dissolução da querida *mam*, pois sabe que sua lembrança depende agora inteiramente dele (*génesis).*

> *Vivo sem qualquer preocupação com a posteridade, qualquer desejo de ser lido mais tarde (excepto, financeiramente, por causa de M.), a perfeita aceitação de desaparecer completamente, sem qualquer vontade de "monumento" – mas não posso suportar que seja assim com a* mam. *(talvez por ela não ter escrito e porque a sua recordação depende inteiramente de mim).*[69]

Erigir um monumento participa do anseio humano de duração. A produção do túmulo literário é, ao mesmo tempo, uma tentativa

68 Mallarmé, S. (1961/2021). *[Para um túmulo de Anatole]: [Pour un tombeau d'Anatole]*, *op. cit.*, folha 183, p. 201.
69 Barthes, R. (2009). *Diário de luto*, *op. cit.*, 29 de março de 1979 , p. 244.

de forçamento de uma escrita subjetiva do luto e a constituição de um signo apotropaico de consolo, proteção, luta e resistência contra à dor e à porosidade da memória, em uma palavra, à transitoriedade da vida. A necessidade do monumento é, nos termos de Barthes, *memento illam vixisse*, ou "lembra-te de que ela viveu".

> *Escrever para recordar? Não para me recordar, mas para combater a dilaceração do esquecimento,* na medida em que ele se anuncia absoluto. *O – dentro em breve – "nem um vestígio já", em parte nenhuma, em ninguém.*
>
> *Necessidade do "Monumento".*
>
> Memento illam vixisse.[70]

E, ainda que Mallarmé e Barthes, ao contrário de Plutarco, tenham preferido guardar para si as notas do luto, é muito difícil imaginar que as reflexões e impressões produzidas em torno dessas perdas não tenham influenciado a obra que se seguiu, lançada à publicação. Assim, mesmo que o túmulo de Anatole não tenha sido finalizado e publicado por seu pai, "sua presença, aqui e ali suspeita, logo sua eternização, não se separa em última instância - e como seu pai tão ardentemente desejava – do destino da própria poesia mallarmeana.[71]

Quanto a Barthes, sabemos que o tempo durante o qual redigiu o *Diário de luto* foi bastante produtivo: ele preparou cursos, publicou um grande número de artigos em diferentes jornais e revistas, e ainda escreveu sua obra clássica, *A câmara clara*. A escrita e a publicação dessas obras produziam efeitos nas "estases" dos afetos do luto ao mesmo tempo que o "diário" seguia recolhendo suas impressões mais

---

70 Ibid., 12 de abril de 1978, p. 123.

71 Richard, J.-P. (1961). Avant-propos, *op. cit.*, p. 136.

íntimas e nutrindo sua outra escrita. Sabe-se que Barthes deixou, no início de cada uma destas obras maiores, as fichas do *Diário de luto*,

> *Pressa que tenho (verificada sem parar desde há semanas) de redescobrir a liberdade (desembaraço dos atrasos) de atacar o livro sobre a Fotografia, quer dizer, de integrar o meu desgosto numa escrita.*
>
> *Crença e, ao que parece, verificação de que a escrita transforma em mim as "estases" do afecto, dialetiza as "crises".*[72]

> *Antes de retomar com sabedoria e estoicismo, o curso (não previsto de resto) da obra, é-me necessário (sinto-o bem) fazer este livro à volta de* mam.
>
> *Em certo sentido, também, é como se tivesse de fazer reconhecer* a mam.[73]

Tradicionalmente, os memoriais fúnebres visam a dar visibilidade e reconhecimento à morte de alguém, além de servirem para manifestar o luto no âmbito público. Do mesmo modo, um túmulo literário está para além de uma mera expressão artística, uma manifestação estética; tomado enquanto escrita de luto, ele é um meio de expressar o pesar tanto quanto o esforço de traduzi-lo para si e para outros. A leitura torna-se assim uma espécie de rito que enlaça, por um instante, o leitor, o morto e seus familiares, qual a inscrição tumular de Partheneia – "Tu que passas detém-te e chora".

---

72 Barthes, R. (2009). *Diário de luto, op. cit.*, 23 de março de 1978, p. 112.

73 Ibid., 5 de junho de 1978, pp. 142-143, grifo do autor.

> *Se os leitores futuros a repetem, isso quer dizer que a leitura assume a forma de um luto sem fim, um luto desmesurado, incapaz de se transformar em* kléos. *A escrita programaria, assim, um luto interminável, realizado por um número infinito de leitores que, idealmente, partilham os sentimentos dos próximos.*[74]

De fato, um escrito de luto pode suscitar afetos ao transmitir "qualquer coisa mate"[75] de uma experiência vertiginosa com a qual o leitor pode se identificar e se solidarizar, mesmo distanciado no tempo e no espaço; entretanto, é apenas idealmente que esse escrito seria capaz de despertar, em todo leitor, o pesar desmesurado dos familiares.

Na tradição poética grega, uma das funções de *kléos*, a glória pública, é também tratar, por meio do canto das musas, o pesar (*ákhos*/*pénthos*) sentido pelos próximos. Segundo Nagy:[76] "Se alguém tem *pénthos* e está angustiado por causa de *ákhos* . . . ainda assim, quando um cantor, terapeuta das musas, canta os *kléos* [plural] dos homens de outrora e também dos deuses abençoados do Olimpo, ele imediatamente esquece suas tristezas e não lembra mais de suas preocupações". A audição de *kléos* é uma terapêutica dos males, um remédio contra o pesar.

Porém, acolher uma canção como *kléos* ou *ákhos* depende do envolvimento maior ou menor com a situação. O autor exemplifica com a narrativa épica dos fatos que envolveram a morte de Aquiles; enquanto aqueles que o conheceram e lamentaram sua

---

74 Svenbro, J. (1993). *Phrasikleia: An anthropology of reading in ancient Greek*, *op. cit.*, p. 18.

75 Barthes, R. (2009). *Diário de luto*, *op. cit.*, 7 de dezembro de 1977, p. 86.

76 Nagy, G. (1999). *The best of the Achaeans: Concepts of the hero in archaic Greek poetry*, *op. cit.*, p. 96.

morte receberam o cântico como *ákhos*, o povo grego o acolheu como *kléos*, o reconhecimento público dos feitos que o tornaram imortal.

Se um mesmo cântico poético pode ser acolhido como *kléos* por alguns e *ákhos* por outros, é porque, nele mesmo, *kléos* e *ákhos* estão condensados, e a separação se dá apenas nos ouvidos daquele que o escuta. Nessa perspectiva, uma escrita de luto pode afetar mais ou afetar menos, dependendo da familiaridade com a situação ou experiência. Em outras palavras, enquanto alguns podem se deter diante dos túmulos poéticos inacabados de Anatole e Henriette para louvarem a indiscutível beleza estética desses escritos, outros podem ir além, ao se sentirem profundamente tocados, afetados, e até mesmo consolados, quanto mais essas obras lhes parecer traduzir experiências e afetos familiares.

Há de se considerar, ainda, a possibilidade de uma escrita de luto ser acolhida simultaneamente como *ákhos* e *kléos*, lamento e glória, culto e celebração. Nesse sentido, o monumento fúnebre de Phrasikleia é paradigmático e faz jus à onomástica de seu nome: *Phrásai*, que significa "mostrar, prestar atenção", e *Kleia*, que deriva da palavra "*kléos*". Phrasikleia seria aquela que "chama-a-atenção--à-*kléos*" ou "presta-atenção-à-*kléos*".[77] Se, de um lado, lamentamos junto com seus pais a morte precoce da garota, de outro, celebramos o seu monumento cuja estátua e epitáfio singular garantiram-lhe, séculos depois de sua morte, a glória sonhada por seus pais: uma descendência na forma de filhos-leitores.

Por fim, seja *kléos*, seja *génesis*, trata-se do mesmo anseio por realizar a "imortalidade do Eu" sublinhada por Freud no texto sobre o narcisismo. Duramente acossado pela realidade, o *eu* busca, na fama e/ou no filho, êxtase, refúgio, duração, consolo. Porém, lembra Freud,

77 Svenbro, J. (1993). *Phrasikleia: An anthropology of reading in ancient Greek*, *op. cit.*, p. 14.

> *essa exigência de imortalidade é tão claramente um produto de nossos desejos que não pode reivindicar valor de realidade. Também o que é doloroso pode ser verdadeiro.... Contestei a visão do poeta pessimista, de que a transitoriedade do belo implica sua desvalorização. Pelo contrário, significa maior valorização. Valor de transitoriedade é valor de raridade no tempo. A limitação da possibilidade de fruição aumenta a sua preciosidade.*[78]

"Valor de transitoriedade é valor de raridade no tempo". Todavia, por quais meios isso nos seria possível? Não sem luto, propõe Freud. Seguiremos, no capítulo a seguir, ao fio da abordagem psicanalítica do luto.

---

78 Freud, S. (1916/2010a). A transitoriedade. In *Obras completas*. P. C. Souza (Trad.) (v. 12, p. 248). Companhia das Letras.

4. Uma analítica do luto

Quer sejas um ente bom ou um duende maléfico,
Trazendo o ar celeste ou rajadas do inferno,
E sejam teus intentos maus ou caridosos,
Surges para nós numa forma tão ambígua,
Que só quero é falar [contigo].

Shakespeare, *Hamlet*, ato I, cena IV

O drama de Hamlet é o encontro com a morte.

Lacan, *O desejo e sua interpretação*

Enterramos com ele todas as nossas esperanças,
ambições, alegrias, ficamos inconsoláveis e nos recusamos
a substituir aquele que perdemos.
Nós nos comportamos como os Asra, que
"morrem, quando morrem aqueles que amam".

Freud, *Considerações atuais sobre a guerra e a morte*

No prefácio à segunda edição de *A interpretação dos sonhos*, datada de 1908, Freud[1] comenta que esse livro tinha, para ele, um significado especial que só compreendeu depois de tê-lo finalizado: "Ele se revelou como parte da minha autoanálise, como minha reação à morte de meu pai. . . . Após reconhecer isso, senti-me incapaz de apagar os traços dessa influência". Esse livro inaugural da Psicanálise se constitui, então, em um monumento literário à memória de Jacob Freud, seu pai, morto em outubro de 1896.

Ecos da experiência do luto estão presentes na história da Psicanálise desde seus primórdios. A clínica freudiana do fim do século XIX é um testemunho de que o luto romântico predominava os sentimentos da época. Mergulhado nessa atmosfera social e histórica, Freud escreveu *Luto e melancolia* sem abordar a sua dimensão social. Escrito na perspectiva da relação enlutado-objeto perdido, o luto seria um longo, conflituoso e doloroso trabalho de rememoração que visava a dar um destino psíquico ao objeto perdido.

Entretanto, como veremos, o trabalho de rememoração ancorado no registro simbólico tem seus limites, esbarrando na impossibilidade de a recordação alcançar tudo o que se passa na relação com um objeto de amor. No meio da travessia, o real acorda, fura e perturba o funcionamento automático e tranquilo da cadeia significante. O luto guarda seus mistérios na dor e no esforço, de resto não garantido, de assimilar a perda, assimilar a morte. A morte é impensável e por este fato mesmo, um dos nomes do real. O luto que abre um furo no real é pura perda, inarticulável ao Outro que não pode por ela responder; mas ele pode, nessa falha, ao ser convocado, oferecer algum recurso.

---

1 Freud, S. (1900/2019). A interpretação dos sonhos. In *Obras completas*. P. C. Souza (Trad.) (v. 4, p. 17). Companhia das Letras.

1. *Freud: o trabalho do luto*

1.1 A fecundidade de *Luto e melancolia*

É notável que, em relação ao luto, nenhuma teoria psicológica tenha alcançado tamanho sucesso sociocultural quanto aquela que aparece em *Luto e melancolia*, ensaio breve lançado por Freud em 1917 e responsável por dominar, até hoje, não só as produções psicanalíticas mas também a maioria dos estudos psiquiátricos, psicológicos e sociológicos que se seguiram à sua publicação. Alguns termos do texto se tornaram verdadeiros axiomas – "trabalho do luto", "objeto perdido", "exame da realidade" – tão intocáveis, que apenas recentemente sua pertinência tem sido submetida a uma apreciação mais rigorosa.

Ao analisar as teorias em voga sobre o luto em sua época, Gorer[2] foi provavelmente o primeiro a constatar, com espanto, que *Luto e melancolia* havia se transformado em "O" texto para tratar do luto dentro e fora da Psicanálise, muito embora Freud tenha lhe dedicado, nesse ensaio, apenas algumas linhas. Leitor exigente, o antropólogo também notou a falta de ilustração da teoria com casos – algo certamente incomum sob a pena de Freud, especialmente quando ele introduz problemáticas clínicas que pedem precisão conceitual –, o que o levou a concluir, de modo precipitado, que Freud não tinha muita experiência com o tema para aprofundar o assunto.

> *Até onde se sabe, as observações de Freud sobre o luto normal não foram retiradas de pacientes em análise; e sua própria vida até aquela data tinha sido tão livre de luto – seu pai tinha morrido aos 81 anos em 1896 e seu meio-irmão Emanuel na mesma época em 1914 – que*

2 Gorer, G. (1967a). *Death, grief and mourning: A study of contemporary society.* Doubleday Anchor Books.

> *parece improvável que ele tivesse se apoiado em introspecção ou auto-análise. Sua descrição do luto é baseada em sua sabedoria mais do que em suas observações; e suas explicações são hipóteses derivadas do estágio atual de desenvolvimento de suas teorias psicanalíticas.*[3]

Sua crítica, todavia, deixa de lado a importância da perda do pai e seus efeitos para a vida e obra de Freud. Por outro lado, o antropólogo tem razão quando afirma que a versão freudiana de luto se ampara mais nas articulações teóricas estabelecidas à época do que na clínica. De fato, apesar de haver registro da ocorrência do luto em alguns casos anteriores ao artigo de 1917 – tal como aparece nos *Estudos sobre a histeria* e, mais tarde, no relato do "Homem dos ratos" –, Freud não articulou o tema do luto com algum extrato de sua prática clínica, nem antes e nem mesmo depois de *Luto e melancolia*.

A observação de Gorer é, no mínimo, instigante: como foi possível um texto com tão poucos comentários dedicados ao luto e que não se apoia em observações clínicas se tornar uma referência para tratar do luto em Psicanálise? Tanto mais surpreendente quando se lê, desde o primeiríssimo parágrafo, que *Luto e melancolia* visava a elucidar não o luto, mas a melancolia: "Depois que o sonho nos serviu como modelo normal dos distúrbios narcísicos, façamos a tentativa de elucidar a natureza da melancolia comparando-a com o afeto normal do luto".[4] Uma ressalva quase sempre ignorada pelos psicanalistas e pela maioria dos comentadores, dentro e fora da Psicanálise, quando abordam o tema.

---

3 Ibid., p. 137.

4 Freud, S. (1917/2010f). Luto e melancolia. In *Obras completas*. P. C. Souza (Trad.) (v. 12, p. 171). Companhia das Letras.

Gorer ressaltou ainda o quanto *Luto e melancolia* bem como grande parte dos ensaios psicanalíticos e psicológicos que o seguiram não fazem qualquer menção à importância dos ritos e da sociedade na assistência ao enlutado, como se ele "estivesse completamente sozinho, sem outra ocupação na vida que não fosse ocupar-se de seu luto",[5] deixando de lado, por exemplo, não só as variações socioculturais e históricas mas também as circunstâncias da morte, o impacto da perda sobre o arranjo familiar (como quando se perde o provedor financeiro e/ou responsável pelo cuidado da família, por exemplo), entre outros. O não tratamento dessas e outras questões por Freud e pela maioria dos autores psicanalíticos que o seguiram gerou inúmeras censuras (de historiadores, antropólogos, sociólogos...) à visão psicanalítica do luto, como a tendência de se reduzir a experiência do luto a uma abordagem psicológica, sem qualquer referência aos aspectos coletivos do luto cujas manifestações, conforme visto, dependem de variáveis socioculturais.

Apesar das críticas e do movimento de reinvestimento da morte iniciado na década de 1960, com algumas exceções, a versão freudiana de luto permaneceu intocável na literatura psicanalítica a despeito do fato de nunca ter sido atualizada par a par com os avanços teóricos de Freud, que incluíram, para além do princípio do prazer, a compulsão à repetição e suas incidências nas escolhas objetais.

Em comparação com outras temáticas, são poucos os que se dedicaram a ampliar a visão de luto em Psicanálise e contribuir com novas perspectivas: Karl Abraham, Melanie Klein, Nicolas Abraham e Maria Török, John Bowlby e Jacques Lacan estão entre os mais conhecidos. Foi somente na última década do século XX que o luto foi reinvestido no discurso analítico e a visão freudiana de luto passou a ser abertamente questionada em benefício do próprio

5 Gorer, G. (1967a). *Death, grief and mourning: A study of contemporary society*, *op. cit.*, p. 150.

método freudiano, que estabeleceu que uma boa prática clínica parte do caso para a teoria, e não o contrário. A obra *Erótica do luto*, lançada em 1995 por Jean Allouch,[6] é, nesse sentido, inovadora ao reproblematizar a versão freudiana de luto, incluindo no debate as contribuições de historiadores quanto às mudanças nas relações com a morte bem como suas críticas à visão psicanalítica de luto, rompendo, desse modo, o estranho mutismo dos analistas.

O autor sublinhou que o consenso que se criou em torno de *Luto e melancolia* tem relação com a inversão na relação com a morte, momento no qual a família assumiu o lugar central de investimento afetivo e passou-se das preocupações com a própria morte para com a morte de um outro considerado essencial. Assim, *Luto e melancolia* é "um documento histórico, uma prova da relatividade histórica" do luto, sugeriu Ariès.[7]

Não poderíamos deixar de comentar a enorme popularidade assumida pelo termo "trabalho do luto" que passou a ter vida própria, invadindo a língua corrente e os meios de comunicação. Tornou-se um clichê para se falar do luto. Vovelle, por exemplo, nomeou um de seus últimos livros como *As almas do purgatório: ou o trabalho de luto*. Após tomar conhecimento das controvérsias a respeito da inflação de um termo tão pouco utilizado pelo próprio Freud, o historiador sentiu a necessidade de inserir uma nota de rodapé para esclarecer a seus leitores que se tratava de um uso particular:

> *Ao utilizar a expressão "trabalho de luto", tal como é correntemente empregada hoje nas ciências sociais por adoção do conceito elaborado por Freud (*Luto e melancolia, *1915) e retomado pela literatura psicanalítica,*

6 Allouch, J. (1995/2004). *Erótica do luto: No tempo da morte seca*. P. Abreu (Trad.). Companhia de Freud.

7 Ariès, P. (1981). *O homem diante da morte*. L. Ribeiro (Trad.) (p. 634). Francisco Alves.

> *não pretendemos nos engajar nas atuais controvérsias levantadas por alguns autores da escola lacaniana a respeito da pertinência mesma dessa noção (ver Allouch, 1995). Digamos que a usamos como leigos por sua comodidade. . . .*[8]

O sucesso do termo surpreende em razão de ele ser tratado como um conceito-chave muito bem estabelecido por Freud para falar do luto quando, na verdade, até o momento, não foram localizados registros de seu emprego nem nos textos que precedem nem nos que sucedem *Luto e melancolia.* Aliás, não há sequer evidência de que Freud tenha tido a intenção de torná-lo um "conceito". O emprego do termo "*Trauerarbeit*", assim amalgamado, pode ter se dado meramente por uma contingência da língua alemã, conforme sugeriu Allouch:

> Trauerarbeit *está presente em* Luto e melancolia *de modo integrado à escrita desse texto; esse termo lá surge ao fio da pena, conforme o processo de aglutinação de nomes que o alemão permite. A ideia estava presente antes do termo, e numa frase muito natural, na questão: 'Em que consiste, pois, o trabalho realizado pelo luto?'* [Worin besteht num die Arbiet, welche die Trauer leistet?]. *Foram, principalmente certos alunos de Freud que, levando adiante o termo* Trauerarbeit, *o promoveram como noção.*[9]

De fato, *Trauerarbeit* aparece apenas duas vezes de modo aglutinado em toda a escrita de Freud; como a aglutinação de palavras é

---

8 Vovelle, M. (2010). *As almas do purgatório, ou o trabalho de luto*. A. Meyer & R. Cattani (Trad.) (p. 13). Unesp.

9 Allouch, J. (1995/2004). *Erótica do luto: No tempo da morte seca, op. cit.*, p. 122.

uma recorrência bastante comum no alemão, não é possível precisar se trata-se da proposição inicial de um conceito não retomado por ele, ou de uma ocorrência casual que mais tarde seus seguidores teriam tomado como um conceito.[10,11] Além dessas duas apresentações aglutinadas, há, no texto, mais duas passagens em que Freud usa "trabalho" (*Arbeit*) e "luto" (*Trauer*) na mesma frase. A seguir, apresentamos as quatro ocorrências extraídas do texto original[12] e acompanhadas da tradução direta do alemão, na versão de Paulo César de Souza:

> *1.* Worin besteht nun die ***Arbeit***, welche die ***Trauer*** leistet? *[Em que consiste o trabalho realizado pelo luto?].*[13]
>
> *2.* Tatsächlich wird aber das Ich nach der Vollendung der ***Trauerarbeit*** wieder frei und ungehemmt *[Mas o fato é que, após a consumação do trabalho do luto, o Eu fica novamente livre e desimpedido].*[14]
>
> *3.* Bei der Trauer fanden wir Hemmung und Interesselosigkeit durch die das Ich absorbierende ***Trauerarbeit*** restlos aufgeklärt *[No luto, vimos a inibição e a ausência de interesse explicadas totalmente pelo trabalho do luto que absorve o Eu].*[15]
>
> *4. Es ist verlockend, von der Mutmaßung über die* **Arbeit** *der* **Trauer** *den Weg zu einer Darstellung der melancholischen Arbeit zu suchen [É tentador buscar, a partir*

---

10 Ibid.

11 Lussier, M. (2007). *Travail de deuil.* PUF.

12 Freud, S. (1917). Trauer und Melancholie. In *Gesammelte Werke.* http://staferla.free.fr/Freud/FREUD%20Gesammelte%20Werke.pdf

13 Freud, S. (1917/2010f). Luto e melancolia, *op. cit.*, p. 173.

14 Ibid., p. 174.

15 Ibid., p. 175

> *dessa conjectura sobre o trabalho do luto, o caminho para uma descrição do trabalho da melancolia].*[16]

Como se pode ler, não é possível deduzir dessas poucas linhas que Freud estivesse tratando "trabalho do luto" como um conceito, muito menos como um modelo universal do atravessamento da experiência do luto, ainda mais quando ele registrou, nesse texto, seu interesse maior voltado para a melancolia. Martine Lussier,[17] assim como Allouch, intrigada com a repercussão extraordinária do termo "trabalho do luto", investigou sua proliferação e localizou em um escrito de Karl Abraham,[18] de 1924, sua primeira aparição no ciclo de Viena. Lá, segundo registrou a autora, o termo é grafado entre aspas, sugerindo que ele ainda não era usado indiscriminadamente como o fazemos hoje em dia.

Porém, ao consultarmos o texto de Abraham – na edição da editora Imago com texto traduzido não do original em alemão, mas do inglês para o português –, com surpresa descobrimos que o termo "trabalho do luto" aparece como "processo de luto" e sem aspas (do mesmo modo que em inglês "*process of mourning*" e sem aspas).[19] Citamos: "E não sabemos presentemente, com exatidão, como se realiza *o processo de luto* na mente normal".[20] Como não tivemos acesso ao texto original em alemão, não nos foi possível verificar como o autor grafou o termo, sabemos apenas que a versão

16 Ibid., p. 190.

17 Lussier, M. (2007). *Travail de deuil, op. cit*

18 Abraham, K. (1924/1970b). Breve estudo do desenvolvimento da libido, visto à luz das perturbações mentais. In *Teoria psicanalítica da libido*. C. M. Oiticica (Trad.) (pp. 81-160). Imago.

19 No original em inglês: "But how exactly the *process of mourning* is effected in the normal mind we do not at present know..." (Abraham, K. (1994). A short story of the development of the libido, viewed in the light of mental disorders (Abridged). In Rita V. Frankiel (Ed.), *Essencial papers on loss* (p. 79). New York University Press, p. 79, grifo nosso).

20 Ibid., p. 97, grifo nosso.

em francês consultada por Lussier[21] traz de fato o termo "*travail du deuil*" e entre aspas.

Em outro trecho do mesmo material, encontramos o seguinte:

> *O material que apresentarei em relação ao tema* [melancolia] *destina-se, entretanto, não simplesmente a ilustrar essa teoria, mas a preparar o caminho para uma investigação sistemática dos processos patológicos da melancolia e das manifestações do luto. Como veremos,* a psicologia da melancolia e do luto não se acha ainda suficientemente compreendida.[22]

Ou seja, sete anos após a publicação de *Luto e melancolia*, Abraham expressava, na presença de Freud, o quanto as teorias psicanalíticas concernentes ao luto e à melancolia ainda careciam de investigação para melhor esclarecimento, ou, de outro modo, necessitavam de maior amparo clínico. Deduz-se, então, que *Luto e melancolia* não era tomado por Freud nem pelos seus interlocutores mais íntimos como a palavra última sobre o luto e a melancolia. Abraham vai até mais longe ao sugerir que o conhecimento reunido até então sobre o "processo" de luto normal era ainda muito "superficial":

> *Gostaria de indicar em seguida, contudo que nosso conhecimento do que se passa no luto normal é igualmente superficial, porque a psicanálise não lançou luz sobre esse estado mental nas pessoas sadias e nos casos de neurose de transferência. É verdade que Freud*

---

21 Lussier, M. (2007). *Travail de deuil, op. cit.*, p. 151.

22 Abraham, K. (1924/1970b). Breve estudo do desenvolvimento da libido, *op. cit.*, p. 96, grifo do autor.

> *fez a observação muito significativa de que o grave conflito de sentimentos ambivalentes de que padece o melancólico se acha ausente na pessoa normal. E não sabemos presentemente, com exatidão, como se realiza o processo de luto na mente normal.*[23]

Lamentavelmente, Abraham morreu precocemente aos 48 anos de idade em 1925. Amigo e colaborador inestimável de Freud, o texto "Notas sobre as investigações e o tratamento psicoanalítico da psicose maníaco-depressiva e estados afins",[24] lançado em 1911, inspirou Freud na aproximação da melancolia do luto. Prestigiado entre os pares de Viena, Abraham foi cuidadoso ao considerar os limites do que se sabia até então sobre o luto e a melancolia, e, ao mesmo tempo, deixou contribuições inestimáveis amparadas na sua prática clínica, o que nos permite concluir, junto com Allouch e Lussier, que *Luto e melancolia* bem como o termo "trabalho do luto" se cristalizaram bem mais tarde entre os pós-freudianos.

1.2. O trabalho de rememoração

Em uma nota de rodapé acrescida ao caso Elisabeth von R., Freud[25] registrou o breve relato do tratamento da Srta. Mathilde H., uma jovem de 19 anos inicialmente atendida por causa de uma paralisia parcial da perna e que depois retorna porque "seu caráter se transformara, sua indisposição chegara à falta de vontade de viver, tornara-se grosseira com a mãe, irritável e inabordável".

---

23 Ibid., pp. 96-97.

24 Abraham, K. (1911/1970a). Notas sobre as investigações e o tratamento psicoanalítico da psicose maníaco-depressiva e estados afins. In *Teoria psicanalítica da libido*. C. M. Oiticica (Trad.) (pp. 32-50). Imago.

25 Freud, S., & Breuer, J. (1893-1895/2016). Estudos sobre a histeria. In *Obras completas*. L. Barreto (Trad.) (v. 2, p. 235). Companhia das Letras.

Na época do método catártico, Freud aproveitava a suscetibilidade da jovem à hipnose para dar-lhe "ordens e sugestões". Entretanto, muito embora ela o acompanhasse e vertesse lágrimas abundantes, seu estado se mantinha sem alterações significativas até o dia em que se pôs a falar sobre a causa do seu desgosto: a dissolução de seu noivado após conhecer melhor o caráter do noivo. A condição material vantajosa da união lhe dificultava pôr fim no relacionamento. Diante de sua hesitação, a mãe se adianta e realiza em seu lugar o rompimento. Um tempo depois, Mathilde passou a ocupar-se fervorosamente da decisão já tomada, e seus pensamentos se fixaram em uma época em que ainda se pesavam os prós e contras do matrimônio e no ressentimento para com a mãe. Freud[26] comenta: "perto dessa atividade ideativa, a vida presente se lhe afigurava como uma existência aparente, como algo sonhado". Após narrar esses acontecimentos, nas sessões seguintes, Mathilde irrompia em lágrimas cada vez que Freud mencionava o assunto, mas ela jamais voltou a falar sobre. Finalmente, um dia, próximo do aniversário de seu noivado, todo seu estado de abatimento se dissipou, o que rendeu a Freud o crédito de ter alcançado um grande êxito terapêutico por meio do tratamento hipnótico.

Esse breve relato serviu a Freud para ilustrar o que nomeou, então, de "ab-reação reparadora", sem fazer aí nenhuma menção ao luto que poderia estar em questão no caso, provavelmente porque o interesse estava na comunicação de um novo método de investigação e tratamento da histeria. Por essa época, o trabalho clínico se restringia à busca pelo momento da formação do sintoma, à sua causação. Freud trabalhava para tentar reproduzir, *ipsi litteris*, uma cena traumática, de modo a propiciar a descarga dos afetos retidos. A recordação, viabilizada pelo método catártico, visava a suprimir os sintomas, preenchendo as lacunas de memória. O sintoma neurótico

26 Ibid.

se assemelha aos monumentos históricos que adornam as cidades, como a imponente coluna inglesa Charing Cross,[27] que herdou seu nome da "Cruz de Eleanor" (Eleanor Cross), um antigo monumento fúnebre há muito desaparecido.

No século XIII, o Rei Eduardo I ergueu doze cruzes para homenagear e marcar os lugares onde passou o cortejo fúnebre da esposa, a Rainha Leonor (Eleanor) de Castela, em 1290. As cruzes foram destruídas no século XVII. A atual coluna gótica instalada em frente a uma das principais estações de Londres é uma réplica de uma daquelas levantadas pelo antigo rei. Assim como o sintoma, ela é o signo de um acontecimento importante, mas esvanecido da memória.

Da experiência clínica com a histeria, Freud[28] extraiu o famoso enunciado: "nossos histéricos sofrem de reminiscências. Seus sintomas são resíduos e símbolos mnêmicos de certas vivências especiais (traumáticas)". Os neuróticos seriam aqueles que não apenas recordam antigos acontecimentos dolorosos como também se apegam a eles emocionalmente. O sofrimento não é decorrente dos acontecimentos em si, mas das lembranças; mais precisamente, das representações reinvestidas residuais desses acontecimentos. Nesse sentido, o caso de Srta. Anna O. é exemplar, porém a paciente de Breuer tem uma particularidade que contraria a ideia da histeria como fixação em (lembranças de) acontecimentos antigos: sua crise histérica eclodiu durante o período em que cuidava do pai doente e se agravou após sua morte, um acontecimento recente, portanto. Não teria sido sua doença a expressão do luto por seu pai?

---

27 Segundo uma versão que Freud conhecia, o nome Charing Cross derivaria do francês "*chère reine*" (querida rainha) e poderia ser traduzido como "Cruz da querida rainha". Assim, na trilha de Svenbro, a cada vez que falamos "Charing Cross", prestamos uma homenagem à rainha e ao rei que a imortalizou.

28 Freud, S. (1910/2013). Cinco lições de psicanálise. In *Obras completas*. P. C. Souza (Trad.) (v. 9, p. 231). Companhia das Letras.

Freud comenta:

> *De bom grado aceito a objeção que provavelmente os senhores fazem nesse momento, ao refletir sobre a história clínica da paciente de Breuer. Todos os seus traumas vinham da época em que cuidava do pai enfermo, e os sintomas podem ser entendidos como meros sinais de recordação da doença e da morte dele. Logo, correspondem a um luto, e uma fixação na memória do falecido, tão pouco tempo após sua morte, certamente não é nada patogênico, constituindo antes um processo afetivo normal.*[29]

De fato, no caso de Anna O. não se evidencia a sua fixação a "traumas psicogênicos[30] antigos, como os outros relatos do livro sobre histeria, e o desencadeamento de sua doença aparece associado às circunstâncias recentes da doença e morte do pai, ao menos é assim que Breuer o apresenta. Todavia, Freud considera que, sem a intervenção (catártica) precoce de Breuer, o quadro da jovem tenderia a se agravar e, a longo prazo, ela poderia ter o mesmo desfecho de outras pacientes que passam a vida a negligenciar o tempo presente, capturadas como estão por lembranças dolorosas há muito ocorridas.

Essas observações nos fazem considerar, ao menos em parte e na falta de outros elementos biográficos anteriores à doença, o estado deplorável de Anna O. como uma resposta à perda do pai, luto desmesurado no quadro da histeria e no contexto do luto romântico quando o cuidado e a preservação da vida dos próximos, conforme visto, assumiram primazia absoluta sobre o coletivo e mesmo sobre o cuidado de si.

Anna O. bem como alguns outros casos citados em *Estudos sobre a histeria* têm em comum um luto na base da eclosão dos sintomas

---

29 Ibid., pp. 232-233.

30 Ibid., p. 232.

ou, ao menos, o luto aparece associado ao agravamento desses. Assim, temos Srta. Elisabeth von R. igualmente afetada pela doença e perda do pai, a Sra. Emmy von N. atingida pela morte súbita do marido, e ainda a Srta. Mathilde H. atormentada pelas circunstâncias que envolveram a dissolução do noivado.

Freud[31] comentou a função, na economia libidinal, da dedicação absoluta ao cuidado do outro:

> *Há boas razões para que os cuidados prestados a um doente desempenhem um papel tão significativo na pré-história das histerias. Alguns dos fatores atuantes nesse caso são evidentes: a perturbação do estado de saúde corporal pelo sono interrompido, a negligência no cuidado do corpo, o efeito de uma preocupação contínua sobre as funções vegetativas; em minha avaliação, porém, o mais importante encontra-se noutra parte. A pessoa cuja mente está ocupada com centenas de tarefas pertinentes aos cuidados com o doente, as quais sucedem-se uma à outra em interminável sequência por semanas e meses a fio, acostuma-se, por um lado, a reprimir todos os sinais de sua própria emoção e, por outro, logo desvia sua atenção das próprias impressões, pois lhe faltam tempo e força para levá-las em consideração.*

Quanto mais ocupado, menos sobra tempo para se prestar atenção às próprias questões existenciais e afetos. Assim, a dedicação extremada a outrem serviria como mecanismo de defesa. Se o doente se cura, continua Freud, as impressões acumuladas durante seu cuidado se diluem; mas, se ele morre, sobrevém o período de luto, e o morto advém mais precioso ainda: "Assim, chega também a vez

31 Freud, S., & Breuer, J. (1893-1895/2016). Estudos sobre a histeria, *op. cit.*, p. 232.

daquelas impressões que aguardavam processamento e, após uma breve pausa de exaustão, irrompe a histeria, para a qual o gérmen fora assentado durante o período dos cuidados prestados ao doente".[32] Todas aquelas impressões suscetíveis de afetos (ambivalentes) guardadas, mal percebidas e não ab-reagidas podem, portanto, irromper um tempo depois, e o sujeito, até então aparentemente inabalável, pode sucumbir a um estado de prostração como uma espécie de ajuste de contas atrasadas. Ou seria uma espécie de luto tardio?

Freud traz à baila uma senhora conhecida sua "muito talentosa", cuja natureza "evidencia em tudo a histérica", mas que nunca precisou recorrer aos médicos ou interromper suas obrigações. Ela já tinha se ocupado de três a quatro doentes de quem cuidara até morrerem. A cada vez, chegava até o completo esgotamento, mas sem adoecer, mesmo depois de cada falecimento.

> *Mas pouco tempo após a morte do doente se inicia nela o* trabalho de reprodução, *que mais uma vez leva ante os seus olhos as cenas da doença e da morte. Todo dia ela revive cada impressão, chora por isso e se consola – com vagar, com folga, poderíamos dizer. Esse lidar com as impressões ocorre em meio aos afazeres do dia, sem que as duas atividades se confundam. Tudo se passa diante dela cronologicamente.*[33]

À época, a celebração dos mortos andava em alta, e o cultivo privado e pessoal das lembranças, beirando à mumificação, anunciava a impossibilidade de se separar dos mortos, muito embora o luto como ritual social ainda se mantivesse. A senhora em questão não somente recordava em detalhes as situações ligadas aos seus mortos como também

32 Ibid., p. 233.

33 Ibid., pp. 233-234, grifo nosso.

revivia intensamente os afetos que, na época, ficaram guardados. De modo muito criativo, ela realizava uma "ab-reação reparadora" por meio de festivais anuais de recordação. Freud aí se pergunta por que alguns respondem com uma sintomatologia histérica após o cuidado extremado dedicado a outrem e outros, não. A senhora em questão, em vez de uma crise histérica ou um luto de traços melancólicos, inventou uma espécie de rito individual acrescentar depois de rito individual – um festival individual de reprodução dos acontecimentos – para rememorar os mortos tanto quanto aliviar-se, purgar-se.

> *Se* o trabalho de rememoração *de um dia cobre exatamente um dia do passado, não sei. Presumo que isso dependa da folga que lhe deixam as tarefas correntes da casa.*
>
> *Além dessas "lágrimas reparadoras" que, com breve intervalo, sucedem à morte, essa senhora realiza anualmente celebrações periódicas, na época de cada catástrofe, e aqui sua viva reprodução visual e suas manifestações de afeto seguem fielmente a data. Eu a encontro em lágrimas, por exemplo, e lhe pergunto, interessado, o que se passara aquele dia. Meio irritada, ela repele minha pergunta: "Oh, não, hoje foi apenas o conselheiro N... que de novo esteve aqui e nos deu a entender que não se pode esperar mais nada. Não tive tempo de chorar por isso naquele momento". Ela se refere à última doença do marido, falecido há três anos. Para mim seria muito interessante saber se nessas cerimônias comemorativas, reproduzidas a cada ano, ela sempre repete as mesmas cenas ou, se, a cada vez, outros pormenores se oferecem para a sua ab-reação, como suponho no interesse de minha teoria.*[34]

34 Ibid., p. 234.

Neste trecho, aparece o termo "trabalho de rememoração", que mais tarde Freud nomeará como "trabalho do luto" e também um primeiro esboço daquilo que se constituirá como o cerne da sua teoria: o luto como um trabalho rememorativo realizado em detalhes. O luto, a princípio, é uma batalha contra o desligamento libidinal, logo uma batalha contra o esquecimento.

Durante o ano de 1915, apesar dos tempos sombrios que assolavam a Europa (ou talvez por isso mesmo), Freud escrevia "com rapidez e energia" um conjunto de artigos sobre metapsicologia para um livro que pretendia lançar.[35] Entre esses, um era dedicado à melancolia. Karl Abraham, que estava trabalhado o tema, recebeu uma cópia, conforme o costume de Freud de fazer circular, entre os íntimos, um esboço daquilo que escrevia. Devido às dificuldades da guerra, *Luto e melancolia* só pôde ser publicado em 1917.

Nunca é demais repetir que, muito embora esse ensaio seja considerado uma referência para abordar a visão psicanalítica de luto, a visada de Freud,[36] anunciada desde o primeiro parágrafo, era a de fundamentalmente elucidar a melancolia: "Depois que o sonho nos serviu como modelo normal dos distúrbios narcísicos, façamos a tentativa de elucidar a natureza da melancolia comparando-a com o afeto normal do luto".

Freud não dedicou ao luto nenhum ensaio exclusivo. Em *Luto e melancolia*, percebe-se que ele se ocupa do luto apenas na medida em que este ajuda a esclarecer a melancolia – um estado normal contraposto a um patológico –, seguindo a sugestão de Abraham,[37] que havia feito essa aproximação no texto de 1911. Torna-se, assim,

---

35 Gay, P. (1989). *Freud: Uma vida para o nosso tempo*. D. Bottman (Trad.) (p. 334). Companhia das Letras.

36 Freud, S. (1917/2010f). Luto e melancolia, *op. cit.*, p. 173.

37 Abraham, K. (1911/1970a). Notas sobre as investigações e o tratamento psicoanalítico da psicose maníaco-depressiva e estados afins, *op. cit.*

compreensível as razões pelas quais Freud deixou de lado alguns aspectos socioculturais cruciais ligados ao luto, muito embora tenha sempre manifestado um enorme interesse pelos estudos oriundos da Antropologia Social, como pode ser observado em *Totem e tabu* – publicado apenas dois anos antes de *Luto e melancolia*.

E como Freud vai tratar o luto nesse ensaio?

Ele vai abordá-lo essencialmente como um estado normal em contraposição à melancolia, sendo ambos considerados à luz da teoria libidinal sugerida no ensaio *Sobre o narcisismo*. As duas condições apresentam um recolhimento do investimento libidinal cuja causa aparente parece coincidir.

> *Via de regra, luto é a reação à perda de uma pessoa amada ou de uma abstração que ocupa seu lugar, como pátria, liberdade, um ideal etc. Sob as mesmas influências observamos, em algumas pessoas, melancolia em vez de luto, e por isso suspeitamos que nelas exista uma predisposição patológica.*[38]

Nota-se que o luto é uma reação não só à perda de uma pessoa amada mas também a de "uma abstração que ocupa seu lugar, como pátria, liberdade, um ideal etc."; essa observação, extraída de modo isolado do texto, pode ter contribuído para a posterior banalização do luto generalizado a qualquer situação tomada como perda. No entanto, o próprio Freud[39] ressaltou nesse mesmo texto que não é qualquer objeto perdido que nos deixará de luto, apenas aqueles com alto nível de investimento e incontáveis traços singulares de ligação: "Se o objeto não tem para o Eu uma grande significação, reforçada por mil nexos, então sua perda não é capaz de produzir luto ou melancolia".

---

38 Freud, S. (1917/2010f). Luto e melancolia, *op. cit.*, p. 172.

39 Ibid., pp. 190-191.

Diferentemente de outros textos cruciais à práxis analítica, não se sabe por que, mas, em *Luto e melancolia*, Freud não recorreu à clínica para sustentar as teses que queria apresentar. Ao contrário do texto de Abraham, rico em extratos clínicos, não há referência a nenhum caso (nem de luto nem de melancolia), aparecendo apenas a citação de um único exemplo quando ele se refere à perda de ordem ideal em que "o objeto não morreu verdadeiramente", mas "foi perdido como objeto amoroso (*o caso de uma noiva abandonada, por exemplo*)".[40]

Em vez de casos, Freud lançou mão do método comparativo aplicando, ao quadro da melancolia, o que verificou no luto. Ao comparar esses quadros, Freud ressaltou que o luto e a melancolia partilham dos seguintes traços: abatimento doloroso, cessação do interesse pelo mundo externo, perda da capacidade de eleger um novo objeto de amor, e inibição de toda atividade. Quanto a este último, enquanto na melancolia há a inibição de toda e qualquer atividade, no luto, de modo geral, essa inibição diz respeito às atividades que não se ligam à memória do morto. No luto, "a inibição e restrição do Eu exprime uma exclusiva dedicação ao luto, em que nada mais resta para outros interesses".[41]

Outro traço distintivo diz respeito ao notável rebaixamento da autoestima presente na melancolia, mas não no luto dito normal – daí a famosa frase, "no luto, é o mundo que se torna pobre e vazio; na melancolia, é o próprio Eu".[42] Na melancolia, é como se o *eu* se perdesse na própria perda, e um "delírio de pequenez", acompanhado de outras alterações (sono, alimentação), assume o centro da fala do sujeito. No luto, perder-se na perda ocorre apenas quando este assumiu uma forma patológica; quanto a esta condição, Freud evoca

40 Ibid., p. 175, grifo nosso.
41 Ibid., p. 173.
42 Ibid., p. 176.

apenas a neurose obsessiva dada a sua susceptibilidade às intensidades da ambivalência nas relações amorosas, deixando de lado a sua ocorrência na histeria.

> *Quando existe predisposição para a neurose obsessiva, o conflito da ambivalência empresta ao luto uma configuração patológica e o leva a se exprimir em forma de autorrecriminações, nas quais o indivíduo mesmo teria causado – isto é, desejado – a perda do objeto de amor.*[43]

A configuração patológica do luto na neurose obsessiva se assemelharia à da melancolia ao se exprimir na forma de autoacusações, como se o próprio sujeito tivesse provocado (isto é, desejado) o desaparecimento do objeto: "essas depressões neurótico-obsessivas que se seguem à morte de pessoas amadas nos mostram o que o conflito da ambivalência realiza por si só, quando não há também uma retração regressiva da libido".[44] Freud provavelmente tinha em mente, embora não o cite, o "Homem dos ratos".

E, por fim, ele destacou que, na melancolia, ao contrário do luto, a perda é de ordem inconsciente, isto é, nem sempre é possível perceber com clareza o que se perdeu, mesmo quando a perda "é conhecida do doente, na medida em que ele sabe *quem*, mas não *o que* perdeu nesse alguém". A melancolia, portanto, relacionaria-se "a uma perda de objeto subtraída à consciência; diferentemente do luto, em que nada é inconsciente na perda".[45] Comentaremos esse ponto controverso mais adiante.

E qual seria o trabalho realizado pelo luto?

---

43 Ibid., p. 183.

44 Ibid.

45 Ibid., p. 175.

> *Não me parece descabido expor esse trabalho da forma seguinte. O exame da realidade mostrou que o objeto amado não existe mais, e então exige que toda libido seja retirada de suas conexões com esse objeto. Isso desperta uma compreensível oposição. . . . O normal é que vença o respeito à realidade. Mas a solicitação desta não pode ser atendida imediatamente. É cumprida aos poucos, com grande aplicação de tempo e energia de investimento, e enquanto isso a existência do objeto perdido se prolonga na psique. Cada uma das lembranças e expectativas em que a libido se achava ligada ao objeto é enfocada e superinvestida, e em cada uma sucede o desligamento da libido. Não é fácil fundamentar economicamente porque é tão dolorosa essa operação de compromisso em que o mandamento da realidade pouco a pouco se efetiva. . . . Mas o fato é que, após a consumação do trabalho do luto, o Eu fica novamente livre e desimpedido.*[46]

A tese freudiana clássica é a de que o luto compreende um longo e conflituoso trabalho de desprendimento libidinal dos objetos perdidos a mando categórico do "exame da realidade",[47] que exige do sujeito a separação, já que o objeto não existe mais. Essa operação desperta intensa dor e resistência, pois não se abandona de bom

46 Ibid., p. 173-174.

47 A noção freudiana de "exame da realidade" no luto é bastante problemática e já foi suficientemente analisada por outros autores. Aos interessados remetemos aos trabalhos: Allouch, J. (2004). *Erótica do luto: No tempo da morte seca.* P. Abreu (Trad.). Companhia de Freud; Berta, S. L. (2007). *O exílio: Vicissitudes do luto. Reflexões sobre o exílio político dos argentinos* (1976-1983) [Dissertação de Mestrado em Psicologia Clínica não publicada]. Universidade de São Paulo; Lussier, M. (2007). Travail de deuil. PUF.

grado uma disposição libidinal satisfatória. A dor, e não a angústia, é o afeto por excelência do luto.

Freud demorou alguns anos para que pudesse explicar a natureza dolorosa do luto e suas condições econômicas. No apêndice C de *Inibição, sintoma e angústia*, ele apresenta uma analogia que permite transpor a sensação de dor física para o âmbito psíquico: "A passagem de dor física para dor psíquica corresponde à mudança de investimento narcísico para objetal".[48] Na dor física, haveria uma intensa concentração de investimento libidinal (narcísico) do ponto doloroso do corpo. Se esse investimento continua a aumentar, tende a esvaziar o *eu* por este estar totalmente centrado no ponto do corpo que emite a dor, assim como exprimiu o humorista alemão Wilhelm Busch como citado em Freud,[49] ao se referir à dor de dente: "no buraco de seu molar se concentra a sua alma".

Uma representação de objeto altamente investida se assemelha a uma parte do corpo carregada por algum aumento de estímulo: "A natureza contínua do processo de investimento e a impossibilidade de inibi-lo produzem o mesmo estado de desamparo psíquico".[50] Um objeto que falta concentra um elevado investimento de anseio não passível de satisfação, posto que ele não pode responder mais. O caráter doloroso de tal tarefa se deve ao intenso e irrealizável investimento concentrado no objeto ao qual não se consegue e nem se quer abandonar: "Despedir dá febre", traduziu o poeta Guimarães Rosa.[51] A dor sentida esmorece o corpo como se este estivesse gravemente doente e, em alguns casos, pode vir a colocá-lo no limite

---

48 Freud, S. (1926/2014). Inibições, sintomas e angústia. In *Obras completas*. P. C. Souza (Trad.) (v. 17, p. 123). Companhia das Letras.

49 Freud, S. (1914/2010e). Introdução ao narcisismo. In *Obras completas*. P. C. Souza (Trad.) (v. 12, p. 26). Companhia das Letras.

50 Ibid., p. 123.

51 Guimarães Rosa, J. (1956/2006). *Grande sertão: Veredas* (p. 65). Nova Fronteira.

da vida, como os Asra, conforme citado por Freud,[52] que "morrem, quando morrem aqueles que amam".[53]

A dor é acompanhada do minucioso trabalho rememorativo da relação vivida com o objeto. Enquanto este trabalho durar, o objeto prolonga sua existência na psique. Traço a traço, as lembranças e expectativas ligadas a ele são evocadas, enfocadas e superinvestidas, sucedendo a cada uma delas o desligamento da libido. Esse trajeto não segue necessariamente uma sequência temporal tão ordenada quanto aquela apresentada pela conhecida de Freud, "a senhora dos festivais de recordação". Entretanto sabe-se que, durante o trajeto do luto, ondas de lembranças e afetos se intensificam, especialmente por ocasião de datas culturais marcantes, como Natal, Dia das mães, aniversários, ou motivadas por encontros (contingenciais) de situações, pessoas, lugares, fotografias, músicas, objetos que remetem ao passado em comum.

Apesar de Freud[54] ter escrito que, no trabalho do luto, "nada é inconsciente na perda", no esforço de delimitar as diferenças em relação ao trabalho da melancolia, um pouco mais adiante no texto – ainda que *en passant* – ele sublinha as batalhas de fundamentação inconsciente igualmente presentes no luto:

---

52 Freud, S. (1915/2010c). Considerações atuais sobre a guerra e a morte. In *Obras completas*. P. C. Souza (Trad.) (v. 12, pp. 231-232). Companhia das Letras.

53 O poema "Des Asra", de Heinrich Heine, foi publicado em 1882, porém, o original é ligeiramente diferente do trecho que Freud recordou. Os Asra do poema são mais radicais; o próprio amor, e não a perda do amado é o que os mata: "Und der Sklave sprach: 'Ich heiße Mahomet/und bin aus Yemen,/und mein Stamm sind jene Asra,/welche sterben, wenn sie lieben'" [E o escravo disse: 'Eu me chamo Mahomet, eu vim do Yemem, e minha tribo se chama os Asra, aqueles que perecem, quando amam'"]. Tradução livre apoiada em uma tradução inglesa: "And the slave said, 'I am called Mahomet, I am from Yemen, and my tribe, it is the Asra, who die, when they love'".
http://www.lieder.net/lieder/get_text.html?TextId=51394

54 Freud, S. (1917/2010f). Luto e melancolia, *op. cit.*, p. 175.

> *Portanto, na melancolia travam-se inúmeras batalhas em torno do objeto, nas quais ódio e amor lutam entre si, um para desligar a libido do objeto, o outro, para manter essa posição da libido contra o ataque. Não podemos situar essas lutas em outro sistema que não o Ics, a região dos traços mnemônicos das coisas (em oposição aos investimentos de palavras).* Lá também ocorrem as tentativas de desligamento no luto, mas nesse último nada impede que esses processos continuem pela via normal até a consciência, através do *Pcs.*[55]

Na trilha dessa observação, ainda que a melancolia possa ultrapassar consideravelmente o luto, podemos aplicar a este último o que Freud disse sobre a melancolia: embora o enlutado saiba quem ele perdeu, é difícil discernir, de partida, o que de fato se perdeu na perda. Se o conflito da ambivalência é próprio de todo laço amoroso, há, igualmente no luto, o mesmo conflito entre amor e ódio em torno do objeto, entre proteger o vínculo e destruí-lo. A perda do objeto apenas oferece a ocasião para a ambivalência se manifestar em toda a sua insensatez.

Em outro trecho, ao discorrer sobre os processos psíquicos em jogo na melancolia, Freud indaga sobre o que acontece com os investimentos objetais inconscientes abandonados. Sua resposta, novamente, ressalta que a complexidade da relação objetal se aplica igualmente ao luto dito normal:

> *A resposta rápida e fácil seria que a "representação inconsciente (da coisa) do objeto é abandonada pela libido". Mas na realidade essa representação é constituída de inúmeras impressões singulares (traços inconscientes*

55 Ibid., p. 171, grifo nosso.

> *delas) e a execução dessa retirada de libido não pode ser um evento momentâneo, e sim,* como no luto, *um processo demorado, de lento progresso.*[56]

E conclui:

> *Portanto, a característica de executar passo a passo o desligamento da libido deve ser atribuído* igualmente ao luto e à melancolia, baseia-se provavelmente na mesma situação econômica e serve às mesmas tendências.[57]

Ora, se o trabalho é igualmente lento e demorado no luto, é porque ele requer, do mesmo modo que a melancolia, realizar o desligamento libidinal daquelas "inúmeras impressões singulares" desde o sistema Inconsciente. A diferença é que, no luto, este trabalho, esse combate pode fluir para o Consciente através do Pré-Consciente, região dos "investimentos de palavras", processo que estaria interditado à melancolia. Em uma palavra, o trabalho do luto é um trabalho realizado no registro simbólico, mas não só, como veremos.

A consideração pelo Inconsciente na relação com o objeto e no processo de subjetivação de uma perda traz impasses à proposta do trabalho rememorativo do luto e de sua finalização. Na versão de Freud, as impressões da relação vivida com o objeto são evocadas, sucedendo a cada uma delas o desligamento libidinal até que, ao final desse trabalho, por mais doloroso que seja, o luto chegaria ao fim e o *eu* ficaria livre e desimpedido para substituir o objeto perdido por um novo. Citamos:

> *A cada uma das recordações e expectativas que mostram a libido ligada ao objeto perdido, a realidade traz o*

56 Ibid., p. 190.
57 Ibid., p. 191, grifo nosso.

> *veredicto de que o objeto não mais existe, e o Eu, como que posto diante da questão de partilhar ou não esse destino, é convencido, pela soma das satisfações narcísicas em estar vivo, a romper o vínculo com o objeto eliminado. Podemos imaginar que esse rompimento ocorra de modo tão lento e gradual que, ao fim do trabalho, também o dispêndio que ele requeria foi dissipado.*[58]
>
> *É curioso que esse doloroso desprazer nos pareça natural. Mas o fato é que, após a consumação do trabalho do luto, o Eu fica novamente livre e desimpedido.*[59]

A consumação do trabalho do luto se apoia na ideia de deslocamento libidinal, que liberaria o *eu* das amarras do objeto. Em *A transitoriedade*, texto escrito um ano após *Luto e melancolia* e em conformidade com este, Freud um tanto exaltado, traz um comentário surpreendente sobre o fim do luto:

> *Sabemos que o luto, por mais doloroso que seja, acaba naturalmente. Tendo renunciado a tudo que perdeu, ele terá consumido também a si mesmo, e nossa libido estará novamente livre - se ainda somos jovens e vigorosos - para substituir os objetos perdidos por outros novos, possivelmente tão ou mais preciosos que aqueles.*[60]

Dois traços saltam aos olhos e têm sido fontes de controvérsias: o trabalho do luto visaria a deslocar a libido de um objeto a outro, e o objeto do luto é suposto como plenamente substituível. No fim

58 Ibid., p. 187.

59 Ibid., p. 174.

60 Freud, S. (1916/2010a). A transitoriedade. In *Obras completas*. P. C. Souza (Trad.) (v. 12, p. 251). Companhia das Letras.

do luto, os amados perdidos poderiam não apenas ser substituídos por outros novos como também estes últimos seriam capazes de nos oferecer as mesmas experiências de satisfação, ou até maiores. Chama a atenção a ideia do luto como que em íntima conexão com o transitório encontrado nos ciclos da natureza: um fluxo constante de restituição e renovação daquilo que foi perdido. A beleza do verão, duramente destruída pelo inverno, pode ser recomposta no próximo ciclo. Cada estação carrega, portanto, uma perda apenas parcial, com promessa de renovação permanente. Mas seria assim no luto?

"Se perco um pai, uma mãe, uma mulher, um homem, um filho, um amigo, vou eu, esse objeto, poder substituí-lo? Meu luto não está precisamente lidando com ele enquanto insubstituível?", indaga Allouch[61] ao reproblematizar o luto.

A experiência clínica e da vida tanto quanto a própria indicação freudiana do luto – não aprofundada, infelizmente – como um trabalho realizado desde o sistema Inconsciente contraria sobremaneira a ideia deste como uma operação "simples" que poderia ser liquidada sem restos. No luto, ressaltou Allouch,[62] não se trata dos objetos da pulsão – passíveis de deslocamentos e substituições –, mas dos objetos de amor.

No conjunto da obra freudiana, *Luto e melancolia* é um texto do período dito intermediário e contemporâneo das considerações acerca do narcisismo, logo o trabalho do luto é um trabalho ancorado no *eu* e, seguindo esta coordenada, ele se daria entre o registro imaginário e o simbólico, conforme sublinhou Sandra Berta.[63] Na teoria do narcisismo, de um lado, diferenciam-se o *eu* e o objeto; e,

---

61 Allouch, J. (2004). *Erótica do luto: No tempo da morte seca*, *op. cit.*, p. 49.

62 Ibid.

63 Berta, S. L. (2007). *O exílio: Vicissitudes do luto. Reflexões sobre o exílio político dos argentinos (1976-1983)* [Dissertação de Mestrado em Psicologia Clínica não publicada]. Universidade de São Paulo.

de outro, a distribuição dos investimentos libidinais, a libido do *eu* e a libido do objeto. O *eu* aparece como o depositário original do investimento libidinal, que depois cede uma cota de libido aos objetos.

A distribuição da libido seria como uma espécie de gangorra em que "quanto mais se emprega uma, mais empobrece a outra".[64] Na melancolia, trabalha-se com a hipótese de uma escolha objetal narcísica e, diante de dificuldades, o investimento libidinal pode regredir ao narcisismo. É o que acontece durante o "trabalho da melancolia", em que a libido liberada do objeto não consegue deslizar para um novo, refugiando-se no *eu*. Lá, servirá para estabelecer uma identificação do *eu* com o objeto perdido: "A identificação narcísica com o objeto se torna, então, substituto do investimento amoroso, do que resulta que a relação amorosa não precisa ser abandonada apesar do conflito com a pessoa amada".[65] O *eu* se torna o objeto abandonado, daí a famosa frase "a sombra do objeto caiu sobre o Eu".[66] Ou seja, o objeto perdido é, novamente, restaurado no *eu* via identificação.

Da mesma forma, no luto dito normal a perda de um objeto amado implica a retirada do investimento libidinal nele empregado para ser satisfatoriamente devolvida ao *eu*, esvaziando o mundo. Ao fim do luto, a libido refugiada no *eu* deslizará para novo(s) objeto(s). Freud, no entanto, não aborda o destino do objeto perdido: ainda subsistiria? De que modo?

Em *O Eu e o Id*, Freud[67] realiza algumas revisões teóricas necessárias à introdução da segunda tópica. Lá, ele aborda, ainda que de modo breve, um destino possível ao objeto perdido:

---

64 Freud, S. (1914a /2010e). Introdução ao narcisismo, *op. cit.*, p. 17.

65 Ibid., pp. 181-182.

66 Freud, S. (1917/2010f). Luto e melancolia, *op. cit.*, p. 181.

67 Freud, S. (1923/2011a). O Eu e o Id. In *Obras completas*. P. C. Souza (Trad.) (v. 16). Companhia das Letras.

> *Se um tal objeto sexual deve ou tem de ser abandonado, não é raro sobrevir uma alteração do Eu, que é preciso descrever como estabelecimento do objeto no Eu, como sucede na melancolia.... Talvez, com essa introjeção que é uma espécie de regressão ao mecanismo da fase oral, o Eu facilite ou permita o abandono do objeto. Talvez essa identificação seja absolutamente a condição sob a qual o Id abandona seus objetos.*[68]

Aplica-se, ao luto normal, o que ele dizia da melancolia: os laços libidinais que se ligavam ao objeto perdido são substituídos por traços identificatórios. O objeto perdido não seria aniquilado; ele teria, como destino, a identificação com toda a carga alienante que esta envolve.

Em suma, o luto freudiano tem por objetivo levar o *eu* a renunciar o objeto a mando dos decretos da realidade. Sua via elaborativa é o trabalho rememorativo, passo a passo, das lembranças e expectativas ligadas ao objeto até o ponto de sua renúncia psíquica e deslocamento libidinal para um novo objeto. Freud[69] não propõe um tempo de duração para o luto normal, mas confia que este será "superado após certo tempo, e achamos que perturbá-lo é inapropriado, até mesmo prejudicial". Todavia, fica-se sem saber os meios (econômicos) pelos quais a superação ou separação do objeto se tornaria possível - seja no luto normal, seja naquele que se tornou patológico no quadro da neurose – já que, no fim de um ou de outro, não há indícios de uma fase de triunfo sobre o objeto, diferentemente do que ocorre na melancolia quando a separação possível leva à mania. Talvez, sugere Freud, pelo fato de o luto se desenrolar de forma tão gradual e lenta,

---

68 Ibid., pp. 36-37.

69 Freud, S. (1917/2010f). Luto e melancolia, *op. cit.*, p. 172.

quando ele chega ao fim, não há mais energia disponível para gastar, pois ela foi toda consumida durante o processo.

Por fim, Freud[70] propõe que a superação da perda se daria por uma exigência narcísica: "A realidade traz o veredicto de que o objeto não existe mais, e o Eu, como que posto diante da questão de partilhar ou não esse destino, é convencido, pela soma de satisfações narcísicas em estar vivo, a romper o vínculo com o objeto eliminado". Em outras palavras, ao abrir mão do objeto, o *eu* receberia como compensação ou prêmio de consolação a satisfação narcísica de continuar vivo, apesar de... O objeto perdido subsistiria em forma de traços identificatórios, ou seja, ele teria como destino não uma identificação maciça, como se sucede na melancolia, mas uma parcial, isto é, aos traços.

Observa-se o quanto *Luto e melancolia* traz apenas uma teoria parcial e, conforme dito, não atualizada posteriormente. Novas observações sobre o luto aparecerão não nas obras seguintes, mas na correspondência privada de Freud, especialmente por ocasião da morte da filha e do neto.

Em 1920, Freud[71] indagou a Ernest Jones: "O senhor consegue se lembrar de uma época tão repleta de morte quanto a atual?" Período sombrio no qual às milhares de vítimas da Primeira Guerra agora se somavam outras milhares abatidas pela "gripe espanhola" que também levou a filha Sophie. Um pouco antes, o círculo psicanalítico de Viena tinha perdido Anton von Freund para o câncer e Victor Tausk, que se suicidara. Momento de dor, incertezas e dificuldades financeiras para Freud, que também estava às voltas com o câncer que começava a dar-lhe sinais. E, além disso, havia ainda a preocupação

70 Ibid., p. 189.

71 Como citado em Gay, P. (1989). *Freud: Uma vida para o nosso tempo*, *op. cit.*, p. 358.

com a questão da sobrevivência da Psicanálise. Abatido, Freud confidenciou à amiga Lou Andreas-Salomé:

> *Onde está minha [obra sobre] metapsicologia?. Em primeiro lugar, continua não escrita. A natureza fragmentária de minhas experiências e o caráter esporádico de minhas ideias não me permitiram apresentar uma exposição sistemática. Mas, se eu viver por mais dez anos, continuar capaz de trabalhar durante esse tempo, não morrer de fome, não morrer de cansaço, não ficar esgotado demais pela miséria de minha família ou das coisas em torno de mim - todas essas condições -, então prometo oferecer outras contribuições a ela.*[72]

Em meio ao luto, crise econômica e outras demandas da época, o corpo cansado e adoecido seguiu trabalhando, mas pesando o trabalho possível. E o primeiro grande texto que Freud produziu na sequência foi, não à toa, *Além do princípio de prazer*. Artigo assombroso e assombrado pela questão da morte. Nas últimas linhas, Freud[73] recorre aos poetas para dizer que é mais interessante movimentar-se, mesmo que capengando, do que ficar estagnado à espera das asas da perfeição: "O que não podemos alcançar voando, devemos alcançar claudicando. . . . Segundo as Escrituras, não é pecado claudicar".

Freud nunca admitiu - assim como o fez em *A interpretação dos sonhos* a respeito do luto do pai - que o texto *Além do princípio de prazer* participava do luto da filha, na época, recém perdida,

---

72 Ibid., p. 362.

73 Freud, S. (1920/2010b). Além do princípio do prazer. In *Obras completas*. P. C. Souza (Trad.) (v. 14, p. 239). Companhia das Letras.

mas temos notícias, pela sua correspondência pessoal, de que essa perda o fez considerar de outro modo o luto ao menos no âmbito privado. Em 12 de abril de 1929 (dia em que Sophie faria 36 anos se estivesse viva), ele escreveu ao amigo Binswanger igualmente de luto pela perda recente do filho mais velho:

> *Sabemos que a tristeza aguda que sentimos causada por tal perda chegará ao fim, mas também que ficaremos inconsoláveis, sem jamais encontrar um substituto. Não importa o que vir para assumir esse lugar, mesmo que o ocupe inteiramente, ainda assim permanece sempre algo de outro. E é assim que deveria ser. Esta é a única maneira de perpetuar um amor que não queremos abandonar.*[74]

Na carta, Freud desvia-se bastante de sua teoria do luto ao dizer que uma perda assim radical jamais encontraria um substituto equivalente. De fato, os filhos não são objetos intercambiáveis, conforme sublinhou Allouch,[75] tampouco qualquer outro parceiro de amor. O caráter insubstituível do objeto diz respeito àquelas milhares de impressões singulares e inconscientes, aquilo que nenhum outro virá satisfazer plenamente, e qualquer candidato a esse lugar permanecerá sempre como outro, um estrangeiro. Porém, como Freud nunca revisitou sua teoria do luto à luz dos avanços teóricos e experiências pessoais e clínicas, *Luto e melancolia* ainda perdura, para muitos, como a versão canônica do luto em Psicanálise.

---

74 Freud, S. (1929/2003). Letter from Freud to Ludwig Binswanger, April 11, 1929. In G. Fitchner (Ed.), *The Sigmund Freud-Ludwig Binswanger Correspondence 1908-1938* (p. 84). Other Press.

75 Allouch, J. (2004). *Erótica do luto: No tempo da morte seca, op. cit.*

2. Dos limites da rememoração: no meio da travessia, o real

Riobaldo em *Grande Sertão*[76] ao fim da contagem de sua longa travessia, conclui: "E me cerro, aqui, mire e veja. . . . Conto o que fui e vi, no levantar do dia. Auroras. Cerro. O senhor vê. Contei tudo. Agora estou aqui, quase barranqueiro". Com o recurso das palavras, o herói elabora, alivia-se e transmite algo de sua experiência, de suas perdas, ainda que as palavras não possam lhe "indenizar" por completo a "dor maior", como ele mesmo se expressa. Entre as saídas e as chegadas, o real cisma em aparecer: "Digo: o real não está na saída nem na chegada: ele se dispõe para a gente é no meio da travessia".[77]

Algo paradoxal, muito embora Freud não tenha considerado os limites de um trabalho do luto ancorado na rememoração, um ano antes de *Luto e melancolia*, ele havia escrito *Repetir, recordar e elaborar*, um texto fundamental que aborda e justifica os motivos que o levaram a reconsiderar o trabalho analítico pautado na recordação.

Em um primeiro momento, seguia-se o método catártico sugerido por Breuer. A ênfase do tratamento repousava, com o auxílio do estado hipnótico, na busca da formação do sintoma com a intenção de levar o paciente à descarga dos afetos retidos; tal escavação do passado fazia com que as situações anteriores jamais parecessem se confundir com as do presente. Recordar de modo a reproduzir a situação (causa) traumática com fins de ab-reação era a meta a ser alcançada. Quando a hipnose foi abandonada, ainda perdurou, por um tempo, a tarefa de se descobrir, via associação livre, o que o paciente deixava de recordar; a ab-reação caiu para segundo plano, mas o foco se manteve nas situações relacionadas ao desencadeamento do sintoma. Até que,

---

76 Guimarães Rosa, J. (1956/2006). *Grande sertão: Veredas*, *op. cit.*, p. 607.

77 Ibid., p. 64.

por fim, Freud abandonou a busca insistente pela causa e passou a se dedicar à arte da interpretação. Porém logo ficou evidente que algo resistia à recordação e que o trabalho analítico deveria tratar as resistências desconhecidas para que o analisante pudesse "relatar sem qualquer dificuldade as situações e os nexos esquecidos. Em termos descritivos: preenchimento das lacunas da recordação; em termos dinâmicos: superação das resistências da repressão".[78]

"Relatar sem qualquer dificuldade" o que quer que venha à mente, nada mais impossível. O transcurso analítico, apesar dos esforços associativos do analisante e interpretativos do analista, logo é surpreendido por outro tipo de retorno da lembrança escondida: "o analisando não recorda absolutamente o que foi esquecido e reprimido, mas sim o atua. Ele não o reproduz como lembrança, mas como ato, ele o repete, naturalmente sem saber que o faz".[79] A repetição aparece na forma de uma recordação agida, uma lembrança em ato. Do arsenal de seu passado, o analisante retira os elementos que o ajudam a se defender do avanço da análise e, ao mesmo tempo, invoca, da vida atual, um fragmento que daria a essa vivência a forte impressão de algo contemporâneo e real.

No entanto, a repetição não é mera reprodução, como se almejava nos tempos do método catártico, pois aponta o retorno diferencial de algo pela ação e, muito embora recordação e repetição estejam estreitamente relacionadas, é na repetição que se "funda uma memória inconsciente", ressaltou Ana Costa.[80] É uma pena que, quanto ao luto, a repetição não tenha sido considerada por Freud em benefício do trabalho de recordação.

---

78 Freud, S. (1914/2010g). Recordar, repetir, elaborar. In *Obras completas*. P. C. Souza (Trad.) (v. 10, p. 195). Companhia das Letras.

79 Ibid., p. 200.

80 Costa, A. (2001). *Corpo e escrita: relações entre memórias e transmissão da experiência* (p. 34). Relume-Dumará.

Se o processo de rememoração convencia bem no início é porque se tratava de histéricas e não se sabia então que o desejo delas é o desejo do pai. A rememoração, sustentada pela transferência, se fazia à serviço daquele que a demandava: "Nada de espantoso que, em benefício daquele que toma o lugar do pai, a gente se rememore das coisas até o fundinho", comentou Lacan no *Seminário 11*.[81]

Neste seminário, Lacan[82] retomou a repetição freudiana como um dos quatro conceitos fundamentais da Psicanálise e ressaltou sua dimensão real: "Vejamos então como o *Wiederholen* (*repetição*) se introduz. *Wiederholen* tem relação com *Erinnerung*, a rememoração. O sujeito em sua casa, a rememorialização da biografia, tudo isso só marcha até um certo limite, que se chama o real". O real como aquilo que "retorna sempre ao mesmo lugar", esse lugar onde o pensamento não alcança, onde não é possível rememorar.

Para introduzir sua concepção de repetição e sua relação com o real como causa, Lacan recorreu à noção de causa acidental, concebida por Aristóteles no livro *Física*, nos termos *tiquê* e *autômaton*. Enquanto *Autômaton* está relacionado ao retorno automático dos signos comandado pelo princípio do prazer, ou, de outro modo, trata-se da insistência do desejo humano ancorado na fantasia; *Tiquê* é o que vigora para além do *autômaton*, para além da rede significante e da fantasia, traduzido por Lacan como "encontro do real": "É, com efeito, de um encontro, encontro essencial, que se trata no que a psicanálise descobriu – de um encontro marcado, ao qual somos sempre chamados, com um real que escapole".[83] O real surpreende e suspende, temporariamente, a repetição monótona da

81 Lacan, J. (1964/2008e). *O seminário, livro 11: Os quatro conceitos fundamentais da psicanálise*. M. D. Magno (Trad.) (p. 55). Jorge Zahar.

82 Ibid.

83 Ibid., pp. 58-59.

cadeia significante, enquanto o pensamento não consegue localizar o que dela foi excluído, nas palavras precisas de Bruce Fink:[84]

> *Consideremos o simbolismo do mais/menos (+/–) que Lacan desenvolve no Seminário 2 e no seu posfácio ao "Seminário sobre a carta roubada", pois este simbolismo descreve o funcionamento do pensamento – pensamento inconsciente – na teoria lacaniana. No exemplo de Lacan, a cadeia não consegue atingir o número 3 num certo ponto. Ela permite retornos ao 1 e ao 2, mas não ao 3. Obviamente, essa é uma analogia, mas que ajuda a ilustrar a ideia de que o real é o que sempre volta ao mesmo lugar: o número ou letra excluídas. Volta ao mesmo lugar onde o sujeito, na medida em que pensa, a* res cogitans *ou coisa pensante, não o encontra – isto é, não cruza seu caminho, já que ele está radicalmente excluído ali.*

O autor exemplifica sua fala com um exemplo clínico: o analisante que dá inúmeras voltas na tentativa de elaborar o que parece ser a questão, mas não o consegue, a menos que o analista lhe dê um "empurrãozinho".

> *O real aqui é o nível da causalidade, o nível daquilo que interrompe o funcionamento tranquilo do* autômaton, *da seriação automática, sujeita à lei regular dos significantes do sujeito no inconsciente. Ao passo que os*

84 Fink, B. (1997). A causa real da repetição. In R. Feldstein, B. Fink & M. Jaanus, *Para ler o* Seminário 11 *de Lacan: Os quatro conceitos fundamentais da psicanálise*. D. D. Estrada (Trad.) (p. 241). Jorge Zahar.

> *pensamentos do analisando estão destinados a perder sempre o alvo do real, conseguindo apenas circular ou gravitar em torno dele, a interpretação analítica pode atingir a causa, levando o analisando a um encontro com o real:* tiquê. *O encontro com o real não está situado no nível do pensamento, mas no nível onde a "fala oracular" produz não senso, aquilo que não pode ser pensamento.*[85]

O que se costuma chamar de repetição, na teoria analítica desde Freud, Lacan aproximou de *autômaton*, a volta insistente dos signos e que diz respeito à rememoração e é, nesse sentido, o retorno do mesmo. Já a repetição proposta por Lacan, sob o nome de *tiquê*, não se relaciona nem com o retorno dos signos nem com a repetição enquanto rememoração agida: "O real é aqui o que retorna sempre ao mesmo lugar – a esse lugar onde o sujeito, na medida em que ele cogita, onde a *res cogitans*, não o encontra".[86] *Tiquê* é, portanto, o encontro do real, algo em que o sujeito tropeça a todo instante, mas a que atribui um caráter fortuito, acidental.

Se *autômaton* visa sempre ao mesmo, *tiquê* surpreende; por meio dela encontra-se o novo, o diferente, para além do princípio do prazer e do princípio da realidade. O encontro do real (*tiquê*) é o acidente que interrompe o deslizamento infinito da cadeia significante (o *autômaton*, a rememorialização) e que pode provocar a descontinuidade, o despertar. O tropeção que, no curso de uma análise, pode favorecer a separação da repetitiva cadeia rememorativa que ameaça aprisionar o sujeito, como pode ser o caso da conhecida de Freud presa a um trabalho rememorativo (de luto) interminável.

---

85 Ibid., p. 242.

86 Lacan, J. (1964/2008e). *O seminário, livro 11: Os quatro conceitos fundamentais da psicanálise, op. cit.*, p. 55.

Entre aquilo que se repete (*autômaton*) e o encontro faltoso (*tiquê*), pode haver uma relação solidária, explicitada por Berta,[87] a partir do acontecimento traumático:

> *O* autômaton, *como a rede de significantes, define o retorno dos signos. A* tiquê *refere ao real como encontro. Para além do retorno dos signos, e por causa desse retorno, se verifica esse real como encontro, que em Freud pode ser identificado ao umbigo dos sonhos. Essa relação entre* tiquê *e* autômaton *permite vislumbrar uma solidariedade existente entre o que se repete e o encontro, pois se há repetição é porque sempre se encontra a falta.*

Tiquê é encontro marcado "com o perdido",[88] diz a autora. Um encontro que, na origem da Psicanálise, esteve sob a forma do traumatismo que então determinava, por seus efeitos, a origem da neurose. Tudo parecia ter se dado de modo acidental, e o acontecimento, segundo o princípio da homeostase, deveria ser absorvido, esquecido. A questão que permanecia em aberto era a de saber como o sistema psíquico, orientado pelo princípio do prazer, preservava, em suas malhas, uma cena traumática que insistia em retornar e trazer à lembrança um acontecimento doloroso que resistia à significação: "O trauma reaparece ali, com efeito, e muitas vezes com o rosto desvelado. Como pode o sonho, portador do desejo do sujeito, produzir o que faz ressurgir em repetição o trauma – senão seu rosto mesmo, pelo menos a tela que o indique ainda por trás?".[89]

---

87 Berta, S. L. (2010). Do trauma ao troumatismo. *Revista de Psicanálise Stylus*, (21), 59.

88 Ibid., p. 58.

89 Lacan, J. (1964/2008e). *O seminário, livro 11: Os quatro conceitos fundamentais da psicanálise, op. cit.*, p. 60.

Lacan[90] evoca o sonho comovente, já tantas vezes analisado, do filho que vem acordar o pai, um sonho angustiante em torno do mistério da morte de um filho. As circunstâncias preliminares ao sonho e o próprio sonho aparecem assim descritos por Freud:[91]

> *Um pai passou dias e noites à cabeceira do filho doente. Depois que a criança morre, ele vai para um quarto vizinho, a fim de descansar, mas deixa a porta aberta, para poder ver o aposento onde jaz o corpo do filho, cercado de velas altas. Um homem idoso foi encarregado da vigília e está sentado junto ao corpo, murmurando orações. Após algumas horas de sono, o pai sonha que* o filho está em pé ao lado de sua cama, que o agarra pelo braço e sussurra em tom de repreensão: "Pai, você não vê que estou queimando?" *Ele acorda e vê um brilho forte vindo do quarto do filho, corre até lá e encontra o vigia idoso adormecido, a mortalha e um braço do corpo amado do filho queimados por uma vela que caíra.*

Esse sonho enigmático abre o capítulo VII de *A interpretação dos sonhos*, mas, infelizmente, ele não foi colhido diretamente do próprio sonhador, e nada sabemos deste nem dos elementos subjacentes a sua trama onírica, o que limita bastante qualquer tentativa de interpretação. Freud o escutou de uma analisante que soube do sonho em uma conferência e, de tão impressionada, tratou de repetir tais elementos em um sonho próprio. Por que será que o sonhador, diante do clarão de luz a invadir o quarto, teria preferido produzir um sonho em vez de o necessário despertar diante do iminente perigo?

---

90 Ibid., p. 41.

91 Freud, S. (1900/2019). A interpretação dos sonhos, *op. cit.*, p. 558, grifo do autor.

Apesar de esse sonho parecer contrariar a teoria princeps do sonho como (tentativa de) realização de desejo, este não faltou, pois o sonho possibilitou ao pai lutuoso reencontrar o filho:

> *pela realização desse desejo, o pai prolongou o sono por um momento. O sonho teve preferência sobre a reflexão em estado de vigília, porque mostrou a criança viva. Se o pai tivesse acordado primeiro e depois tirado a conclusão que o levou até o quarto vizinho, ele teria como que abreviado a vida da criança por esse momento.*[92]

Acompanhando o pensamento de Freud, se uma das funções do sonho é velar o sono, este se prolongou por um instante, apesar do clarão vindo do aposento ao lado, por realizar o desejo do pai de reencontrar o filho redivivo e prolongar, desse modo, sua existência. O sonho se faz também para não o acordar, para poupá-lo do horror de ver o corpo da criança prestes a ser devorado pelas chamas, visão terrível de uma segunda morte iminente.

Em outra via, Lacan marcou, nesse sonho, não tanto a confirmação da teoria do desejo, mas aquilo que ele deixa passar por trás, a repetição do traumático, o encontro (velado) do real. Em belíssima passagem, ele comenta:

> *Pois não é que, no sonho, se sustente que o filho vive ainda. Mas o filho morto pegando o pai pelo braço, visão atroz, designa um mais-além que se faz ouvir no sonho. O desejo aí se presentifica pela perda imajada ao ponto mais cruel, do objeto. É no sonho somente que se pode dar esse encontro verdadeiramente único. Só um rito,*

92 Ibid., p. 559.

> *um ato sempre repetido, pode comemorar esse encontro imemorável – pois que ninguém pode dizer o que seja a morte de um filho – senão o pai enquanto pai – isto é, nenhum ser consciente.*[93]

Ao contrário daquele outro encontro, citado por Gorer,[94] no qual a voz do filho morto – "it's all right, Mum" ("está tudo bem, mamãe") – retorna alucinatoriamente para confortar a mãe angustiada, nesse sonho, todavia, o encontro não tranquiliza, mas acorda. A voz do filho é acusatória, "não vês que estou queimando?". Mas "o que é que desperta?", indaga Lacan;[95] "não será, no sonho, uma outra realidade? . . . Não será que nessas palavras passa a realidade faltosa que causou a morte da criança?".

A queixa da criança pode ter sido realmente dita enquanto ardia em febre, e reverbera no mesmo furo que fez Mallarmé escrever, em pura dor:

> *X*
>
> *mãe I*
> *não se pode*
> *morrer com olhos*
> *assim, etc.*
>
> ---
>
> *pai deixa ecoar*

---

93 Lacan, J. (1964/2008e). *O seminário, livro 11: Os quatro conceitos fundamentais da psicanálise, op. cit.*, p. 63.

94 Gorer, G. (1967a). *Death, grief and mourning: A study of contemporary society, op. cit.*, p. 28.

95 Lacan, J. (1964/2008e). *O seminário, livro 11: Os quatro conceitos fundamentais da psicanálise, op. cit.*, pp. 62-63.

em seu pavor,

soluços

"ele está morto"

–e é na onda

desse grito, que

II a criança se[96]

Desfalecimento de um pai (e de uma mãe) diante da impossibilidade de realizar bem a tarefa de salvar o filho da morte ou, no caso do sonho, das chamas que ameaçam aniquilá-lo pela segunda vez. E há algum pai (ou mãe), por mais acordado que esteja, que saiba fazer diante da inevitável morte de um filho? Há algum suficientemente capaz de sempre proteger o filho da morte?

X

Morte!

Ah ! tu pensas que

podes levá-lo de mim

assim – dessa

mãe

– de mim

pai

———

confesso que podes

muito[97]

---

96 Mallarmé, S. (1961/2021). *[Para um túmulo de Anatole]: [Pour un tombeau d'Anatole]*. G. G. Flores (Trad.) (folha 56, p. 73). Kotter editorial.

97 Ibid., folha 151, p. 169.

Se este sonho (bem como os bosquejos de Mallarmé) nos toca ainda tanto, é porque celebra o encontro único que se dá, segundo Lacan,[98] entre *autômaton* e *tiquê*: o desejo suposto do sonhador (ver o filho vivo outra vez conforme o princípio de prazer) e, de modo velado, disfarçado, o mais-além, o irrepresentável da morte, a cena traumática.

> *O real, é para além do sonho que temos que procurá-lo – no que o sonho revestiu, envelopou, nos escondeu, por trás da falta de representação, da qual lá só existe um lugar-tenente. Lá está o real que comanda, mais do que qualquer outra coisa, nossas atividades, e é a psicanálise que o designa para nós.*[99]

O real é encontro faltoso, surpreende como um fantasma (seja o *ghost* do filho, seja o *ghost* do pai de Hamlet), mas não pode ser encarado ou encontrado diretamente, nem mesmo em sonhos. O que é da ordem do real – a realidade faltosa, a representação faltosa – o sonho tenta revestir, cingir de representações e imagens para que o sonhador continue dormindo. O que encontramos no sonho é o lugar-tenente da representação, o *vorstellungrepräsentanz* evocado a partir da rede significante (*autômaton*) e que dissimula a outra realidade escondida por trás.

Porém, por trás da tela, se fosse possível levantá-la, não haveria nada; a *Vorstellung* faltosa é intraduzível, impensável em termos de palavras:

> Vorstellung *é aquilo que é representado por significantes, não são os próprios significantes. Parece ser uma presença*

98 Lacan, J. (1964/2008e). *O seminário, livro 11: Os quatro conceitos fundamentais da psicanálise, op. cit.*

99 Ibid., p. 65.

> *ou imagem real que jamais pode ser expressa em palavras. Pode-se ficar tentado a pensar que o faltoso é o "pensamento verdadeiro", mas parece que a* Vorstellung, *aqui, está mais provavelmente no nível do impensável, do inominável, do indizível.*[100]

O sonho reveste, como uma tela, o impossível da morte de um filho (o real, *tiquê*), e este retorna das sombras, mas não na figura do *ghost* da criança morta, como nos casos de assombração, e sim intacto, com sua voz e sua imagem. Dura pouco. A aparição logo se dissipa, e o pai, perturbado, com o duro reproche do filho, acorda. Como não evocar aqui as palavras dolorosas de Mallarmé que pressente (e anseia) o *petit fantôme* que vem silenciosamente lhe visitar?

> *que queres, doce*
> *visão adorada -*
> *que tanto vens*
> *até mim, te*
> *inclinar...*
> *– o que ignoras?*
> *– não eu não*[101]

Esse sonho exemplar reitera a insuficiência do simbólico diante do real, aquilo diante do qual qualquer pai fraquejaria. Na circunstância do sonho, quando o pai sentiu que o cansaço iria abatê-lo, recorreu

---

100 Fink, B. (1997). A causa real da repetição, *op. cit.*, p. 243.

101 Mallarmé, S. (1961/2021). *[Para um túmulo de Anatole]: [Pour un tombeau d'Anatole], op. cit.*, folha 152, p. 170.

a um representante para substituí-lo; este, no entanto, não estava à altura da tarefa e acabou também fraquejando.

Entretanto, se o simbólico tem seus limites, se está fora do seu alcance fechar o furo aberto pelo luto, ele é também aquilo por meio do qual a dor pode tornar-se dizível, tolerável, partilhável. Não há elaboração possível sem apelo ao simbólico. É no suporte do simbólico (e do imaginário) que se atravessa, ainda que seja fraquejando, claudicando.

Aqui novamente os poetas se adiantam para dizer dos inomináveis da vida melhor do que somos capazes:

> *Ah, tem uma repetição que sempre outras vezes em minha vida acontece. Eu atravesso as coisas – e no meio da travessia não vejo! – só estava era entretido na ideia dos lugares de saída e de chegada. Assaz o senhor sabe: a gente quer passar um rio a nado, e passa; mas vai dar na outra banda é num ponto muito mais em baixo, bem diverso do em que primeiro se pensou. Viver nem não é muito perigoso?*[102]

3. *Lacan: luto furo no real*

Apesar de Lacan, assim como Freud, não ter dedicado ao luto um estudo exclusivo, alguns autores como Allouch[103] e Berta[104] concordam, e nós junto com eles, haver uma versão lacaniana de luto

---

102 Guimarães Rosa, J. (1956/2006). *Grande sertão: Veredas, op. cit.*, p. 35.

103 Allouch, J. (1995/2004). *Erótica do luto: No tempo da morte seca, op. cit.*

104 Berta, S. L. (2007). *O exílio: Vicissitudes do luto. Reflexões sobre o exílio político dos argentinos (1976-1983), op. cit.*

localizada essencialmente, mas não só, no Seminário *O desejo e sua interpretação*,[105] na parte dedicada à *Hamlet* de Shakespeare.[106,107]

Fenômeno literário sem precedentes, a peça é considerada a "*Mona Lisa* da literatura"[108] não tanto por sua perfeição enquanto obra de arte, mas pelo seu mistério que encanta e fascina, há mais de três séculos. Transbordante, o príncipe dinamarquês é o mais falante de todos os personagens de Shakespeare e certamente aquele de quem mais se fala. No centro da peça, ele é a própria encarnação do mistério: espirituoso, poético, desconcertante, sublime; Hamlet ultrapassou a própria obra para se tornar um "mito independente" ao lado de D. Quixote, Aquiles, Helena de Troia.[109]

Na trilha aberta por Freud, Lacan também se debruçou sobre o enigma de Hamlet e dedicou-lhe sete lições do *Seminário 6*, do dia 4 de março a 19 de abril de 1959. Ele o introduziu logo após a análise estrutural do sonho de um analisante de Ella Sharpe, a grande analista inglesa amante da poesia shakespeariana. *Hamlet* não lhe veio por acaso, já que ele havia se imposto graças aos ecos do "ser e não ser" recolhidos da posição daquele analisante em relação ao falo e que acabou por conduzir Lacan à questão do desejo, um dos temas mais cruciais do pensamento de Freud.

---

105 A fim de seguirmos uma leitura o mais próxima possível do ensino de Lacan, algumas versões deste seminário foram consultadas: 1) a oficial, em francês e português, estabelecida por Jacques-Alain Miller; 2) a transcrição francesa da estenotipia disponível no site: http://staferla.free.fr/S6/S6.htm; 3) e a tradução brasileira da estenotipia publicada pela Associação Psicanalítica de Porto Alegre, sendo esta a versão usada, neste livro, para todas as citações do *Seminário 6*.

106 Em relação a *Hamlet*, todas as citações foram extraídas da versão da Companhia das Letras em tradução premiada de Lawrence Flores Pereira. Quanto à versão original, consultou-se a 3ª edição da The Arden Shakespeare, a mesma usada por Miller para a transcrição das citações de *Hamlet* por Lacan.

107 Aos interessados em esmiuçar a leitura de *Hamlet* empreendida por Lacan, remetemos à marginália em apêndice.

108 Eliot, T. S. (1921/2015). Hamlet e seus problemas. In W. Shakespeare, *Hamlet*. L. F. Pereira (Trad.) (p. 37). Companhia das Letras.

109 Bloom, H. (2001). *Shakespeare: A invenção do humano*. J. R. O'Shea (Trad.) (p. 480). Objetiva.

Para realizar sua leitura inédita e sofisticada da trama shakespeariana, Lacan recorreu ao Grafo do desejo (Figura 4.1) com suas letras, fórmulas (matemas) e vetores (de orientação e ligação), e, ainda, ao ternário, dito à época simbólico, imaginário e real. Hamlet lido pelo Grafo, e o Grafo se construindo por meio da leitura de Hamlet. De modo que, para se acompanhar minimamente as articulações de Lacan referentes ao luto, é imprescindível um pouco de grafologia.

Os primeiros esboços do Grafo[110] (também chamado de esquema ou grama) apareceram durante os anos de 1957 e 1958; este foi construído, passo a passo, ao longo do *Seminário 5, As formações do inconsciente*. Nesse seminário, o Grafo serviu a Lacan para ler o "familionário", dito espirituoso do poeta alemão Heinrich Heine usado por Freud no livro sobre o chiste. Em poucas palavras, o grafo é composto, basicamente, de dois patamares homólogos, sendo que o piso superior reduplica o inferior; a linha $m - i(a)$, por exemplo, corresponde, no piso inferior, ao registro imaginário, enquanto a linha $\$\Diamond a - d$ corresponde, no piso superior, ao simbólico.[111]

Segundo Lacan,[112] o objetivo do Grafo é basicamente mostrar as relações "do sujeito falante com o significante". Os dois patamares operariam não em um tempo cronológico, mas simultaneamente no menor ato de fala. De maneira bastante feliz, Porge[113] resumiu a ideia do Grafo:

---

110 Esmiuçar a construção do Grafo fugiria em muito o escopo deste capítulo. Nos limitaremos, aqui, a apresentar e contribuir com algumas observações para a presente leitura. Aos interessados em se aprofundar, sugerimos , além do *Seminário 6*, o *Seminário 5, As formações do inconsciente* (1956-1957), e o texto "Subversão do sujeito e a dialética do desejo" (1960), publicado em os *Escritos*.

111 Porge, E. (2006). *Jacques Lacan, um psicanalista: Percurso de um ensino*. C. T. G. Lemos, N. V. Araújo Leite & V. Veras (Trad.). Universidade de Brasília.

112 Lacan, J. (1958-1959/2002). *O seminário, livro 6: O desejo e sua interpretação* (p. 37). Publicação não comercial. Circulação interna da Associação Psicanalítica de Porto Alegre.

113 Porge, E. (2006). *Jacques Lacan, um psicanalista: Percurso de um ensino, op. cit.*, p. 95.

> *O primeiro patamar ratifica o fato de que o sujeito fala e, assim o fazendo, está submetido às leis da linguagem em sua abordagem da realidade. O segundo articula o modo como o sujeito se situa não em vista da realidade, mas em relação ao primeiro patamar, isto é, à fala e à linguagem, quando é levado pela questão sobre o que falar quer dizer, e apercebe-se de que diz mais do que seus enunciados. Esse segundo nível é, pois, o da enunciação, e o daquilo que escapa ao sujeito em sua linguagem, por excesso ou por falta, ou seja, o que constitui, propriamente falando, seu inconsciente.*

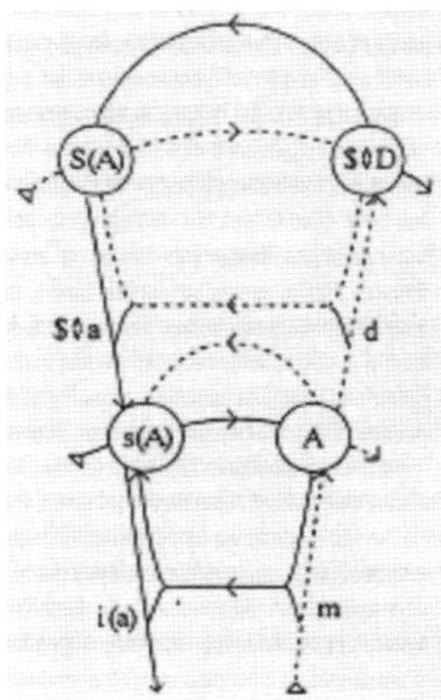

Figura 4.1. Grafo do desejo.[114]

No primeiro patamar, a linha *m – i(a)* escreve a experiência especular que se faz do *eu* (*moi*) à imagem do outro, relação fundadora da *urbild* do *eu*. Já a linha *s(A) – A* da cadeia significante é marcada duas vezes pelo vetor de intenção, em *A* e em *s(A)*. Sendo o cruzamento em *A* o lugar do Outro, do tesouro do significante, da fala em que "os significantes se compõem segundo as leis da

---

114 Lacan, J. (1958-1959/2002). *O seminário, livro 6: O desejo e sua interpretação*, *op. cit.*, p. 27.

metáfora e da metonímia",[115] enquanto o cruzamento em *s(A)* (significado ao Outro) inscreve a mensagem produzida pelo sujeito a partir do encontro de significantes no nível do código – logo é uma mensagem sempre referida ao Outro. É lá que se modela o sentido, as significações daquilo que queremos dizer. Mas há também o para além desse discurso.

É na experiência do Outro que o sujeito pode se interrogar sobre seu desejo como desejo do Outro. Nesse intervalo, produz-se a passagem da demanda (endereçada ao *A*) ao desejo (*d*); trata-se da passagem para o segundo patamar do grafo. No ponto da intersecção do Outro, *A*, o sujeito (desejante do desejo do Outro) o interroga na busca de uma resposta sobre o que ele é ou o que ele quer como sujeito, mas recebe uma resposta enigmática: "Que queres?" / "O que me quer?" ("*Che vuoi*?"). A questão dirigida ao Outro não obtém resposta; o Outro não pode responder a não ser em forma de ausência desse significante, escrita no alto do grafo à esquerda como *S(A̸)*, ou seja, o significante de uma falta no Outro.

> S(A̸), *quer dizer isto: é que A, o grande Outro, não é um ser, mas o lugar da palavra,* S(A̸) *quer dizer que neste lugar da palavra, em que repousa sob uma forma desenvolvida, ou sob uma forma [disfarçada], o conjunto do sistema dos significantes, isto é, de uma linguagem, falta alguma coisa. Alguma coisa que pode não ser senão que um significante faz falta aí.*[116]

Portanto, é no interior da experiência do Outro, no interior desse discurso que o estrutura, que o sujeito pode interrogar o que ele

---

115 Porge, E. (2006). *Jacques Lacan, um psicanalista: Percurso de um ensino*, *op. cit.*, p. 96.

116 Lacan, J. (1958-1959/2002). *O seminário, livro 6: O desejo e sua interpretação*, *op. cit.*, p. 314.

quer. A linha além do Outro [A], Lacan escreveu em forma de uma interrogação do sujeito sobre sua própria vontade, e, no primeiro ponto de paragem, ele situou *d*, o desejo submetido a uma certa regulação dada pelo fantasma, [$\$\lozenge a$], que se lê *sujeito-barrado-punção-de-pequeno-a.*

Se, no nível simbólico, o sujeito não recebe nenhuma resposta do Outro ao enigmático *Che vuoi?* (a não ser $S(\cancel{A})$), no ponto de intercruzamento do simbólico com o imaginário aparece uma resposta grafada sob a forma do matema da fantasia. A punção é o que permite articular, de forma diversa, o sujeito dividido/afetado pelo significante e o objeto pequeno outro da fantasia: "cada vez que se depararem com algo que é propriamente falando um fantasma, verão que ele é articulável nesses termos de referência do sujeito como falando ao outro imaginário", diz Lacan[117] à época. Cabe notar que, ao longo desse mesmo seminário, o estatuto do objeto passa progressivamente de objeto em seu substrato imaginário para objeto impossível, real, anúncio do que mais tarde se constituirá como objeto causa de desejo.

3.1 *Hamlet*, "uma tragédia do mundo subterrâneo"

A primeira interpretação analítica de *Hamlet* foi apresentada por Freud em um breve comentário em *A interpretação dos sonhos*, no qual compara a tragédia do príncipe com a da personagem de Édipo *Rei*, de Sófocles:

> *Outra grande tragédia, o* Hamlet *de Shakespeare, tem suas raízes no mesmo solo que o Édipo rei. No processamento alterado da matéria, porém, revela-se toda a diferença na vida psíquica dos dois períodos culturais,*

117 Ibid., p. 29.

> *tão distantes um do outro, o avanço secular da repressão na vida afetiva da humanidade. Em* Édipo, *a fantasia de desejos subjacente na imaginação da criança é trazida à luz e realizada como que num sonho; em* Hamlet, *ela permanece reprimida, e ficamos sabendo de sua existência – semelhante ao estado de coisas numa neurose – apenas por meio dos efeitos de inibição que dela partem.*[118]

Na visão de Lacan, o que torna *Hamlet* particularmente interessante e propício à interpretação analítica é a maneira atípica de Shakespeare de apresentar o clássico mito do herói. A estrutura fundamental do mito versa sobre um jovem que enfrenta uma longa e tortuosa batalha para escapar de uma série de perigos e ciladas que o perseguem desde o nascimento até que, ao final da saga, ele obtém sucesso ao se vingar do rival tirano, geralmente o pai. Em *Hamlet*, a estrutura básica do mito foi subvertida, e a realização do drama edipiano se produz não na própria geração do herói, como no caso de Édipo, mas na geração precedente. Além disso, o crime foi deliberadamente praticado; trata-se de uma traição, e a vítima sabe muito bem disso; voltando das sombras para clamar por vingança.

A maioria dos comentadores – entre eles Freud – concorda que um ponto crucial na peça é o problema da procrastinação, as hesitações do herói em cumprir a vingança prometida ao pai. Essa "armadilha de pássaro", legada por Shakespeare, atraiu a maioria dos ensaios críticos e controvérsias literárias em torno do herói. O que impediria Hamlet de realizar de uma vez a tarefa que o fantasma lhe encomendou e para a qual ele parecia, a princípio, tão decidido e corajoso?

---

118 Freud, S. (1900/2019). A interpretação dos sonhos, *op. cit.*, p. 306.

Fantasma: . . . Escuta, escuta, oh, escuta!
Se você alguma vez amaste o teu querido pai –
Hamlet: Oh, Deus!
Fantasma: Vinga esse assassínio vil e antinatural.
Hamlet: Assassínio!
Fantasma: Assassínio o mais vil, como todo há de ser,
Mas esse mais estranho, vil e inatural!
Hamlet: Fala logo, que eu, com asas bem mais rápidas
que o pensamento de amor, voarei pra vingança.
*(*Hamlet, *ato I, cena V).*[119]

Alguma coisa não anda no desejo de Hamlet, ainda que tudo contribua para que ele aja: o sentimento de usurpação, de injustiça e rivalidade, o ressentimento contra a mãe em seu casamento apressado com o tio-usurpador e, acima de tudo, a ordem do pai clamando por vingança. Ao longo da peça, a firme disposição inicial é dissolvida em elucubrações sem fim, hesitações, autorrecriminações e adiamentos.

Eu sou o próprio asno! Não é estranho, esplêndido
Que eu, filho de um pai querido assassinado,
Propelido à vingança pelos céus e os infernos
Fique como puta airando a alma com frases
E rogando praga feito uma bisca vadia,
Feito lavadeira! Uh, é muito nojento!
*(*Hamlet, *ato II, cena II).*[120]

---

119 Shakespeare, W. (1604-1605/2015). *A tragédia de Hamlet, príncipe da Dinamarca.* L. F. Pereira (Trad.) (p. 77). Companhia das Letras.

120 Ibid., p. 106.

A resposta freudiana,[121] seguida por outros psicanalistas (entre eles, Ernest Jones), é que Hamlet tem, em Cláudio, o tio que assassinou o rei e desposou a rainha, um duplo: "Hamlet pode fazer qualquer coisa, menos se vingar daquele homem que afastou seu pai e ocupou seu lugar ao lado de sua mãe, daquele homem que lhe mostra a realização de seus desejos reprimidos da infância". Em outras palavras, Hamlet vacila porque se encontra identificado com o tio Cláudio, assim, o ódio que deveria alimentar seu impulso de vingança é substituído por remorsos e escrúpulos de consciência que lhe retornam o fato de que ele próprio não é melhor do que aquele que deve punir. Como se vingar de um homem que realizou seus próprios desejos? Um pouco mais tarde, Freud[122] dirá que o fascínio que Hamlet exerce sobre nós se deve justamente ao uso bem-sucedido da "neurose no palco": os espectadores se identificam com o herói que peleja para manter sob recalque seus desejos inconscientes, mas o fato de o dramaturgo ter obtido sucesso em disfarçar o conflito subjacente faz com que este seja percebido sem ser examinado, e, assim, ser recebido sem levantar resistências.

Lacan, por sua vez, não analisou Hamlet como se fosse uma pessoa real, um caso clínico, mas como uma "composição" ou uma "estrutura" que lhe serviu para situar, demonstrar a problemática do desejo. A trama da peça seria uma espécie de rede ou "armadilha de pássaro em que o desejo do homem – nas coordenadas que justamente Freud nos descobre, ou seja, sua relação ao Édipo e à castração – está aí articulado essencialmente".[123]

Sabemos que o desejo humano não é um dado natural simplesmente adquirido ou investido, é preciso situá-lo, encontrá-lo

---

121 Freud, S. (1900/2019). A interpretação dos sonhos, *op. cit.*, p. 306.

122 Freud, S. (1942 [1905 ou 1906]/2016). Personagens psicopáticos no palco. In *Obras completas*. P. C. Souza (Trad.) (v. 6, p. 368). Companhia das Letras.

123 Lacan, J. (1958-1959/2002). *O seminário, livro 6: O desejo e sua interpretação*, *op. cit.*, p. 273.

sempre nesse além do Outro (ver Grafo do desejo). O sujeito "tem de encontrá-lo a seu mais pesado custo e à custa de sua mais pesada pena, a ponto de não encontrá-lo senão no limite, ou seja, em uma ação que não pode para ele se acabar, se realizar, senão à condição de ser mortal".[124] Um custo que lhe vale um luto muito especial, o luto do falo, como veremos.

A partir dessas coordenadas, nota-se que Lacan conduzirá sua lenta e por vezes zigzagueante trajetória interpretativa em um registro bem diverso daquele empreendido pelos analistas que o antecederam:

> *É aqui que vamos escolher o caminho. . . . Aqui é preciso tomar Hamlet, sua conduta na tragédia em seu conjunto. E já que falamos do desejo de Hamlet, é preciso se aperceber disso que não escapou aos analistas, naturalmente, mas que não é talvez do mesmo registro, da mesma ordem. Trata-se de situar o que é em Hamlet como de um [?] que para nós é o eixo, a alma, o centro, a pedra de toque do desejo. Não é exatamente isso, ou seja, as relações de Hamlet ao que pode ser o objeto consciente de seu desejo. A esse respeito nada nos é, pelo autor, recusado.*[125]

A palavra que falhou no registro da estenotipista, transcrita no texto acima com o símbolo *[?]*, Miller, na edição desse seminário, propôs como "fantasia": "Puisque nous avons parlé du désir d'Hamlet, nous devons situer ce qu'il en est de son fastasme, pour le fantasme est pour nous l'axe, l'âme . . ."[126] O problema do

124 Ibid., p. 274.

125 Lacan, J. (1958-1959/2002). *O seminário, livro 6: O desejo e sua interpretação*, *op. cit.*, p. 259.

126 Lacan, J. (1958-1959/2013). *Le seminaire livre 6: Le desir et son interpretation* (p. 291). Éditions de La Martinière et Le Champ Freudien Éditeur. Na versão oficial em português temos: "Já que nos referimos ao desejo de Hamlet, cumpre

desejo em Hamlet se articula então à fantasia. O caminho que Lacan perseguirá para articular em seu conjunto o problema do desejo de Hamlet, vai muito além da análise das relações de objeto em sua apresentação fenomenológica, caminho sempre aberto a derrapagens e equívocos, como a interpretação simplista proposta por Polônio para explicar o comportamento bizarro de Hamlet: ele estaria enfermo de amor por Ofélia. Original, a proposta lacaniana visa articular, situar melhor as relações de objeto no Inconsciente, ou de outra maneira, articular o desejo à fantasia, a fantasia como condição *sine qua non* da relação de objeto.

Ora, se Lacan considerou *Hamlet* essencialmente uma "tragédia do desejo", ele igualmente a considerou uma "tragédia do mundo subterrâneo"[127] onde "não se fala senão de luto".[128] As formulações quanto ao luto aparecem concentradas principalmente na lição do dia 22 de abril de 1959 quando ele comenta a "cena do cemitério", na penúltima lição dedicada a Hamlet, já tendo perpassado os quatro primeiros atos da peça e destacado algumas cenas, personagens e falas essenciais a sua leitura. Por essa razão, para melhor acompanharmos as articulações referentes ao luto, optamos por seguir um certo caminho escandido em quatro tempos da peça na perspectiva das (não) relações de Hamlet com seus objetos, a saber, o pai (Rei Hamlet), a mãe (Gertrudes), Laerte e Ofélia, aquela por quem Hamlet vai disputar o luto na cena do cemitério.

Tempo 1. "Quem vem lá?"

Desde a abertura da peça, o tom é (in)tenso e interrogante: "Quem vem lá?".[129] Inicia-se, assim, o caminhar de Hamlet não diante de um

---

situar o que acontece com sua fantasia, na medida em que a fantasia é para nós o eixo, a alma..." (Lacan, 1958-1959/2016, p. 266).

127 Ibid., p. 357.

128 Ibid., p. 359.

129 Shakespeare, W. (1604-1605/2015). *A tragédia de Hamlet, príncipe da Dinamarca, op. cit.*, p. 51.

morto, mas da morte. O *ghost* retorna das sombras para lhe dizer que sabe que está morto e o que lhe aconteceu e parte deixando a Hamlet duas ordens tácitas: assassinar seu tio usurpador e frear os prazeres da rainha. Acompanharemos os efeitos desse encontro infernal.

Na lição de 4 de março de 1959, Lacan assinala uma diferença essencial em relação à interpretação de Freud quanto à tarefa deixada a Hamlet. O conflito não teria nada a ver com o "ato edipiano em revolta contra o pai",[130] e sim com a questão do saber. Observa-se, assim, uma dissimetria entre as posições de Édipo e Hamlet em relação ao saber.

Enquanto a posição de Édipo se resume ao fato de ele nada saber do conflito com o pai, que morreu na ignorância – e é nesse desconhecimento que Édipo realiza seus crimes, isto é, realiza uma "reprodução ritual do mito",[131] Hamlet é aquele cujo pai vem dizer-lhe que sabe que está morto segundo o voto de seu irmão que queria tomar seu lugar. Ou seja, o crime edípico é sabido, e é a própria vítima que surge das sombras para denunciá-lo e clamar por vingança. Lacan evoca, nesse momento, o sonho apresentado em *A interpretação dos sonhos* em que um filho, cujo pai havia falecido, encontra o pai que não sabia que estava morto (segundo o voto de seu filho).

Édipo tem a vantagem da ignorância. É somente no final de sua longa jornada que ficará sabendo de todos os fatos, e o drama se conclui com a autopunição. A dívida é paga e a ordem da lei é restaurada, o que o torna, dali em diante, alguém castrado. Em *Hamlet*, por outro lado, o tempo está "disjunto".[132] De partida, e não no final, Hamlet foi intoxicado por um saber trazido pelo pai

---

130 Lacan, J. (1958-1959/2002). *O seminário, livro 6: O desejo e sua interpretação*, *op. cit.*, p. 260.

131 Ibid., p. 362.

132 Shakespeare, W. (1604-1605/2015). *A tragédia de Hamlet, príncipe da Dinamarca*, *op. cit.*, p. 82.

acerca da traição do irmão e de sua adorada rainha. Como se não bastasse, o pai ainda traz a revelação de que ele também não era nenhum santo; abatido em plena gozação de seus pecados, ele entrou na outra vida sem ter conseguido pagar pelo crime de existir, uma dívida inexpiável que o seguirá pela eternidade e que deixa Hamlet na terrível encruzilhada de "não poder nem pagar por seu lugar e nem deixar a dívida aberta".[133]

Lacan propõe, nesse momento, a primeira escritura em grafo de sua interpretação de *Hamlet*:

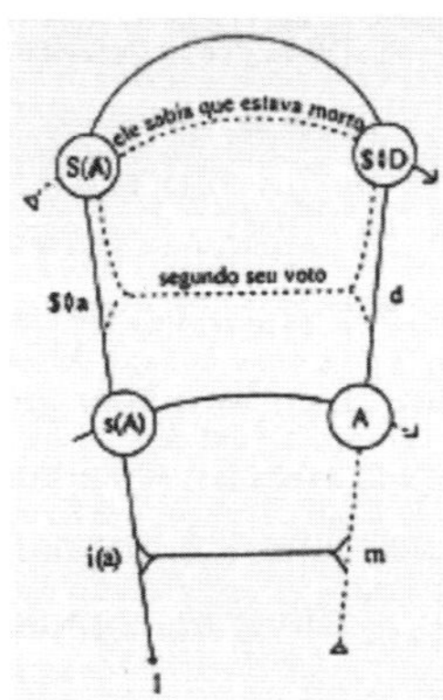

Figura 4.2. Grafo do desejo.[134]

Em vez de "ele não sabia", que deveria aparecer na linha pontilhada superior do grafo (a linha do Inconsciente, a linha do não saber), Lacan escreveu "ele sabia que estava morto", segundo o voto (mortífero) do irmão Cláudio. Onde deveria haver ignorância (como efeito do recalcamento), Hamlet-filho sabe. O pai sabia e Hamlet agora também o sabe. A comunhão de saber entre pai e filho revela que algo concernente à segurança daquele que fala foi rompido, o

133 Lacan, J. (1958-1959/2002). *O seminário, livro 6: O desejo e sua interpretação*, *op. cit.*, p. 262.

134 Ibid., p. 258.

que está na base da dificuldade de Hamlet em realizar as tarefas ordenadas pelo fantasma do pai. A partir desse momento, algo trava no seu desejo, e quando o desejo falta, o ato, como sabemos, entra em suspensão.

O drama edipiano aberto no início (e não no fim) encontra Hamlet ainda preso na encruzilhada do problema de existir que este coloca nos termos do "ser ou não ser" . . . o falo. Ele é surpreendido pelo fantasma do pai, devendo aí tomar seu lugar quando algo de essencial na constituição do sujeito (barrado) ainda parece lhe faltar. O próprio retorno imajado do pai, em forma de espectro em vez de imagem onírica ou outros modos de insurgência do recalcado, dá notícias de que algo no simbólico não está ainda bem posto. Daí se deduz sua conduta cambaleante, seu caminhar desviante das vias que o confrontariam com um saber sobre a castração, acontecimento realizado somente ao final, no momento em que ele precipita seu ato, mas também falece.

> *É na medida em que algo vem equivaler ao que faltou – a isso que faltou em razão da própria situação original, inicial, distinta em relação ao Édipo – isto é, a castração, em razão mesmo do fato de que no interior da peça as coisas se apresentam como uma espécie de lento encaminhamento em zig-zag, este lento parto e pelas vias desviadas da castração necessária, nessa medida mesmo e nessa medida em que isso é realizado no último termo, que Hamlet faz jorrar a ação final onde ele sucumbe.*[135]

Logo, os motivos pelos quais o príncipe não consegue cumprir seu ato não têm a ver com o conflito edípico com o pai e a consequente

135 Ibid., p. 263.

identificação com esse duplo que é o tio Cláudio, mas, sim, com a castração, condição sem a qual não há sujeito desejante ou ato no qual possa empenhar-se com sua própria vontade.

Hamlet sai do encontro com o *ghost* em estado de estupor e desorganização. "Envenenado", conforme Berta,[136] "por um excesso de saber vindo do Outro, encarnado pelo *ghost*. . . . Se for preciso que no Outro exista uma falha no saber para localizar a falta do Outro [*S*(*A̸*)], com Hamlet isto não acontece. O fantasma do pai sabe e envenena seu filho com esse saber".

Em outras palavras, Hamlet está contaminado não pelo enigma do desejo do Outro, que produziria um furo no saber, mas pela vontade do pai que nele se mostra absoluta. É como se o Outro [*A*] não lhe houvesse transmitido algo do enigma do desejo que o fizesse se perguntar "O que me tornei em tudo isso? A resposta, eu lhes disse, é o significante do Outro com a barra, *S(A̸)*".[137] Se um furo no saber tivesse sido produzido, ele poderia ter relativizado ou mesmo confrontado as palavras do pai em vez de recebê-las como se fossem uma verdade última sobre a existência, uma verdade absoluta que lhe deixou em curto-circuito com o desejo.

Como Hamlet poderá encontrar seu lugar a partir do que interpretou das falas do *ghost*? Qual resposta escreverá? O que, afinal, ele se tornará no meio de tudo isso?

A irrupção dessa dolorosa desorganização subjetiva nos faz considerar que a resposta que Hamlet escreveu na linha do Inconsciente como mensagem que recebeu do pai foi a "irremediável, absoluta, insondável traição do amor. Do amor mais puro".[138] É como se, na

136 Berta, S. L. (2007). *O exílio: Vicissitudes do luto. Reflexões sobre o exílio político dos argentinos (1976-1983)*, *op. cit.*, p. 42.

137 Lacan, J. (1958-1959/2002). *O seminário, livro 6: O desejo e sua interpretação*, *op. cit.*, p. 313.

138 Ibid., p. 313.

hora do encontro do sujeito com a verdade, encontro com o Outro, Hamlet tivesse registrado a significância do Outro como uma "uma verdade sem esperança", "falaciosa", "que não vale nada",[139] em vez de registrar a falta de um significante que garantiria, no Outro, sua essência de verdade ou a suficiência dos outros significantes [*S(Ⱥ)*].

O Outro, por essência, é carente, e não há nada na significância que possa garantir a verdade ou dar o significante último da existência. Se o Outro não pode responder por aquilo que sou, qualquer resposta surgida na cadeia significante pode deslizar indefinidamente sem que se chegue a uma verdade última. Não há outra garantia da verdade, insiste Lacan, senão "a boa fé do Outro, isto é, alguma coisa que se passa sempre para o sujeito sob uma forma problemática. Quer dizer que o sujeito fica no extremo de sua questão, dessa inteira fé concernindo ao que para ele faz surgir o reino da fala?".[140] Nesse momento de seu ensino, Lacan contrapõe o campo da verdade e o da realidade. A transmissão da verdade repousa inteiramente na fala, e não na realidade. O sujeito fica aí suspenso na fé no Outro cuja inconsistência torna possível exprimir algo da verdade apenas de forma mítica,[141] isto é, uma verdade que só se sustentaria como um semi-dizer.

Se Hamlet tivesse escrito algo da insuficiência do Outro em dar garantias, qualquer resposta surgida na cadeia significante seria suscetível a se repercutir e deslizar de significação a significação, sem alcançar o estatuto de verdade última sobre o problema da existência.

---

139 Ibid., p. 314.

140 Ibid., p. 420.

141 Citamos: "O mito é o que dá uma formulação discursiva a algo que não pode ser transmitido na definição da verdade, porque a definição só pode se apoiar sobre si mesma, e é na medida em que a fala progride que ele a constitui. A fala não pode apreender a si própria, nem apreender o movimento de acesso à verdade como uma verdade objetiva. Pode apenas exprimi-la – e isso de forma mítica" (Lacan, J. (1952/2008c). *O mito individual do neurótico ou poesia e verdade na neurose*. In O mito individual do neurótico. C. Berliner (Trad.) (p. 13). Jorge Zahar.

Mas não é o que ocorre, e ele encalha nesse ponto de revelação radical do fantasma que sabe, e por ter a resposta, revoga nele qualquer possibilidade de ele mesmo responder a partir de seu desejo e do jogo deste com a fantasia. As palavras do pai lhe garantiram que a "traição é absoluta . . . , não há nada mais total que a traição da qual foi objeto".[142] Dali em diante, os ideais desabam e, junto com eles, arruína-se toda a boa-fé (do Outro) que pode mover alguém a sustentar alguma aposta na vida, no amor, nos laços... apesar de.

Tudo o que parecia a Hamlet "boa fé, fidelidade e voto" se provou não apenas falso mas revogável, revogado: "A anulação absoluta diferente dessa carência de algo que garantisse; o termo que é garantido é a não-verdade; essa espécie de revelação, se pode-se dizer, da mentira representa o espírito de Hamlet".[143] Nessa condição de "sem fé", não se escutará, no seu discurso melancolizado e desafiador, nenhuma expectativa elevada de reparação, perdão ou redenção.

O saber que envenena Hamlet parece tê-lo conduzido até o nível superior do grafo, ao *S(A̸)*, mas ele lá fica detido em elucubrações infindáveis, sem estancar em um ponto de basta, uma vez que *S(A̸)* perdeu sua função de significar a falta; se assim é o caso, podemos supor que ele não estaria de maneira absoluta capturado no nível de (*A*). Em relação a esse ponto obscuro, Allouch[144] sugere que Hamlet estaria às voltas com o Grafo em sua versão incompleta:

> *Esse* S(A̸), *ainda não está, propriamente falando, em seu lugar, ele permanece como que flutuando na extremidade do ponto de interrogação. Para que seu lugar fique*

---

142 Lacan, J. (1958-1959/2002). *O seminário, livro 6: O desejo e sua interpretação, op. cit.*, p. 427.

143 Ibid.

144 Allouch, J. (2004). *Erótica do luto: No tempo da morte seca, op. cit.*, p. 251.

> *algo estabilizado, é preciso a intervenção da outra linha horizontal, a de cima, que vai localizar* S(A̸), *no ponto onde ela vai cruzar a linha da demanda e de seu além. Ora, Lacan vai inscrever essa nova linha a respeito da cena no quarto de Gertrudes.*

Hamlet parece ainda estar assujeitado à demanda do Outro (materno), o que impede seu deslizamento no Grafo. Se *S(A̸)* ainda não está situado em seu devido lugar, ele não pode avançar no além de *S(A̸)*, isto é, em direção à fantasia [*$◊a*] o que lhe permitiria sustentar seu desejo diante do Outro, já que a fantasia é a resposta singular do sujeito ao enigma do desejo do Outro.

Tempo II. "Vai para um convento"

Ofélia é uma personagem essencial à tragédia do príncipe, para sempre a ele associada. Segundo Lacan,[145] ela é "uma das criações mais fascinantes que já foram propostas à imaginação humana. Algo que podemos chamar o drama do objeto feminino" que nas mãos do bardo combina doçura, esplendor, loucura e sofrimento.

Trata-se, igualmente, de uma personagem com traços ambíguos, por não se saber bem se ela é a "própria inocência que fala ou faz alusão a seus impulsos mais carnais com a simplicidade de uma pureza que não conhece pudor, ou se é, ao contrário, uma rameira pronta para todos os serviços".[146] Na versão do mito por François de Belleforest, publicado quase 30 anos antes da peça de Shakespeare e a qual se supõe que ele tenha tido acesso –, a jovem que corresponde à Ofélia é uma cortesã cooptada para seduzir o príncipe e roubar seus

145 Lacan, J. (1958-1959/2002). *O seminário, livro 6: O desejo e sua interpretação*, *op. cit.*, p. 259.

146 Ibid., p. 319.

segredos.[147] Acontece que a garota se apaixona e acaba por ajudar o herói a escapar da armadilha.

Na versão shakespeariana, Ofélia é a irmã querida de Laerte e filha de Polônio, primeiro-conselheiro do rei Cláudio e, muito embora a posição social da moça esteja aquém de desposar um herdeiro do trono, Hamlet está apaixonado e declara a ela seu amor. Entretanto há uma profunda transformação na relação com a moça após o encontro com o *ghost*. Na cena do convento, Hamlet é implacável com Ofélia. O horror ao feminino foi um dos efeitos da mensagem recebida do pai, e o príncipe, a partir desse encontro, passa a reunir todas as mulheres no conjunto de objetos degradados e degradáveis.

Hamlet [à Ofélia]:

> *Vai para um convento. Quê! Preferes procriar pecadores?*
> ...
> *Se te casares, te darei esta praga como dote: que*
> *mesmo que sejas casta como gelo e pura como*
> *Neve, não escaparás à calúnia. Vai para um convento,*
> *adeus. Mas se tens que casar, casa com um*
> *Imbecil; pois os homens sensatos sabem bem em*
> *Que espécie de monstros vocês os transformam.*
> *Pro convento, anda, rápido. Adeus.*[148]

A injunção "vai para o convento" (*to a nunnery go*) repetida nessa cena tem sentido ambíguo, segundo revelou Dover Wilson,[149] um

---

147 Miola, R. S. (2011). Editor note to Saxo grammmaticus Historica Danica (1180-1208). In R. S. Miola (ed.), *Hamlet, William Shakespeare* (pp.207-215). W.W. Norton & Company.

148 Shakespeare, W. (1604-1605/2015). *A tragédia de Hamlet, príncipe da Dinamarca, op. cit.*, p. 113.

149 Dover Wilson, J. (1935/2007). *What happens in Hamlet?* Cambridge University Press.

estudioso de Shakespeare citado por Lacan em algumas passagens desse seminário. A palavra "*nunnery*", na era elisabetana, era um termo pejorativo para "prostíbulo", confirmando, assim, a ideia de degradação de Ofélia como objeto no amor de Hamlet.

Nota-se que Ofélia é uma espécie de termômetro da mudança de posição do príncipe em relação ao próprio desejo. Como qualquer outra moça, Ofélia é, no entender de Lacan,[150] um "botão prestes a eclodir e ameaçado pelo inseto roedor no coração do broto. Esta visão de vida prestes a eclodir, e de vida portadora de todas as vidas, é assim, aliás, que Hamlet a qualifica, a situa para repeli-la". Ela passou de mulher que encarnava o objeto do desejo de Hamlet para a condição de pecadora, portadora de uma "turgescência vital" que ele agora repudia, maldiz pela simples possibilidade de exercer sua sexualidade e ser mãe. Com efeito, a questão não é Ofélia, e sim que quando Hamlet perdeu a rota do desejo, ela perdeu o valor, aliás, como todas as outras mulheres, a começar por sua mãe, a rainha, reunidas agora em um único e mesmo conjunto: "Fraqueza teu nome é mulher".[151]

Aliás, em termos de estrutura, o *objeto a* do matema da fantasia é proposto por Lacan, nesse Seminário, em dupla coordenada: de um lado, essencial à dialética do desejo – um objeto imaginário posto em relação a um sujeito barrado, [*$◊a*] –; e, de outro, um elemento diante do qual "o sujeito se experimenta numa alteridade imaginária", isto é, "ele é imagem, e ele é *pathos*";[152] indicando que o objeto é portador de uma alteridade que extrapola a dimensão imaginária.

---

150 Lacan, J. (1958-1959/2002). *O seminário, livro 6: O desejo e sua interpretação, op. cit.*, p. 320.

151 Shakespeare, W. (1604-1605/2015). *A tragédia de Hamlet, príncipe da Dinamarca, op. cit.*, p. 62.

152 Lacan, J. (1958-1959/2002). *O seminário, livro 6: O desejo e sua interpretação, op. cit.*, p. 329.

Lacan identifica, no desvario de Hamlet, uma confusão do objeto com o significante fálico. No grafo, observamos que o nível do desejo é regulado pelo o da fantasia, e um objeto só pode ocupar esse lugar de objeto do desejo em relação ao fantasma. Em outras palavras, o objeto do desejo é o objeto *pequeno a* da fantasia, e não o objeto "pré-genital" que Lacan[153] inscreveu como sendo o objeto da demanda (o seio, as fezes), ou melhor dito, "os significantes da demanda".

Um objeto imaginário – isto é, oriundo da relação do *eu* com o pequeno outro (precisamente com a imagem do outro), [*m* – *i(a)*] – vem tomar seu lugar no desejo a partir daquilo do qual o sujeito é privado, ou seja, o falo, recebendo deste seu brilho e vitalidade: "É do falo que o objeto toma esta função que ele tem no fantasma, e que o desejo, com o fantasma por suporte, se constitui".[154] Vindo deste lugar, o objeto do fantasma é essa alteridade a partir da qual "alguma coisa mais ampla que uma pessoa pode incluir-se aí, toda uma cadeia, todo um cenário"[155] que possibilitaria compensar de algum modo aquilo que foi perdido quando o sujeito teve que se deparar com a castração.

Dessa forma, Ofélia se localizava, para Hamlet, no lugar da letra *a* da fórmula da fantasia, o objeto pequeno outro que operava como o substrato imaginário do seu desejo; porém, enquanto alteridade, ela é mais que imagem, ela é "*pathos*". Uma alteridade que opera como "isca" não para surpreender as intenções ocultas da conduta de Hamlet, mas para o interrogar sobre o enigma do desejo: *Che vuoi?*

---

153 Ibid., p. 328.

154 Ibid., p. 330.

155 Ibid., p. 331.

Lacan[156] recupera, nesse ponto, a antiga etimologia do nome de Ofélia, vinda do grego "Ophelio" ("fazer engordar", "inchar" . . .)], logo Ofélia é "ὀμφαλός (omphalos), *au phallus*". Ao se situar como objeto do desejo, ela operaria como símbolo do falo, objeto advindo daquilo do qual Hamlet estava privado simbolicamente, daí a sua imagem de "fecundidade vital" que Hamlet passa a usar para (des) qualificar a pobre moça a partir da equação garota-falo. Sendo este o caso, enquanto garota-falo, ela se tornará insuportável para Hamlet após o encontro com o espectro, momento de rejeição do falo enquanto o significante da falta, em outros termos, significante da castração do Outro que, como já visto, Hamlet não quer ou não pode saber.

> *Ela se torna para ele a portadora de filhos, de todos os pecados, aquela que é designada para engendrar os pecadores e a que é designada em seguida como diante de sucumbir sob todas as calúnias. Ela se torna o puro e simples suporte de uma vida que, em sua essência, torna-se condenada por Hamlet. Em resumo, o que se produz neste momento, é essa destruição ou perda do objeto que é reintegrado em seu quadro narcísico . . .*[157]

O repúdio ao objeto-Ofélia deve-se a um abalo na estrutura imaginária da fantasia a ponto de dissolver o desejo. É como se o matema da fantasia [*$◊a*] tivesse desabado, ocorrendo uma disjunção entre seus elementos. O *pequeno a* disjunto de *$* recairia no andar inferior do grafo, sendo absorvido à imagem do outro [*i(a)*] que é o próprio *eu* (*moi*), ponto no qual "o objeto é imagem do outro,

156 Ibid., p. 336.
157 Ibid., p. 339.

portanto esta imagem do outro é meu próprio eu [*moi*]".[158] O objeto absorvido, identificado ao *eu* perderia sua função de objeto no desejo, vindo a ser reintegrado em seu quadro narcísico.

Se o *pequeno a* pode dissolver-se no *eu*, é porque emana dele sua consistência via identificação imaginária, já que o *eu* se constitui sobre a imagem do outro [*m* - *i(a)*]. Na decomposição da relação fantasmática, a queda do objeto-Ofélia no *eu* [*m*] opera como o mecanismo da melancolia (Freud) em que o *eu* se torna o objeto (identifica-se com o objeto) que era ele próprio. Sem o recurso ao simbólico, o *m* e o objeto *pequeno a* ficam indistintos.

Lacan propõe uma transformação na fórmula da fantasia: em vez de $\$\lozenge a$, para Hamlet valeria agora $\$\lozenge\varphi$.[159] Lacan radicaliza, assim, a ideia de Ofélia como falo; ela o encarnaria desde esse lugar de "fora", de rejeição do desejo, de rejeição da castração. Somente a reintegração de *a* no matema da fantasia permitirá a Hamlet recuperar a via do seu desejo. Mas antes, Gertrudes.

Tempo III. "Que demônio, afinal, a enganou desse jeito?"

Na tradição analítica, o drama de Hamlet é dominado pelo conflito edípico relacionado ao desejo recalcado por sua mãe, objeto disputado na infância com o pai. Esse conflito estaria por trás de suas hesitações em relação ao assassino Cláudio. Hamlet não poderia atacar o atual possuidor do objeto materno sem despertar seu antigo desejo sentido como culpável. A interpretação lacaniana contraria essa visão, pois, se este fosse o caso, esse mesmo argumento poderia impelir Hamlet a

158 Ibid., p. 338.

159 Em relação a essa escrita, Allouch (2004) propõe uma retificação com a qual concordamos por se tratar, neste ponto preciso, do significante fálico [ϕ] (este que Hamlet repele) e não do seu avatar imaginário [$-\varphi$]. Portanto, em vez de $\$\lozenge\varphi$, teríamos a escrita $\$\lozenge\phi$. Todavia, tanto na transcrição do site Staferla quanto na versão oficial em francês, preservou-se a notação $\$\lozenge\varphi$.

eliminar seu rival, uma vez que isso poderia estancar a própria culpa ao localizar fora dele o verdadeiro perpetrador do assassinato e do incesto. Nesse sentido, o próprio fantasma, enquanto materialização dos mandamentos do supereu, contribuiria para caucionar seu ato.

E, muito embora Lacan considere que o problema de Hamlet tem relação com sua fixação ao desejo da mãe, ele traz uma perspectiva completamente nova: não se trata do desejo *por* sua mãe (objeto edípico cuja disputa evidenciaria algo do seu desejo), mas o desejo *de* sua mãe (que o distancia do seu próprio). Hamlet se encontra dependente do desejo da mãe, no sentido genitivo subjetivo, mãe enquanto sujeito primordial da demanda. O ponto chave da leitura lacaniana é a cena em que Hamlet encontra a mãe para exigir-lhe que controle seus ímpetos carnais:

> *Hamlet: Você não vê?*
> *Depois de se nutrir nos ápices translúcidos*
> *Engordar neste pântano? Você não vê?*
> *E não pode ser amor, pois na sua idade*
> *O ardor do sangue se amainou, e está, humilde*
> *Nas mãos do juízo. Mas que juízo saltaria*
> *Disso para isso. Eu sei que você tem sentidos,*
> *Ou não se moveria. Mas estão embotados,*
> *Pois nunca que a loucura erraria tanto,*
> *Nem os sentidos se dariam assim ao êxtase,*
> *Mas guardariam sempre uma dose de escolha*
> *Pra fazer distinções. Que demônio, afinal,*
> *A enganou desse jeito, nessa cabra-cega?*[160]

Entretanto, quando o sermão atinge seu ápice e Gertrudes dá sinais de assentimento, Hamlet misteriosamente recua:

---

160 Shakespeare, W. (1604-1605/2015). *A tragédia de Hamlet, príncipe da Dinamarca, op. cit.*, p. 136.

Rainha: *O que devo fazer?*
Hamlet: *Sobretudo não faça o que vou lhe dizer:*
Vá deitar com o rei balofo no leito imundo,
Belisque seu rosto, diga que é sua ratinha
E deixe que ele, em troca de uns beijos rançosos,
Ou lhe roçando a nuca com dedos malditos,
Lhe faça revelar de uma vez todo o caso.[161]

Aparentemente firme em seu propósito, o príncipe vacila entre exortá-la à abstinência ou convocá-la a um gozo do qual sabe que ela teria dificuldades em resistir. Ele recua diante de "alguma coisa que é o consentimento ao desejo da mãe, as armas rendidas diante de alguma coisa que aparece inelutável".[162] É por se encontrar ainda submetido à onipotência desse Outro enquanto sujeito primordial da demanda que seu discurso descamba do mesmo modo que as outras ações que ele anseia por cumprir, mas não consegue: "É essencialmente nesta dependência do desejo do sujeito com relação ao sujeito Outro que se apresenta o acento maior, o próprio acento do drama de Hamlet aquilo que se pode chamar sua dimensão permanente".[163]

No drama familiar de Hamlet, a rapidez de Gertrudes em substituir seu pai é absurda, enigmática: como ela pôde trocar sem pestanejar um objeto tão digno, tão idealizado pela figura ignóbil do tio, "um Hipérion na frente de um sátiro tão brando com ela que jamais toleraria que os ventos lhe roçassem rudemente o rosto"?[164] A imagem do rei vilipendiada, desqualificada ante a falta de luto da rainha que parecia formar com o pai o casal perfeito. A indignação

161 Ibid., p. 140.

162 Lacan, J. (1958-1959/2002). *O seminário, livro 6: O desejo e sua interpretação*, *op. cit.*, p. 330.

163 Ibid., p. 325.

164 Shakespeare, W. (1604-1605/2015). *A tragédia de Hamlet, príncipe da Dinamarca*, *op. cit.*, p. 62

do filho ressoa em espelho o queixume do fantasma: "Oh nobre, Hamlet, mas que queda foi aquela, de mim cujo amor era de tal dignidade que andava até de par com os votos que lhe fiz em nosso casamento".[165] O modo deplorável com que a mãe reagiu à morte do pai, sua "traição absoluta"[166] abalou inevitavelmente o Ideal. Lacan,[167] mais tarde, dirá que "quando se contradiz o Ideal, quando ele desmorona, o resultado é o que constatamos – o poder do desejo desaparece em Hamlet".

A carência de Gertrudes em perceber a diferença entre um e outro objeto faz dela uma "verdadeira genital", ironiza Lacan[168] em crítica aos analistas da época que defendiam a ideia do caráter pré-genital e genital nas relações amorosas. O caráter aí definindo a capacidade de se relacionar (ou não) com os objetos. O genital seria aquele que, contrariamente aos pré-genitais, teria pleno acesso à satisfação genital e por ser mais independente em relação ao objeto de amor, ele teria propensão a superar rapidamente o luto. Daí a provocação de Lacan ao dizer que Gertrudes seria uma "verdadeira genital" ao ser bem-sucedida na "tarefa" de substituir instantaneamente um rei pelo outro.

Entretanto, gera desconfiança o discurso de Hamlet em relação à mãe. Ela não aparece aí como uma mulher às voltas com a escolha de um objeto porque o deseja, mas, sim, como alguém obscuro submetido "à ordem de uma voracidade instintual que faz com que, nela, este sacrossanto objeto genital de nossa recente terminologia se apresente como nada mais do que como o objeto de um gozo

165 Ibid., p. 77.

166 Lacan, J. (1958-1959/2002). *O seminário, livro 6: O desejo e sua interpretação, op. cit.*, p. 427.

167 Lacan, J. (1962-1963/2005a). *O seminário, livro 10: A angústia*. V. Ribeiro (Trad.) (p. 363). Jorge Zahar.

168 Lacan, J. (1958-1959/2002). *O seminário, livro 6: O desejo e sua interpretação, op. cit.*, p. 303.

que é verdadeiramente satisfação direta de uma necessidade".[169] As duas conjurações vindas do *ghost* – assassinar o tio e, pôr termo aos prazeres da rainha – impactam à medida que colocam o príncipe frente a frente com "algo do Outro real"[170] impossível de encarar de frente, seja ele o enigma da morte, seja o enigma do feminino.

Hamlet se depara com esse drama justamente no momento em que ele estava às voltas, conforme já dito, com a questão posta no início do complexo edípico de "ser ou não ser" o falo, isto é, ser ou não ser o objeto de desejo que se supõe faltar ao Outro. Safouan,[171] considera que "disso resulta uma identificação, que dificilmente se põe a salvo da confusão 'policialesca' entre esse significante [*o falo*] e o objeto que ele designa, ou a imagem desse objeto, com aquilo que essa confusão comporta de uma redução do desejo do Outro à demanda".

Ao confundir ou reduzir o desejo do Outro à sua demanda, Hamlet não pode nem sustentar as injunções paternas nem a elas se contrapor de modo a conseguir relativizá-las. Empacado na dialética do ser, ele não consegue ir além do Outro da demanda, além do que ele mesmo se tornou a partir dos avatares dessa demanda e o que resulta disso é sua queda não em um ponto além do Outro onde ele realizaria a passagem da demanda ao desejo [*d*], mas sua fixação na linha da demanda onde se articula o discurso endereçado ao Outro [*s(A)* – *A*].

Detido nessa via de retorno, ele não vai interrogar a demanda ou seu desejo como desejo do Outro, ainda que colocada de forma invertida: o que queres? O que me queres? O que sou? Identificado a sua demanda, Hamlet está suspenso na hora do Outro, e não pode

169 Ibid., p. 235.

170 Ibid., p. 317.

171 Safouan, M. (2004). O grafo de Lacan. In R. Chemama, *Dicionário de psicanálise, Freud & Lacan, vol. 2* (p. 23). Álgama.

receber deste outra significação senão a da mãe, ou melhor, apenas a mensagem inscrita no significado ao Outro [*s(A)*]: "Eu sou o que sou, comigo não há nada a fazer, sou uma verdadeira genital . . . , eu não conheço o luto".[172] Seu desejo é abolido em face de "este algo do Outro real, da mãe tal como ela é, esta mãe como tantas outras . . . , este algo que é menos desejo do que glutonaria, até mesmo engolimento",[173] e ele, para não "perder sua rainha", isto é, a mãe na versão Outro da demanda, ele faz de tudo para adiar a hora de colocar sob a barra o significante do desejo do Outro materno; em outros termos, tenta adiar de todo jeito a hora da castração.

Mas se aproxima o momento no qual Hamlet, de um só golpe, reencontrará o seu desejo.

Tempo IV: "Que se conte até um"

A cena do funeral de Ofélia é o tempo de Hamlet enfim contar "até um",[174] o desejo antes cambaleante, torna-se possível de agora em diante, e ele se precipita para o fim, restituindo a função do objeto, mas "somente ao preço do luto e da morte".[175] Essa cena, discutida na lição do dia 22 de abril de 1959, é crucial, pois é nela que comparecem as principais articulações de Lacan em torno do luto. Miller, na sua edição do seminário, nomeou este capítulo de "Luto e desejo".

Se o luto ocupa um lugar essencial na interpretação lacaniana de *Hamlet*, cabe ressaltar que este assume, nesse seminário, um caráter ambíguo: por vezes, Lacan se refere ao luto enquanto reação à perda real de alguém amado na mesma perspectiva de Freud em *Luto e*

172 Ibid., p. 303.

173 Ibid., p. 317.

174 Shakespeare, W. (1604-1605/2015). *A tragédia de Hamlet, príncipe da Dinamarca, op. cit.*, p. 183.

175 Lacan, J. (1958-1959/2002). *O seminário, livro 6: O desejo e sua interpretação, op. cit.*, p. 340.

melancolia; outras vezes ele se refere ao luto como uma exigência de estrutura, o "luto do falo", estrutural do sujeito desejante, abordado na última lição dedicada a Hamlet, do dia 29 de abril de 1959, nomeada por Miller como "Falofanias".

Na abordagem do luto, Lacan anuncia novas articulações. Sem se propor a criticar abertamente a teoria freudiana do luto, ele reproblematiza esta questão articulando, de outro modo, os termos "identificação", "falo", "dissolução edípica" e "objeto"; este último decantado por Freud na forma de "objeto perdido" e, posteriormente, tratado pelos pós-freudianos principalmente no âmbito da "relação de objeto". Lacan propõe abordar esses termos a partir das categorias da época, simbólico, imaginário e real. Porém, como não se trata de um Seminário dedicado ao luto, Lacan avança sem se deter muito, nesse momento, em algumas das questões por ele mesmo levantadas, como a identificação ao objeto do luto, retomada mais tarde no *Seminário 10* a partir da reformulação do objeto *a*.

Em 22 de abril de 1959, ele introduz o problema do luto da seguinte forma:

> *O objeto do luto é em uma determinada relação de identificação – e que ele* [Freud] *tentou definir mais de perto, chamar uma relação de incorporação com o sujeito – que se coloca à mão, que se agrupam, se organizam, as manifestações do luto. Então, nós não podemos tentar rearticular mais de perto, no vocabulário que aprendemos aqui a manejar, o que pode ser esta identificação do luto? Qual é a função do luto?*
>
> *Se nós avançarmos nessa via vamos ver, e unicamente em função dos aparelhos simbólicos que empregamos nesta exploração, aparecer da função do luto consequências que acredito novas e, para vocês, eminentemente sugestivas...*

> *A questão daquilo que é a identificação deve esclarecer-se das categorias que são aquelas que aqui, depois de anos, eu coloco, ou seja aquelas do simbólico, imaginário e do real.*[176]

Por se tratar da questão central que nos interessa aqui explorar da interpretação lacaniana de *Hamlet*, optamos por dividir a discussão em duas partes, nomeadas "A função do público no luto" e "Luto como furo no real".

A função do público no luto: "Quem é esse cuja dor fala nesse rompante?"

Conforme visto anteriormente, não se faz rito sozinho. E quando ocorre de se estar sozinho na cerimônia ritual, no mínimo é possível deduzir a presença invisível de alguma divindade/Outro a quem o praticante se dirige. Da mesma forma, o chiste, sugeriu Freud:[177] "ninguém pode se contentar em fazer um chiste apenas para si mesmo. O impulso de comunicar o chiste está inseparavelmente ligado ao trabalho do chiste". A presença de uma terceira pessoa é fundamental em sua formação e conclusão satisfatória, uma vez que esta tem por função validar o gracejo: "o prazer proporcionado pelo chiste se mostra mais claramente na terceira pessoa do que no seu criador".[178]

Se o sucesso do chiste está no ouvinte, é essencial que este possua "com a primeira pessoa [aquele que produz o chiste], definitivamente, uma compatibilidade psíquica tal que chegue a apresentar as mesmas inibições internas que foram superadas pelo trabalho do chiste na

---

176 Ibid., p. 355.

177 Freud, S. (1905/2017). Os chistes e sua relação com o inc*onsciente*. In *Obras completas*. F. C. Mattos & P. C. Souza (Trad.) (v. 4, p. 204). Companhia das Letras.

178 Ibid., p. 207.

primeira".[179] Ou seja, cada chiste requer um público próprio. A experiência do luto igualmente requer um público próprio atento e solidário na dor.

A importância da participação de terceiros no luto pode ser inferida no tratamento dado por Lacan à relação de Hamlet com Laerte, ou seja, à identificação imaginária a outrem, [*m* – *i(a)*]. Diante da cova de Ofélia prestes a ser fechada, Laerte exclama:

> *Laerte:* *Oh, tripla desgraça,*
> *Tombe trinta vezes sobre a cabeça pérfida,*
> *Cuja ação criminosa roubou tua razão*
> *Tão perspicaz. Esperem pra jogar o pó,*
> *Eu quero ainda abraçá-la, só mais uma vez.*
> (pula para dentro do túmulo)
> *Hamlet:* *Mas quem é esse cuja dor*
> *Fala nesse rompante e cuja voz aflita*
> *Conjura o astro errático e o faz se deter*
> *Para escutá-lo atônito. Aqui estou, sou eu,*
> *Eu, Hamlet, o danês.*[180]

Na cena do cemitério, vemos Hamlet, de repente, deixar de lado toda sua inércia para se atracar com Laerte e disputar, no fundo da tumba de Ofélia, o luto por um objeto até então repudiado. No tempo de contar um, baixou o santo em Hamlet, e ele saiu da cova outro homem:

> *Hamlet:* *Por esta questão vou sempre lutar com ele,*
> *Até que minhas pálpebras não pisquem mais.*
> *Rainha:* *Mas, meu filho, que questão?*
> *Hamlet:* *Eu amava Ofélia. Quarenta mil irmãos,*

179 Ibid., p. 215.

180 Shakespeare, W. (1604-1605/2015). *A tragédia de Hamlet, príncipe da Dinamarca*, *op. cit.*, p. 179.

Com todo o seu amor, mas nunca atingiriam
A minha soma. O que vais fazer por ela?
. . .
Santo sangue, vai, mostra o que queres fazer.
Vais chorar, jejuar, lutar, te lacerar?
Comer um crocodilo, vais beber vinagre?
Eu vou. Vieste aqui para choramingar,
Pra me afrontar saltando dentro desse túmulo?
Deita vivo na cova dela, eu faço o mesmo.[181]

"O que se passa?", indaga Lacan,[182] "por que Hamlet foi se meter aí? Por que ele não pôde suportar ver outro, que não ele próprio, ostentar justamente um luto transbordante?". Curiosamente, o ponto de virada de Hamlet não é exatamente a visão do cadáver de Ofélia, mas a visão de um luto de verdade, o luto passional de Laerte pela irmã morta. Daí Lacan pinta um quadro da cena, inicialmente, com as cores do imaginário, tomando como referência a identificação à imagem do outro [*i(a)*] do estádio do espelho:

> *É pela via do luto, dito de outra forma, do luto assumido na mesma relação narcísica que há entre o eu [*moi*] e a imagem do outro; é em função daquilo que lhe representa de repente em um outro esta relação passional de um sujeito com um objeto que está no fundo do quadro – a presença de $, que põe diante dele repentinamente um suporte onde este objeto que, para ele, é rejeitado por causa da confusão dos objetos, da mistura dos objetos – é na medida em que alguma coisa ali, de repente, o prende,*

181 Ibid., p. 180.

182 Lacan, J. (1958-1959/2002). *O seminário, livro 6: O desejo e sua interpretação*, *op. cit.*, p. 304.

> *que este nível pode de repente ser restabelecido que dele, por um curto instante, vai fazer um homem.*[183]

Nesse quadro, a visão de Laerte abraçado ao objeto que era antes amado por ele e do qual foi separado pelo esvanecimento de seu desejo desperta a fúria do príncipe, que não se conforma ver outro, que não ele mesmo, bradar em alto e bom tom todo amor e pesar por Ofélia. Laerte, um verdadeiro enlutado, restitui a Hamlet o valor de Ofélia como objeto no desejo, ela que até então estava confundida em sua própria imagem.

Laerte opera aí como um semelhante, seu *alter ego*, uma bela imagem absorvida em sua cativação imaginária, a linha $m - i(a)$ no patamar inferior do grafo e, por isso mesmo, capaz de despertar-lhe a mais radical rivalidade. Após se acalmar, Hamlet reconhece: "... eu lamento ter me excedido tanto diante de Laerte; pois a imagem dele, eu a vejo no reflexo de minha alma. Cortejarei seu favor".[184] Nessa relação em espelho, o ponteiro da admiração à agressividade pode virar num segundo quando um objeto vem atrair a atenção mútua, engendrando o mais feroz ciúme e a vontade de destruição do outro. Porém é nesta cena, no plano da relação imaginária alienada em Laerte, que Hamlet pode confirmar seu desejo e reconstituir Ofélia como seu objeto.

Fundamental, o "ciúme de luto" do estado especular acabou por levar Hamlet à competição restaurativa do objeto no desejo. Porém seu *alter ego* Laerte opera para ele muito além do plano imaginário. Na cena do cemitério, ele é, igualmente, a presença de um sujeito [$] às voltas com um objeto, *a*. Uma cena que oferece a Hamlet o suporte para ele mesmo reconstituir-se como sujeito em relação

---

183 Ibid.

184 Shakespeare, W. (1604-1605/2015). *A tragédia de Hamlet, príncipe da Dinamarca, op. cit.*, p. 183.

à Ofélia, restabelecendo simultaneamente o patamar superior do grafo, nível da linha *$◊a – d*.

Laerte aparece e produz efeitos no momento em que não havia mais, para Hamlet, ninguém que realmente valesse a pena, restando apenas "o que é podre e corrupto".[185] Com sua presença e dignidade, esse semelhante remodela nele a aposta no ser humano e nele mesmo. Com seu pesar público e desmedido, Laerte é a perfeita imagem invertida de Gertrudes, indiferente à morte do rei e, por isso mesmo, não só é incapaz de reconhecer e de se solidarizar com a dor do filho como ainda tenta interditar suas expressões de luto:

> *Não fiques para sempre, com olhos velados,*
> *Mudos, procurando o teu nobre pai no pó.*
> *Tu sabes que é normal – tudo que vive, morre,*
> *Atravessando a vida para a eternidade.*[186]

Ao elevar o pesar à dignidade de dor legítima, Laerte abre para Hamlet a via do luto. Segundo propõe Alouch,[187] a contemplação de um luto verdadeiramente assumido teria operado para Hamlet com valor de uma escrita que translitera o matema da fantasia: "O desenho de Laerte abraçando o cadáver de Ofélia teria, assim o valor de uma escrita ideográfica de (*$◊a*), ele seria uma transliteração. . . . Seu estatuto seria idêntico ao dos nomes próprios num deciframento, a um só tempo chave de leitura e ponto de contato entre duas escritas".

Essa identificação especular e seus efeitos mostram a importância da participação de terceiros para que um sujeito possa reconhecer-se

185 Ibid., 62.

186 Ibid., p. 60.

187 Allouch, J. (2004). *Erótica do luto: No tempo da morte seca*, op. cit., p. 261.

e assumir-se de luto. De um lado, segue Allouch,[188] Lacan teria incorporado a versão freudiana no que concerne ao trabalho do luto enquanto trabalho simbólico; de outro, ele vai além em um ponto preciso não contemplado por Freud: a consideração pela participação do público no luto, uma questão ligada à função do rito.

> *O trabalho do luto é simbólico, o simbólico é seu lugar, Lacan sublinhando que é traço a traço (*einziger zug*) que se efetua a retomada das lembranças ligadas ao morto. Mas o luto não pode ser terminado apenas no nível simbólico: o objeto do desejo, como o do luto, se constitui numa via descendente do simbólico para o imaginário.*[189]

A presença de terceiros redimensiona a experiência do luto ao ampliar a perspectiva do par enlutado-objeto perdido. Enquanto trabalho realizado no registro simbólico, o luto concerniria apenas à parte superior do Grafo do desejo, mas seu percurso concerne também o patamar inferior, isto é, o nível imaginário.

Na presença de Laerte, Hamlet pode se reconhecer como sujeito, sujeito de luto. Laerte opera, para ele, como um passador do simbólico, como um xamã ou psicopompo cuja função, nos ritos sagrados, é a de mediar as "passagens" sem as quais nem o sujeito nem o morto podem sair do estado liminar no qual se encontram.

De fato, as expressões de luto podem ser tanto atrapalhadas por constrangimentos e interdições quanto favorecidas e estimuladas pelo modo como são acolhidas pelo entorno social. Essencial, o reconhecimento possibilita reconstituir

188 Ibid.

189 Ibid., p. 29.

> *o lugar a partir do qual [*o sujeito*] se vê amável para o Outro (Ideal do eu), reafirmando uma posição que lhe permita localizar-se no mundo. Para recompor um lugar discursivo, para que faça laço social, é preciso re-construir a história perdida na memória, re-construção que já implica numa deformação, permitindo o luto e uma resposta à ficção, uma reinterpretação do passado que modifique o seu lugar.*[190]

Vê-se que o atravessamento do luto implica não só o desinvestimento traço a traço das lembranças e expectativas, mas também a elaboração dos processos identificatórios (imaginário e simbólico) que o sujeito sustentava junto à pessoa perdida e à comunidade, conforme ressaltou Berta,[191]

> *Lacan permite diferenciar, nos processos de identificação, aquilo que diz respeito à estabilidade da imagem [identificação imaginária do eu com o seu semelhante, eu ideal – i(a)]; e às marcas (insígnias) do Outro [identificação simbólica, localizada no Ideal do Outro, I(A)]. O sujeito recebe o* signum *da sua relação com o Outro, (I), alienando-se a essa identificação primordial, signo do consentimento do Outro. Essa identificação primordial é a submissão do ser humano ao campo da linguagem . . . . Consideramos, então, que no luto está em questão uma elaboração que afeta a referida dialética, seja no*

190 Rosa, M. D., Berta, S. L., Carignato, T. T., & Alencar, S. (2009). A condição errante do desejo: Os imigrantes, migrantes, refugiados e a prática psicanalítica clínico-política. *Revista Latinoamericana de Psicopatologia Fundamental, 12*(3), 504.

191 Berta, S. L. (2007). *O exílio: Vicissitudes do luto. Reflexões sobre o exílio político dos argentinos (1976-1983), op. cit.*, pp. 39-40.

> *imaginário [eu ideal, i(a)], seja no simbólico I(A) que se regula pela identificação aos traços.*

Se uma perda que enluta produz um colapso identificatório, no suporte de alguns outros, o sujeito pode "restituir um campo mínimo de significantes que possam circular, referidos ao campo do Outro", o que certamente contribui para "dar valor e sentido à sua experiência de dor, articulando um apelo que o retire do silenciamento".[192]

Luto como "furo no real"

Os parágrafos dedicados ao luto, nesse seminário, não são muitos, porém se apresentam um tanto condensados e algumas passagens obscuras, como veremos. De partida, ressaltamos, a passagem sobre a cena do cemitério, na qual Lacan inicia indagando sobre o estatuto da incorporação do objeto do luto:

> *O que é esta incorporação do objeto? Em que consiste o trabalho de luto? Fica-se num vácuo que explica a suspensão de toda especulação ao redor desta via, aberta, entretanto, por Freud, ao redor do luto e da melancolia, pelo fato de que a questão não está articulada convenientemente...*[193]

De partida, Lacan faz referência à problemática da identificação no luto. É notável, na peça, que Shakespeare introduziu uma sutil homologia entre a posição de Hamlet e de Ofélia. Ambos sofrem a

---

192 Rosa, M. D., Berta, S. L., Carignato, T. T., & Alencar, S. (2009). A condição errante do desejo: os imigrantes, migrantes, refugiados e a prática psicanalítica clínico-política, *op. cit.*, p. 507.

193 Lacan, J. (1958-1959/2002). *O seminário, livro 6: O desejo e sua interpretação*, *op. cit.*, pp. 355-356.

perda brutal do pai e se devastam por terem sido negligenciados no direito à justiça, ao luto e seus ritos. Depois do encontro com o *ghost*, Hamlet passa a atacar Ofélia impiedosamente. Ela é reduzida a sua imagem especular [*m* - *i(a)*] e o príncipe passa a infligir-lhe todos os horrores aos quais ele próprio havia sido submetido. Ele não só mata Polônio friamente como também arrasta e esconde seu cadáver da forma mais abjeta sob os olhares do rei e da rainha que nada fazem para contê-lo nem puni-lo: "O assassinato de Polônio e esta extraordinária cena do cadáver escondido, desafiando a sensibilidade e a inquietude de todo o entorno não é ainda senão uma derrisão daquilo do qual se trata, ou seja, de um luto não satisfeito".[194] Porém, ao contrário de Hamlet, em vez de Ofélia "bancar a louca" para tentar se salvar e se vingar, ela realmente perde o juízo e põe fim a própria vida.

Entretanto, apesar de Lacan partir da temática da identificação no luto, essa questão ficará em aberto no *Seminário 6* sendo recuperada apenas anos mais tarde por quando da introdução do objeto *pequeno a*, causa do desejo.

Ao revisitar *Hamlet*, no *Seminário 10*, Lacan irá tratar a diferença entre a identificação ao objeto no luto e na melancolia. A cena do cemitério é novamente evocada e a identificação no luto é abordada de forma inesperada:

> *Foi o que eu chamei de identificação à Ofélia... Hamlet é tomado pela alma furiosa que podemos legitimamente inferir que é a da vítima, da suicida, patentemente oferecida em sacrifício à alma de seu pai, porque é depois do assassinato de seu próprio pai que ela se curva e sucumbe".*[195]

---

194 Ibid.,

195 Lacan, J. (1962-1963/2005a). *O seminário, livro 10: A angústia*, *op. cit.*, p. 45.

A identificação à morta estaria na base da transformação da fibra de Hamlet. O "furor da alma feminina" lhe teria invadido e dado a força para se tornar o "sonâmbulo que aceita tudo", inclusive lutar para o rei, seu inimigo, contra Laerte e, enfim, concluir a tarefa demandada pelo *ghost*, executada ao modo de um morto-vivo.[196] Lacan acentua, assim, a identificação ao objeto perdido não na versão clássica do luto, mas da melancolia em sua modalidade maníaca, exaltação ante o triunfo sobre o objeto.

Nessa identificação suposta a Hamlet, trata-se da identificação misteriosa em referência radical ao objeto causa [*objeto a*] e não ao objeto imaginário [*i(a)*], marcando assim a diferença entre a melancolia e o luto. Não pretendemos, aqui, esmiuçar as formulações de Lacan a esse respeito, apenas assinalar que nessa reinterpretação de *Hamlet*, Lacan propõe que teria sido essa identificação que teria permitido ao herói sair de sua inibição, porém ao custo de seu apagamento como sujeito, uma vez que ele está aí identificado ao objeto enquanto resto caído do desejo do Outro. O objeto cuja "queda o arrasta para a precipitação suicida, com o automatismo, o mecanismo, o caráter imperativo e intrinsecamente alienado com que vocês sabem que se cometem os suicídios de melancólicos".[197]

De volta ao *Seminário 6*, Lacan segue para abordar o estatuto do objeto do luto não pela via da incorporação (identificação) mas por sua impossibilidade:

> *Atenhamo-nos aos primeiros aspectos, os mais evidentes, da experiência de luto. O sujeito submerge-se na vertigem da dor e encontra-se numa determinada relação, aqui de alguma maneira ilustrada do modo o mais manifesto por aquilo que vimos se passar na cena do cemitério – o salto*

196 Ibid., p. 46.

197 Ibid., p. 364.

> *de Laerte no túmulo e o fato que ele abraça, fora de si, o objeto cujo desaparecimento é a causa desta dor – que de fato no tempo, no ponto deste abraço, da maneira a mais manifesta, uma espécie de existência tanto mais absoluta, que não corresponda a mais nada.*[198]

Ofélia, vilipendiada, recupera, na morte, seu valor de objeto no desejo de Hamlet justamente por tornar-se absoluta em sua inacessibilidade: "É de alguma maneira na medida em que o objeto de seu desejo se tornou um objeto impossível que ele retorna para ele o objeto de seu desejo".[199] Lacan faz surgir nesse momento a função de real do objeto nomeada anteriormente por ele como o *pathos* do objeto. Em uma época em que o imaginário é um registro subordinado ao simbólico, observou Soler,[200] o objeto *a* aparece como "aquilo que faz função de real no imaginário".

Ressalta-se que a impossibilidade do objeto do desejo não é a morte que a constitui; este é um fator de estrutura própria ao desejo humano cujo paradoxo é ser causado por um objeto radicalmente perdido que, a bem da verdade, nunca existiu. O desejo humano é simultaneamente caracterizado, por "seu caráter de infinitude, essa marca impossível de satisfazer e a proliferação quase sem limite das formas variadas de seus objetos. Hiato entre aquilo que o causa e aquilo que ele visa".[201]

Se nenhuma forma de objeto é capaz de satisfazer plenamente o anseio humano de completude, um acidente do destino que nos

---

198 Lacan, J. (1958-1959/2002). *O seminário, livro 6: O desejo e sua interpretação*, *op. cit.*, pp. 355-356.

199 Ibid., p. 354.

200 Soler, C. (2012). *O inconsciente: que é isso?* C. A. A. Oliveira & D. Fingermann (Trad.) (p. 137). Annablume.

201 Ibid., p. 57.

priva de um objeto amado apenas desvela, de um modo cruel, o caráter impossível do objeto – este, de agora em diante, irredutível em sua falta.

Na sequência, Lacan acentua, no luto, sua dimensão real. Junto com Freud, ele reitera que não é qualquer perda que deixa um sujeito de luto, já que somente a perda daqueles considerados "essenciais" seria capaz de produzir um "furo no real", aqui traduzido como "rombo":

> *. . . O rombo no real provocado por uma perda, uma perda verdadeira, esta espécie de perda intolerável ao ser humano que provoca nele o luto, este rombo no real encontra-se por esta própria função nesta relação que é o inverso daquela que exponho diante de vocês sob o nome de* Verwerfung. *Da mesma forma que aquilo que é rejeitado no simbólico reaparece no real, que estas fórmulas devem ser tomadas no sentido literal, da mesma forma a* Verwerfung, *o rombo da perda no real de alguma coisa que é a dimensão para falar propriamente da intolerável oferta à experiência humana, que não é a experiência da própria morte, que ninguém tem, mas a da morte de um outro, que é para nós um ser essencial, isto é um rombo no real.*[202]

Hoje causa-nos estranhamento pensar o luto como um "furo no real", no original "*un trou dans le réel*". Como considerá-lo nesse momento do ensino de Lacan muito anterior à topologia dos nós?

---

202 Lacan, J. (1958-1959/2002). *O seminário, livro 6: O desejo e sua interpretação, op. cit.*, p. 356.

Allouch,[203] na leitura dessa passagem, propõe que acolhamos esse termo com cautela, mais como se fosse uma "metáfora":

> *Lacan formulava assim as coisas em abril de 1959 e não se pode, em 1995, desconhecer que, desde então, a água passou sob as pontes da topologia. Mas com que resultado? Sobretudo desde o estudo da cadeia borromeana, tornou-se menos fácil, em Lacan, falar de um furo . . . , se houve "progresso", entre 1959 e 1979, foi no sentido de não mais saber demais o que se acreditava saber, quanto ao furo. Disso decorre que a mais elementar prudência doutrinal reclama que acolhamos hoje esse "furo no real", tal como Lacan o usava em 1959, como uma metáfora.*

A "metáfora" um-furo-no-real, sugere o autor, irá, "sobretudo, permitir a Lacan ressaltar que essa impossibilidade funcione topologicamente como um lugar, onde o sujeito pode despejar todo tipo de coisas, notadamente as imagens e os significantes colocados em jogo no trabalho de luto".[204] Nesse sentido, ilumina-se a função dos ritos fúnebres enquanto invenções coletivas de tratamento do furo despejando nele todos os elementos disponíveis, ainda que jamais seja possível satisfazê-lo, nem mesmo quando é o próprio enlutado que nele se atira, como ressaltou Allouch.

Ao aproximar o luto da psicose, Lacan se distancia sobremaneira de Freud, que o abordou na perspectiva de um estado normal contraposto a um patológico (melancolia).

> *Este rombo no real, e por este fato, encontra-se, e em razão da mesma correspondência que é aquela que eu*

203 Allouch, J. (2004). *Erótica do luto: No tempo da morte seca, op. cit.*, p. 365.
204 Ibid., p. 275.

> *articulo na* Verwerfung,[205] *oferecer o lugar em que se projeta precisamente este significante faltante, este significante essencial como tal, à estrutura do Outro, este significante cuja ausência torna o Outro impotente para lhes dar a sua resposta – este significante que você não pode pagar a não ser com sua carne e com seu sangue, este significante que é essencialmente o falo sob o véu.*[206]

Nessa passagem nebulosa, o furo do luto estaria na mesma correspondência do furo da psicose. Quando Lacan articulou a psicose, ele propôs que nesta haveria um furo no simbólico decorrente da operação de foraclusão de um significante primordial, o Nome-do-Pai organizador da cadeia significante. Dada a carência desse significante, se um apelo é lançado ao simbólico, algo responde no real (os fenômenos alucinatórios, por exemplo): "No ponto em que . . . é chamado o Nome-do-Pai, pode pois responder no Outro um puro e simples furo, o qual, pela carência do efeito metafórico, provocará um furo correspondente no lugar da significação fálica".[207] Em poucas palavras, ao furo simbólico, responde-se no real.

O luto que faz furo no real realizaria, segundo Lacan, uma operação inversa à foraclusão, porém não deixa claro como se daria essa operação. Se tomada ao pé da letra, de modo apressado, a proposta de inversão nos faria supor: na psicose, o mecanismo da foraclusão faz com que o furo no simbólico tenha retorno no real; no luto, o furo no real teria retorno no simbólico. Mas seria isso

---

205 *Verwerfung* é um termo extraído de Freud que Lacan propôs traduzir como "foraclusão", que seria o operador constituinte da psicose, assim como o "recalcamento" (*Verdrängung*) na neurose e a "recusa" (*Verleugnung*) na perversão.

206 Lacan, J. (1958-1959/2002). *O seminário, livro 6: O desejo e sua interpretação*, *op. cit.*, p. 356.

207 Lacan, J. (1957/1998b). De uma questão preliminar a todo tratamento possível da psicose. In *Escritos* (p. 564). Jorge Zahar.

mesmo, um retorno no simbólico? Como seria possível pensar um furo no real com retorno no simbólico? Como se daria esse tipo de retorno no luto?

E Lacan segue:

> *. . . o rombo da perda no real de alguma coisa que é a dimensão para falar propriamente da intolerável oferta à experiência humana, que não é a experiência da própria morte, que ninguém tem, mas a da morte de um outro, que é para nós um ser essencial, isto é um rombo no real. Este rombo [furo] no real, e por este fato, encontra-se, e em razão da mesma correspondência que é aquela que eu articulo na* Verwerfung, *oferecer o lugar em que se projeta precisamente este significante faltante como tal à estrutura do Outro, este significante cuja ausência torna o Outro impotente para lhes dar a sua resposta . . . que é essencialmente o falo sob o véu.*[208]

Transcrevo abaixo a versão oficial dessa mesma passagem, editada por Miller:

> *A dimensão propriamente intolerável que se oferece à experiência humana não é a experiência de nossa própria morte, que ninguém tem, mas a da morte de um outro, quando é para nós um ser essencial. Tal perda constitui uma* Verwerfung, *um buraco, mas no real. Em razão de uma mesma correspondência igual à que articulo na* Verwerfung, *este buraco oferece o lugar onde se projeta precisamente o significante faltante.*

---

208 Lacan, J. (1958-1959/2002). *O seminário, livro 6: O desejo e sua interpretação*, *op. cit.*, p. 356.

> *Trata-se, no caso, do significante essencial à estrutura do Outro, aquele cuja ausência torna o Outro impotente para nos dar nossa resposta . . . ele é essencialmente o falo sob o véu.*[209]

Lacan não menciona "retorno no simbólico"; o que ele diz, precisamente, é que uma perda intolerável faz furo no real e que, neste furo, vem se projetar o significante primordial da falta. Em sua opção de leitura desse trecho, Allouch[210] sugere, de modo bastante pertinente, que a inversão proposta em relação ao mecanismo da psicose deve ser lida no luto não como um "retorno no simbólico", mas como "apelo lançado ao simbólico" do qual o rito fúnebre faz parte. Vejamos:

> *O parentesco entre as duas operações se deve a isto: enquanto que, na foraclusão, a esse furo simbólico responde algo no real (é a concepção do "retornar"), no luto, um elemento simbólico é convocado pela abertura do furo no real. Temos, pois, boas razões para falar de uma inversão no sentido de uma permutação termo a termo: o furo simbólico com retorno no real seria o inverso do furo real com apelo ao simbólico. Uma diferença essencial subsiste, no entanto: o significante foracluído do simbólico deve ser determinado em cada caso (justamente pelo viés de seu retorno no real, e a alucinação é aqui mais que exemplar, basal), ao passo que, no luto, ele é decerto, igualmente particular a cada caso, literalizado, mas, seja qual for*

209 Ibid., p. 360.

210 Allouch, J. (2004). *Erótica do luto: No tempo da morte seca*, *op. cit.*, p. 277.

> *essa literalidade, se tratará sempre do significante fálico (velado como tal).*

O apelo lançado ao simbólico se dirige ao significante fálico, articulador essencial do simbólico, logo operador essencial à estrutura do Outro (como lugar do tesouro dos significantes):

> *É porque este significante* [o falo] *encontra aí seu lugar e ao mesmo tempo não pode encontrá-lo, porque este significante não pode articular-se ao nível do Outro, que vêm, como na psicose – e é isso que o luto se aparenta à psicose – pulular em seu lugar todas as imagens de onde surgem os fenômenos do luto e os fenômenos de primeiro plano, aqueles pelo que se manifesta não tal ou qual loucura particular, mas uma das loucuras coletivas as mais essenciais da comunidade humana como tal, ou seja, é aquilo que aí está no primeiro plano, no primeiro guia da tragédia de Hamlet, ou seja, o* ghost, *o fantasma, esta imagem que pode surpreender a alma de todos e de cada um.*[211]

Significante da falta, ninguém é o falo e ninguém o tem. Por essência faltante, o falo não está apto a articular-se ao nível do Outro, que se mostra inconsistente, impotente em fornecer a quem quer seja uma resposta – lembremos aqui da mudez do Outro diante do *Che vuoi?* Trata-se do limite do simbólico diante dos inomináveis: o luto, o trauma, a morte, o sexo . . .

---

211 Lacan, J. (1958-1959/2002). *O seminário, livro 6: O desejo e sua interpretação, op. cit.*, p. 356.

Mestre absoluto, a morte é impensável, diz Lacan,[212] "e o fato de a morte não poder ser pensada é o fundamento do real". Se não há significante para a morte, essa falta, esse silêncio que no Outro o falo não pode cobrir, deixa o sujeito sob a "batida do despertar",[213] despertar para a realidade faltosa. Nesse limite, em que nada pode vir a satisfazer, "o que se produz então é muito precisamente esse algo do qual eu já indiquei o parentesco com um mecanismo psicótico, na medida em que é com sua textura imaginária, e somente com ela, que o sujeito pode responder a isso".[214] Justificam-se assim os fenômenos do luto.

Na medida em que o Outro não pode responder, é o imaginário que se adianta para povoar de imagens o furo. Ao aproximar o luto da psicose, Lacan dá lugar, na teoria psicanalítica do luto, aos fenômenos há muito presentes na história humana e que dizem respeito às assombrações que retornam para resolver assuntos pendentes, ajudar os vivos, revelar-lhes algum segredo ou tesouro oculto, ou, ainda, reivindicar satisfação e vingança. Trata-se do temido-ansiado retorno dos mortos que as práticas, as oferendas e os ritos fúnebres sempre tiveram a intenção de pacificar.

Dos fenômenos do luto, participam não só esses encontros com o morto (visões, sensação de sua presença, cheiro, de ter escutado sua voz chamando...), como também, especialmente no momento seguinte à perda, uma terrível sensação de colapso físico e emocional, sensação de estar enlouquecendo, e ainda a irrupção de alguma doença, sem falar nos suicídios. Sob estas condições, não é de se

---

212 Lacan, J. (1975-1976/2007). *O seminário, livro 23: O sinthoma*. S. Laia (Trad.) (p. 121). Jorge Zahar.

213 Lacan, J. (1964/2008e). *O seminário, livro 11: Os quatro conceitos fundamentais da psicanálise*, *op. cit.*, p. 61.

214 Lacan, J. (1958-1959/2002). *O seminário, livro 6: O desejo e sua interpretação*, *op. cit.*, p. 368.

estranhar que as "loucuras" presentes em um luto "furo no real" embaralhem, na prática clínica, o diagnóstico.

Ao tratar os fenômenos obscuros do luto, Lacan coloca a Psicanálise em diálogo com os estudos etnográficos que tratam o luto como um estado liminar, período durante o qual os enlutados são considerados perigosos para si mesmos e para os demais, e os tabus do luto servem tanto para protegê-los como para proteger a comunidade das supostas ações de espíritos vigilantes e ressentidos.

3.2 O luto do falo e para além do falo

Na última lição dedicada a *Hamlet*, Lacan enlaça a dissolução do drama edípico a um luto essencial à estrutura do sujeito, o luto do falo. O falo é a sua chave de leitura para interpretar o que se passa no momento derradeiro no qual Hamlet finalmente executa o ato ao preço da própria vida.

O significante fálico ocupa um lugar específico no campo simbólico, na relação particular que se dá entre o sujeito e o Outro. Uma relação acompanhada da dialética do "ser ou não o falo" e do "ter ou não o falo": "Ou bem o sujeito não o é, ou bem o sujeito não o tem. O que quer dizer, que se o sujeito o é, o falo – e isto se ilustra em seguida sob essa forma, isto é, como objeto do desejo de sua mãe – pois bem, ele não o tem!"[215] Qual saída para este enrosco do ser, este enviscamento narcísico?

Partindo das articulações freudianas quanto à dissolução do complexo edípico, Lacan comenta:

> *Freud nos diz: O complexo de Édipo entra em seu* Untergang, *em sua queda, em seu declínio, nesse declínio que*

215 Ibid., p. 482.

> *será uma peripécia decisiva para todo desenvolvimento ulterior do sujeito, em seguida a isso: na medida em que, diz ele, o Complexo de Édipo não tenha sido vivido experimentado sob as duas faces de sua posição triangular, na medida em que o sujeito, rival do pai, tenha se visto sobre esse ponto concreto de uma ameaça, que não é nenhuma outra se não a castração.*[216]

A ameaça de castração incide sobre as duas faces da relação triangular: se a criança quiser tomar o lugar do pai, será castrada; se quiser o lugar da mãe, perderá o falo ante a descoberta inevitável de que a mulher é castrada. Ou seja, de um lado ou de outro, o resultado é o mesmo: castração.

O avanço lacaniano nessa discussão foi colocar o falo como quarto elemento da operação, deslocando o conflito edípico para o campo simbólico. O dilema se daria, portanto, na relação do sujeito com o falo, inicialmente posta na dialética do "ser ou não ser o falo" – o objeto suposto faltar à mãe que o sujeito precisa abrir mão para passar do plano da demanda para o plano do desejo, campo do sujeito. Trata-se do deslocamento do dilema do ser para o do "ter ou não o falo" que possibilita situar o falo não mais como objeto imaginário suposto do desejo da mãe [$-\varphi$] mas como significante do desejo do Outro [Φ], significante da falta.

> *O falo é isso que nos é apresentado por Freud como a chave da* Untergang, *da queda, do declínio do Édipo. . . . E é na medida em que o sujeito entra quanto a essa "coisa" numa relação que podemos chamar de lassidão (está no texto de Freud) quanto à gratificação, é na*

216 Ibid., p. 366.

> *medida em que o jovem renuncia a estar à altura – isso foi ainda mais articulado para a filha, que nenhuma gratificação é de se esperar nesse plano – é enquanto, para dizer tudo, alguma coisa da qual se sabe que não se produz nesse momento, a emergência articulada de que o sujeito tem de fazer seu luto do falo, que o Édipo entra em seu declínio.*[217]

O desenlace do Édipo se dá a partir da possibilidade do sujeito de renunciar à identificação ao falo materno, isto é, consentir em abrir mão de ser o falo, e desse "ser fálico" fazer o luto.

> *O que nos diz Freud quanto a esse luto do falo? Ele nos diz que o que tá ligado a ele . . . é uma exigência narcísica do sujeito. Eis estabelecida aqui a relação desse momento crítico em que o sujeito se vê de todas as formas castrado ou privado da coisa, do falo. . . . No momento do desenlace final de suas experiências edipianas, o sujeito prefere, se pode-se dizê-lo, abandonar-se toda a parte de si mesmo, sujeito, que lhe será, para sempre desde então interdita, ou seja na cadeia significante pontuada, isso que faz o alto de nosso grafo.*[218]

Assim, é pelas vias de um luto que se sai do impasse. Na versão freudiana, sacrifica-se o falo em nome de uma exigência narcísica na qual, no caso do menino, prevalece o investimento narcísico do pênis e abandona-se o investimento libidinal dos pais. A saída do complexo edípico implica a introjeção da autoridade parental que barraria o incesto.

---

217 Ibid.

218 Ibid., pp. 367-368.

> *. . . a perda do falo experimentada como tal é a saída mesma do giro feito de toda relação do sujeito a isso que se passa no lugar do Outro, isto é, ao campo organizado da relação simbólica na qual começou a se exprimir sua exigência de amor. Ele está no limite e sua perda nesse processo é radical.*[219]

A saída do Édipo se faz a partir dessa ranhura narcísica na qual o sujeito abandona uma parte de si mesmo em uma perda dita por Lacan como "radical", uma vez que dali em diante essa parte estará ao sujeito interdita; no Grafo, ela será representada pela linha pontilhada que configura o Inconsciente, "ele não o sabia . . .". A dialética do sujeito com seu objeto de desejo, concebido como objeto sexual, depende dessa privação da qual emerge sob a forma negativa de não-ser-o-falo. O falo agora se manifestará, para ele, apenas de modo velado em aparições relâmpago sob a forma "do ter"/"não ter" refletido no objeto, isto é, o falo emprestando ao objeto seu brilho. As "aparições do falo" são nomeadas por Lacan de "falofanias". Entretanto, quanto ao sujeito do desejo, sua posição radical é negativa, isto é, está no nível da privação (de não ser o falo).

No *Seminário As relações de objeto*, Lacan[220] havia apresentado o ternário "castração-frustração-privação" como articulador da constituição do sujeito e suas relações com os objetos e a falta. O ternário é proposto como operador que realizaria a falta de objeto. Para nós, importa destacar apenas a "privação" como operação necessária a ser efetuada por *Hamlet* para ir além da castração:

> *Então, o que vai aparecer aqui no nível da privação? Ou seja do que se torna o sujeito na medida em que foi*

219 Ibid., p. 368.

220 Lacan, J. (1956-1957/1995). *O seminário, livro 4: As relações de objeto*. D. D. Estrada (Trad.). Jorge Zahar.

> *simbolicamente castrado? Mas ele foi simbolicamente castrado ao nível de sua posição como sujeito falante, não de seu ser, desse ser que tem que fazer o luto dessa alguma coisa que ele deve oferecer em sacrifício, em holocausto, a sua função de significante faltante.*[221]

Apesar de Lacan usar o termo "sacrifício", que assume, em nossa cultura, uma conotação religiosa, o sacrifício em jogo não é esse que implica uma relação de troca na qual o crente dá à divindade esperando algum retorno. Aqui, a parte (fálica) sacrificada pelo sujeito ao lugar do Outro – "paga com sua carne e seu sangue" – é mais radical, porque é sem compensações, já que do Outro o sujeito não receberá nada de volta: "por sacrificada que ela seja, esta vida não lhe é, pelo Outro, devolvida".[222] Por sua vez, é justamente esse sacrifício que abre ao sujeito a via do desejo, a via pela qual um objeto imaginário vem a constituir seu lugar no desejo justamente a partir daquilo do qual o sujeito foi privado, ou seja, do falo.

Lacan retoma aqui a problemática "relação de objeto" e sua relação com o luto, uma questão deixada em aberto na lição precedente. Para se conceber um objeto como perdido, é preciso, primeiro, concebê-lo como constituído. Em *Luto e melancolia*, Freud pressupõe que o objeto esteja formado, pois lá ele parte da ideia de que o luto, no sentido comum do termo, realizaria o trabalho de perder o objeto amado pela segunda vez, isto é, inscrever sua perda simbolicamente. Ao propor o luto do falo como estrutural do sujeito, Lacan inverte e coloca o luto como condição prévia a qualquer relação de objeto e, por conseguinte, do sujeito como desejante.

---

221 Lacan, J. (1958-1959/2002). *O seminário, livro 6: O desejo e sua interpretação*, *op. cit.*, p. 370.

222 Ibid., p. 371.

Retornando a *Hamlet*, na cena final, o príncipe se vê frente a frente com o falo. Em que termos? Lacan ressalta a simetria entre o modo exaltado de falar do pai e as injúrias lançadas contra Cláudio, que parecem comportar um tom de denegação:

> *. . . se há uma coisa de surpreendente na tragédia de Hamlet em relação à tragédia edipiana, é que, após a morte do pai, o falo, ele, está sempre lá. Ele está bem e belo lá e é justamente Claudio que é encarregado de encarná-lo. É, a saber, do falo real de Claudio que se trata todo o tempo, e Hamlet não tem, em suma, outra coisa a reprovar à sua mãe senão, precisamente, de ter-se preenchido com ele, mal seu pai é morto.*[223]

Por Cláudio encarnar esse falo, não se trata de golpear a pessoa dele, mas de algo para além, que faz Hamlet tremer a cada vez que a situação se apresenta a ele. De fato, não é possível golpear uma "sombra", pois ela sempre escapa pelos dedos. Se Hamlet hesita, é para preservar esse "ser fálico" do qual não quer abrir mão. Uma luta em última instância para manter o falo da mãe e, por consequência, salvar o próprio, segurando-se nesse laço narcísico, "o sujeito, como lhes dizia, não quer perder sua rainha . . . , recusa a castração do Outro",[224] porém apenas o luto do falo abrirá a via por onde se pode advir como sujeito desejante.

Segundo Allouch,[225] é como se Hamlet, na cena do funeral de Ofélia, já se encontrasse (simbolicamente) castrado, haja vista que ele é levado ao ponto alto do grafo [*S(Ⱥ)*] porém, lá, ele encalha em ruminações melancólicas indecidíveis. O pai está morto, porém o

223 Ibid., p. 373.

224 Ibid., p. 249.

225 Allouch, J. (2004). *Erótica do luto: No tempo da morte seca, op. cit.*, p. 277.

falo ainda se encontra lá assombrando. Ou seja, apesar do príncipe ter experimentado o luto e recomposto Ofélia como objeto no desejo, na cena do cemitério ele ainda não se privou de ser o falo. Apenas na cena final, quando realiza o desapego de suas exigências narcísicas é que consegue atingir Cláudio, que é, para ele a encarnação do falo, mas ao custo da própria vida.

Hamlet, assim como os filhos de Édipo, sofre e arca com as consequências dos crimes de seus pais, porém com uma diferença: enquanto os dois filhos de Édipo (Etéocles e Polinices) se trucidaram sem hesitação pelo trono, permanecendo ambos no crime, Hamlet não conseguia levar a cabo seu ato, só no momento derradeiro quando expia sua dívida de modo radical, sacrifício total, empenhando não apenas uma libra de carne à dívida simbólica, à maneira de Édipo, mas todo seu ser vivo, abandonando para outro, não qualquer um, o trono ao qual teria direito.

O efeito desse sacrifício é notável. Hamlet, re-situado em seu desejo, recupera os ideais e a boa-fé do Outro de modo a poder sustentar a re-aposta de que nem todos estavam irremediavelmente perdidos. Suas últimas palavras foram dedicadas a conceder seu voto agonizante[226] de herdeiro do trono a Fortimbrás, um outro nome de seu alter ego, e a delegar ao amigo Horácio a função de transmitir sua história, para que sua voz continuasse a ressoar, co-movendo outras.

Hamlet: Eu estou morto, Horácio, e tu estás vivo.
Dá parte a meu respeito e sobre minha causa
Aos que não a conheçam. . . .
Deus, Horácio, meu nome ficará manchado,
Se tudo o que ocorreu continuar ignorado.

---

226 Voto agonizante (*dying voice*) é o voto deliberado de um monarca em favor da sucessão, assim como fez a Rainha Elizabeth I, que nomeou James I o herdeiro do trono inglês (Dover Wilson, J. (1935/2007). *What happens in Hamlet?*, *op. cit.*).

> *... Predigo que a escolha irá a Fortimbrás.*
> *Meu voto agonizante recai sobre ele.*
> *Conte-lhe tudo e os fatos, grandes ou pequenos,*
> *Que terminaram aqui. E o resto é só silêncio*
> *(*Hamlet, *ato V, cena II).*[227]

Luto para além do falo

E, antes de finalizarmos, umas poucas palavras sobre a abordagem lacaniana do luto, circunscritas aos seminários 8 e 10. No *Seminário A transferência*, Lacan sugere que o trabalho do luto é um longo processo de desligamento simbólico-imaginário do objeto. O luto visaria a "identificar a perda real, peça por peça, pedaço por pedaço, signo por signo, elemento grande I por elemento grande I, até o esgotamento";[228] ou, de outro modo, a função do luto seria desvencilhar o objeto *a* – ainda objeto do desejo – das coordenadas imaginárias (narcísicas) e simbólicas que o mascaravam por trás do morto. Trata-se de um trabalho de desinvestimento dos traços de lembranças, o que implica o giro detalhado por todo o conjunto de significantes e também a desmontagem dos processos identificatórios (simbólicos e imaginários) sustentados junto ao desaparecido. Nesse *Seminário*, Lacan ainda se atém ao trabalho do luto mais nos moldes freudianos, o avanço maior ocorrerá no *Seminário A angústia*, quando retomará o luto pela via do objeto *a*, objeto não especularizável, não substituível, não cedível, causa de desejo.

A introdução do objeto *a* traz novas contribuições para teoria psicanalítica do luto, ao mesmo tempo que marca uma diferença importante em relação à Freud.

---

227 Shakespeare, W. (1604-1605/2015). *A tragédia de Hamlet, príncipe da Dinamarca*, *op. cit.*, p. 192.

228 Lacan, J. (1960-1961/2010). *O seminário, livro 8: A transferência*. D. D. Estrada (Trad.) (p. 480). Jorge Zahar.

> *O que significa um luto?*
>
> *Freud nos observa que o sujeito do luto lida com a tarefa que consistiria em consumar pela segunda vez a perda do objeto amado, provocada pelo acidente do destino....*
>
> *Quanto a nós, o trabalho de luto nos parece, por um prisma simultaneamente idêntico e contrário, um trabalho feito para manter e sustentar todos esses vínculos de detalhes, na verdade, a fim de restabelecer a ligação com o verdadeiro objeto da relação, o objeto mascarado,* o objeto a.[229]

Se, para Freud, o trabalho do luto lida com a tarefa de consumir o desligamento libidinal do objeto perdido, Lacan propõe que esse trabalho visa a separar as ligações de *i(a)* com o desejo, para restabelecer a verdadeira ligação deste último com o objeto *a*, o objeto mascarado por trás de *i(a)*. A diferença entre o luto e a melancolia estaria, essencialmente, em poder se distinguir, no caso a caso, a relação do *objeto a* com *i(a)* assim como o(s) tipo(s) de identificação implicado(s) – a imaginária ou narcísica, com a imagem do outro; a simbólica, ligada ao significante; e a regressiva, proposta por Freud, que visa a reencontrar o objeto que não se tem mais. Em suma, no caso do luto, trata-se da relação do *objeto a* com *i(a)*; na melancolia, a referência radical é o *objeto a* que transcende o sujeito e pode, no limite, arrastá-lo para o suicídio melancólico.

3.3 Da vertigem à transcendência: Lacan e a função dos ritos fúnebres

Conforme visto nos estudos etnográficos, uma representação presente em quase todas as sociedades é que o destino dos mortos

229 Lacan, J. (1962-1963/2005a). *O seminário, livro 10: A angústia, op. cit.*, p. 363.

bem como sua relação com os vivos dependem, em grande parte, do tratamento ritual: "Nada mais perigoso do que um morto 'mal passado'", resumiu o antropólogo J.-P. Albert[230] que identificou duas circunstâncias críticas nas quais os mortos são mais temidos:

1. aqueles cuja morte impede a realização dos ritos: os suicidas em algumas culturas, e os casos em que o corpo não pode ser recuperado;
2. aqueles cuja morte se considera ocorrida antes da hora e que, por isso, se ressentiriam dos vivos: vítimas de homicídio, acidentes etc.

Entre os povos Dayak, nem mesmo os rituais eram capazes de apagar as circunstâncias de uma morte sinistra; o temor era tão grande, que a comunidade se empenhava em se livrar imediatamente de seus corpos e das lembranças que a morte deles suscitava. Mal-passados e mal-ditos, eles aguçam esse "quê de estrangeiro"[231] que vigora em todo morto, segundo a lei da ambivalência afetiva, a quota de hostilidade bem ou mal disfarçada por trás do pesar e que os ritos visam a purificar.

De fato, os mistérios da vida e da morte são suportados, integrados por meio do recurso a uma rede de símbolos que acompanham nossa existência desde o nascimento até a morte e para além dela.

> *Os símbolos efetivamente envolvem a vida do homem numa rede tão total que conjugam, antes que ele venha ao mundo, aqueles que irão gerá-lo "em carne e osso"; trazem em seu nascimento, com os dons dos astros, senão*

---

230 Albert, J.-P. (1999). Les rites funéraires. Approches anthropologiques. *Les cahiers de la faculté de Théologie*, *4*, 141-152, p. 144.

231 Freud, S. (1915/2010c). Considerações atuais sobre a guerra e a morte, *op. cit.*, p. 236.

> *com os dons das fadas, o traçado de seu destino; fornecem as palavras que farão dele um fiel ou um renegado, a lei dos atos que o seguirão até ali onde ele ainda não está e para-além de sua morte; e, através deles, seu fim encontra sentido no juízo final, onde o verbo absolve seu ser ou o condena – a menos que ele atinja a realização subjetiva do ser-para-a-morte.*[232]

Essenciais a nossa comunidade, por meio de símbolos assumimos uma imagem humana, por meio de símbolos participamos de uma relação realmente humana, por meio de símbolos subjetivamos e reintegramos os dramas da existência: "o sujeito humano é especialmente exposto . . . ao surgimento de uma vertigem, e, para afastá-la, ele experimenta a necessidade de fazer algo transcendente".[233]

Vestígios primeiros de humanidade, a lápide e o túmulo são signos fabricados para velar o horror da decomposição da carne e, ao mesmo tempo, preservam como humano tudo o que lhe é próprio, incluindo seu corpo e também seu nome, possibilitando que a relação com o morto prossiga de outro modo e conferindo-lhe alguma duração. O signo garante que o cadáver permaneça como "*corpse*" e não se transforme em carniça, "o corpo que era habitado pela fala, que a linguagem *corpsificava*".[234]

A frágil existência humana encontra, no signo, um modo de duração. A palavra preserva a identidade dos seres e das coisas

232 Lacan, J. (1953/1998c). Função e campo da fala e da linguagem. In *Escritos* (p. 280). Jorge Zahar.

233 Lacan, J. (1953/2005b). O simbólico, o imaginário e o real. In *Nomes-do-Pai*. A. Telles (Trad.) (p. 26). Jorge Zahar.

234 Lacan, J. (1970/2003). Radiofonia. In *Outros escritos* (p. 407). Jorge Zahar, p. 407.

mesmo quando eles não estão mais presentes, resguardando-se, assim, a presença e permanência do que é passageiro:

> *O símbolo do objeto é justamente o objeto-aí. Quando ele não está mais aí, é o objeto encarnado em sua duração, separado de si próprio e que, por isso mesmo, pode estar de certa forma sempre presente para você, sempre ali, sempre a sua disposição. Encontramos aqui a relação que há entre o símbolo e o fato de que tudo o que é humano é conservado como tal. Quanto mais humano, mais preservado do lado movediço e descompensante do processo natural. O homem faz subsistir em uma certa permanência tudo o que durou como humano, e, antes de tudo, ele próprio.*[235]

Ao longo de seu ensino, Lacan expressou um profundo respeito pelos ritos fúnebres e seus signos. Ao tratar de *Hamlet*, ele notou que lá, em todos os grandes lutos, os ritos foram recusados, abreviados ou clandestinos. E na falta da satisfação que se deve à memória do morto, o luto retorna selvagem em forma de fenômenos que vão de aparições fantasmagóricas ao suicídio, e até homicídios.

> *E é o que nos explica que toda crença folclórica põe essencialmente a relação a mais estreita entre o fato de que alguma coisa seja faltante, seja elidida ou recusada desta satisfação ao morto, e o fato de que se produzam estes fenômenos que correspondem à influência, à entrada*

235 Lacan, J. (1953/2005b). O simbólico, o imaginário e o real, *op. cit.*, p. 36.

> *em jogo, à colocação em marcha dos fantasmas e das larvas, no lugar deixado livre pelo rito significante.*[236]

Na peça, de partida, a alma penada do velho rei surge para reclamar do destino funesto e reivindicar satisfação e vingança.

> *Espectro: Ceifado em plena brotação de meus pecados,*
> *Sem sacramento, sem unção, sem confissão,*
> *Sem nem ter feito as contas, repleto de débitos,*
> *Com meus defeitos todos pesando na alma.*
> *Oh, terrível, terrível, oh peso terrível!*[237]

Imersa no imaginário escatológico da época, a tragédia mostra que sem os ritos preparatórios (o santo viático) nem mesmo um monarca seria poupado de vagar sem descanso até a completa purgação dos seus pecados. Além de ter partido sem os ritos obrigatórios, a imagem do rei sofreu ainda uma ofensa gravíssima: as honras fúnebres correspondentes ao seu status político e social foram economizadas para dar lugar aos esponsais apressados da viúva.

> *Horácio: Senhor, vim assistir ao enterro de seu pai.*
> *Hamlet: Colega, não me venhas com essa zombaria,*
> *Não veio para ver as bodas da minha mãe?*
> *. . .*
> *Pechincha, Horácio. A carne assada do velório*
> *Foi servida já fria nas mesas de nupciais.*[238]

---

236 Lacan, J. (1958-1959/2002). *O seminário, livro 6: O desejo e sua interpretação*, *op. cit.*, p. 357.

237 Shakespeare, W. (1604-1605/2015). *A tragédia de Hamlet, príncipe da Dinamarca*, *op. cit.*, p. 78.

238 Ibid., p. 63.

A medida do horror de Hamlet é esse escândalo da falta de luto da rainha. A incompreensível depreciação, desvalorização da imagem do pai por esta que, até então, lhe parecia tão virtuosa na vida conjugal. Hamlet viu, de repente, a imagem da mãe desmoronar ao substituir instantaneamente seu pai pelo tio, aviltando publicamente não apenas a imagem do rei como também a própria ao levantar suspeitas sobre sua fidelidade matrimonial. Nessa lógica mercantil, um rei é um objeto intercambiável, e calcula-se que um equivale a outro, podendo ser substituídos automaticamente sem a necessidade de luto nem de rituais.

> *Não há necessidade de lhes lembrar estas palavras de Hamlet sobre essas sobras da refeição dos funerais que serviram à refeição de núpcias: "Economia! Economia!* Thrift, thrift, Horatio!*", indicando com esse termo algo que nos lembra que em nossa exploração do mundo do objeto, nessa articulação que é a da sociedade moderna, entre o que nós chamamos os valores de uso e os valores de troca como todas as noções que se engendram em torno disso, há talvez alguma coisa que a análise desconhece – eu quero dizer a análise marxista, econômica, na medida em que ela domina o pensamento de nossa época – e da qual tocamos a todo instante a força e amplitude, são os valores rituais.*[239]

Os ritos não são mercadorias cujas propriedades podem ser usadas, trocadas ou pechinchadas no mercado de bens de consumo conforme a necessidade. No seminário *De um outro ao Outro*, Lacan[240]

---

239 Lacan, J. (1958-1959/2002). *O seminário, livro 6: O desejo e sua interpretação, op. cit.*, p. 360.

240 Lacan, J. (1968-1969/2008f). *O seminário, livro 16: De um outro ao Outro.* V. Ribeiro (Trad.). Jorge Zahar.

evoca a figura do pote, objeto mais valioso por sua estrutura furada, seu oco do que pelo conteúdo que ele possa conter, em outros termos, seu valor é determinado pelo significante e não pela significação. Nesse sentido, o pote fúnebre é exemplar: "O pote está furado, diz-se em homenagem ao defunto, para que o vivo não possa servir-se dele".[241] Furado, o pote não tem serventia para o vivo, ele está separado para outro tipo de uso. Segue Lacan:

> *certamente, essa é uma razão. Mas talvez haja uma outra, ou seja, que o pote é feito para produzir esse furo, para que esse furo se produza. É o que ilustra o mito das Danaides. É nesse estado furado que o pote, depois de o ressuscitarmos de seu local de sepultura, vem imperar na estante do colecionador.*

A vida eterna e secreta do pote repousa justamente no furo que ele produz ao estar em função da dignidade do morto: "A título de que o pote explica a significação do que está nele? A título de um valor de uso, ou, melhor dizendo, de um valor de troca com outro mundo e outra dignidade. A título de homenagem".[242] O pote fúnebre vale enquanto signo (significante) participante dos ritos fúnebres que mobiliza e media as trocas com o sobrenatural onde imperam outras leis, outra dignidade.

Em *Hamlet*, enquanto os cadáveres se acumulam, os enlutados vagam solitários sem reconhecimento e amparo dos rituais. Além do rei, Polônio, assassinado pelo príncipe, foi enterrado furtivamente por óbvias razões políticas. Assim como Hamlet, Laerte se encontra desamparado no luto:

---

241 Ibid., p. 16.

242 Ibid.

Laerte: *A morte que ele teve, o funeral furtivo,*
Sem troféu, espada ou brasão cobrindo os ossos,
Sem ritos nobres, pompa, sem cerimonial,
Clama, como o céu clama pra terra, que o escutem
E que eu questione tudo.[243]

E ainda Ofélia. "Quem estão conduzindo assim, com esses ritos sumários", indaga Hamlet.[244] A morte suspeita de Ofélia, seu provável suicídio, teria sumariamente a excluído de qualquer ofício cristão se não fosse seu status social; sob pressão, a Igreja consente em um enterro *ad sanctus*, porém com ritos simplificados:

Laerte: *Quais as outras cerimônias?*
Padre: *As honras sepulcrais já foram estendidas*
Laerte: *Pra além do que nos cabe. A morte foi suspeita,*
Padre: *Se uma voz superior não quebrasse o costume,*
Seria colocada em chão não consagrado
Até soar a trompa e, em vez de preces pias,
Teria contra si pedras, lascas e cacos.
Outorgaram-lhe até a virginal guirlanda,
As flores espargidas e a volta à morada
Com sino funeral.
Laerte: *Nada mais a fazer?*
Padre: *Não. Seria violar*

243 Shakespeare, W. (1604-1605/2015). *A tragédia de Hamlet, príncipe da Dinamarca*, *op. cit.*, p. 160.

244 Ibid., p. 178.

O mortuário ofício entoar um grave réquiem
Por seu descanso, como se faz pelas almas
Que partiram em paz.[245]

Tão desamparado quanto estava no luto do pai, Laerte vocifera sozinho novamente contra a barbárie daquela situação que aviltava a honra e a memória de sua família:

Laerte: Deponham-na na terra,
E que de sua carne bela e imaculada
Brotem as violetas. Ouve, padre grosso,
Tu vais urrar no inferno – e minha irmã será
Um anjo servindo Deus.[246]

Tocado por esses lutos não satisfeitos, Lacan lamentou, na lição do dia 22 de abril de 1959, e nós junto com ele, por não ter tempo de realizar alguns seminários sobre os ritos funerários. Fascinado pela cultura e escrita oriental, Lacan evoca nesse momento o *Li Chi*, admirável na ilustração da importância da função ritual:

> *Eu gostaria de ter tempo de fazer-lhes alguns seminários sobre este assunto do rito funerário através de uma investigação etnológica. Lembro-me, há muitos anos, de ter passado bastante tempo sobre um livro que é uma ilustração verdadeiramente admirável e que toma todo o seu valor, para nós exemplar, de ser de uma civilização bastante distante da nossa para que os relevos desta*

245 Ibid.
246 Ibid.

> *função apareçam verdadeiramente de uma maneira brilhante. É o* Li Chi, *um dos livros chineses consagrados.*[247]

As expressões do luto da antiga sociedade chinesa são uma verdadeira "sintaxe ritual", conforme Granet.[248] Enquanto as formas orais do rito são poucos numerosas, pois no luto é "preciso calar", os gestos expressivos da dor são signos tão bem coordenados, tão precisos quanto as palavras e frases poderiam ser. Um simbolismo minuciosamente ordenado, "uma verdadeira linguagem a qual os gramáticos, quero dizer, os ritualistas, estabelecem as regras e mantêm a correção, também uma linguagem em que a análise filosófica sabe encontrar uma lógica de acordo com a ordem inteligível do universo".

E qual função a linguagem ritual visa a realizar? Diz Lacan:

> *Se do lado do morto, daquele que acaba de desaparecer, este algo que não foi cumprido, que se chama os ritos – os ritos destinados a quê, afinal? O que são os ritos funerários? Os ritos pelos quais nós satisfazemos aquilo que se chama a memória do morto, o que é, se não é a intervenção total, maciça, do inferno até o céu, de todo o jogo simbólico?*[249]

Ressonante da proposta lévi-straussiana de que a eficácia do feiticeiro e de sua magia repousa no fornecimento de uma linguagem

247 Lacan, J. (1958-1959/2002). *O seminário, livro 6: O desejo e sua interpretação, op. cit.*, p. 356.

248 Granet, M. (1922/2012). Le langage de la douleur d'après le rituel funéraire de la Chine classique. *Journal de Psychologie*, 15 février 1922 (p. 4).

249 Lacan, J. (1958-1959/2002). *O seminário, livro 6: O desejo e sua interpretação, op. cit.*, p. 356.

que possibilite articular todos os elementos de uma situação total, Lacan ressalta o "caráter macroscópico" dos ritos e sua função de convocar nada menos do que "todo o jogo simbólico" para fazer frente ao furo aberto pela morte.

> *O caráter macroscópico dos ritos funerários, ou seja, o fato de que com efeito ele não tem nada que possa cumular de significantes este furo no real se não for a totalidade do significante, o trabalho realizado ao nível do* Lógos *– digo isso para não dizer ao nível do grupo nem da comunidade (certamente são o grupo e a comunidade enquanto culturalmente organizados que são os sustentadores disso) – o trabalho do luto apresenta-se primeiramente como uma satisfação dada àquilo que se produz de desordem em razão da insuficiência de todos os elementos significantes a fazer face ao rombo criado na existência pela colocação em jogo total de todo o sistema significante ao redor do menor luto.*[250]

O rito realizaria no campo social, um tratamento equivalente ao trabalho do luto proposto por Freud. Na lição seguinte, do dia 29 de abril de 1959, Lacan retorna à função do rito, porém como o parágrafo parece um tanto obscuro, acabamos também por consultá-lo em duas versões:

A primeira em português, tradução da transcrição do seminário disponível no site Staferla:[251]

> *Já fiz alusão, da penúltima vez [*de fato no dia 22-04-1959*], a essa função do rito no luto. É por essa mediação*

250 Ibid., p. 357.
251 Ibid., p. 360.

> *que o rito introduz ao que o luto abre como hiância, mais exatamente à maneira como ele vem coincidir, colocar ao centro de uma hiância absolutamente essencial, a hiância simbólica, maior, a falta simbólica, o ponto* x *em suma do qual se pode dizer que, quando Freud faz alusão ao umbigo do sonho, talvez seja justamente o correspondente psicológico que ele evoca dessa falta.*[252]

Na edição proposta por Miller, o artigo "*il*" presente na frase "*il vient coïncider...*" que deixa a frase ambígua ("ele" se referiria à palavra "rito"ou "luto"?) foi definido como sendo "luto":[253]

> *Já fiz alusão, na penúltima vez, à função do rito no luto. O rito introduz uma mediação com relação ao que o luto abre como hiância. Mais exatamente, o luto vem coincidir com uma hiância essencial, a principal hiância simbólica, a falta simbólica, o ponto* x*, em suma, do qual o umbigo do sonho, que Freud evoca em algum lugar, talvez seja apenas o correspondente psicológico.*[254]

---

252 No original: "J'ai déjà fait allusion l'avant-dernière fois [*en fait le 22-04-1959*], à cette fonction du rite dans le deuil. C'est par cette médiation que le rite introduit à ce que le deuil ouvre de béance quelque part, plus exactement à la façon dont il vient coïncider, mettre au centre d'une béance tout à fait essentielle, la béance symbolique, majeure, le manque symbolique, le point X en somme dont on peut dire que quelque part, quand Freud fait allusion à 'l'ombilic du rêve', peut-être est-ce justement le correspondant psychologique qu'il évoque de ce manqué" (http://staferla.free.fr/S6/S6.htm)

253 Lacan, J. (1958-1959/2016). *O seminário livro 6, O desejo e sua interpretação*, *op. cit.*, p. 364.

254 No original: "J'ai déjà fait allusion l'avant-dernière fois à la fonction du rite dans le deuil. Le rite introduit une médiation par rapport à ce que le deuil ouvre de béance. Plus exactement, le deuil vient coïncider avec une béance essentielle, la béance symbolique, majeure, le manque symbolique, le point X en somme,

O rito teria uma função de mediação em relação ao furo aberto pelo luto, em dupla coordenada: de um lado, ele realizaria a mediação entre o luto individual e o coletivo; e, de outro, ele propiciaria as trocas entre o mundo dos vivos e dos mortos. Em suma, o rito é o veículo que possibilita tratar simbolicamente o real, não sem o amparo do imaginário.

E, por fim, não poderíamos deixar de evocar as semelhanças entre a função do rito e a do jogo infantil conforme Freud[255] articulou em relação ao jogo do carretel. Enquanto o seu pequeno neto atirava e recuperava incansavelmente um carretel preso por um cordão, Freud observou que a criança repetia os sons *fort* e *da* (em alemão), "lá" e "aqui", respectivamente. O jogo inventado pela criança encenava os desaparecimentos e os retornos da mãe, e visava a obliterar uma experiência aflitiva de perda. Por meio do jogo, as crianças assumem o controle sobre as situações desagradáveis, elas "ab-reagem a intensidade da impressão, tornando-se, por assim dizer, senhoras da situação".[256]

A leitura de Lacan[257] do jogo do carretel o aproxima mais ainda do rito fúnebre: "pois o carretel é a resposta do sujeito àquilo que a ausência da mãe veio criar na fronteira de seu domínio – a borda do seu berço – isto é, um fosso, em torno do qual ele nada mais tem a fazer senão o jogo do salto". E não seria o rito fúnebre também uma espécie de "jogo do salto", uma invenção coletiva para suportar, tratar o fosso da morte?

---

dont l'ombilic du rêve que Freud evoque quelque part n'est peut-être que le correspondant psychologique" (Lacan, J. (1958-1959/2013). *Le seminaire livre 6: Le desir et son interpretation* (p. 402). Éditions de La Martinière et Le Champ Freudien Éditeur.).

255 Freud, S. (1920/2010b). Além do princípio do prazer, *op. cit.*, p. 28.

256 Ibid.

257 Lacan, J. (1964/2008e). *O seminário, livro 11: Os quatro conceitos fundamentais da psicanálise*, *op. cit.*, p. 66.

> *O que ele [jogo] visa é aquilo que, essencialmente, não está lá representado - pois é o jogo mesmo que é o* Repräsentanz da Vorstellung. O que se tornará a Vorstellung *quando, novamente, esse* Repräsentanz *da mãe - em seu desenho tachado de toques, de guaches do desejo - vier a faltar?*[258]

Assim como a fantasia que dissimula, mascara algo impensável, não representável, o rito opera como uma tela para velar a falta de significante para a morte. Porém, se o rito vem cumular esse furo no Outro com todos os elementos e meios disponíveis, sabemos que o próprio esforço de o saciar apenas acentua, produz essa impossibilidade.

4. Uma escrita do luto

A obra *Erótica do luto* de Jean Allouch surpreende pela maneira peculiar como foi estruturada. Nos intervalos entre capítulos, encontramos as páginas cinzas, seção chamada de "literatura cinza", nas quais o autor rompe não só o caráter formal da obra mas também muda o tom para narrar sobre sua própria experiência do luto, incluindo os sonhos e pesadelos que acompanharam e deslocaram esta experiência e, por efeito, a escrita do livro: "Do luto, minha experiência particular foi esta: após ter perdido, bem menino, um pai, perdi pai, uma filha".[259]

O livro se inscreve em uma série consagrada àquilo que o autor batizou de uma "clínica do escrito": Por meio de três operações de

---

258 Ibid., p. 67.

259 Allouch, J. (2004). *Erótica do luto: No tempo da morte seca, op. cit.*, p. 24.

leitura (tradução, transcrição e transliteração),[260] o autor se propõe a (re)analisar diversos pontos relativos à doutrina psicanalítica, examinando as consequências para a prática clínica, ao menos a sua.

> *Uma* clínica do escrito, *o que significa isso? Basta ter assim singularizado a clínica analítica para que se apresente um certo número de questões, sobre as quais o fato espantoso é que tenham sido tão pouco abordadas. A primeira dentre elas talvez seja a da leitura; se um sonho deve ser tomado como um texto, em que consiste o fato de se o ler?*[261]

Orientado por suas operações de leitura, de obra em obra, o autor buscou aplicar e desenvolver seu método particular. *Erótica do luto* se inscreve nessa mesma opção, entretanto, a abordagem do luto apresentada está circunscrita ao *Seminário* 6. Da obra, interessa-nos comentar apenas dois traços: o primeiro referente à proposta de uma escrita (subjetiva) do luto, e o segundo relacionado a outra escrita, aquela que advém como um túmulo literário e que se lança à exposição.

4.1 A escrita do luto

Nas primeiras páginas de *Erótica do luto*, Allouch,[262] manifesta sua insatisfação com a teoria do luto em voga no movimento

---

260 Segundo o autor, "escrever se chama transcrever quando o escrito é regulado pelo som, traduzir quando se baseia no sentido e transliterar quando é regido pela letra" (Allouch, 2007, p. 17.).

261 Allouch J. (2007). *A clínica do escrito*. D. D. Estrada (Trad.). Companhia de Freud, p.13.

262 Allouch, J. (2004). *Erótica do luto: No tempo da morte seca*, *op. cit.*, p. 11.

psicanalítico freudiano e anuncia sua proposta de uma outra versão nos seguintes termos:

> *Que o luto seja elevado a seu estatuto de ato. A psicanálise tende a reduzir o luto a um trabalho; mas há um abismo entre trabalho e subjetivação de uma perda. O ato, este, é suscetível de efetuar no sujeito uma perda sem qualquer compensação, uma perda seca. A partir da Primeira Guerra Mundial, a morte não espera menos. Contra ela não se vocifera mais em conjunto; ela não dá mais lugar ao sublime e romântico encontro dos amantes por ela desfigurados. Certo. Resta que, na ausência de rito a seu respeito, sua atual selvageria tem por contrapartida que a morte induza o luto ao ato.*

A partir da leitura do *Seminário 6*, na época ainda não publicado oficialmente, o autor extraiu a tese segundo a qual o luto atualmente, em vez de se realizar e se concluir com um trabalho (Freud), ele se concluiria com um ato, um "ato sacrificial gracioso". Allouch extrai do conto japonês "Aghwii o monstro celeste", comentado no próximo capítulo, a expressão "sacrifício gracioso". Faz-se a ressalva de que o termo "gracioso" como foi traduzido em português não tem relação com "fazer graça" ou "gracejo", mas com "gratuidade". No original do conto, consultado em japonês, aparece "*mushou no gisei*", literalmente "sacrifício sem querer recompensa", ou seja, "um sacrifício gratuito"; esta ideia inspirou Allouch a compor a expressão "*gracieux sacrifice de deuil*" ("gracioso sacrifício de luto").

Pois bem, no luto, o sujeito suplementaria a perda com um pequeno pedaço de si mesmo graciosamente sacrificado:

> *O luto não é apenas perder alguém (furo no real), mas convocar para esse lugar algum ser fálico para lá poder*

> *sacrificá-lo. Há luto efetuado se e somente se tiver sido efetivo esse sacrifício. O sujeito terá, então, perdido não só alguém, mas, além disso, mas, ademais, mas, em suplemento, um pequeno pedaço de si.*[263]

O autor sugere então uma escrita mínima do luto grafada ao modo de uma fórmula, que pode ser lida como "um sujeito de luto é aproximadamente uma pessoa que perdeu alguém mais um pedaço de si":

$$\$ \cong -(1 + a)$$

O luto, portanto, não se reduz a perder alguém; é necessário suplementar à operação o *pequeno a* (*pequeno a* aqui nos termos do *Seminário 6*, isto é, entre simbólico e imaginário), daí justifica-se a necessidade do parêntese que sela a relação em negatividade do 1 com o *pequeno a*. A versão proposta figura bem entre duas leituras possíveis de uma frase proferida por Marco Antônio em *Julio Cesar*, outra peça de Shakespeare: "My heart is in the coffin there with Ceaser" ("meu coração está lá no caixão com César"). Duas leituras possíveis em dois tempos do luto:

> *Leitura um: "Sofro por meu coração estar nesse ataúde; ele não está em seu lugar por me ter sido pela morte arrancado", eis o enlutado; leitura dois: "Pois está ali sim, e vou abandoná-lo nesse lugar que, agora concordo, é de fato o dele", eis o gracioso sacrifício de luto, eis o fim do luto.*[264]

263 Ibid., p. 285.

264 Ibid., p. 12.

O tempo 1 seria aquele no qual o sujeito combate com a morte para recuperar o pedaço de si perdido, é o tempo elaborativo do luto; o tempo 2 seria o momento de concluir no qual se cede à morte o pedaço de si. A tese do autor acerca do pequeno pedaço sacrificado ao morto é ilustrada a partir da "loucura" de Ofélia diante da perda brutal do pai sem direito à justiça ou à alguma forma de reparação. Qual parte de si mesma preciosa a donzela teria sacrificado? É o irmão de Ofélia que isola o pedaço perdido:

Laerte: *Fogo, seca meu cérebro e tu, meu pranto ardente,*
Queima meus sentidos e a potência dos olhos
Por deus, pagarão tão pesado a tua loucura
Que a balança vai virar, Ó rosa de maio,
Ó moça amada, irmã querida, doce Ofélia –
Será possível, céus, que o juízo de uma moça
Seja assim tão mortal quanto a vida de um velho?
No amor, a natureza é fina e quando é fina
Emite ao ser amado alguma instância rara
Daquilo que ela é.[265]

Abaixo, o original, por se ajustar melhor ao comentário do autor:

O heat, dry up my brains, tears seven times salt
Burn out the sense and virtue of mine eye.
By heaven, thy madness shall be paid with weight
Till our scale turn the beam. O rose of May,

265 Shakespeare, W. (1604-1605/2015). *A tragédia de Hamlet, príncipe da Dinamarca, op. cit.*, p. 158, grifo nosso.

Dear maid, kind sistir, sweet Ophelia,
O heavens, is't possible a Young maid's wits
Should be as mortal as a poor man's life?
Nature is fine in love, and where 'tis fine
It sends some precious instance of itself
After the thing it loves.[266]

Ao perder o pai, Ofélia teria sacrificado a razão, seu juízo de donzela (*maid's wits*). O autor marca ainda na fala do personagem a expressão "to send after" ("enviar buscar alguém") que diria respeito ao morto que, tendo partido, esqueceu algo para trás. Desse modo, a parte "de si mesmo" sacrificada teria um caráter ambíguo; a quem pertenceria, ao morto ou ao enlutado? Dessa ambiguidade derivaria a persecutoriedade presente no luto, questão que abordaremos um pouco mais adiante.

Embasado na ideia lacaniana sobre a função do significante fálico no luto, Allouch argumenta que o pedaço perdido não é um pedaço qualquer, mas um pedaço com valor fálico, erotizado. Então, o que perde afinal o enlutado? O pedaço não é outro senão o falo. No caso de Ofélia, por exemplo, a perda do juízo de donzela serviria bem para ilustrar que se trata, no luto do pai, do falo por ser justamente aquilo que lhe falta, sendo o falo definido como o significante da falta.

O autor propõe tratar, de outro modo, a problemática do objeto do luto. Não se trataria de um objeto uno, mas composto em (1 + *a*): "O objeto perdido que deixa de luto não é um indivíduo, não é um *indivis*, não é um 1, é um objeto composto, um (1 + a). O parêntese

266 Shakespeare, W. (1604-1605/2016). *The tragic history of Hamlet, prince of Denmark* (3rd ed., p. 416). A. Thompson & N. Taylor (Eds.). The Arden Shakespeare, grifo nosso.

cifra essa solidariedade, que notamos, segundo a qual está excluído perder o 1 sem *ipso facto* perder o *pequeno a.*[267]

Mais tarde, no texto "Objet perdu, objet dé-composé", ele retifica a noção de objeto "composto" para objeto "de-composto" em 1 + *a*.[268] A de-composição do objeto responderia pelo caráter paranoide da experiência do luto, em geral, povoada pela presença do duplo do morto na base das histórias de fantasmas que, em geral, vem reivindicar algo dos vivos.

> *Tem-se aí o possível ponto de enxerto de uma problemática paranoica sobre a do luto: o morto vai embora levando algo (aquela parte preciosa do enlutador que este deverá, ao termo de seu luto, lhe ceder). Mas, é esse o alcance da ambiguidade do "si mesmo", pode acontecer de o morto deixar algo e declarar que o enlutador lhe tomou aquilo que o morto deixou nele (não sem razão, aliás, ver o caso de Hamlet pai). Assim, as posições do morto e do enlutador, tão semelhantes, podem ser tomadas num enfrentamento imaginário, tipo perseguidor-perseguido.*[269]

Esses fenômenos, no entanto, velam uma condição raramente falada: a perseguição a qual os mortos são submetidos. Eles são procurados e chamados por toda parte desde que partiram levando consigo um pedaço do enlutado. Por não se saber bem a quem pertenceria o "pedaço de si mesmo" perdido, se ao morto ou ao vivo, ele acaba assumindo um caráter transicional, flutuante, indistinto.

---

267 Allouch, J. (2004). *Erótica do luto: No tempo da morte seca, op. cit.*, p. 38.

268 Allouch, J. (2005). Objet perdu, objet dé-composé. *Études freudiennes*, (38), p. 224.

269 Allouch, J. (2004). *Erótica do luto: No tempo da morte seca, op. cit.*, p. 287.

Por seu valor fálico, o pedaço perdido transforma inesperada e violentamente o enlutado em Erastes, que sai correndo para buscar o pedaço arrancado.[270] Alguns chegam a preferir perder-se nele a perdê-lo, enterrando-se junto com o morto:

> *Essa escrita do luto que acabamos de propor (seu interesse, como escrita, é abrir um certo jogo) permite transcrever a experiência, que os sociólogos nos asseguram ser bem frequente, em que o enlutador segue no túmulo (suicídio ou doença) seu objeto perdido. Num tal caso, o enlutador parece absorver-se ele mesmo nesse pedaço de si, realizar-se como pedaço de si; ele "prefere" ele mesmo morrer que perdê-lo no sentido de ficar dele privado.*[271]

A perseguição que o luto daria lugar teria fim somente no ato de sacrifício em que o enlutado cederia o pedaço de si mesmo ao morto (à morte). Enquanto o enlutado não ceder à morte o que esta lhe privou, o pedaço permaneceria flutuante. Apenas a cessão, em um ato de sacrifício gracioso, outorgaria ao objeto o estatuto de dom, transformando-o em objeto de sacrifício, pondo fim não só à perseguição, mas ao luto.

> *Só estando ele mesmo perdido, graciosamente sacrificado, é que esse suplemento satisfaz sua função de possibilitar a perda desse alguém que foi perdido. Assim, de desaparecido esse alguém adquire o estatuto de inexistente.*

270 O binômio Erastes (amante) e Erômenos (amado) é evocado por Lacan, no *Seminário 8*, ao articular o *Banquete* de Platão com o amor de transferência.

271 Allouch, J. (2004), *Erótica do luto: No tempo da morte seca*, op. cit., p. 290.

> *Assim, ele cessa de positivamente aparecer, tal como um fantasma ou uma aparição.*[272]

Portanto, o ato de sacrifício tem no luto uma função essencial: operar a separação do objeto (perdido) de-composto [*1* + *a*]. Porém, a própria noção de sacrifício – tema caro à religião e aos estudos antropológicos desde Mauss – é problemática e traz impasses para a proposta do autor. Etimologicamente, "sacrifício" vem do latim "*sacrum facere*" e significa "tornar algo ou alguém sagrado". Sacrificar, portanto, implica a ideia de separar, separação. Na crença judaica e islâmica, por exemplo, o rito de circuncisão torna uma criança sagrada, isto é, "separada" para Deus. Vem de São Tomás de Aquino a ideia do sacrifício como "do separado para Deus".[273]

Todavia trata-se no sacrifício religioso de uma separação relativa, já que este, de forma geral, caracteriza-se por ser propiciatório ao se amparar na promessa de troca, na lógica do dom pago com outro dom, seja nesta vida ou na eternidade. Ou seja, esta versão de sacrifício não satisfaz à ideia de "um ato de sacrifício gracioso", pois não se trata, no caso geral do sacrifício religioso nem de um "ato gratuito" – isto é, sem querer algo em troca – nem *stricto sensu* de um "ato", já que o ato se caracteriza, por princípio, não ter volta.

Então, qual seria a natureza deste sacrifício gracioso de luto, por princípio um operador da separação?

O autor justifica sua proposta na ideia de sacrifício que Lacan sugere no *Seminário 6* quando trata do luto do falo. Trata-se de uma perda radical, um sacrifício radical equivalente ao sacrifício do falo, isto é, sem possibilidade de compensação futura advinda

---

272 Ibid., p. 389.

273 Ver "Parecer sobre a 'restauração' da missa após o vaticano II", *Revista Permanência*, mar./abr. 1983. http://missatridentinaemportugal.blogspot.com.br/2014/03/a-teologia-do-santo-sacrificio-da-missa.html.

de nenhuma divindade/Outro, "uma perda seca",[274] já que o que se cede à morte é irrecuperável.

No entanto a abordagem desta problemática é pouco desenvolvida no livro e comparece apenas nos últimos parágrafos quando o autor recorre à ideia de sacrifício presente no pensamento hinduísta. Primeiramente, ele menciona a escola chamada Mimamsa, cujo princípio fundamental de sacrifício supõe que este se aboliria no mesmo momento em que se cumpre, como o ato que é sem volta. Porém, mesmo nesta escola, a perda não é de todo sem resto, já que deixa uma marca, *apurva*, uma espécie de pagamento parcial que, no momento certo possibilitaria ao sacrificante ganhar o céu. Ou seja, o sacrifício levaria a uma compensação final.

Tal pensamento não ajuda a resolver a questão da natureza do ato de sacrifício de luto. Entretanto o autor aponta uma saída possível do impasse, através da tensão que há, no hinduísmo, entre duas correntes: uma na visada do céu (Mimansa) e outra que busca a libertação do *karma*, do inferno das reencarnações, enfim, dos restos. E conclui:

> *Como o gracioso sacrifício de luto trata essa antinomia? Em nossa álgebra, a questão é a da solidariedade mantida entre 1 e* a *no parêntese (1 + a); não menos concretamente, trata-se do vínculo – mantido ou não – entre aquele ou aquela que terá sido perdido e aquele pedaço de si. . . . Pensar esse vínculo como indestrutível corresponde a fazer de (1 + a) uma mensagem; é a perspectiva do céu. Em compensação, a da libertação cabe no mesmo ato sacrificial tendo esse mesmo objeto (1 + a), mas, dessa vez, o ato expõe o que está ajuntado a dispersão.*[275]

274 Allouch, J. (1995/2004). *Erótica do luto: No tempo da morte seca, op. cit.*, p. 12.
275 Ibid., p. 394.

Assim, o ato do sacrifício do luto visaria a dispersar ou disjuntar o que foi amalgamado na perda, de *(1 + a)* para *1 // a*. Sem detalhar de que modo esse sacrifício poderia fazer exceção aos outros sacrifícios – favorecendo a dispersão (outro modo de dizer da separação), e não a repercussão – o autor sugere que, no próprio ato sacrificial, realizaria-se uma abolição tanto do que foi ajuntado (o morto e o pedaço de si) quanto do próprio ato, e ambos seriam abolidos, absorvidos ao nada, já que não há Outro para receber, reparar ou garantir retorno do que quer que seja.

4. 2 Escrita e exposição

Sensível às críticas de que a teoria psicanalítica do luto teria ignorado a importância e função do público no luto, Allouch constrói a tese de que o luto moderno é um ato sacrificial gracioso que, como ato sacrificial, realizaria-se a modo de um rito, o que implica necessariamente a presença de um certo público.

A fim de ilustrar sua tese, o autor recorre ao conto do celebrado escritor japonês Kenzaburô Ōe,[276] "Aghwee, o monstro celeste".[277] Em poucas palavras, o conto narra a comovente história de um jovem compositor que enlouqueceu. Ele mesmo, quase um fantasma, encontra-se perturbado por um monstro vindo do céu, descrito por ele como um bebê gordo e grande como um canguru. A família

276 Ainda pouco conhecido em nosso meio, Kenzaburô Ōe foi agraciado com o Nobel de Literatura de 1994. Seu livro mais conhecido no Brasil é *Uma questão pessoal*, lançado em português em 2003, 40 anos após a publicação original (1964).

277 O conto apareceu traduzido no Brasil, em 2011, no livro *14 contos de Kenzaburo Oe* (Companhia das Letras) sob o título "Agwii, o monstro celeste". Para ficarmos mais próximos da letra de Allouch, utilizamos aqui a versão inglesa do conto traduzida como "Aghwee the Sky Monster", publicada, em 1977, no livro *Teach us to outgrow our madness*, a mesma consultada pelo autor em versão francesa.

do músico contrata um jovem estudante para lhe fazer companhia e protegê-lo, uma espécie de acompanhante terapêutico para estar com ele durante seus misteriosos passeios por Tóquio.

Curiosamente, Allouch desdobra a questão do "gracioso sacrifício de luto" não do lado do músico cujo luto sabemos ser pelo filho, mas do lado do estudante que é também o narrador do conto. Ao longo da narrativa, revela-se que o compositor havia tido um filho que nascera com uma anomalia cerebral cujo prognóstico médico antecipava uma vida de vegetal. Temendo os transtornos que um filho deficiente traria para a vida de um jovem casal, o músico decide, junto com o médico, "sacrificá-lo", permitindo que lhe dessem, em vez de leite, apenas água com açúcar. Tudo isso se passa à revelia da esposa que, naquele momento, recuperava-se do parto difícil. Com a necropsia, descobre-se que o tumor era benigno e operável. É a partir daí que o músico passa a ser assombrado pelo *baby ghost*.

Um pouco antes do fim da história, o estudante tem uma conversa instrutiva com uma amiga do músico "meio psicóloga", que lhe diz:

> *No minuto em que aquele bebê morreu, acho que o D-boy* [apelido do músico] *decidiu não criar mais nenhuma lembrança para si mesmo, como se ele também tivesse morrido, e por isso ele parou de viver positivamente, entende, no tempo presente. E aposto que ele chamou aquele bebê fantasma à terra, por toda Tóquio, para criar novas memórias para ele!*[278]

Chocado com o que escutou, o estudante deduz que a função dos passeios era, na verdade, proporcionar alguma experiência

278 Ōe, K. (1977). Aghwee the sky monster. In *Teach us to outgrow our madness*. J. Nathan (Trad.) (p. 247). Grove Press, tradução livre.

humana ao *baby ghost*, lembranças para ele ter do que se recordar na eternidade, já que morreu cedo demais. Sem acreditar na existência do *baby-ghost*, o estudante continua a fazer companhia a seu empregador até o momento em que este, inesperadamente, lança-se de bicicleta de braços abertos na frente de um caminhão, como se tentasse proteger alguma coisa. Morre logo depois no hospital com um pequeno sorriso ao escutar o estudante lhe confessar, "eu estava prestes a acreditar no Aghwii".

O conto finaliza com o estudante narrando um acidente recente acontecido dez anos após a morte do músico. Ao andar um dia na rua, ele foi apedrejado por crianças assustadas. Uma das pedras acertou seu olho direito, quase o deixando cego, razão pela qual ele passa a usar, na solidão de seu quarto, um tapa-olho preto para estabilizar a visão. No instante em que foi golpeado de forma gratuita pelas crianças, atordoado e com sangue escorrendo pelo rosto, ele teve a nítida impressão de ter visto um canguru subindo no céu: "Adeus, Aghwii", diz espontaneamente; ao dizê-lo, sentiu toda a dor e o ódio daquelas crianças se dissipar. Conclui com a frase que inspirou Allouch: "quando fui ferido por aquelas crianças e sacrifiquei a visão de um olho, tão claramente um *sacrifício gratuito*, fui dotado, mesmo que por apenas um instante, com o poder de perceber uma criatura que havia descido do alto do meu céu".[279]

Na interpretação de Allouch, o músico encerra o luto do filho em uma passagem ao ato no qual, em vez de realizar a perda do filho mais um pedaço de si, – *(1 + a)*, ele acaba por se re-unir ao filho na morte. Mas ele não morre antes de fabricar seu Horácio. Em outros termos, o músico deixou, ao partir, um assunto pendente, um resto a repercutir na vida do jovem acompanhante. No início de sua jornada, o estudante era apenas uma testemunha do drama do músico, ao

279 Ibid., p. 261, grifo nosso, tradução livre.

final, torna-se um narrador, sujeito desejante que, como Horácio, irá erigir um túmulo literário para transmitir e comemorar, no coletivo, a memória do músico e de seu filho.

Da parte do músico, o modo de encerrar o luto foi tentar reencontrar o pedaço perdido na morte; do lado do estudante, a escrita e a publicação do conto realizaram o fechamento da escrita do luto como perda sacrificial de – *(1 + a)*. É como se a inacabada escrita do luto do músico tivesse sido transmitida ao estudante e só se encerrasse nas suas mãos de narrador com a publicização de sua história.

Allouch propõe ainda que a faixa preta que o jovem coloca sobre o olho e que agora pretende usar na rua seja sua vestimenta de luto, seu luto assumido publicamente, uma marca do sacrifício de uma parte de si graciosamente consentido. E conclui: "a contribuição da psicanálise terá consistido em ressaltar o valor fálico desse pequeno *a*, em sublinhar que o olhar do narrador de Ôe, que ele perderá na efetuação de seu luto, é um olhar erigido, fálico, sacrificado enquanto tal".[280]

A escrita do luto, ao ser publicada, alcançaria o mesmo estatuto do tapa-olho; ela seria um signo do luto, um monumento. Desse modo, é possível considerar um túmulo literário como uma faixa ou véu negro que dá visibilidade, no espaço público, à perda e ao pesar ao mesmo tempo que transforma seu autor em alguém com quem se pode falar sobre a experiência do luto. O luto, segundo Allouch, encerraria-se com um ato de sacrifício que se expõe:

> *O luto moderno . . . é gracioso sacrifício. E podemos ser sensíveis, lendo Ôe, a essa maneira que tem a história mais particular de ser também um rito. Tudo se passa como se o enlutador, na história de seu luto, devesse*

280 Allouch, J. (2004). *Erótica do luto: No tempo da morte seca*, *op. cit.*, p. 385.

> *juntar-se ao rito, encontrar por um viés não codificado, não ritual, a possibilidade de que se exerça a função do rito.*[281]

Podemos então conceber a exposição de um escrito de luto com um meio de se convocar a participação de terceiros, uma função antes exercida pelo ritual?

O autor finaliza a obra com a ressalva de que, se a exposição tem a função de convocar a presença de terceiros, enquanto sacrifício, este só será efetivamente operatório – no sentido de possibilitar a separação –, desde que a exposição não vise fixar um luto inconsolável – "tu que passas detém-te e chora" –, e sim deixar o objeto de luto cair, passar:

> *Assim, achamos que a exposição a que o gracioso sacrifício de luto não seja nada faz disso intrinsecamente parte. Ele se expõe, sim, no sentido de requerer um público. Enquanto sacrifício, ele só pode ser um ato público, e essa exposição tira o luto desse impasse de uma operação de si para si na qual a psicologia freudiana o havia imobilizado. Mas o gracioso sacrifício de luto se expõe também no sentido de se colocar na frente, de, assim, se oferecer à sua própria fragilidade, a não ser talvez nada, a já só contar para esse nada onde o espera não a morte, mas a segunda morte. A exposição parece, assim, o traço distintivo cuja presença ou ausência determina que haja ou não fechamento do gracioso sacrifício de luto. Seria, assim mediante essa exposição que o ser falante poderia, sem deixar de ficar a uma distância infinita, beirar o*

281 Ibid., p. 294.

mais próximo possível essa segunda morte que, só ela, fará da perda uma perda seca.[282]

Sobre uma antiga lápide grega, uma escrita de luto se expõe à fragilidade:

Venha você daqui ou não,
Tenha piedade de Tettichos ao passar –

Um homem de valor abatido em ação,
Privado da juventude no campo de batalha.

Enlute-se por ele um minuto.
Depois se ocupe fazendo algo bom.
[Atenas, século VI, a.C.][283]

---

282 Ibid., p. 395.

283 Wolfe, M. (2013). *Cut these words into my stone – Ancient Greek epitaphs* (p. 16). The Johns Hopkins University Press.

5. Luto à flor da pele: as tatuagens *in memoriam*

A pele é o que há de mais profundo no homem.

Paul Valéry, *L'idée fixe*

De novo e por muito tempo,
a imagem empenha-se em figurar o invisível.

Jean-PierreVernant, *Mito e pensamento entre os gregos*

At the temple there is a poem called "Loss"
carved into the stone. It has three words,
but the poet has scratched them out.
You cannot read loss, only feel it.

Arthur Golden, *Memoirs of a Geisha*

As letras alfabéticas são chamadas em grego de "*phoinikêia grammata*", ou *phoinikêia*, que significa "letras fenícias" ou simplesmente "fenícias". Etimologicamente, *phoinikêia* deriva do nome *Phoinix* que significa tanto "fenício", que pode também ser usado como nome próprio, quanto "vermelho", em referência à proveniência fenícia da cor púrpura e ao fato de os gregos geralmente usarem vermelho para grafar as letras em pedra. Mas *Phoinix* também significa "palmeira" e "palma". Árvore celebrada por poetas e filósofos gregos por sua longevidade excepcional e por preservar sua identidade ao não perder suas folhas, ambos os traços fizeram da folha da palmeira, a palma, o prêmio conferido aos atletas vitoriosos nos jogos, símbolo de imortalidade ou glória imperecível (*kléos aphthiton*).[1]

Porém a palmeira tem também outra característica incomum: sua precariedade quanto à reprodução, devendo os homens intervir para que ela se reproduza, sendo referida por sua esterilidade, sua dificuldade de deixar frutos. Os atletas, por exaurirem sua energia no treinamento contínuo, são igualmente associados à esterilidade, fato lembrado por Anfidama, mãe de um atleta morto sem descendência:

> *A Demótimo, sua própria mãe Anfidama fez erigir este túmulo, pois em sua casa não nasceram crianças. E o tripé que ele ganhou na corrida a pé em Tebas . . .*[2]

O símbolo modifica a natureza e a duração das coisas e dos seres aquém e além deles mesmos. Apenas as letras fenícias inscritas em sua urna funerária garantiram à Demótimo e Anfidama uma posteridade, uma posteridade feita de letras. Vê-se, assim, a importância da escrita no culto fúnebre, pois, somente por meio dela, o nome do falecido e de sua mãe puderam ecoar e sobreviver tantos séculos depois.

---

1 Svenbro, J. (1999). A criança, a palmeira e as letras fenícias. In *Littoral: Luto de criança*. D. D. Estrada (Trad.) (p. 9). Companhia de Freud.

2 Svenbro, J. (1993). *Phrasikleia: An anthropology of reading in ancient Greek*. J. Lloyd (Trad.) (p. 40). Cornell University Press.

Segundo Svenbro,[3] a escrita alfabética foi introduzida na Grécia por meio da inscrição fúnebre. Uma lenda antiga que ignora a origem fenícia do alfabeto grego, conta que a invenção das letras (*grammata*) se deve a um tributo à Phoinikê, filha do rei ateniense Acteon, que passou a chamar as letras de "fenícias" em homenagem à princesa que morreu jovem. Ressecada pela morte, a princesa é irrigada a cada leitura que se derrama sobre a escrita. Por conseguinte, o nascimento das letras foi mediado pela morte, "enquanto os homens escreverem, prestarão culto à Phoinikê. A escrita do luto jamais acabará".[4]

Essa lenda conecta o nascimento da linguagem escrita com o culto fúnebre. Aliás, o próprio nascimento do sujeito para a linguagem, manifesta, simultaneamente, o "assassinato da coisa".[5] Se o símbolo manifesta a morte da coisa, ele é igualmente aquilo que permite sua segunda existência. Daí deriva o anseio humano de nomear e grafar em imagens pessoas e coisas, de modo a conferir-lhes alguma duração. Etimologicamente, grafar provém do grego "*gráphein*", que é, ao mesmo tempo, escrever, desenhar, pintar.[6]

Atualmente, grafar usando a pele do corpo como suporte se tornou uma prática bastante corriqueira e, muito embora, possam ser realizadas por motivos diversos, de modo geral, elas operam como suporte físico da lembrança, talvez porque, para alguns, "a memória corporal de feridas e cicatrizes seja mais confiável do que a memória mental".[7] Segundo relatou uma jovem mulher, "costumo tatuar um momento bom de minha vida para poder sempre lembrá-lo".

---

3 Svenbro, J. (1999). A criança, a palmeira e as letras fenícias, *op. cit.*

4 Ibid., p. 16.

5 Lacan, J. (1953/1998c). Função e campo da fala e da linguagem. In *Escritos* (p. 320). Jorge Zahar.

6 Vernant, J.-P. (1990). *Mito e pensamento entre os gregos*. H. Sarian (Trad.) (p. 399). Paz e Terra.

7 Assmann, A. (2011). *Espaços da recordação: Formas e transformações da memória cultural*. P. Soethe (Trad.) (p. 265). Editora Unicamp.

Se as tatuagens e outras marcas corporais tornaram-se atrativas para as novas gerações adeptas da *body art* ao possibilitarem inscrições corporais singulares (uma marca distintiva) e simultaneamente reconhecidas no campo da identificação coletiva (uma marca compartilhável), não é de se estranhar que elas passassem por contiguidade à signo de luto, uma marca cuja especificidade é trajar o corpo de luto mesmo, ou, ainda mais, quando se está desnudo. Trata-se, nesse sentido, de um *memento illius* radical por se fixar de forma indelével na pele.

Norbert Elias[8] ressaltou que as formas convencionais de enfrentamento das situações críticas da vida tinham se tornado, especialmente para os mais jovens, obsoletas e pouco sinceras. Nessas circunstâncias, eles são os que mais ficam entregues a seus próprios recursos e capacidade de invenção individual de gestos e palavras para expressar e comunicar os sentimentos. O autor lamentava então a inexistência de novos modelos que pudessem refletir os modos correntes de expressar sentimentos. A tatuagem, na condição de signo de luto, corresponde para alguns a um novo modo de expressar o pesar no âmbito coletivo.

Embora nos faltem dados para precisar quando as tatuagens *in memoriam* começaram a se popularizar no Ocidente, apostamos que foi a partir da primeira década do século XXI e sua difusão está principalmente associada às redes sociais virtuais e programas televisivos oriundos dos Estados Unidos, como o *reality show Miami Ink*,[9] no qual alguns episódios foram dedicados à produção de tatuagens *in memoriam*. Ao longo do episódio, seus participantes partilhavam suas histórias de perda e de luto. Muito popular entre

---

8 Elias, N. (2001). *A solidão dos moribundos, seguido de "Envelhecer e morrer"*. P. Dentzien (Trad.). Jorge Zahar.

9 *Reality show* norte-americano que foi ao ar entre 2005 e 2008 e exibido pelo extinto canal People and Arts. http://pt.wikipedia.org/wiki/Miami_Ink

os norte-americanos, as tatuagens fúnebres recebem, por lá, nomes diversos: *in loving memory tattoo, memorial tattoo, remembrance tattoo, tattoo in memoriam...*

Para os nossos avós, a etiqueta de luto homogeneizante de então exigia fitas de crepe na lapela, véus negros e roupas escuras; para as gerações mais expostas à dispersão dos referentes ideativos, há a busca por signos mais em sintonia com a história individual, com seus princípios, atitudes e sentimentos em íntima conexão com a conjuntura e valores da época.

Por sua vez, vale ressaltar que a difusão das tatuagens *in memoriam* se inscreve em um contexto complexo marcado, entre outras coisas, pela fragmentação de laços e dos referentes ideativos, pela dessocialização da morte e do luto e, ao mesmo tempo, por certa liberdade de tráfego e de (re)composição dos modos de se lidar com o luto e de se preservar a memória dos mortos. Pelo viés da produção da tatuagem, quando se considera que existem outros, alguns parecem exercer o direito à função ritual, um rito fúnebre privado, mas não necessariamente de público, como veremos.

1. Uma escritura corporal

Tatuagem é uma palavra de origem taitiana derivada do som onomatopeico "tau", "tatau", cujo significado original parece ser "ferida" ou "desenho batido". O nome faz referência ao som oriundo da batida do instrumento usado para grafar a tatuagem.[10]

Muito embora o uso disseminado da tatuagem seja relativamente recente no Ocidente, o costume de produzir marcas permanentes

10 Lise, M. L. Z., Gauer, G. J. C., & Cataldo Neto, A. (2013). Tatuagem: Aspectos históricos e hipóteses sobre a origem do estigma. *Brazilian Journal of Forensic Sciences, Medical Law and Bioethics, 2*(3), 294-316.

na pele participa da jornada humana desde a pré-história. Pierrat e Guillon,[11] no livro ricamente ilustrado *Les hommes illustrés*, acentuam, na longa historiografia da tatuagem, sua báscula entre enobrecimento e proscrição, a depender da época e do grupo social consultado. Em sua origem remota, a produção das tatuagens participava de práticas de cunho mágico-ritual, com fins de proteção contra forças e espíritos malévolos, e ainda prestava-se a funções terapêuticas e profiláticas. Em 1991, encontrou-se, nas geleiras dos Alpes entre Áustria e Itália, o corpo intacto de um homem com cerca de 5.300 anos batizado de Homem de Similaun ou Ötzi. De tão preservada que estava sua pele, foi possível perceber inúmeras inscrições que coincidiam com afecções corporais, provavelmente um modo primitivo de acupuntura.

Em diferentes culturas, a tatuagem e outras manipulações corporais serviam como ritos de passagem para marcar os ciclos da vida humana de ordem natural e social, como o casamento, a maternidade, a inserção do indivíduo na comunidade, a entrada na puberdade ou na vida adulta e . . . o luto. Entre os povos indígenas residentes no Brasil, por exemplo, há relatos de que os tupinambás do século XVI costumavam se tatuar por ocasião de luto e sacrifício.[12] Assim, tatuar-se em período de luto não é uma invenção contemporânea.

No Antigo Testamento, encontramos em negativo um dos registros mais antigos do uso da tatuagem durante o luto: "Não vos fareis incisões e não cortareis o cabelo pela frente em honra de um morto".[13] O fato de o quinto livro de Moisés precisar registrar uma proibição quanto às marcações corporais em sinal de luto denota que este costume devia ser bastante comum à época, compondo os

11 Pierrat, J., & Guillon, E. (2000). *Les hommes illustrés, le tatouage des origines à nos jours*. Larivière.

12 Lise, M. L. Z., Gauer, G. J. C., & Cataldo Neto, A. (2013). Tatuagem: Aspectos históricos e hipóteses sobre a origem do estigma, *op. cit*.

13 Deuteronômio, 14:1.

ritos fúnebres. Infelizmente, não há especificações sobre o tipo de marca, os lugares onde eram aplicadas nem se havia variações quanto ao gênero, status e grau de parentesco com o morto.

Em todas as épocas e lugares, mais do que decoração, as marcas, as deformações e as amputações corporais compartilham um traço em comum: servem, essencialmente, para comunicar, ressaltar a identidade ou status social, político e econômico de alguém no corpo social (Figura 5.1). Entre os povos Kadiwéus, localizados no Mato Grosso do Sul, há o curioso costume de se usar a escritura corporal para marcar a diferença identitária não entre os homens, mas dos homens em relação aos animais.[14]

Figura 5.1. Um chefe Māori com tatuagem visto pelo Capitão Cook e sua tripulação (1769).[15]

14 Lise, M. L. Z., Gauer, G. J. C., & Cataldo Neto, A. (2013). Tatuagem: Aspectos históricos e hipóteses sobre a origem do estigma, *op. cit.*

15 Hand-colored engraving by Thomas Chambers after original artwork by Sydney Parkinson, a botanical artist on Captain Cook's 1st voyage to New Zealand in 1769. From: Parkinson, Sydney. A journal of a voyage to the South Seas. London, 1784, plate 16, opposite page 90.
https://en.wikipedia.org/wiki/Tattoo#/media/File:MaoriChief1784.jpg

Em inúmeros povos antigos, a tatuagem indicava uma posição social elevada, sendo seu uso interdito àqueles que não partilhavam do mesmo status. Alguns grupos usavam a tatuagem como uma espécie de "caractere da raça", o que era o caso dos Pictos, os habitantes primeiros da Grã-Bretanha, chamados assim em referência ao corpo inteiramente grafado, o que despertou verdadeiro terror nos legionários do império romano quando estes chegaram para usurpar-lhes o território por volta dos anos 55-54 a.C.[16]

Por outro lado, as escrituras corporais têm longo histórico de uso no sentido de violência, servidão e apagamento da condição humana de um sujeito ou de um grupo. Os povos gregos, persas e romanos costumavam tatuar a ferro a fronte de escravos e prisioneiros de guerra tanto para inibir qualquer tentativa de fuga quanto para indicar o nome de seu proprietário, ou ambos. Não podemos ignorar que se trata de uma prática cruel de tortura feita com instrumento incandescente por mercadores e proprietários de escravos ao longo da história humana. No Brasil e em outros territórios coloniais, essa prática foi usada impunemente contra negros e indígenas escravizados durante séculos.

Mais recentemente, lembramos que cerca de 400 mil judeus tiveram seus braços tatuados com números em substituição aos seus nomes como modo de apagamento identitário quando adentravam a "fila de seleção" nos campos de concentração. Em geral, as pessoas tatuadas se destinavam ao trabalho forçado, enquanto aqueles considerados inaptos para o trabalho eram enviados diretamente para a câmera de gás. Essa mesma marca acabou servindo, mais tarde, como comprovação do Holocausto pelos sobreviventes junto àqueles que tentavam (e ainda tentam) negar sua ocorrência

---

16 Pierrat, J., & Guillon, E. (2000). *Les hommes illustrés, le tatouage des origines à nos jours*, op. cit.

(Figura 5.2). A tatuagem tornou-se uma prova viva dos horrores do campo de concentração.[17]

Figura 5.2. Um sobrevivente do campo de concentração Buchenwald, Alemanha, mostra seu braço tatuado.[18]

Algo paradoxal, no entanto, é a notícia[19] de que, em Israel, alguns descendentes de vítimas do Holocausto estão repetindo as tatuagens usadas em campos de concentração com o intuito,

17 Agradeço à Sheila Skitnevsky Finger pela leitura e comentários quanto à tatuagem do Holocausto.

18 Autor desconhecido, Buchenwald, [Thuringia], Alemanha, 1944. https://commons.wikimedia.org/wiki/File:Buchenwald_Survivor_Tattoo_59963.jpg

19 Flint, G. (2012). "Descendentes de vítimas do Holocausto repetem tatuagens de Auschwitz". BBC Brasil, 5 out. 2012. https://www.bbc.com/portuguese/noticias/2012/10/121005_holocausto_tatutagem_ru

segundo declararam, de prestar homenagens aos seus pais ou avós. Um israelense de 40 anos – assim como outros quatro membros de sua família – gravou em seu braço uma tatuagem com o número "157622", número que seu pai recebeu quando chegou ao campo de concentração de Auschwitz em 1942: "Fiz essa tatuagem para expressar o quanto me identifico com meu pai e quero preservar sua memória e para que o Holocausto não seja esquecido". Trata-se de uma forma de tatuagem fúnebre, portanto, com o intuito de preservar a memória não só do familiar perdido mas do acontecimento histórico ao qual ele e outros milhares de judeus foram submetidos. Se esta tatuagem assumiu, atualmente, o valor de prova viva do Holocausto, um monumento contra o esquecimento, a morte de cada portador dessa marca põe em risco uma das mais importantes comprovações históricas dos campos de concentração, e talvez por essa razão mesma alguns descendentes queiram reproduzir a tatuagem como forma de perpetuar a memória desse acontecimento trágico.

Entretanto essa prática tem despertado questionamentos e controvérsias. Segundo o historiador Avraham Milgram, do Museu Yad Vashem em Jerusalém, a reprodução de uma tatuagem de Auschwitz demonstraria "uma falta de reflexão". Embora a motivação não seja de todo negativa, pois "o jovem quer se identificar com o avô"; na visão do historiador, no entanto, ele "acaba homenageando os nazistas e não o avô. Por que não lembrar o avô como ser humano e não como número? Por que repetir o ato dos nazistas?". E conclui: "Nesse ato da tatuagem há uma certa ironia, uma ironia triste, existem tantas formas humanas de lembrar, adotar justamente um símbolo desumano é um absurdo".[20]

Se na idade Antiga as tatuagens podiam ser usadas de modo mais livre, no mundo ocidental, a ascensão do cristianismo mudou a relação com o corpo e com os ornamentos corporais. Nos dois

---

20 Ibid.

primeiros séculos do cristianismo, uma escritura corporal chamada de "tatuagem de devoção", carregada de símbolos religiosos, servia de signo de união e reconhecimentos entre os convertidos; a partir da Idade Média, no entanto, as inscrições corporais foram praticamente banidas entre os fiéis, pois denotavam uma corrupção do corpo, que devia ser preservado tendo em vista a ressurreição no juízo final. Por um tempo, a "tatuagem de devoção" continuou sendo praticada pelos peregrinos à Terra Santa (como Belém e Jerusalém), devotos de culto como o de Nossa Senhora de Loreto (na Itália) e pelos membros de sociedades secretas como uma forma de marcar o pertencimento, como os Templários e "maçons".[21]

Há o fato curioso de a tatuagem servir para identificar mais facilmente uma determinada ocupação considerada excepcional, como é o caso dos antigos escribas tradutores de Cartago (atual Túnis, capital da Tunísia), cidade onde se encontravam centenas de raças e línguas diferentes. Eles tinham a cabeça raspada e uma tatuagem que representava, nos braços, um papagaio com asas abertas ou fechadas, a depender se conheciam duas ou mais línguas.

Com o advento das grandes navegações, na Europa, as escrituras corporais passaram a se associar cada vez mais aos usos e costumes dos povos considerados, por sua alteridade radical, "primitivos", "selvagens", "pagãos". As tatuagens também passaram à categoria de signo de infâmia e proscrição, sendo infligidas para punir criminosos e um meio de descobrir reincidências. Assim, esse estigma se deslocou para todos os refratários à ordem estabelecida, garantindo, desse modo, uma exclusão social permanente, como: hereges, desertores, homossexuais, leprosos, prostitutas, mulheres adúlteras, judeus . . . Uma punição com vistas não apenas à

21 Pierrat, J., & Guillon, E. (2000). *Les hommes illustrés, le tatouage des origines à nos jours*, *op. cit.*

identificação, portanto humilhação social dos transgressores, mas também à desfiguração.

Apesar do esforço de banimento dessas marcas, elas logo refluíram no continente europeu graças aos navegadores que regressavam com diversas mercadorias (artefatos, ilustrações, souvenires) extraídas, negociadas ou simplesmente pilhadas dos povos que encontravam e que eram levadas para exibição em feiras e museus ou vendidas a colecionadores. Entre as diversas mercadorias, encontravam-se aqueles seres considerados exóticos: plantas, animais e até seres humanos especialmente quando ornavam o corpo com diversas manipulações. Tratados como objetos, eles serviam principalmente à exploração científica e ao entretenimento da nobreza, e a maioria acabava morrendo por maus-tratos e/ou doenças infectocontagiosas.[22]

A partir do século XIX, muitos marinheiros adotaram os costumes dos povos que visitavam, e a tatuagem passou a circular nas cidades europeias para além dos ditos "selvagens" (Figura 5.3). Na época, usar tatuagem já era considerado um signo de valentia e virilidade, de modo que logo se expandiu dos marinheiros para a legião de soldados e também encarcerados. Tornou-se moda, atraindo o gosto da nobreza e sendo usadas, inclusive, pelo rei Edward VII da Inglaterra e pelo Tsar russo, Nicolau II.

---

22 Ver a impressionante exposição permanente do Espaço Olavo Setubal do Itaú Cultural (São Paulo, SP), que reúne obras do maior acervo de arte privado sobre cinco séculos da história do Brasil. No espaço "A representação pictórica do indígena brasileiro: o índio fantasiado, o índio imaginado", é retratada uma "festa brasileira" feita para agradar ao Rei Henrique II e à rainha Catarina de Medicis, na cidade de Rouen (França) em 1550. Na encenação, índios Tupinambás recém-chegados do Brasil encenaram por um dia batalhas e outras cenas de seu cotidiano em meio a um cenário artificial.

Figura 5.3. Marinheiro sendo tatuado por colega a bordo do navio USS New Jersey em 1944.[23]

No século XX as tatuagens e outras marcas corporais alcançaram uma exposição inédita. Elas se tornaram uma verdadeira epidemia entre os jovens justamente pelo seu valor marginal. Em livro sobre as marcações corporais, Ana Costa comenta,

> *Assim como, na Idade Média, as marcas corporais eram representantes da infâmia e do marginal, constituindo-se em uma prescrição social de desonra, o retorno ao uso*

23 Lt. Comdr. Charles Fenno Jacobs (1904-1975) for the U.S. Navy - This media is available in the holdings of the National Archives and Records Administration, cataloged under the National Archives Identifier (NAID) 520883.
https://en.wikipedia.org/wiki/Tattoo#/media/File:Tattooed_sailor_aboard_the_USS_New_Jersey.jpg

> *no Ocidente se dá pela busca ativa, de cada indivíduo, por um valor marginal. A partir do fim do século XIX, marinheiros, circenses, prostitutas, prisioneiros, homossexuais, passam a tatuar-se por iniciativa própria. Com a forma de organização própria contemporânea, na qual o marginal passa a ter valor pela exceção que se constitui socialmente, o uso das marcas corporais passa a se disseminar entre os jovens.*[24]

No século XXI, as escrituras corporais caíram no gosto popular, sendo usadas por diversas motivações, por homens e mulheres de diferentes faixas de idade, renda e ocupação profissional. Não à toa. A disseminação generalizada das intervenções corporais voluntárias participa do pendor atual ao culto da imagem e apreciação do corpo; corpo sobre o qual incidem práticas diversas que vão desde um meticuloso cuidado higiênico até a obsessão pela aparência, com o consumo desenfreado de cosméticos e procedimentos estéticos de todas as ordens. Fonte de inesgotável fruição narcísica, o corpo aparece coisificado, mercantilizado, fetichizado, conforme notou Ramos.[25] Até os órgãos internos podem ser trocados, doados e vendidos; aliás, mesmo as peles tatuadas podem ser negociadas com colecionadores, uma prática não tão recente.

Vivemos no tempo do domínio da imagem, do dar-a-ver e dar-se-a-ver. Tempo comandado pelo olhar, portanto. A mídia e as redes sociais virtuais, verdadeiras armadilhas do olhar, incitam cada um a sair do anonimato, mostrar-se, desnudar-se, expor-se de corpo e alma

---

24 Costa, A. (2003). *Tatuagens e marcas corporais* (p. 15). Casa do Psicólogo.

25 Ramos, C. (2004). *A dominação do corpo no mundo administrado: Uma questão para a psicologia social.* Escuta.

em uma sucessão de instantâneos. Soler[26] nomeou de "narcisismo da imagem" esse novo engajamento de proporção inimaginável:

> *Assistimos a uma verdadeira cultura da imagem, pensem na prática do* selfie *(temos o espelho no bolso) e todas as técnicas atuais de corpos imaginários, primeiramente com as normas em uso da silhueta, com a indústria da moda que o recobre, a cirurgia estética que o transforma, mas também a nutrição que lhe dá volume. Sem esquecer das práticas de marcação do corpo de objetivo distinto, que vão das tatuagens até o* body art.

Diferentemente dos povos que ritualizavam e ritualizam o uso das marcações corporais com função identitária, isto é, como uma forma de comunicar a identidade por meio de signos reconhecidos e prescritos pelo sistema gramatical do grupo de pertencimento, o uso atual da imagem e de sua manipulação se ampara na busca por algum índice de singularidade no qual o sujeito possa se reconhecer e dizer "isto sou eu"; por vezes, esse elemento de distinção é buscado fora da cultura de pertencimento – como é o caso do uso de signos da escrita e da cultura oriental – como que a dar visibilidade ao seu traço unário.

Entretanto a busca pela fabricação imaginária e idealizada do corpo toca na impossibilidade de conciliar o "ser real" com o "parecer".[27] O que acham de mim? Como estou? Gostaram? O sujeito se inquieta e interroga para saber o que acham dele, mas, em contrapartida, protesta, dizendo que não entenderam, pois não é nada disso.

---

26 Soler, C. (2017). Nova economia do narcisismo. *Revista de Psicanálise Stylus*, (34), p. 32.

27 Ibid., p. 33.

> *O parecer que se desdobra entre o parecer da imagem, o parecer fotográfico de certa maneira, e o que aparece de não fotográfico na significação pela via simbólica, ou seja, os ideais do eu de Freud e do Outro maiúsculo de Lacan, grande I do Grande A – I(A) – que decidem, entre outras coisas, do valor da imagem... O espelho é o Outro que se torna presente pelos outros.*[28]

Se, do lado do sujeito, há aquilo que ele mostra; do lado do outro, há o modo como este vê o sujeito e recebe o que lhe foi exposto; eis o campo enigmático do olhar que tanto interroga e inquieta o sujeito e o coloca diante da questão de assegurar-se amado.

Tatuagens em leitura psicanalítica

A linguista francesa Marie-Anne Paveau[29] propôs considerar as tatuagens como verdadeiras "corpografeses", um neologismo para dizer das tatuagens como "escrituras corporais, grafemas na pele que constituem ao mesmo tempo um discurso do corpo e um discurso sobre o corpo". Entretanto, segue a autora, falar de "escritura" implica não só sua produção como também sua recepção e leitura, fechando o ciclo completo de produção linguageira.

Porém o suporte e a enunciação que a escritura corporal comporta é muito peculiar e embaralha sobremaneira o circuito habitual da produção discursiva. Um dos motivos é porque a tatuagem opera uma ruptura enunciativa do par locutor-interlocutor e dos parâmetros espacial e temporal; o falante aparece, às vezes, desconectado ou

---

28 Ibid., pp. 33-34.

29 Paveau, M-A. (2010). *Uma enunciação sem comunicação: As tatuagens escriturais. RUA* [*online*]. Revista do Laboratório de Estudos Urbanos do Núcleo de Desenvolvimento da Criatividade. *16*(1), 6. http://www.labeurb.unicamp.br/rua/

mesmo ausente da enunciação; os textos, em geral, são escritos de forma anônima; a escritura no corpo é móvel e, às vezes, escondida em prejuízo de sua leitura.

Ao extrapolar o circuito comunicacional convencional que implica necessariamente a troca intersubjetiva, a tatuagem "escapa em certa medida da subjetividade da linguagem e adquire de fato um poder, não objetivo, mas referencial".[30] Nessa perspectiva, a leitura de uma "corpografese" deve levar em conta não apenas sua função comunicativa mas também sua função referencial, e ambas estariam em uma "linha de continuidade, pensantes e falantes do espírito e da realidade do corpo e do ambiente exterior".[31]

Para além das funções comunicativa e referencial e do atrativo da imagem, a escritura corporal guarda, ainda, a intenção do sujeito ao tatuar-se e àquilo que extrapola sua própria intenção e resta enigmático até para ele mesmo – razão pela qual o fenômeno da tatuagem tem atraído o interesse de alguns psicanalistas intrigados por sua face invisível, isto é, na particularidade e singularidade de cada caso, sua função e efeitos subjetivos. A seguir, sem a intenção de aprofundarmos o tema, apresentaremos algumas considerações sobre as tatuagens sob a óptica de três analistas: Ana Costa, Cecilia Castelluccio e Paola Mieli.

Acreditamos ser de Ana Costa o primeiro livro a abordar, em nosso meio, o fenômeno da tatuagem em leitura psicanalítica, e que tem o diferencial de incluir, em sua análise, uma perspectiva histórico-social. *Tatuagens e marcas corporais*, lançado em 2003, é fruto do pós-doutorado da autora realizado na França. De partida, Costa chama a atenção para o fato de que tatuar-se é mais que pintar-se, é "escarificar: furar a derme introduzindo pigmentos, compondo uma

---

30 Ibid., p. 35.

31 Ibid.

marca definitiva. Essa marca tem dupla função: tanto de coletivizar como de singularizar".[32]

Em sua dupla função, as tatuagens e outras marcações corporais voluntárias seriam primariamente "formas de fazer bordas":

> *Denominamos de borda toda a relação que situa as fronteiras corporais. De alguma maneira pareceria que, ao longo da história do homem, fosse sempre necessária a reconstituição, o recorte insistente, das bordas do corpo. Esse recorte tem a ver com a erotização e sua necessidade de suporte no Outro. As bordas são o que constituem a nossa relação com o ambiente, com o outro e com a realidade.*[33]

As tatuagens e outras marcações corporais se constituem em formas artificiais, imaginárias, de situar as fronteiras corporais, o que coloca em evidência o fato de que o simbólico, no uso da palavra, não é por si só suficiente para a inscrição dessa borda. Questão tratada por Lacan[34] desde o estádio do espelho, no qual a identificação à imagem é fundante do *eu*, unificadora, e anterior à identificação ao significante.

As bordas têm função fundamental na constituição do olhar, pois permitem ver a partir de um recorte da imagem registrada como algo vindo de fora, mas já se constituindo como se fosse nossa, nessa continuidade *moebiana* do interior e do exterior:

> *Apesar de já nascermos com essas bordas e com a capacidade de que elas funcionem, sua atividade não se dá*

---

32 Costa, A. (2003). *Tatuagens e marcas corporais*, op. cit., p. 13.

33 Ibid., p. 17.

34 Lacan, J. (1949/1998d). O estádio do espelho como formador da função do eu. In *Escritos* (pp. 96-103). Jorge Zahar.

> *de forma natural..., elas precisam ser recortadas. Essa necessidade não diz respeito a um mau funcionamento, senão que responde à nossa condição de desnaturação, de determinações heterogêneas - simbólicas/imaginárias/reais.*[35]

Daí deriva, segundo a autora, a necessidade humana, vital até, de assimilar símbolos e imagens em seu funcionamento. As imagens se apoiam privilegiadamente nos orifícios corporais que, por essa razão, extrapolam a pura função biológica ao se tornarem erogeneizados, passando a exercer funções simbólicas, como acontece com a boca, em que a oralidade e suas incorporações simbólicas se confundem.

> *O que chama a atenção tanto na tatuagem quanto no* piercing *é sua dupla condição: a de fazer orifício e a de acrescentar elementos estranhos ao organismo como compondo o corpo próprio. Digamos que essas duas condições vão produzir um suporte - um* building *- como que reconstituindo a imagem corporal. Essas duas condições nos dão uma pista sobre a seguinte questão: a constituição do olhar - ou mesmo de um traço - do Outro como exterioridade, apóia-se também na inclusão de uma exterioridade - um elemento estrangeiro - no próprio funcionamento do corpo.*[36]

A imagem do corpo se faz a partir de uma exterioridade. Corpo e imagem corporal não se diferenciam, assim como os elementos exteriores que vêm constituir o corpo próprio. Nossas bordas

---

35 Costa, A. (2003). *Tatuagens e marcas corporais, op. cit.* p. 18.

36 Ibid., p. 18.

corporais, insiste a autora, são, "por princípio, bordas sociais", pois surgem em resposta ao que nos vem desde o exterior, são efeitos de nossa relação com a linguagem, campo do Outro, produtor de laços sociais.[37] Essa observação pode ser acompanhada também desde a proposta de Lacan[38] quanto a constituição do *eu* articulada à identificação à imagem do outro, seja o outro especular (a imagem do corpo próprio), seja o outro encarnado (a imagem do semelhante, o pequeno outro das relações imaginárias do estádio do espelho). Dar-se-ia, assim, uma passagem do *eu* especular (imaginário) para o *eu* social (simbólico).

Em sua função de erótica, a tatuagem pode dar "corpo a algo inapreensível, como pode ser o traço primeiro que funda a desnaturação do sujeito, conferindo, ao mesmo tempo, erotismo a seu funcionamento corporal".[39] Assim, a tatuagem pode ser um representante daquilo que tem "valor totêmico" para um grupo, um valor que possibilitaria ao corpo e sua representação serem coletivizáveis e singulares ao mesmo tempo. Se a singularidade diz respeito a um traço que captura o olhar do outro, o que torna coletivo é o lugar que esse olhar pode conferir como identidade.

> *Esses elementos podem tornar-se veículos de circulação social. Eles dizem respeito à necessidade de algo que atualize – colocando em ato – a impressão primária das marcas corporais. Essa impressão compõe a reunião de heterogêneos, como podem ser o registro corporal de um símbolo (o sem sentido e abstrato traço que o nome próprio traz de enigmático, como primeira impressão*

---

37 Ibid., p. 23.

38 Lacan, J. (1949/1998d). O estádio do espelho como formador da função do eu, *op. cit.*

39 Costa, A. (2003). *Tatuagens e marcas corporais, op. cit.*, p. 19.

> *simbólica); bem como a impressão como experiência corporal de prazer/desprazer, definida por Freud como necessária à incorporação de uma representação.*[40]

Outro ponto a ser destacado diz respeito à indeterminação que o ato de tatuar-se comporta desde sua enunciação. Em português, costumamos falar "eu me tatuei", apesar de a tatuagem ser produzida por outra pessoa. Há, ainda, uma certa indeterminação, próxima do transitivismo do espelho, que diz respeito à composição tatuador-tatuado na qual se perdem as fronteiras de um e de outro. No suporte do tatuador, o sujeito realiza a passagem de uma busca ativa pela intervenção corporal para uma posição passiva na qual se ausenta do próprio corpo ao oferecer-se ao outro-tatuador – e, dessa posição, poder gozar do acontecimento como se fosse um terceiro.

Em consonâncias com algumas dessas elaborações, os estudos de Paola Mieli, analista italiana residente em Nova Iorque, e de Cecilia Castelluccio, analista argentina, têm em comum a abordagem da tatuagem a partir do recorte particular e singular da escuta clínica.

No livro *El fenómeno del tatuaje, nombre proprio y escritura*, Castelluccio,[41] analisou a escritura corporal por um viés específico: a tatuagem em forma de escritura do nome próprio encontrada em internos de uma penitenciária e de pacientes de um hospital onde trabalhava. Em sua leitura, a particular produção da tatuagem do nome próprio foi abordada a partir de dois eixos, o da metáfora paterna e, associada a ela, o da falha na metáfora subjetiva por falta da afânisis (desaparecimento do sujeito enquanto dividido, *$*), que teria, por efeito maior, produzir a holófrase. O termo "holófrase" é comumente associado, mas não só, ao fenômeno psicossomático

---

40 Ibid.

41 Castelluccio, C. (2013). *El fenómeno del tatuaje, nombre proprio y escritura*. Letra Viva.

para descrever uma falha no significante que o faria operar de modo "total", sem o intervalo, a ausência, a descontinuidade própria ao simbólico, logo tratar-se-ia do significante arraigado por esta falha no imaginário. Cito: "No psicossomático, se trata do efeito significante sobre o orgânico . . . , mas sem que se produza a afânisis e, portanto, fica limitado ao terreno imaginário. Trata-se de um significante que não funciona como tal e que produz como efeito um signo marcado no corpo o qual permanece opaco para o sujeito".[42]

Para a autora, algumas tatuagens do nome próprio operam como o fenômeno psicossomático equiparável a um hieróglifo na pele, um significante-monolito enigmático que não teria efeito de significação por se encontrar fixado a um significante no real [*S1*], significante não encadeado, isolado, que não admite ligar-se a uma cadeia, a um *S2*, que lhe abriria, desse modo, o sentido e os efeitos metafóricos. Para ela, a especificidade da tatuagem do nome próprio teria por função a nominação: "são modos de fazer-se um nome sem passar pelo rodeio que o Pai (como Nome-do-Pai e como Pai do Nome) implica. Isso indica que a operação da metáfora paterna não resultou eficaz".[43] Uma função com vistas a suprir, na materialidade da carne, uma falha de inscrição no simbólico, uma tentativa de nomear-se sem o recurso ao pai no curto-circuito que isso implica com o Outro. Em suma, tratar-se-ia de uma "nominação falhada, que deixa um resto, um saldo que (vale o jogo de palavras) toma corpo na pele. A tatuagem do nome próprio funciona como um modo de fazer-se um nome. É uma resposta subjetiva que inscreve o nome".[44]

Ao contrário dos dois outros estudos, o de Paola Mieli,[45] "Sobre as intervenções irreversíveis no corpo e outros textos psicanalíticos",

---

42 Ibid., p. 99.

43 Ibid.

44 Ibid., p. 113.

45 Mieli, P. (2002). "Sobre as intervenções irreversíveis no corpo e outros textos psicanalíticos". In *Sobre as intervenções irreversíveis no corpo e outros textos psi-*

não é um livro, mas um texto. A autora aborda não só a tatuagem mas também outras manipulações corporais voluntárias, como a cirurgia plástica e a cicatriz, que deixaremos de lado. A autora inclui a tatuagem entre as intervenções "irreversíveis" no corpo e, de fato, muito embora hoje a tatuagem seja um procedimento passível de remoção, esta não é um procedimento simples; os métodos mais eficientes e seguros envolvem procedimento médico (o mais recomendado tem sido o laser), e, ainda assim, o resultado é incerto. Em razão disso, alguns acabam optando por recobrir com outra tatuagem uma que não é mais desejada ou que não saiu conforme o esperado.

A autora parte do momento de constituição do *eu* (*eu* ideal), no encontro jubiloso com a imagem especular do corpo próprio que se toma para si como uma vestimenta e à qual sucede a identificação à imagem do semelhante. Mas o corpo não se reduz à miragem da imagem, pois é um corpo pulsional, atravessado por necessidades, ilusoriamente unificado por uma imagem de si vinda do exterior; por essa razão, essa imagem é, para toda a vida, uma vestimenta frágil propensa à instabilidades.

> *A alienação específica do processo de identificação favorece a oscilação entre sujeito e outro, própria ao transitivismo que opera na constituição do eu [*moi*]. Essa oscilação, contudo, sempre pode ameaçar o sentimento de si-mesmo. A rigidez com a qual o eu [moi], sob certas circunstâncias, desdobra suas defesas é função do movimento oscilatório que o ameaça: ante a confusão com o outro, responde com turgescência paranóica.*[46]

---

canalíticos. V. A. Ribeiro & A. V. Azevedo (Trad.) (pp. 11-28). Corpo Freudiano do Rio de Janeiro.

46 Ibid., p. 12.

A oscilação da imagem de si, característica do processo de identificação imaginária, propõe a autora, apaziguaria-se graças a um "corte que dá forma ao desenho da fisionomia. A imagem de si se estabiliza a cada vez sobre a borda de uma fronteira entre o *eu* [*moi*] e o outro. Diria que essa fronteira é tornada possível pela inscrição do traço".[47] O traço evocado pela autora se refere a "apenas um traço", "*ein einziger Zug*", no alemão de Freud,[48] que Lacan,[49] no seminário sobre a transferência, recupera como "traço único". Um traço concebido não como um significante, e sim como um signo tomado no nível do Outro no momento em que a criança maravilha-se com sua imagem especular e volta a sua cabeça em direção ao adulto que a acompanha - encarnação do Outro primordial - para extrair dele um signo de presença, assentimento e aprovação. Assim, a satisfação narcísica relacionada com o *eu* ideal depende da possibilidade de referência a este signo interiorizado do olhar do Outro, que constitui a base do ideal do *eu*. A imagem - campo da identificação e também da alienação escópica - se estabilizaria a partir da presença e assentimento do Outro, ponto ressaltado por Soler quando esta diz do valor invisível das imagens quanto à significação dada pela via dos ideais.

Do *Seminário 8* ao *9*, a autora destaca o deslizamento de Lacan do "traço único" para o "traço unário". Este último, na identificação, teria por função apontar para o "um" que não é mais da unidade da imagem, o traço único, mas da unicidade, o "um" sozinho da diferença. Dito isto, ela define a noção de "traço" que lhe interessa na abordagem das intervenções corporais:

---

47 Ibid.

48 Freud, S. (1921/2011b). Psicologia das massas e análise do eu. In *Obras completas* (v. 15, p. 49). Companhia das Letras.

49 Lacan, J. (1960-1961/2010). *O seminário, livro 8: A transferência*. D. D. Estrada (Trad.). Jorge Zahar.

> *A clínica mostra que é importante enfatizar a noção de traço como signo, aquém do traço unário. Na gramática do corpo que aqui nos interessa, definiremos* traço como o termo simbólico primordial *que confirma e estabiliza a imagem especular, permitindo a satisfação narcísica ligada ao eu ideal. Sua inscrição é a condição dessa satisfação. Gonzo entre ideal do eu e eu ideal, o traço fixa no corpo sua imagem.*[50]

Assim, segundo suas observações clínicas, as intervenções ditas irreversíveis sobre o corpo se impõem como "uma necessidade", e ela destaca sua função em acordo com a proposta de Ana Costa: "Em geral, diria que a manipulação irreversível é uma tentativa de dar estabilidade a uma forma que oscila".[51] Dessa forma, trata-se de uma tentativa de fazer uma borda que estabilize a imagem de si na fronteira entre o *eu* e o outro.

As manipulações corporais levariam à constituição do que propôs nomear, recorrendo à língua inglesa, *landmark* em suas diferentes acepções:

1. marca que designa os limites de um território – uma marca qualquer: uma árvore, uma pedra, um objeto fixo;
2. um objeto proeminente qualquer marcando uma localidade, frequentemente histórica, um objeto elevado servindo de guia;
3. um acontecimento considerado ponto de virada de um certo período.[52]

---

50 Mieli, P. (2002). Sobre as intervenções irreversíveis no corpo e outros textos psicanalíticos, *op. cit.*, p. 14.

51 Ibid., p. 15.

52 Ibid., p. 16.

E especifica duas maneiras diferentes de constituição do *landmark*: uma seria a inscrição deste como apagamento (presente quando se altera um traço do corpo, tal como nas intervenções por meio de cirurgias plásticas), e a outra uma inscrição como marco, como é o caso das tatuagens. Em ambos, acrescenta, o *landmark* "implica a invocação do traço, a procura de um corte simbólico que dá forma definida a um contorno flutuante, e envolve a suspensão de um olhar que torna sua própria forma vã"[53] e, na mesma via de Castelluccio, embora sem desenvolver a questão, propõe uma associação entre a produção do *landmark* com uma "crise da função paterna" que identifica nos Estados Unidos, país onde mora e no qual as tatuagens tem enorme difusão. O *landmark* seria um "indício da necessidade de uma inscrição simbólica representativa de um traço da função paterna, a ser distinguido de um traço paterno real. Nesse sentido, o landmark é porta-voz de uma intervenção na transmissão entre gerações".[54] E indaga, à guiza de conclusão, se, nesse contexto de crise, as intervenções corporais não seriam outras tantas tentativas de ancoragem simbólica, uma busca de reforço de um traço simbólico que não se dá sem corte, um corte que a inscrição simbólica tenta operar, seja a passagem para um novo estado, seja a sedimentação da imagem de si, logo da identificação narcísica.

Ao fio desses apontamentos, recolhe-se o caráter sobredeterminado – e por vezes indeterminado – da produção de uma escritura corporal que pode assumir diferentes funções e significações na unicidade da história individual, que não deixa de refletir, em sua heterogeneidade, as contingências históricas e sociais da época. Fenômeno ainda não abordado pelos estudos psicanalíticos, ao menos não por aqueles consultados, as tatuagens *in memoriam* comungam com as tatuagens tradicionais alguns de seus traços característicos;

---

53 Ibid., p. 16.

54 Ibid.

interessa-nos aqui, no entanto, ler e ressaltar suas especificidades pelo viés do luto, naquilo que revelam e guardam de suas obscuridades bem como naquilo que tentam moderar.

2. Luto encor(ps)*:*[55] *o tributo encarnado*

"Tributo" vem do latim e significa "imposto", "contribuição" e "homenagem".[56] Assim, o tributo fúnebre pode ser lido como um pagamento devido, uma contribuição, uma homenagem que se deve aos desaparecidos. Eles são indissociáveis dos ritos fúnebres e têm por função essencial fazer valer o direito à memória e à rememoração honorífica dos mortos. Por meio dos tributos, os mortos se tornam visíveis.

Em relação aos tributos em forma de escritura corporal, as figurações variam. Encontramos desde as mais simples com o nome do morto e a data do falecimento (às vezes acompanhadas da data de nascimento) até as mais elaboradas, com desenhos acompanhados de alguma epígrafe, um anelo ou dedicatória, e ainda as pinturas realistas de retratos. Os signos mais comumente usados incluem: símbolos religiosos como cruz, anjo ou asas de anjo, imagens de santos; entre os norte-americanos, usa-se com frequência a inscrição R.I.P. (*requiescat in pace* ou *rest in peace*, em inglês), às vezes com o nome do falecido; coração, flores e ainda símbolos relacionados à doença e morte, como laço de fita (no caso de câncer, aids . . .) ou linha da batida do coração (no caso de infarto); reprodução de frases com a caligrafia do falecido e, às vezes, a assinatura de seu nome.

---

55 *Encor(ps)*: cruzamento homofônico dos termos franceses *encore* ("ainda") e *en corps* ("no corpo"), usado por Lacan no título dado ao *Seminário 20, Mais ainda* [*Encore* no original].

56 Cunha, A. G. (2010). *Dicionário etimológico da língua portuguesa* (p. 650). Lexikon.

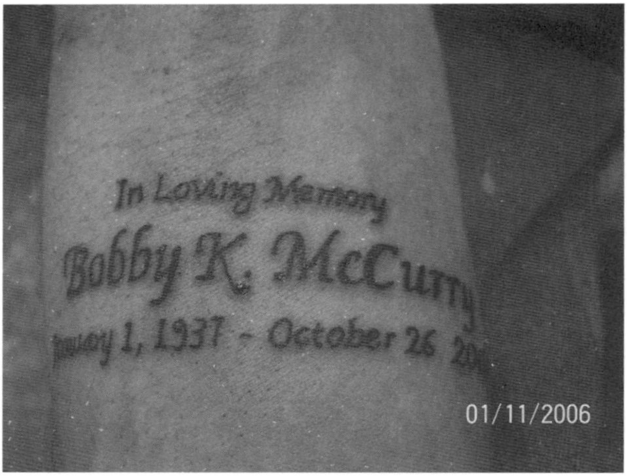

Figura 5.4. "Em memória amorosa de . . .".[57]

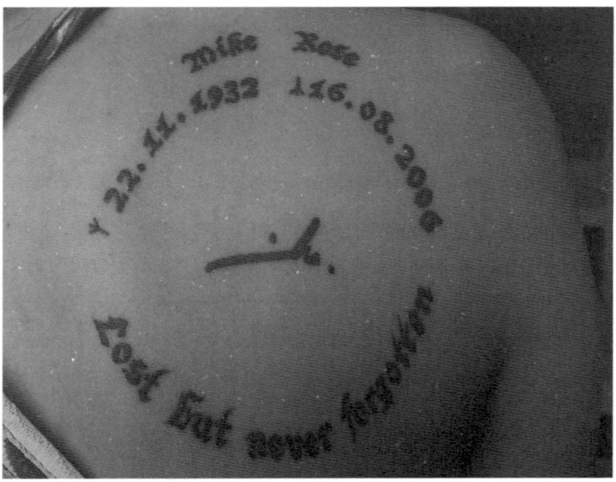

Figura 5.5. "Perdido, mas nunca esquecido".[58]

57 https://commons.wikimedia.org/wiki/File:Scribe_tattoo_by_Keith_Killingsworth.JPG

58 https://commons.wikimedia.org/wiki/File:Lost_but_never_forgotten.JPG

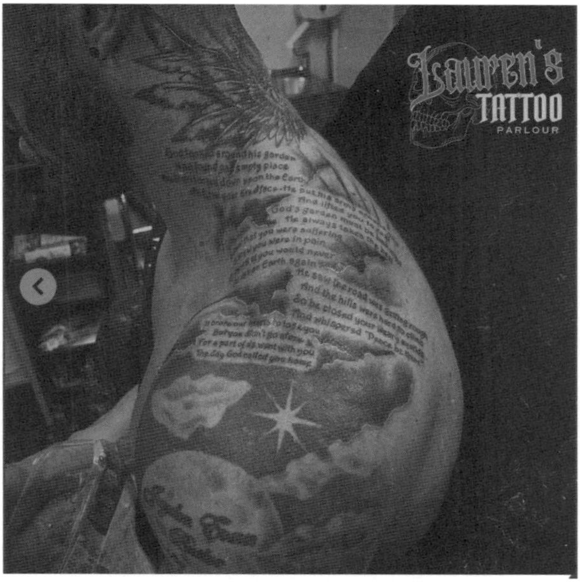

Figura 5.6.[59]

Na escrita de luto dedicada ao filho, lê-se em tradução livre:

Deus olhou ao redor de seu jardim
– e encontrou um lugar vazio
Ele então olhou para a Terra
e viu seu rosto cansado

Ele o abraçou
e o ergueu para descansar
O jardim de Deus deve ser lindo,
Ele sempre leva os melhores

59 Material gentilmente concedido por Lauren's Tattoo Parlour em 18 de maio de 2021. https://www.instagram.com/p/COseROInkO9/

Ele sabia que você estava sofrendo,
Ele sabia que você estava com dor
Ele sabia que você nunca ficaria bem na Terra novamente

Ele viu que as estradas estavam pesadas
e as colinas difíceis de escalar
Então Ele fechou suas pálpebras cansadas
e sussurrou "Que a paz esteja com você"

Quebrou nosso coração perder você,
mas você não foi sozinho
uma parte de nós foi junto
no dia em que Deus chamou você para casa.[60]

A seguir, recolhemos e agrupamos alguns dos traços que consideramos por ora os mais significativos em relação às tatuagens *in memoriam*, no que figuram de visível e invisível quanto à função, a um só tempo, de prestar tributo fúnebre e tentar produzir, no limite, uma escrita (subjetiva) do luto.

---

60 No original:

God looked around his garden/ – and found and empty place/ He then looked down upon the Earth,/ and saw your tired face/ He put his arms around you,/ and lifted you to rest/ God's garden must be beautiful,/ He always takes the Best/ He knew that you were suffering,/ He knew you were in pain/ He knew that you/ would never get well on Earth again/ He saw the roads were getting rough/ and the hills were hard to climb/ so He closed your weary eyelids,/ and whispered "Peace be thine"/ It broke our hearts to lose you,/ but you didn't go alone/ for a part of us went with you the day God called you home.

2.1. "A tatuagem é um memorial que fica com você para sempre": *Baby memorial tattoos*

Uma incursão pelo mundo das tatuagens *in memoriam* publicadas nas redes virtuais nos faz pensar que os homenageados mais frequentes são os filhos, seguidos pelos pais. Talvez por se tratar de um costume ainda de ocorrência maior entre as gerações mais jovens e por esta estar mais familiarizada com o partilhamento em redes sociais virtuais, a maioria das homenagens postadas vem de filhos jovens aos pais ou de pais jovens aos filhos.

As tatuagens dedicadas aos filhos mereceriam um capítulo à parte, dado o grande número de tributos partilhados e manifestações solidárias de consolo e trocas de experiências similares. Por ora, ressaltaremos aqui apenas uma particularidade que chama bastante a atenção: a abundância de tatuagens em memória dos bebês perdidos, ou mesmo não nascidos, chamadas de *baby memorial tattoos*, cujo simbolismo mais recorrente é o desenho de um bebê com asas de anjo ou a marca de pézinhos (às vezes é uma reprodução da imagem do "teste do pezinho").

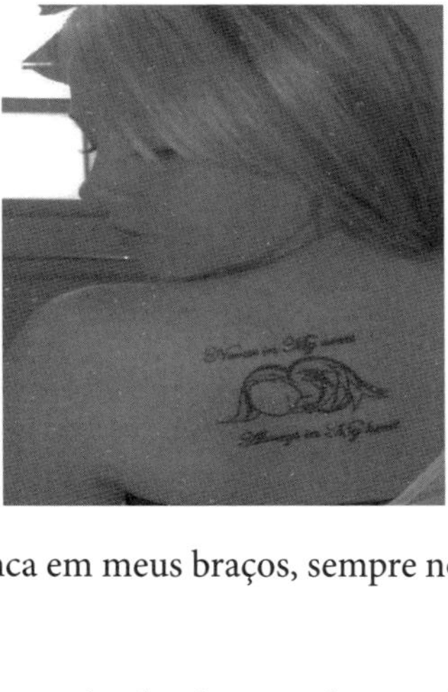

Figura 5.7. "Nunca em meus braços, sempre no meu coração".[61]

61 https://www.pinterest.com/explore/memorial-tattoos/Acesso em: 15 jan. 2015 [autor não identificado, link original não se encontra mais disponível].

Na tradição católica, lembra Aceves,[62] os filhos pequenos perdidos depois do batismo ou antes do "uso da razão" são chamados de "anjinhos", um termo que expressa, pelo batismo, o estado de pureza absoluta que lhes garantiria uma entrada imediata no Paraíso, o que devia trazer, no passado, um grande consolo aos pais. Há, porém, uma outra condição: a dos pequenos falecidos antes do batismo e, mesmo antes de terem nascido, que segundo uma antiga tradição católica – hoje já reformada – dava a esses pequenos como destino, não o Paraíso, mas o "limbo".

De fato, e por muito tempo, não apenas no imaginário religioso, mas na legislação de diversos países, não se reconhecia (e em muitos lugares ainda não se reconhece) o direito a qualquer forma de rito ao fruto de uma perda gestacional precoce (algo inferior a vinte semanas). Tratado como um "dejeto hospitalar", o feto era descartado e esquecido como um "bebê do limbo", assim como ficava no limbo o luto nem sempre reconhecido de seus pais. Desde que a morte do filho assumiu o status de dor maior, os pais, e mais ainda as mães, têm reivindicado o direito ao luto, logo direito de decidir sobre a destinação do feto em caso de óbito precoce, pressionando a reformulação de leis. Hoje, no Brasil, os fetos com idade gestacional inferior a vinte semanas, mediante a requisição de seus familiares, podem ser devidamente sepultados, muito embora essa prática, ainda pouco usual em nosso meio e na falta de regulamentação adequada, tenha gerado ações diversas por parte dos serviços de saúde.[63] Nesse sentido, a Itália, conforme visto, é pioneira ao conceder uma ala

---

62 Aceves, G. (1999). Imagens da inocência eterna. In *Littoral: Luto de criança*. D. D. Estrada (Trad.) (pp. 21-46). Companhia de Freud.

63 https://www.cremesp.org.br/?siteAcao=Pareceres&dif=a&ficha=1&id=16570&tipo=PARECER&orgao=%20Conselho%20Regional%20de%20Medicina%20do%20Estado%20de%20S%E3o%20Paulo&numero=197356&situacao=&data=13-02-2020#anc_integra

exclusiva aos fetos no espaço cemiterial de Roma, reconhecendo, desse modo, o valor do luto de seus pais.

Como perder alguém que nem sequer viveu? Como perder aquele cuja vida foi, sob todos os aspectos, uma vida não realizada, uma vida não cumprida? Questões perturbadoras no luto do filho abordadas com delicadeza por Kenzaburô Ōe[64] no conto sobre o músico assombrado pelo "bebê-monstro vindo do céu": "olha, não seria terrível morrer sem memórias ou experiências porque você nunca fez nada humano enquanto estava vivo? É assim que seria se você morresse ainda bebê . . .". E ainda: ". . . mas pense no mundo após a morte! . . . Se tal coisa existe, as almas dos mortos devem viver lá com suas memórias por toda a eternidade. Mas e a alma do bebê que nunca conheceu nada e nunca teve nenhuma experiência?". Esta é a chave para se entender os misteriosos passeios do músico pelas ruas de Tóquio: dar ao bebê perdido memórias e experiências, de modo a convocar "o simbólico não para si, mas para Areu [*Aghwii*], aquele bebê morto que ele tem, acima de tudo, que fazer existir, condição necessária e insuficiente para que possa perdê-lo".[65]

O paradigma do luto moderno, sugere Allouch,[66] é o luto do filho. Tal perda parece ser bem mais radical por não se tratar tanto, para quem perde um filho (ainda mais quando se trata de uma perda precoce), das marcas de um passado comum (o trabalho do luto segundo Freud), mas, precisamente, de tudo o que restou de não cumprido no morto, "tudo o que, potencialmente, o filho poderia ter lhe dado se tivesse vivido. . . . Ora, como identificar-se..., como fazer seus traços simbólicos que, por causa da morte do filho, precisamente não existirão jamais?".

64 Ōe, K. (1977). Aghwee the sky monster. In *Teach us to outgrow our madness*. J. Nathan (Trad.) (p. 247). Grove Press, tradução livre.

65 Allouch, J. (2004). *Erótica do luto: No tempo da morte seca*. P. Abreu (Trad.) (p. 347).Companhia de Freud.

66 Ibid., p. 346.

Na escrita dilacerante de Mallarmé acolhemos os ecos deste luto do porvir:

> *Ah! Peito adorável*
> *ó minha imagem*
> *ali dos demasiados grandes*
> *destinos –*
> *que criança*
> *como tu –*
> *eu sonho*
> *ainda*
> *sozinho –*
> *no porvir*[67]

Perde-se junto com o filho todas as grandes esperanças às quais este estava destinado no sonho dos pais. Daí o grande golpe igualmente acusado por Freud por ocasião da morte de Sophie e do pequeno neto que condensavam para ele o futuro.

O luto torna-se mais devastador, diz Allouch,[68] quanto mais o enlutado considerar que aquele que foi perdido deixou uma "vida por realizar", sendo esta crença uma versão imaginária do furo aberto pela perda. O autor sugere nesse ponto algo como um "teorema": "quanto menos tiver vivido, segundo o enlutado, aquele que acaba de morrer, mas sua vida terá, a seus olhos, permanecido uma vida potencial (Aristóteles), mais assustador será seu luto, mais necessária será essa convocação do simbólico". Nesse buraco no qual o

---

67 Mallarmé, S. (1961/2021). *[Para um túmulo de Anatole]: [Pour un tombeau d'Anatole]*. G. G. Flores (Trad.) (folha 163, p. 181). Kotter editorial.

68 Allouch, J. (2004). *Erótica do luto: No tempo da morte seca, op. cit.*, p. 347.

enlutado submerge na dor, é como se o morto assumisse direitos sobre a vida dele como o espectro do rei sobre Hamlet, de tal modo que soa menos "estranha a tese segundo a qual cumprir o luto é realizar a vida do morto como cumprida". Nessa perspectiva, a tese do autor pode ser estendida à experiência do luto de modo geral e não apenas ao luto do filho.

Se a produção de uma tatuagem memorial pode ser uma tentativa de forçar símbolos e imagens no furo aberto pela perda, a *baby memorial tattoo* tem a especificidade de convocar todos estes elementos não apenas para o enlutado mas também – como sugere o conto de Ōe e outros testemunhos – para aquele bebê que não deixou quase nada para ser lembrado. Assim, a *baby memorial tattoo* é um memento que figura entre dois registros: o de declaração de existência e simultaneamente o de não-existência. Abaixo, o testemunho de duas mães afetadas por perdas gestacionais:

> *A tatuagem é um memorial que fica com você para sempre. . . . Minha primeira tatuagem foi um memorial para o meu bebê, meu filho que nunca nasceu. Tudo o que eu tinha para mostrar que o bebê havia existido era um teste de gravidez positivo e as cicatrizes das intervenções intravenosas durante uma gravidez terrível.*

> *Eu queria algo especial para mostrar que uma vida foi perdida. O bebê estava previsto para o final de outubro, então eu escolhi uma abóbora. Quando eu expliquei a situação para o tatuador, ele me respondeu que iria desenhar algo especial. Eu pedi para colocar a data X-X-X sob o desenho para que eu nunca mais esquecesse de quando meu filho partiu deste mundo.*

> *Principalmente, busquei algo em que pudesse concentrar minha dor, já que não tinha um túmulo para visitar.*[69]
>
> *Eu precisava honrar sua pequena vida de forma permanente. (algo muito comum na comunidade de aborto espontâneo). Posso não ter conseguido segurá-la em meus braços, mas ainda posso ter uma parte dela aqui comigo.*[70]

2.2. O túmulo vivo

É próprio dos vivos o movimento, a inquietação, o calor, a cor, o som, a voz em contraste com a rigidez do morto e fixidez de seu monumento sepulcral, pedra bruta, rígida, fria, opaca, silenciosa. Animar uma estátua, sugeriu Vernant,[71] é colocar nela uma voz e, acrescentamos, dar-lhe movimento. Depositada na pele, as tatuagens fúnebres se constituem em túmulos "vivos" que se movimentam, têm calor, cor e podem eventualmente alcançar fala.

Desde que o luto se dessacralizou, logo se dessocializou, é no enlutado que o morto habita[72] e não tanto mais no cemitério ou no além religioso, como no passado. Circunscreve-se no corpo um território a partir do qual o morto poderá habitar, ainda que de forma furtiva, intangível, uma sombra. Sua segunda existência é assegurada na memória e na pele, na memória da pele; memória e pele se confundindo, como em uma cicatriz.

---

69 http://voices.yahoo.com/memorial-tattoos-help-grieving-process. Acesso em: 20 ago. 2014 [o acesso não está mais disponível].

70 https://www.instagram.com/p/CNK3FslLkii/ [gentilmente concedido pela autora em 10 maio 2021].

71 Vernant, J.-P. (1990). *Mito e pensamento entre os gregos*, *op. cit.*

72 Allouch, J. (2004). *Erótica do luto: No tempo da morte seca*, *op. cit.*

> *Agora tenho sempre um pedacinho dele comigo e sinto que eu o honrei ao ter me marcado permanentemente por ele. Para mim esta tatuagem é única e complexa ao mesmo tempo tão simples e doce, tudo ao mesmo tempo. Assim como era doce o meu menino.*[73]

A tatuagem opera como um signo cuja presença é feita apenas de ausência. Porém, pode eventualmente assumir o valor impregnante de um objeto fetiche (objeto adorado por estar em substituição daquele que falta), como nos tempos românticos do culto dos objetos deixados pelo morto ou que a eles remetem e, ainda, de alguma parte de seus restos mortais, em geral, cabelo. Atualmente, com a busca crescente pela incineração, as cinzas também se tornaram, para alguns, objeto de devoção, podendo vir a se transformar em joia, como citado anteriormente, mas não só. Dos Estados Unidos, chega a notícia[74] de que tem ocorrido a prática de se acrescentar na tinta da tatuagem uma pequena quantidade das cinzas da cremação do morto. Chamada por lá de *ritual tattoo* ou *commemorative tattoo*, constitui-se como que uma imaginarização da assertiva de Allouch de que, hoje, é no enlutado que o morto habita e, neste caso, um resto de seu resto mortal é efetivamente sepultado, incorporado à pele.

A tatuagem, nesse sentido, está para além de um *landmark*, tornando-se uma espécie de *no man's land*[75] (terra de ninguém), um pedaço de si ambíguo, flutuante, indeterminado (porém, consistente) na borda – e talvez na disputa? – entre o enlutado e o morto.

---

73 http://voices.yahoo.com/memorial-tattoos-help-grieving-process. Acesso em: 20 ago. 2014, tradução nossa [o acesso não está mais disponível].

74 https://www.joincake.com/blog/tattoo-with-cremation-ashes/ Acesso em: 20 jun. 2021.

75 Agradecemos a Christian Dunker por esta observação.

Buscar-se-ia com esses pequenos túmulos lançados no furo real, apaziguar, determinar, fixar, localizar em um lugar específico esse morto flutuante, ou melhor, esse pedaço de si mesmo perdido, inapreensível de outra forma?

Alguns chegam a reservar (ou dedicar) um território inteiro do corpo para cultivar um memorial particular:

> *Eu reservo o meu braço esquerdo, que é mais próximo de meu coração, para minhas tatuagens memoriais. Eu tenho uma pulseira tatuada no meu pulso esquerdo que diz "Em memória de Y" para a minha avó materna; uma rosa tribal amarela na parte exterior do meu antebraço que tem as iniciais de minha avó paterna (porque ela amava rosas amarelas); e outra no meu ombro esquerdo com uma cruz em ruínas para o meu irmão mais novo, que faleceu aos 16 anos. . . . (Ele teria adorado a cruz em ruínas). Eu o chamo "meu braço memorial". É uma ideia tão simples tatuar memoriais, mas francamente me faz sentir como se eles estivessem sempre comigo, no meu coração.*[76]

Ao contrário dos monumentos fúnebres tradicionais feitos para durar e preservar no âmbito público a memória do nome do morto e de sua linhagem, a tatuagem fúnebre tem valor e alcance de um *memento illius* que serve como pequeno signo de recordação intimista eventualmente coletivizável. Nesse sentido, ele não visa nem a preservar para a posteridade a memória do falecido nem fazer

76 http://becauseilive.hubpages.com/hub/In-Loving-Memory-Memorial-RIP-Tattoos. Acesso em: 17 mar. 2012.

ressoar o de sua linhagem. Uma homenagem anônima, privada, com tempo de duração limitado.

Figura 5.9. "Sempre nos meus pensamentos, para sempre no meu coração".[77]

"Para sempre"/"forever" é uma frase frequentemente usada na celebração do amor, um voto de amor eterno que também comparece em homenagens fúnebres. Sabemos que o "para sempre" é possivelmente uma medida poética oriunda da crença cristã de "vida eterna" e, ainda, da esperança romântica de amor sem fim. Grafada na pele, sabemos que a eternidade almejada é relativa, transitória, pois depende do tempo próprio do vivente que lhe serve de suporte. Desde que a eternidade religiosa deixou de ser a referência absoluta, o eterno hoje se inscreve no tempo subjetivo mortal. Barthes, em sua escrita do luto, traduz essa inconsistência comum diante da morte que nos faz esquecer da nossa própria transitoriedade:

77 https://br.pinterest.com/pin/AfIZ1Xhl6wM9jz-6SAZVsSE1sqAW_Mks59kb-vaST10kqmg9eyV4ZKk/. Acessado em: 15 jan. 2021 [autor não identificado, link original não se encontra mais disponível].

> *- Nunca mais, nunca mais!*
>
> *- E no entanto, contradição: este "nunca mais" não é eterno porque nós próprios morremos um dia.*
>
> *- "Nunca mais" é um dizer de imortal.*[78]

2.3 Armadilha de olhar

Um tributo em forma de tatuagem participa da atual tendência ao deslocamento da homenagem do espaço cemiterial para outros territórios desvinculados do lugar onde está depositado o defunto. Sabe-se que o lugar geralmente destinado ao sepultamento do cadáver ou mesmo depósito das cinzas não é um lugar qualquer. Conforme vimos, por séculos, no Ocidente cristão, o enterro se fazia *ad sanctus*, isto é, no entorno sagrado e protegido das igrejas. Na época do retorno ao culto dos mortos, a sepultura passou a ser um lugar de visitação rotineira, lugar de lembrança, de expressão de dor e saudades. No silêncio frio do cemitério, o rico repertório de estátuas serviam e ainda servem para atrair o olhar curioso dos visitantes.

Do mesmo modo, o lugar escolhido para repousar, fixar o tributo em forma de tatuagem não é um lugar escolhido de forma aleatória. Dado que se trata igualmente de um lugar de visitação, de modo geral, é grafado em lugar de fácil visualização, não só para aquele que o produziu.

> *Eu quero fazer alguma coisa para homenageá-lo, e então cada vez que descer meu olhar para o meu pulso eu sorrirei e me lembrarei dele.*[79]

---

78 Barthes, R. (2009). *Diário de luto*. M. S. Pereira (Trad.) (27 de outubro de 1977, p. 19). Edições 70.

79 http://becauseilive.hubpages.com/hub/In-Loving-Memory-Memorial-RIP-Tattoos. Acesso em: 17 mar. 2014.

> *Minha pequena abóbora, colocada perto do meu coração me ajudou a lidar com o pesar. Ela também serviu para outros se lembrarem de quando meu coração se partiu.*[80]
>
> *Sou destra, então o punho direito está localizado na minha mão mais forte. Além disso, é um lugar de bastante visibilidade. Eu queria olhar e lembrar dele. E também que outras pessoas pudessem ver uma marca dele em mim. [tatuagem localizada no punho direito].*[81]

Nota-se que a parte de si separada para o morto é um pedaço libidinizado que enlaça o enlutado com aquele que foi perdido e, eventualmente, com um certo público. Um enlace no qual a dialética do olho e do olhar desempenha uma função fundamental.

No campo do visível, propõe Lacan,[82] o quadro é uma "armadilha de olhar", *trompe-l'oeil* em francês, uma técnica usada pelos pintores para capturar a atenção no engano e na satisfação que produzem ao interrogar e confundir a visão daquele que olha, como o quadro *Os embaixadores*, de Hans Holbein, capa do *Seminário 11*. Nesse quadro, um objeto estranho está posto na parte inferior entre os dois embaixadores; à primeira vista, ocorre pensar que se trata do pincel do artista, mas, ao nos deslocarmos para um ponto específico de visada, somos surpreendidos pela imagem de um crânio de caveira, um dos símbolos do *memento mori* da época a nos lembrar da transitoriedade da vida, a despeito da fortuna, conhecimento e vaidade das figuras retratadas. Somos fisgados por essa armadilha que nos fascina e nos joga, por um instante, para dentro do quadro.

---

80 http://voices.yahoo.com/memorial-tattoos-help-grieving-process. Acesso em: 20 ago. 2011 [o acesso não está mais disponível].

81 Arquivo pessoal da autora.

82 Lacan, J. (1964/2008e). *O seminário, livro 11: Os quatro conceitos fundamentais da psicanálise*. M. D. Magno (Trad.) (p. 91). Jorge Zahar.

Importante ressaltar que nem todas as tatuagens, incluindo a tatuagem *in memoriam*, expõem-se ao público; algumas se limitam a ser um *memento* privativo e ficam restritas ao sítio privado do corpo, como os escritos de luto de Mallarmé e de Barthes, sem buscar leitores. Algumas podem até eventualmente participar do reviramento do ver sobre si mesmo: ver-se vendo e se imaginar sendo visto pelo objeto tatuado, ao mesmo tempo que o olha. A satisfação do ver-ser-visto parece se bastar no jogo do espelho. No plano especular, tratar-se-ia da mirada particular do *eu* à imagem do outro?

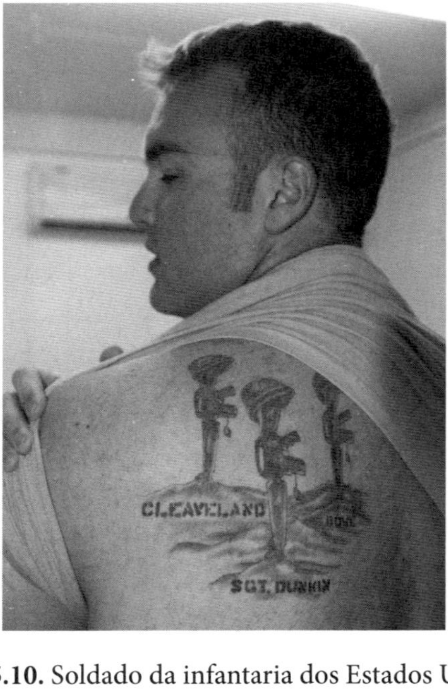

Figura 5.10. Soldado da infantaria dos Estados Unidos.[83]

> *Eu queria fazer algo, mas não queria que ficasse escancarado para que todos vissem. Mas toda vez que eu*

83 https://upload.wikimedia.org/wikipedia/commons/9/93/US_Army_50997_Silent_Tribute.jpg

> *quisesse refletir e pensar sobre eles, poderia olhar no espelho e me lembrar.*

E, no contraponto do pudor, pode ocorrer também uma certa mostração, o sujeito capturado, alienado em um *acting out* feito para atrair e suscitar simpatia e compaixão. O objeto tatuado torna-se um traço a distingui-lo e representá-lo no laço. Porém, como o valor da imagem vem do Outro, a mostração coloca também a imagem à mercê das interpretações do outro/Outro.

Ao abordar a esquize do olho e do olhar, Lacan[84] desdobra a distinção entre a função do órgão e a função do olhar. O ver se relaciona ao olho enquanto órgão da visão, pertencente ao registro da consciência reflexiva e do imaginário, registro do *eu* que filtra as imagens de acordo com suas propensões. O domínio do olhar se relaciona com a pulsão ao nível do campo escópico do sujeito, o sujeito aí implicado desde esse lugar de desejante. O olhar, objeto pulsional inapreensível que escapa e extrapola o domínio da tomada visional pelo *eu* para ser apreendido pelo campo do desejo, campo do enigma do Outro.

No limiar do que se vê, há o campo do visível (aquilo que se mostra, se expõe), mas há também uma dimensão além inapreensível pelo espelho, logo não especularizável, e que diz respeito a um olhar invisível, enigmático, suposto pelo sujeito no campo do Outro: como o Outro me vê? O que ele gosta em mim? Sou amável ou não? O que sou para ele?

> *Posso me sentir olhado por alguém de quem não vejo nem mesmo os olhos, e nem mesmo a aparência. Basta que algo me signifique que há outrem por aí. Esta janela, se está um pouco escuro, e se eu tenho razões para pensar que há alguém atrás, é, a partir de agora, um olhar.*

---

84 Lacan, J. (1964/2008e). *O seminário, livro 11: Os quatro conceitos fundamentais da psicanálise, op. cit.*

> *A partir do momento em que esse olhar existe, já sou algo de diferente, pelo fato de que me sinto eu mesmo tornar-me um objeto para o olhar de outrem.*[85]

Assim, se a questão do olhar é fundamental na produção da tatuagem, não é somente porque possibilita ao sujeito, bem como a outrem, facilmente derramar sobre ela sua visão, mas é que, lá, pode fixar o ponto de onde se é olhado. Produz-se uma mancha que captura o olhar como uma pinta no rosto. Em outros termos, é como se a tatuagem memorial, o objeto perdido encarnado, olhasse-nos.

No campo escópico do sujeito, o *eu* é o objeto a ser visto, "o olhar está do lado de fora, sou olhado, quer dizer, sou quadro".[86] Nessa posição inversa, é a tatuagem que me olha. Ela está lá para olhar, do mesmo modo que o objeto estranho no quadro *Os embaixadores*, calculado pelo pintor para nos olhar-ser olhado.

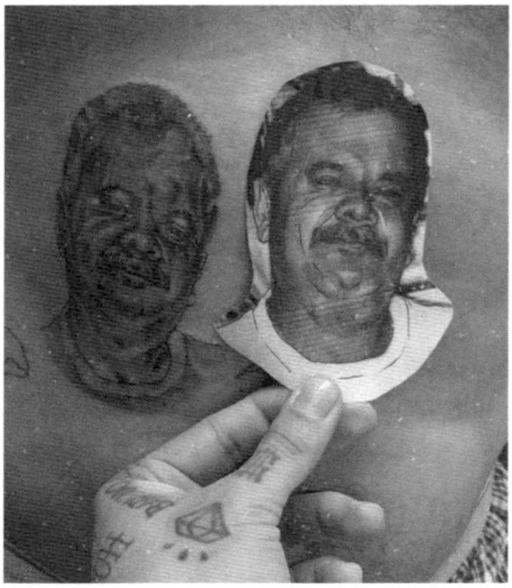

Figura 5.11.[87]

85 Lacan, J. (1953-1954/1986). *O seminário 1: Os escritos técnicos de Freud*. B. Milan (Trad.) (p. 246). Jorge Zahar.

86 Lacan, J. (1964/2008e). *O seminário, livro 11: Os quatro conceitos fundamentais da psicanálise*, *op. cit.*, p. 107.

87 https://upload.wikimedia.org/wikipedia/commons/a/ac/Memorial_Portrait_of_my_buddy_Armando%252

A pele se faz de tela para lá fazer *ex-sistir* um olhar invisível. O olhar invisível do morto? Se tomada de forma consistente, imaginariamente consistente, a tatuagem fúnebre captura; é uma armadilha que não faz ausência.

Todavia, se todo quadro é armadilha de olhar, há, por conseguinte, um logro em jogo não tanto porque o artista calcula seus truques para fisgar o olhar do expectador, mas principalmente porque não há coincidência possível entre o olho e o olhar, entre o ser real e o que se pretende no parecer da imagem, naquilo que ela comporta de inapreensível, invisível: "Quando, no amor, peço um olhar, o que há de fundamentalmente insatisfatório e sempre falhado, é que – *jamais me olhas lá de onde te vejo. Inversamente, o que eu olho não é jamais o que quero ver.*[88]

Há, igualmente, no tributo em forma de tatuagem, uma falta em jogo que fura qualquer tentativa de dar consistência ou materializar a presença de um olhar, buscando (re)encontrá-lo. O que se quer ver não está lá. Esse olhar-tatuado é uma construção do sujeito erigida como tal a partir da falta,[89] falta do brilho de um olhar que não existe mais, daí sua nota de dor, tristeza, saudade. Como todo signo do morto, é presença feita apenas de ausência.

achar ausência

apenas –

– em presença

de roupinhas[90]

---

88 Lacan, J. (1964/2008e). *O seminário, livro 11: Os quatro conceitos fundamentais da psicanálise*, *op. cit.*, p. 104, grifo do autor.

89 Agradeço a Conrado Ramos por esta observação.

90 Mallarmé, S. (1961/2021). *[Para um túmulo de Anatole]: [Pour un tombeau d'Anatole]*, *op. cit.*, folha 187, p. 205.

2.4. A função de erótica

Lacan[91] sublinhou que a tatuagem seria uma das formas mais antigas de materialização da libido no corpo: "O entalhe tem muito bem a função de ser para o Outro, de lá situar o sujeito, marcando seu lugar no campo das relações do grupo, entre cada um e todos os outros. E, ao mesmo tempo, ela tem, de maneira evidente, uma função de erótica". Fabrica-se, no corpo, uma espécie de zona erógena, um ponto erotizado, desejável, com função de situar o sujeito no laço com o Outro, com os outros.

No enlace com o olhar, faz laço ao pedir reconhecimento, deciframento, um modo de (re)compor-se como amável pelo Outro. Costa[92] observa que "pela função de erotização, ela [*a tatuagem*] dá corpo a algo inapreensível, como pode ser o traço primeiro que funda a desnaturação do sujeito, conferindo, ao mesmo tempo, erotismo a seu funcionamento corporal". Inscrita na borda do corpo, campo do visível, a tatuagem pode se constituir como uma tentativa, como sugere os autores consultados, de atualizar o marco simbólico primeiro, o traço unário significante do "um", da "pura diferença", da singularidade que inscreve o nome do sujeito e o lança na cadeia significante: "o traço unário [*ein einzeiger Zug*] que, por, preencher a marca invisível que o sujeito recebe do significante, aliena o sujeito na identificação primeira que forma o ideal do eu".[93] Mas há também, outra leitura desse traço, enfatizada por Mieli:[94] o traço enquanto signo da presença (do olhar) do Outro e de seu

---

91 Lacan, J. (1964/2008e). *O seminário, livro 11: Os quatro conceitos fundamentais da psicanálise*, *op. cit.*, p. 201.

92 Costa, A. (2003). *Tatuagens e marcas corporais*, *op. cit.*, p. 19.

93 Lacan, J. (1960/1998f). Subversão do sujeito e dialética do desejo no inconsciente freudiano. In *Escritos* (p. 822). Jorge Zahar.

94 Mieli, P. (2002). Sobre as intervenções irreversíveis no corpo e outros textos psicanalíticos, *op. cit.*

assentimento à imagem especular que estabilizaria e confirmaria a identificação à imagem ao reconhecer seu valor de amável e, por efeito, torna a imagem de si igualmente amável pelo sujeito.

Desse modo, no campo pulsional do sujeito, o olhar se manifesta como objeto do desejo do Outro, marca primeira que o situa em relação ao Outro e que pode igualmente determiná-lo, às vezes, por uma vida inteira.

Figura 5.12. "Minha amada" (*my beloved*) com a letra de minha mãe. "Minha amada" se refere a mim. Ela faleceu no ano XX e seus escritos são o que eu guardo de mais querido.[95]

Marca-signo do amor da mãe, esta tatuagem expõe um apelo. Ela se lança como que a recompor, reafirmar, atualizar na literalidade da carne uma assinatura do Outro, de modo a situar, fixar o ponto

95 https://www.pinterest.com/explore/memorial-tattoos/. Acesso em: 15 jan. 2011 [autor não identificado, link original não se encontra mais disponível].

de onde este sujeito poderá se ver amado; um anteparo ao que esta morte abriu de furo em sua existência?. Em outros termos, se é por suas palavras que o Outro materno produz suas marcas, "ser a amada da mamãe" é a mensagem apotropaica – ou, se preferirmos, um signo da presença e do amor da mãe – que ela recolhe e preserva como tentativa de recompor-se, situar-se simbolicamente desde um lugar no amor e no desejo do Outro.

Em um apólogo bastante comentado, Lacan[96] fala da condição do escravo da antiguidade cujo couro cabeludo portava uma inscrição tatuada enquanto dormia em língua desconhecida e que o condenava à morte. Essa escritura insabida se constituía em mensagem destinada à decifração, à leitura de outrem. Em referência a essa mesma passagem, Costa[97] destaca o quanto nosso corpo é

> *marcado de traços – invisíveis e incompreensíveis, apesar de expressarem materialidades – que buscam o endereço de uma leitura. Nesse sentido, marca-se a ligação entre olhar e endereçamento de um pedido de decifração. São duas determinações importantes: a busca de um lugar no amor do outro, pela procura de uma decifração de traços corporais. Nesse sentido que essa busca de "leitura/decifração" determina um destino.*

Se a tatuagem, de modo geral, enlaça ao se constituir em mensagem-armadilha do olhar, sua função não se restringe a congelar a lembrança do morto em uma imagem para ver e dar-se a ver. Da mesma forma que uma imponente estátua cemiterial, ela se expõe para atrair a atenção e, nessa captura, busca alcançar leitura,

---

96 Lacan, J. (1960/1998f). Subversão do sujeito e dialética do desejo no inconsciente freudiano, *op. cit.*

97 Costa, A. (2003). *Tatuagens e marcas corporais, op. cit.*, p. 20.

interpelação, fala. Em suma, a tatuagem ao se lançar faz laço, agrega, ressocializa a experiência do luto.

> *eu senti como se tivesse um pedaço dela que eu poderia carregar sempre comigo e adoro quando as pessoas me perguntam sobre a tatuagem, porque então eu posso dizer o significado por trás disso. [mulher jovem que perdeu a mãe aos 14 anos].*[98]

> *Minha pequena abóbora, colocada perto do meu coração me ajudou a lidar com o pesar. Ela também serviu para outros se lembrarem de quando meu coração se partiu. As pessoas entendem porque eu estou sensível, sem precisar dizer uma só palavra. Tatuagens Memoriais contam a história daqueles que perdemos e são um conforto para aqueles que foram deixados para trás [mulher jovem que sofreu uma perda gestacional].*[99]

O ato de tatuar-se almejaria, no limiar do visível, forçar uma escrita subjetiva da perda?

2.5. Identificação, transmissão

Um luto que abre um furo no real abala nossas determinações significantes bem como nossa textura imaginária. Allouch[100] registrou, em seu testemunho sobre a perda da filha, essa mobilização do imaginário e seus efeitos sobre a imagem do próprio corpo:

---

98 http://voices.yahoo.com/memorial-tattoos-help-grieving-process. Acesso em: 20 ago. 2011 [link original não se encontra mais disponível].

99 http://voices.yahoo.com/memorial-tattoos-help-grieving-process. Acesso em: 20 ago. 2011 [link original não se encontra mais disponível].

100 Allouch, J. (2004). *Erótica do luto: No tempo da morte seca, op. cit.*, p. 313.

> *Logo após ter sido avisado da morte de minha filha, no segundo que se seguiu depois de modo sempre pontual nos dois ou três dias que se seguiram, tive uma impressão corporal das mais estranhas, jamais sentida antes, nem, aliás, depois. Meu corpo bruscamente se tornara como que um corpo de vidro. . . . Meu corpo parecia feito de um vidro frágil, de um cristal tão fino quanto uma folha de papel de cigarro. Se alguém me tivesse, então, tocado bem de leve, eu teria partido em pedaços. . . . A morte de minha filha atingia minha identidade imaginária, e a questão então colocada é realmente vital: vidro não tem vida.*

A morte da filha, grande golpe narcísico, levou embora, momentaneamente, a função identitária da imagem vital para a percepção da unidade corporal, restando, no abalo da imagem, apenas a terrível impressão de um corpo-de-cristal no ponto do estilhaçamento. O mesmo dilaceramento é escutado na fala de uma mãe igualmente golpeada pela terrível notícia da perda iminente do filho:

> *Há dois anos a gestação tranquila e saudável de X se transformou na iminência do seu nascimento precoce, insanamente prematuro. Minha vida nunca mais seria a mesma depois de internar no hospital e fazer o máximo para evitar a chegada do meu primeiro filho. Lembro do meu peito rasgando de dor ao receber a notícia de que ele estava prestes a nascer com vinte e três semanas de gestação recém completadas. Me senti despencando de um abismo. Meu corpo todo tremia. Meu marido e eu nos olhávamos como quem pergunta um ao outro – isso não está acontecendo, né? E estava.*[101]

---

101 Arquivo pessoal da autora.

Segundo Costa, raramente nos damos conta de que a presença de alguém querido nos impressiona e afeta a partir de suportes corporais, como o olhar, a voz, o jeito de andar...

> *A presença do outro está na entonação que emprestamos àquela [a voz], ao nos dirigirmos ao outro quando lhe falamos, e que constrói sua presença pelas mil facetas projetivas que lhe damos. . . . Também por essa razão é difícil reconhecer uma perda e que demandamos que as substituições recomponham e confirmem uma identidade desfeita.*[102]

No luto, como recompor-se senão convocando um reforço das bordas quando a vacilação da imagem põe em risco a fronteira entre o *eu* e a imagem do outro? O apelo dirigido ao simbólico, é apelo ao significante fálico e, muito embora esse significante não possa responder de modo a suturar o furo, ele pode no limite prover o sujeito de todo tipo de significação na visada de rearticular, ao conjunto significante, uma experiência que excede as possibilidades de assimilação. Além disso, vale lembrar que a referência ao significante fálico possibilita ao sujeito reatar-se simbolicamente com o corpo, restabelecendo a unidade fálica da imagem.

Nesse sentido, uma tatuagem de luto não deixa de ser um elemento fálico – o que um monumento serve bem para figurar – que alguns lançam mão para tentar sustentar-se frente ao furo. Vejamos:

> *Eu tenho 18 anos e estava feliz com meu noivado até que ele morreu em um acidente de carro. Eu tenho procurado*

102 Costa, A. (2001). *Corpo e escrita: Relações entre memórias e transmissão da experiência* (p. 35). Relume-Dumará.

> *pelo perfeito* Eu te amo, *em tatuagem memorial, mas não tenho tido sorte. Podem me ajudar?*[103]
>
> *Estou tão triste de ouvir as perdas de todos aqui. Minha irmã foi assassinada em XX, e eu finalmente decidi que quero fazer algo em sua memória, ela adorava tatuagens e eu acho que ela definitivamente me diria para fazer uma, eu também as amo. Somos nativas, então eu quero ter algo que represente a nossa cultura e nosso amor fraternal, mas quero ter certeza de que ele é perfeito.*[104]
>
> *Minha mãe faleceu há apenas dois dias, como eu não tenho nada físico para me segurar que me lembre dela eu acho que uma tatuagem serviria ao propósito que estou buscando. Eu estava pensando em começar com algum tipo de cruz com os detalhes sobre meu braço esquerdo em algum lugar, mas eu ainda não sei o que seria e nem onde eu iria gostar. Como é para a mulher que eu mais amava na vida eu quero que seja perfeito.*[105]

O apelo à figura "perfeita" é engajamento ao Outro, um endereçamento ao falo. Se o falo é um significante faltante e o luto faz furo no real, é com sua textura imaginária que o sujeito poderá responder diante do desamparo significante do luto.

---

103 http://becauseilive.hubpages.com/hub/In-Loving-Memory-Memorial-RIP-Tattoos. Acesso em 17 mar. 2014.

104 Ibid.

105 Ibid.

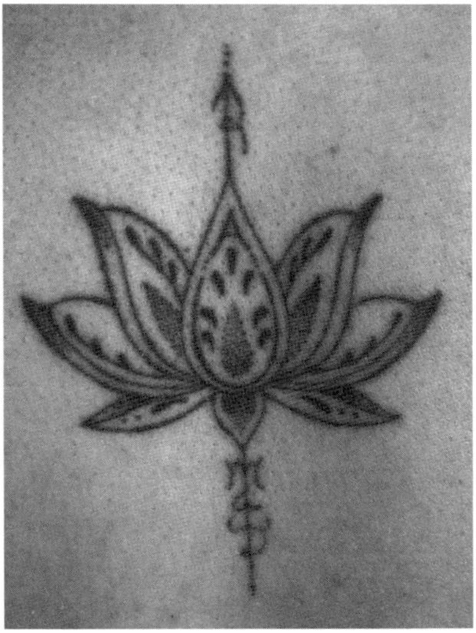

Figura 5.13.[106]

Nunca tive vontade de fazer uma tatuagem, porém, certo dia, li sobre o significado da flor de lótus e me identifiquei muito. Esta flor possui uma semente extremamente longa e resistente. É uma flor nutrida pela lama. À noite, as pétalas se fecham e a flor submerge sob a água. Ao amanhecer, ela sobe novamente sobre a água suja, intacta e sem impurezas pelo arranjo de suas pétalas, em espiral. Por possuir estas características, é considerada . . . um símbolo de resiliência. Ao ler sobre esta flor, me identifiquei muito, pois passei por três perdas gestacionais e uma perda neonatal. . . . Sofri muito, mas consegui reerguer e absorver o que me trouxeram de ensinamentos. Muitas pessoas falam que sou extremamente resiliente.

106 Imagem gentilmente cedida à autora.

Na experiência do luto, os processos identificatórios (campo dos ideais) sustentados junto àquele que foi perdido simplesmente colapsam, deixando o sujeito *en souffrance*,[107] em espera, sofrimento, paciência em meio ao giro que necessitará fazer por todo o conjunto simbólico. Entretanto sabemos que a identificação participa também de outra maneira no luto: a identificação marcada por Freud[108] como sendo o destino do objeto perdido. Os elos libidinais subsistirão como traços identificatórios, restaurando de outro modo o objeto no *eu*. Vê-se assim o sujeito vestir-se com as roupas típicas do amado perdido.

Ao interpretar sua impressão de "corpo de vidro", Allouch[109] evoca, precisamente, a questão da identificação no luto da filha, mais precisamente uma identificação (de ordem imaginária) com um elemento ligado inexoravelmente a sua morte:

> *Se eu me tornara assim "partível", é que não estava partido, o que eu estava, no entanto. Essa impressão levava-me, assim, de novo, para logo antes do pavoroso anúncio, ela expulsava o anúncio, ela realizava, assim o voto de que minha filha estivesse viva . . . o que, aliás, está diretamente ligado ao fato de que, naquele acidente, minha filha bateu com a cabeça no pára-brisa de um carro. Eu era de vidro, como aquele pára-brisa, eu era aquele pára-brisa ainda intacto. Talvez, enquanto cristal não pondo nenhuma resistência ao choque, eu tivesse, no lugar daquele pára-brisa, resistido menos ao choque, e minha filha teria escapado.*

---

107 Lacan, J. (1964/2008e). *O seminário, livro 11: Os quatro conceitos fundamentais da psicanálise*, *op. cit.*, p. 60.

108 Freud, S. (1923/2011a). O Eu e o Id. *Obras completas*. P. C. Souza (Trad.) (v. 16). Companhia das Letras.

109 Allouch, J. (2004). *Erótica do luto: No tempo da morte seca*, *op. cit*, p. 314.

Há uma homologia entre essa experiência e o sonho do pai acordado pelo filho. O que um traduziu em impressões corporais o outro sonhou em forma de reproche: "pai, não vês que estou queimando?" ou, de outro modo, vertigem diante do não simbolizável (da morte) e esforço de se produzir alguma ancoragem possível.

Em diversos testemunhos, recolhe-se, no nível imaginário e simbólico, notícias sobre as tentativas do sujeito de dar um destino ao morto por meio da dialética das identificações. Suas manifestações variam desde a mimetização da forma do objeto, visível nos pequenos hábitos, comportamentos, gestos, tiques, manias, seus modos de vestir-se até traços mais intangíveis como ideais, princípios, disposições afetivas e escolhas... Encarna-se algo do objeto como tentativa de reencontrá-lo. Novamente, nos valemos da poética de Barthes:

> *Reproduzo em mim – constato que reproduzo em mim pequenos traços da* mam.*: esqueço-me – das minhas chaves, de uma peça de fruta comprada no mercado. Falhas de memória que pensávamos que a caracterizavam (ouço as suas queixas discretas a esse respeito), tornam-se minhas.*[110]

A identificação é um signo de amor, uma forma de consolar-se e, ao mesmo tempo, uma homenagem que revivifica, presentifica traços característicos da pessoa perdida. Do mesmo modo, encontramos, na tatuagem de luto, que algumas escolhas buscam figurar uma identificação imaginária ao morto (reproduzir a tatuagem que ele usava ou aplicar a tatuagem na mesma região corporal ou materializar algum significante que o distinguia etc.).

---

110 Barthes, R. (2009). *Diário de luto*, op. cit., 7 de outubro de 1978, p. 215.

> *Minha ideia é fazer a cruz que ele trazia em seu braço no meu braço em algum lugar, talvez no pulso, com algum tipo de desenho com suas iniciais e etc.*[111]

> *Meu irmão morreu um ano atrás, em sua memória, eu fiz uma tatuagem com o nome dele e olhos azuis chorando era assim que todas as garotas o chamavam de "olhos de anjo", esta semana para marcar seu aniversário eu vou fazer uns olhos azuis nas minhas costas.*[112]

Mas se trataria, no luto, só de identificação?

Benjamin[113] nos deixou a parábola do velho camponês que, no leito de morte, revela aos filhos a existência de um tesouro inestimável oculto nos vinhedos. Os filhos tomam ao pé da letra o dito paterno e reviram a terra atrás da herança. Quando chega o outono, a terra revela o tesouro escondido, e as vinhas produzem mais do que qualquer outra região. Só aí compreenderam que o pai queria lhes transmitir uma certa experiência acerca da felicidade que não repousava no ouro, mas no trabalho dedicado. O luto desses filhos está às voltas não com os traços de lembrança ou de identificação ao pai, mas com sua herança, uma herança simbólica. Conseguirão os filhos fazer uso de tal herança? Poderão colocar algo de si naquilo que receberam? Sabemos que não basta simplesmente receber algo dos pais, é preciso conquistá-lo para fazê-lo realmente nosso. Na transmissão, não se trata de reprodução com toda a sua carga alienante, mas de dar continuidade (ou não)

---

111 http://becauseilive.hubpages.com/hub/In-Loving-Memory-Memorial-RIP-Tattoos. Acesso em: 17 mar. 2014.

112 Ibid.

113 Benjamin, W. (1933/2012a). Experiência e pobreza. In *Magia e técnica, arte e política: Ensaios sobre literatura e história da cultura (Obras escolhidas I)*. S. P. Rouanet (Trad.) (pp. 123-128). Brasiliense.

à herança colocando algo de si naquilo que se recebeu; para tanto, é preciso, como bem o disse Goethe,[114] um ato de conquista no qual o sujeito pode inscrever sua marca ao fazer uso singular da herança e eventualmente passá-la adiante.

A problemática da transmissão participa da experiência do luto e estamos de acordo com Allouch[115] quando este propõe que a transmissão está presente ainda que se trate de um filho pequeno. Assim, mesmo diante da inversão completa da sequência esperada de transmissão, ainda é possível indagar sobre o legado do filho: o que lhe deixou? Em que ele lhe marcou?

> *Hoje, passados quase 6 meses da partida do W, sentimos que os momentos mais difíceis já se foram. Sentimos muito a falta da presença física de nosso filhote e da infinidade de sonhos que tínhamos para viver com ele. Acreditamos que isso vai nos acompanhar sempre, pois não é algo que se supera – a partida de um filho. O que temos feito é seguir com tudo isso, com todas as marcas que W. deixou em nós, com o coração cheio de saudade, de amor e gratidão por tudo que nos foi permitido viver.*[116]

Na experiência do luto, há também um tratamento a ser dado ao legado constituído por aquelas milhões de impressões singulares. Assim como na parábola de Benjamim, a questão da transmissão não se coloca de partida para o enlutado, posto que comporta marcas invisíveis, nunca ditas, inconscientes. Levá-las em consideração implica no trabalho de conquistá-las para si.

---

114 "Aquilo que herdaste dos teus pais, conquista-o para que o possuas". Goethe como citado em Freud (1912-1913/2012). Totem e tabu. In *Obras completas*. P. C. Souza (Trad.) (v. 11, p. 240). Companhia das Letras.

115 Allouch, J. (2004). *Erótica do luto: No tempo da morte seca, op. cit.*

116 Arquivo pessoal da autora.

Se não se trata só de identificação no luto, não é de se estranhar que algumas tatuagens também possam figurar algo da herança.

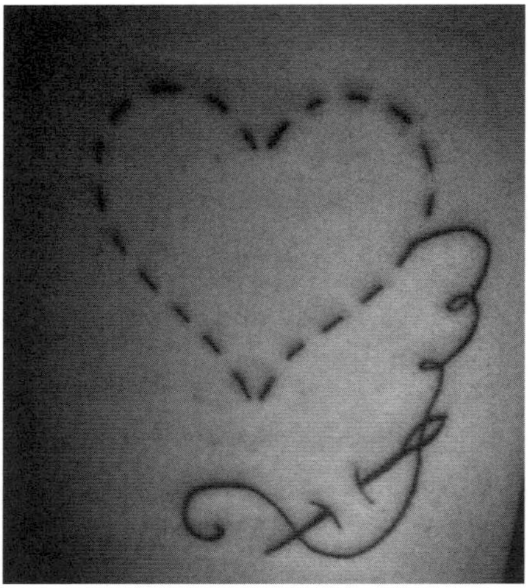

Figura 5.14. "Tatuagem memorial para a minha avó, a mulher que me ensinou a costurar".[117]

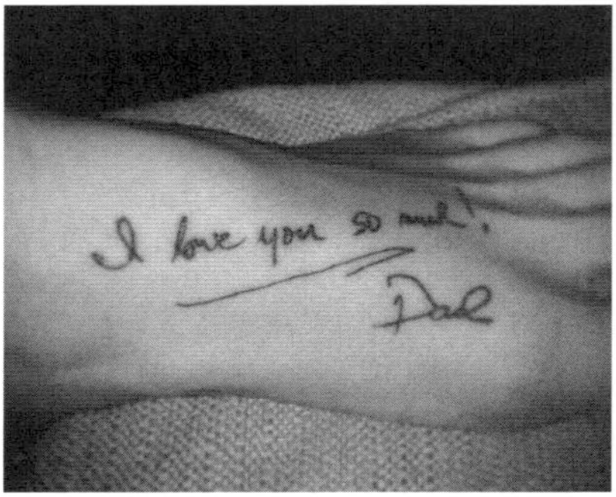

Figura 5.15. "Eu te amo muito! papai".[118]

117 https://www.pinterest.com.mx/pin/186406872055066072/ Acesso em: 15 jan. 2021 [autor não identificado, o link original para a imagem não se encontra mais disponível].

118 https://br.pinterest.com/pin/353884483191521644/ Acesso em: 15 jan. 2015 [autor não identificado, o link original para a imagem não se encontra mais disponível].

> *Eu perdi meu pai para um melanoma, por isso, peguei um cartão de* Valentine's day *que ele me deu e tirei a sua assinatura para tatuar no meu pé. Agora ele pode me guiar pelos caminhos, mesmo que ele não esteja aqui.*

Figura 5.16. "Pai, sua mão guia no meu ombro ficará comigo para sempre".[119]

As três imagens têm em comum a opção por celebrar a memória do morto via seu legado simbólico. Enquanto a primeira homenageia a avó pelo o que ela lhe ensinou (e também transmitiu), as duas últimas sinalizam a herança paterna, e escrevem, materializam na pele, as marcas de amor bem como os significantes-guias extraídos do pai a modo de sustentar, situar a via do desejo. A terceira imagem captura

119 https://br.pinterest.com/pin/343751384049091714/ Acesso em: 15 jan. 2015 [autor não identificado, o link original para a imagem não se encontra mais disponível].

bastante a atenção por ser um tipo peculiar de tatuagem chamado de "verbo-corporal",[120] grafada em uma parte do corpo ela se casa perfeitamente com o enunciado. Ali onde faz falta a mão do pai, as letras vêm figurar sua presença invisível. Poderia então a imagem, tão dada às armadilhas da aparência, figurar também o invisível?

2.6. Figurações do invisível

Quando Lacan ressaltou a cisão do olho e do olhar, isto é, a diferença entre o olho enquanto órgão da visão pertencente ao registro do *eu*, e o olhar pulsional que extrapola a imagem, ele se interrogou sobre a função do quadro. Interessa-nos aqui comentar apenas dois pontos e ver como eles podem nos ajudar na problematização da imagem afora a questão da aparência, no registro do invisível.

A primeira diz respeito ao quadro como algo distinto daquilo que é uma representação, posto que, conforme Freud,[121] nesse está implicada a criação do artista em relação com a libido, sua dimensão sublimatória. Lacan irá sublinhar, na obra artística, o seu efeito apaziguante do abandono ao encantamento da imagem. Em que medida um quadro poderia apaziguar?

Na medida em que o artista obteve êxito não só em oferecer o quadro como "pastagem para o olho" mas em convidar "aquele a quem o quadro é apresentado a depor ali seu olhar, como se depõem as armas. Aí está seu efeito pacificador, apolíneo, da pintura . . . , algo que comporta abandono, deposição, do olhar".[122] O que de fato

120 Paveau, M.-A. (2010). *Uma enunciação sem comunicação: As tatuagens escriturais*, *op. cit.*, p. 15.

121 Freud, S. (1908/2015b). O escritor e a fantasia. In *Obras completas*. P. C. Souza (Trad.) (v. 8). Companhia das Letras.

122 Lacan, J. (1964/2008e). *O seminário, livro 11: Os quatro conceitos fundamentais da psicanálise*, *op. cit.*, p. 102.

se acalma, na deposição do olhar, é o olho em sua dimensão voraz, o olho gordo-invejoso-amargo despertado naquelas ocasiões nas quais se vê a imagem de um outro se satisfazendo na posse de um objeto – objeto *a* – que parece lhe dar completude enquanto, para aquele que olha, esse mesmo objeto lhe vale como símbolo da falta, falta no nível imaginário [$-\varphi$]. O quadro com efeito apolíneo é aquele que calou esse olho maldoso ao trazer para o primeiro plano o olhar de um sujeito que se apresenta desde esse lugar de desejante, um olhar furado, castrado.

O segundo ponto se refere à repercussão social de uma obra, seu valor no campo social, pelo viés do ícone divino. Os ícones certamente exercem sobre nós um efeito de fascínio e nos capturam, nos mantêm sob o olhar. Mas o que constitui realmente o valor do ícone, segue Lacan, é que o deus que ele representa, também olha: "supõe-se que ele agrada a Deus. O artista opera, nesse nível, no plano sacrificial – jogando com o fato de existirem coisas, aqui imagens, que podem despertar o desejo de Deus".[123] Deus artista, ele mesmo um criador de imagens, logo igualmente capaz de olhar e se deixar fascinar pelas criações artísticas dos homens.

Dessa forma, seja um quadro, seja um ícone, eles não se reduzem a simples representação – representação entendida, aqui, no sentido estreito de imitação da realidade, imitação da aparência. Para além da aparência, captura do olho, um quadro ou um ícone visa a elevar a alma ao produzir encantamento, apaziguamento, fruição estética por meio da deposição do olhar.

Vernant[124] recuperou uma antiguíssima tradição grega que concebia a figuração imagística de forma bem diferente e mais ampla do que se costuma considerar hoje. O ícone divino, por exemplo, em suas diversas formas (estátua, pedra bruta, pilastra, estela, aspecto

---

123 Ibid., p. 113.

124 Vernant, J.-P. (1990). *Mito e pensamento entre os gregos, op. cit.*

monstruoso, esfinge, figura antropomórfica etc.), não estava tanto quanto hoje associado à ideia de semelhança, imitação da aparência ou representação figurada; ele era, acima de tudo, um símbolo por meio do qual um ser fundamentalmente invisível, um deus, presentificava-se no mundo. Do mesmo modo que ele era olhado e cultuado, seu olhar se encarnava no ícone e olhava os fiéis.

Longe de uma concepção imagística associada à imobilidade e fixidez de ter que se ater a uma representação figurada, o ícone essencialmente se destinava a transitar entre o mundo visível e o invisível, entre o mundo da aparência e o seu além. No caso do ícone divino, o mundo dos humanos e dos espíritos, ou dos vivos e dos mortos.

Para a cultura grega clássica, uma oposição fundamental entre o mundo dos vivos e dos mortos diz respeito ao binômio ver-ser visto. Morrer é tornar-se invisível. O "capacete de Hades" que garante a invisibilidade a quem o usa é uma metáfora para falar da morte:

> *os mortos são cabeças "vestidas de noite". Ora, por uma espécie de reciprocidade entre a faculdade de ver e a propriedade de ser visível – ambas aparentadas à luz do dia –, o desaparecimento do vivo fora do universo luminoso e a sua entrada no mundo da noite podem exprimir-se também pela imagem da sua transformação em bloco de pedra cego.*[125]

Quando alguém partia para longe e parecia ter desaparecido ou morria sem ser possível recuperar seu cadáver e prestar-lhe o culto devido, os gregos costumavam fazer uma tumba e depositar, no fundo, um bloco de pedra talhado chamado *kolossós*. Essa prática

---

125 Ibid., p. 394.

se relacionava à crença de que os mortos sem sepultura e sem ritos vagariam sem descanso entre os vivos e os mortos. Substituto do desaparecido, o *kolossós* servia para atrair, fixar, apaziguar um duplo errante e hostil. Alguns epitáfios ilustram essa tradição de erigir uma tumba, mesmo que nela falte o corpo:

> *Eu gostaria que os navios nunca tivessem sido inventados.*
> *Não estaríamos aqui agora*
> *de luto por Sopolius, filho de Diokleide.*
> *Seu cadáver sem teto flutua perdido no mar*
> *enquanto inclinamos nossas cabeças ao passar,*
> *Não para ele – para um nome em uma tumba vazia.*
> *[*epitáfio do período Helenístico, Era de Alexandre, *323-100 a.C.).*[126]

Para além da aparência fixa, fria e opaca, o *kolossós* não é um simples signo figurativo, é um ícone do "mundo da noite"; ele não pertence a este mundo, mas ao mundo invisível dos mortos em pura oposição à luminosidade da vida. Substituto do ausente, ele não visava, na tumba,

> *Reproduzir os traços do defunto, dar a ilusão da sua aparência física. Não é a imagem do morto que ele encarna e fixa na pedra, é a sua vida no além, esta vida que se opõe à dos vivos, como o mundo da noite ao mundo da luz. O* kolossós *não é uma imagem: é um "duplo", como o próprio morto é um duplo vivo.*[127]

---

126 Wolfe, M. (2013). *Cut these words into my stone – Ancient Greek epitaphs* (p. 84). The Johns Hopkins University Press.

127 Vernant, J.-P. (1990). *Mito e pensamento entre os gregos, op. cit.*, p. 385,

Às vezes ele escapava à escuridão do sepulcro e era plantado na superfície do solo em um lugar ermo onde se celebravam ritos de evocação do morto, derramando sobre ele as libações devidas. Por meio do *kolossós*, o morto manifestava aos olhos dos vivos a sua presença ambígua, posto que sua manifestação na pedra revelava ao mesmo tempo seu pertencimento ao "mundo da noite". O *kolossós*, por conseguinte, é mais que uma imagem, ele serve para mediar e apaziguar a relação com os mortos.

Portador de um olhar cego que se presentifica no mundo visível, ele se volta, ao mesmo tempo, para o invisível. O estatuto do *kolossós*, na cultura grega antiga, como signo que tem a capacidade de trafegar entre dois mundos está em consonância com outros símbolos religiosos que não são meros signos figurativos, como já dito; eles são eficazes na medida em que têm a virtude de serem "atuados pelos homens": "No *kolossós*, a figuração da força do morto emparceira com as manifestações ativas dessa força e com a regulação das suas relações com o homem vivo".[128] Eles não estão lá só para serem vistos, mas para produzirem efeitos na medida do poder transformativo que a sociedade lhes confere.

Transpostas aos nossos interesses investigativos, as tatuagens *in memoriam* compartilham com o *kolossós* e outros ícones divinos o seu valor apotropaico como belamente expresso pela música "Tatuagem":

> *Quero ficar no teu corpo feito tatuagem*
> *Que é pra te dar coragem*
> *Pra seguir viagem*
> *Quando a noite vem*
> (Chico Buarque e Ruy Guerra, *"Tatuagem", 1973)*

128 Ibid., p. 397.

E na qualidade de imagem-signo-de-luto, a tatuagem igualmente habita no limiar entre dois mundos. Ora elas figuram o visível e se expõem como representação figurada, um monumento à memória do morto; ora figuram o invisível ao sublinhar a ausência, o furo, a inacessibilidade, o caráter diverso da morte, vindo, assim, a mediarem a relação com o mundo dos mortos. Nesse sentido, se a tatuagem *in memoriam* pode capturar o olhar de modo a dar ao morto, à morte, alguma visibilidade e, dessa forma, alguma familiaridade talvez, ela nem por isso apaga a tensão de sua ligação com o mundo das sombras, o que o luto guarda na obscuridade da dor, o absoluto estrangeirismo da morte.

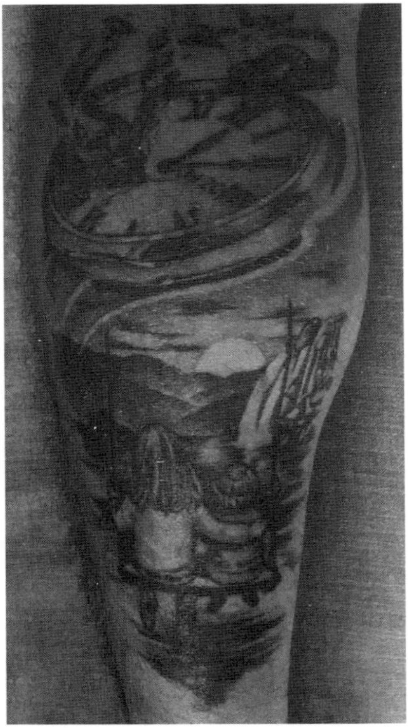

Figura 5.17.[129]

129 Imagem gentilmente cedida à autora.

> *[minha] segunda tatuagem é na perna e foi feita após a perda de um filho que viveu uma semana. Nela estão sentados em um balanço (como um pêndulo de um relógio) minha filha que, na época, tinha 3 anos e o meu filho que partiu. O relógio estraçalhando marca a hora e o dia da morte do meu filho, no sentido de fim do tempo para ele. Mas a presença da minha filha (viva) significa que, a partir daquele momento, a presença e o amor do meu filho seriam carregados aqui nas nossas vidas pela minha filha. Eles ainda estão vendo a vista do local onde jogamos parte das cinzas dele. [pai que perdeu um filho recém-nascido].*

No furo real aberto pelo luto, a tatuagem almejaria forçar uma escrita subjetiva da perda?

2.7. A escrita do luto no corpo

Conforme Allouch,[130] uma escrita algébrica da experiência do luto se escreveria: luto é perder alguém mais um pedaço de si, [$\$ \cong -(1 + a)$]. A tentativa de inscrição subjetiva da perda, outro modo de dizer de sua tradução simbólica, é o próprio tempo de duração do luto. Já o momento de fechamento dessa escrita – a supor que há um fechamento – daria-se por um ato de sacrifício no qual o enlutado cederia ao morto o pedaço de si mesmo perdido. A escrita do luto, segue o autor, instaura uma mudança na relação com o morto que de "desaparecido" adviria "inexistente" cessando, desse modo, de possivelmente retornar, seja na forma de invasões alucinatórias (o que os fantasmas figuram bem), seja na forma de impressões ou outros insólitos sofrimentos do corpo.

130 Allouch, J. (2004). *Erótica do luto: No tempo da morte seca*, *op. cit.*

Vale ressaltar que o estatuto de "inexistente" não implica em esquecimento e, nem muito menos, em deixar de se relacionar com o morto por meio de seus signos, mas considerá-lo desde essa condição de morto para que o sujeito possa enfim se recuperar desejante. Na linguagem ritual, tal passagem é traduzida como uma mudança de status: o enlutado liberado das restrições da sombra da morte pode seguir com seus negócios, e o morto temido passa a ser reverenciado como ancestral benevolente. Uma operação de re-escritura, re-inserção do enlutado e do falecido na ordem simbólica do grupo.

Ao longo deste estudo, recolhemos inúmeros "túmulos literários" que muito contribuíram para as reflexões e os deslocamentos teóricos aqui apresentados. Impressiona o quanto a escrita literária participa da experiência do luto e faz laço. Grafar, lembrou Vernant,[131] significa a um só tempo escrever, desenhar e pintar, é sob essa perspectiva que consideramos a tatuagem *in memoriam* como uma variação dessa escrita do luto e que busca preservar a dupla função de homenagem e de esforço de inscrição subjetiva.

Aliás, o poeta cubano Severo Sarduy,[132] em belíssima passagem do livro *Escrito sobre o corpo,* aproximou literatura da arte da tatuagem. Para ele, o verdadeiro artista da palavra é aquele que subverte a monotonia da língua corrente não sem machucar, como na produção da tatuagem, a "massa amorfa da linguagem informativa":

> *A literatura é, como a que pratica nosso colecionador* [refere-se ao personagem, extraído do roma*nce Compact* de Maurice Roche, que coleciona peles humanas tatuadas]*, uma arte da tatuagem: inscreve, cifra na*

131 Vernant, J.-P. (1990). *Mito e pensamento entre os gregos, op. cit.*

132 Sarduy, S. (1979). *Escrito sobre um corpo* (p. 53). Perspectiva.

> *massa amorfa da linguagem informativa os verdadeiros signos da significação. Mas essa inscrição não é possível sem ferida, sem perda. Para que a massa informativa se converta em texto, para que a palavra comunique, o escritor tem que tatuá-la, que inserir nela seus pictogramas. A escritura seria a arte desses* grafos, *do pictural assumido pelo discurso, mas também a arte da proliferação. A plasticidade do signo escrito e seu caráter barroco estão presentes em toda literatura que não esqueça sua natureza de* inscrição, *o que se poderia chamar* escrituralidade.

De fato, uma escrita do luto, qualquer que seja o viés ou suporte, é uma tentativa de tatuar, inscrever, traduzir, na massa simbólica do sujeito uma morte que enlutece, e essa operação não é realmente possível sem dor, nem perdas, o que a torna, ao mesmo tempo, singular e partilhável; Sua singularidade e eventual transmissão repousa justamente na capacidade de tatuá-la inserindo nela as cores, as letras e os pictogramas que lhe são próprios. No fim, cada qual só escreve o que lhe é possível traduzir; o que lhe escapa restará como uma sombra, perdida na tradução.

Nota-se o quanto a função e a relação com o objeto tatuado espelham os diferentes tempos da escrita subjetiva do luto. Tempo que, vale lembrar, não é cronológico – sabemos que o tempo por si só não cura nada –, mas um tempo lógico de inscrição subjetiva da perda. Os diferentes modos de grafar a tatuagem de luto bem como as diferentes formas de se relacionar com ela dependem das mudanças de posição do sujeito em relação àquele que foi perdido perdido, de seus recursos subjetivos e sociais etc.

No limiar do visível, "a pele é o que há de mais profundo no homem",[133] escreveu o poeta Paul Valéry. Grafada na pele, a homenagem fúnebre não se destina a ser passageira e nem uma mera imagem para a pastagem dos olhos, e temos insistido nesse ponto. Ela transita entre o registro do visível e do invisível ao conjugar imagem e narrativa ou imagem e significação. Trata-se de uma escrita figurativa assim como é um sonho, com potencial de leitura e decifração.

> *Meu irmão morreu com apenas 16 anos de câncer em XX. A sua morte foi difícil para mim, e em sua honra e para lidar com sua perda estarei tatuando em meu pulso esquerdo, agora que tenho 18 anos, um pássaro começando a voar, para simbolizar o meu futuro. No meu pulso direito eu estou tatuando um pássaro pousando para simbolizar sua morte e para que ele fique sempre em minha memória, aninhado no meu coração.*[134]

Ao abordar os sonhos, Freud[135] propôs dois modos de escrita: uma "original" e outra que é uma "transposição" dos pensamentos oníricos com toda a perda que qualquer tradução implica:

> *O conteúdo onírico é fornecido numa espécie de pictografia, cujos signos devem ser transpostos para a linguagem dos pensamentos oníricos. Evidentemente, nós nos enganaríamos se lêssemos esses signos segundo seu valor como imagem e não conforme sua relação semiótica.*

---

133 Valéry, P. (1960). L'idée fixe. In *OEuvres II* (p. 65). Gallimard.

134 http://becauseilive.hubpages.com/hub/In-Loving-Memory-Memorial-RIP-Tattoos.

135 Freud, S. (1900/2019). A interpretação dos sonhos. In *Obras completas*. P. C. Souza (Trad.) (v. 4, p. 318). Companhia das Letras.

Freud[136] fez do rébus[137] a chave de leitura da linguagem pictórica enigmática do sonho, e, se pudermos nos ater a seus princípios, ele poderá nos conduzir a uma "bela e significativa frase poética" ou a um chiste. Ao evocar a ideia do sonho estruturado como um rébus, Lacan[138] ressalta que se trataria, então, de uma escrita a ser lida. Os sonhos das crianças pequenas representariam a ideografia primitiva dessa escrita, isto é, os traçados de uma fase ainda pictográfica que, no adulto, teria deslizado para uma escrita ideográfica complexa no emprego fonético e simbólico dos elementos significantes que a escrita hieróglifa egípcia e os caracteres chineses sabem muito bem fazer uso.

Porém, a verdadeira encantação reside na passagem da imagética sonhada para sua narrativa no uso de jogos fonéticos, sintáticos e semânticos, enfim, nas mais variadas formas de brincar na e com a linguagem, passagem na qual um elemento sonhado deixou de ser idêntico a ele mesmo:

> *Elipse e pleonasmo, hipérbato ou silepse, regressão, repetição, aposição, são esses os deslocamentos sintáticos, e metáfora, catacrese, antonomásia, alegoria, metonímia e sinédoque, as condensações semânticas em que Freud nos ensina a ler as intenções ostentatórias ou demonstrativas, dissimuladoras ou persuasivas, retaliadoras ou sedutoras com que o sujeito modula seu discurso onírico.*[139]

---

136 Ibid., p. 319.

137 Rébus é um enigma que consiste na representação de palavras e sílabas por meio de gravuras de objetos e símbolos cujos nomes têm quase os mesmos sons dessas palavras ou sílabas que, unidas, formam uma mensagem. https://michaelis.uol.com.br/busca?id=vk8KE

138 Lacan, J. (1953/1998c). Função e campo da fala e da linguagem, *op. cit.*

139 Ibid., pp. 268-269.

Partiu de Freud a aproximação entre os símbolos dos sonhos e os ideogramas chineses por conta da característica polissêmica destes últimos, que faz com que a interpretação do texto chinês dependa, não tanto da semântica, mas da sintaxe, isto é, da inter-relação entre os caracteres: "Com frequência, estes [*símbolos dos sonhos*] têm dois ou mais sentidos, de modo que, como na escrita chinesa, apenas o contexto permite o entendimento correto".[140]

Desde o início de seu ensino, Lacan mostrou grande interesse pela linguagem escrita e chamou a atenção para a passagem da escrita pictórica para o traçado, uma passagem da imagem à letra. Nesse sentido, a escrita ideogramática chinesa é emblemática, pois, apesar de nos encantar por parecer uma imagem, ela só se constitui como ideograma ao perder, em parte, o caráter figurativo para fazer prevalecer sua função ideativa, o que o poeta Haroldo de Campos[141] definiu como "uma verdadeira metáfora gráfica, tanto mais complexa quanto mais 'abstratas' as ideias a veicular, pois com este sistema de escrita se podem, como é óbvio, representar não apenas coisas do mundo real, como também emoções, sentimentos, etc. (daí a pertinência do termo ideograma, ou representação gráfica de ideias)". Aprender a escrita chinesa é, para nós ocidentais, um enorme desafio justamente porque o ideograma tende a representar mais ideias do que palavras, fonemas ou morfemas, e seu valor semântico, conforme dito, pode variar de acordo com o contexto.

> *Pois são, de fato, traços que saem de algo que, em sua essência, é figurativo, e é por isso que se crê que é ideograma, mas é um figurativo apagado, usemos a palavra que nos vem aqui forçosamente ao espírito, recalcada, ou mesmo rejeitada. O que fica é algo da ordem daquele traço unário*

140 Freud, S. (1900/2019). A interpretação dos sonhos, *op. cit.*, p. 398.

141 Campos, H. (2010). Visualidade e concisão na poesia japonesa. In *A arte no horizonte do provável* (p. 63). Perspectiva.

> *enquanto funciona como distintivo, enquanto pode, no momento, desempenhar o papel de marca.*[142]

A impressão psíquica também é fato de escrita que pode ou não operar essa passagem de marca que se apaga para o significante, ou, em outras palavras, do registro pictográfico para o ideograma. É o deslocamento da imagem apagada para o significante que abre para o sujeito a possibilidade de interpretá-lo uma vez que, segundo Lacan,[143] "um fenômeno só é analisável caso represente outra coisa que ele próprio".

Quando a imagem tatuada alcança narrativa, ela surpreende por mostrar-se tão criativa em sua polissemia quanto um rébus significante:

> *Na data X, quatro adolescentes foram mortos por um motorista bêbado em uma manobra que deu errado. Eu conhecia os quatro, mas dois deles eram amigos muito próximos. Z, 15, e Y, 16 (em breve 17). Eu tenho uma tatuagem na parte de trás do meu pescoço, uma flor de lótus com um símbolo do Om no meio. O lótus representa o renascimento em beleza a partir da sujeira e da tragédia. Ele também representa o conhecimento que eu ganhei, um monte por causa destes queridos amigos. O Om representa a ressonância do som no universo, o som que faz com que tudo esteja conectado. Todos nós somos um, todos iguais, todos merecedores de amor e respeito.*[144]

---

142 Lacan, J. (1961-1962/2011). *A identificação* (p. 88). I. Corrêa & M. Bagno. Publicação não comercial exclusiva para os membros do Centro de Estudos Freudianos do Recife. Recife.

143 Lacan, J. (1953/2005b). O simbólico, o imaginário e o real. In *Nomes-do-Pai*. A. Telles (Trad.) (p. 22). Jorge Zahar.

144 http://becauseilive.hubpages.com/hub/In-Loving-Memory-Memorial-RIP-Tattoos

> *Meu irmão faleceu quando eu tinha 12 anos eu tenho agora 24. Eu fiz uma tatuagem memorial no ano passado com algumas penas brancas voando. Sempre me disseram quando criança que se você vir uma pena branca no chão significa que seu anjo da guarda está cuidando de você. Eu gostei desse significado e eu o trouxe para o projeto. Este ano eu estou tatuando uma lembrança para minha mãe, que morreu em XX. Estou tatuando um pardal com algumas papoulas e ervilha doce, e a citação "sempre comigo". Obviamente papoula é a flor da lembrança e meu vestido no funeral tinha papoulas e eu usei um broche de papoula que pertencia à minha mãe. Eu acho que se você vai fazer uma tatuagem memorial é uma boa ideia relacioná-la com essa pessoa para que você possa olhar com carinho para o tempo que esteve com ela.*[145]

> *Nós espalhamos suas cinzas no Oceano Z. Ficamos sentados neste pequeno pedaço de terra por um longo tempo observando essas tartarugas gigantes nadando e brincando. Elas eram tão graciosas e majestosas. Enquanto eu as assistia minha inspiração para a tatuagem veio. Eu queria a ilha onde espalhamos suas cinzas e uma tartaruga com sua impressão digital como carapaça.*[146]

A tatuagem de luto, enquanto escrita articulada à linguagem, é potencialmente analisável, podendo alcançar o valor de um ideograma a ser lido como "uma verdadeira metáfora gráfica",[147]

---

145 http://becauseilive.hubpages.com/hub/In-Loving-Memory-Memorial-RIP-Tattoos

146 Ibid.

147 Campos, H. (2010). Visualidade e concisão na poesia japonesa, *op. cit.*, p. 63.

entretanto, há casos em que essa escrita tende a ser tomada como uma mancha que petrifica uma memória que não se desloca e que pode bem servir como objeto de gozo da morte. Um objeto petrificado é uma impressão não modulável correspondente a um hieróglifo intraduzível, enigmático, inanalisável, porque não contém uma elaboração com relação a si mesmo e permanece, assim, como uma imagem idêntica a si mesma, como uma letra. Nesse sentido, segundo Costa,[148] a tatuagem, "é uma marca que não faz ausência, precisando, de alguma maneira, 'fazer figura' para que, no seu enlace ao olhar do outro, possa significar outra coisa que a materialidade do corpo".

É possível que uma tatuagem realizada no momento inicial do luto (quando o sujeito ainda está fortemente impactado pela notícia da perda e submerso na dor) assuma com mais frequência essa função de dar consistência ao objeto perdido por meio da petrificação, fixação de seu signo na pele. Porém, no enlace da imagem com a fala, o objeto tatuado pode abrir-se à significações diversas alcançando plasticidade, contradições, equívocos, furos... no puro apelo simbólico com efeitos significativos para a experiência do luto, logo para a sua escrita subjetiva.

> *Eu tenho duas tatuagens memoriais. A primeira que eu fiz foi para minha filha que faleceu de uma cardiopatia congênita. Ela tinha 21 horas de vida. É uma cruz com uma rosa e uma bandeira que tem o seu nome. Eu amo esta tatuagem, mas decidi que quero fazer mais com ela e adicionar as datas de seu nascimento e morte e também fazer dela um completo meio-braço. Eu quero incorporar*

148 Costa, A. (2003). *Tatuagens e marcas corporais, op. cit.*, p. 135.

Alis Volat propriis *que é traduzido do latim como "Voa com suas próprias asas". Eu acho que é muito apropriado.*[149]

Eu gostaria de um retrato, mas se não for muito semelhante, ou pior, mal feito, vou me sentir culpada por ter feito um memorial ruim para ele. Eu estou perdida. Ele amava tantas coisas. Eu não consigo chegar a uma única imagem, ou mesmo uma colagem que o represente, ou que expresse o quão importante ele era para mim. Por favor, ajudem-me expressar a minha dor para que eu possa começar a me lembrar dele com alegria.[150]

Minha irmã cometeu suicídio no ano passado e eu levei um cartão que ela havia me dado no meu aniversário de 17 anos em sua letra para ser tatuado no meu braço esquerdo, "para a minha irmãzinha, com amor, Z". E no meu outro antebraço eu tenho "Isso que não me mata me fortalecerá" em alemão antigo. Eu também tenho um enorme sol e lua com o seu nome, data de nascimento e morte na minha perna direita. Ela adorava sóis e luas. Eu fiz no dia em que foi enterrada. Foi a única coisa que fiz naquela semana que não me fez chorar. Estou pensando em fazer mais. Mas as três são dela. E todos os dias eu posso olhar para a letra dela e ver que ela me amava e nunca duvidou ou teve dúvidas.[151]

---

149 http://becauseilive.hubpages.com/hub/In-Loving-Memory-Memorial-RIP-Tattoos

150 Ibid.

151 Ibid.

Vê-se nesses testemunhos o esforço de produzir uma escrita em torno de um furo impossível de satisfazer e que, por isso mesmo, não cessa de tentar se escrever. Implantada na superfície da pele, o objeto tatuado pode bem servir como uma moldura a partir da qual uma escrita do luto se precipitaria, ou ao menos começaria a se anunciar possível. Escrita *en souffrance*, à espera de algum corte significante que possibilite a passagem para outro tipo de escrita?

Por fim, vale notar que, se a clínica psicanalítica trata da singularidade do caso a caso, é preciso interrogar a cada vez a função do objeto tatuado: seria uma mancha? Um traço (de memória)? Uma escrita pictográfica como um hieróglifo intraduzível ou um ideograma, verdadeira metáfora viva? Ou, ainda, um signo de gozo?

3. Um rito fúnebre individual

Lacan[152] chamou de "mito individual do neurótico" o roteiro fantasístico encenado em forma de pequeno drama pelo sujeito neurótico. Parafraseando Lacan, propomos ler os modernos cerimoniais fúnebres que reconfiguram os ritos tradicionais como um pequeno "rito individual" que mescla a memória religiosa herdada, os novos valores totêmicos, os modos contemporâneos de compor laços sociais e os gostos e valores da história subjetiva. Se o denominamos "rito individual", não é por se propor solitário ou privado da presença de terceiros, mas por associar-se a uma busca privativa de homenagem fúnebre e tratamento possível do pesar.

---

152 Lacan, J. (1952/2008c). O mito individual do neurótico ou poesia e verdade na neurose. In *O mito individual do neurótico*. C. Berliner (Trad.) (pp. 9-44). Jorge Zahar.

No capítulo que abordamos a função e eficácia do rito fúnebre, vimos que o rito opera a partir de forças participantes da sociedade que ordenam, codificam e prescrevem o valor das ações e dos oficiantes, dos símbolos e das imagens, das fórmulas e dos cantos. Entretanto vivemos hoje em uma sociedade mais dispersa quanto aos laços e ideais comunitários, sem um referente normativo hegemônico para prescrever e codificar as manifestações sociais do luto, o que, de um lado, favorece a precarização das redes de suporte na dor, porém, de outro, deixa as pessoas mais soltas para buscarem ou inventarem outras formas de exteriorização. A tatuagem de luto se constitui, portanto, como uma tentativa de, a um só tempo, dar tratamento à perda e produzir a inserção dos mortos no mundo dos vivos.

Amparados em uma concepção que vê o ritual como uma ação criativa, flexível, favorável à mudanças, sugerimos que o processo de produção e exposição da tatuagem *in memoriam* pode assumir, para alguns, o valor de um rito de passagem recomposto com a criatividade do mecanismo da bricolagem. A lógica do rito de passagem,[153] na perspectiva do papel que ele desempenha na sociedade, pode ser aplicada em diferentes tipos de evento que sirvam para marcar e operar mudanças (de um indivíduo ou de grupos sociais) para um novo ciclo de vida.

A tatuagem fúnebre, enquanto "terapêutica de invenção individual", opera como uma moldura simbólico-imaginária por meio da qual uma mudança (ou passagem) na relação com o morto pode se efetuar, sob certas condições subjetivas.

---

153 Gennep, A., van. (1909/2011). *Os ritos de passagem*. M. Ferreira (Trad.). Vozes.

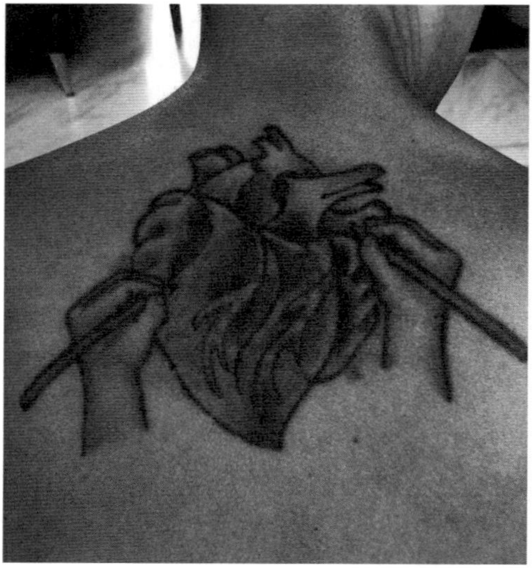

Figura 5.20.[154]

> *Tenho duas tatuagens* in memoriam. *A primeira que eu fiz foi nas costas após ter tido 3 perdas gestacionais. Cada uma delas por um motivo e data gestacional diferente e com suas dificuldades para ser superada. A tatuagem das mãos colorindo o coração tem o significado de como as perdas me transformaram e como os filhos me redesenharam.*

Safouan[155] sugere que religião é "aquilo que dá ao simbólico uma eficácia real pelo viés do imaginário", em conformidade com essa ideia, podemos dizer que a tatuagem produzida em situação de luto (assim como outras tantas formas de apelo ao Outro) permite tratar simbolicamente o real pelo viés do imaginário. Um luto que

154 Material gentilmente cedido à autora.

155 Safouan, M. (1993). *A palavra ou a morte* (p. 109). Papirus.

abre um furo no real não pede menos; todos os recursos simbólicos e imaginários são mobilizados na intenção de forçar uma inscrição simbólica da perda.

> *Esta tatuagem me ajudou muito com o luto, durante quatro anos, antes de fazê-la, eu estava realmente perdida e senti que poderia esquecê-la de alguma forma. Depois de fazer essa tatuagem e sentar naquela cadeira por 2 horas, eu senti como se tivesse um pedaço dela que eu poderia levar comigo para sempre e adoro quando as pessoas me perguntam sobre a tatuagem porque assim eu posso explicar o seu significado. Eu sabia que a dor que senti naquele momento nunca seria igual à dor que senti aos 14 anos [*quando perdeu a mãe*], mas de alguma forma isso me libertou e me deixou saber que eu poderia seguir em frente.*[156]

> *. . . fiz uma tatuagem em sua memória com uma cruz, uma fita que a perpassa, e o seu nome, foi a primeira vez que eu parei de chorar e ela é um lembrete constante que ele está sempre comigo. No ano passado eu acrescentei flores de Tiaré que tem muitos significados, de pureza e frescor. Muitas pessoas me julgaram por ter feito uma tatuagem, mas eu estou feliz por tê-la feito, ela conta a história de uma parte da minha vida. Eu recomendo a tatuagem para as pessoas que precisam de encerramento ou de um símbolo que nunca as faça esquecer.*[157]

---

156 http://voices.yahoo.com/memorial-tattoos-help-grieving-process

157 http://becauseilive.hubpages.com/hub/In-Loving-Memory-Memorial-RIP-Tattoos

Há diversos modos de usar a produção da tatuagem como um rito de passagem para marcar, no coletivo, a perda. Há registro de familiares que decidem se tatuar todos juntos no mesmo dia. Alguns reproduzem a mesma imagem e outros decidem fragmentá-la de forma que cada um receba uma parte, a imagem se completa apenas quando o grupo se reúne. A escrita de luto no corpo opera como uma marca que sela o pacto entre os viventes que passam a se confortar e também a se identificar ao signo de luto como um traço de distinção e, ao mesmo tempo, de (re) união do grupo familiar.

> *Meu irmão se suicidou há 9 meses – ele pegou todos de surpresa. Ele era um homem tão forte e escondeu a dor tão bem, ele era muito amado e teve mais de 400 pessoas em seu funeral. . . . Após seu falecimento, meus pais, irmã e eu fizemos uma tatuagem sobre os nossos corações com seu apelido em um coração com asas. No topo da tatuagem está escrito "Com grande amor" e, na parte inferior, como que a envolvendo, lemos "Vem grande perda". Eu sei que ele está sempre comigo e eu não preciso de um lembrete, mas por alguma razão, isso me trás um pouco de conforto, quando nada mais ajuda, tê-la lá para ler e saber o quanto ele está perto do meu coração.*[158]

Por vezes ainda, uma mesma tatuagem serve para homenagear familiares perdidos em uma triste circunstância trágica:

---

158 http://becauseilive.hubpages.com/hub/In-Loving-Memory-Memorial-RIP-Tattoos

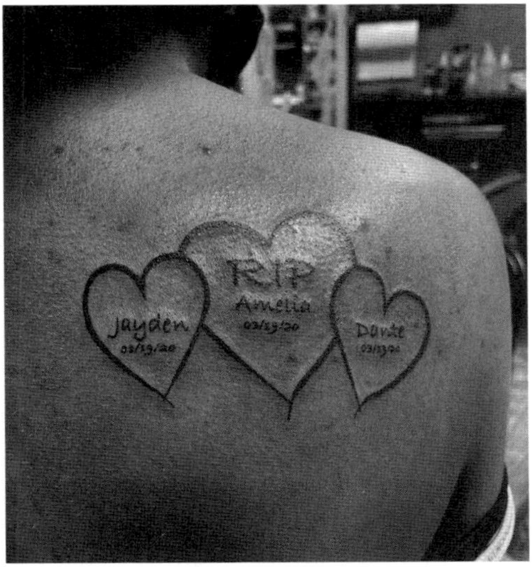

Figura 5.18.[159]

> *Tatuar tem sido um dos trabalhos mais gratificantes que já tive. Hoje, conheci três novos clientes que ainda sorriam e riam, apesar das perdas terríveis que sofreram. Aqui está uma das tatuagens que tive a honra de fazer em memória de seus primos que morreram em decorrência de um incêndio em casa.*

Se a produção de uma tatuagem de luto pode ser acolhida como um rito de passagem individual, insistimos na ideia de que se trata de um rito de passagem "em potência de produzir efeitos", pois, dado seu caráter particular, privativo, sua força e eficácia repousam mais no sujeito do que no grupo social. Conforme visto, o rito é um ato de sociedade e se sustenta das forças que emanam desta, ou, de outro

159 Foto gentilmente cedida à autora em 10 de maio de 2021. https://www.instagramhttps://www.instagram.com/p/COWh2Sbg3sm/

modo, ele opera a partir de um simbolismo codificado, prescrito, sustentado por um sistema de forças atuantes na comunidade.

Nos tempos atuais, nos quais o luto como ritual social foi recoberto pelo luto como processo psíquico, não há mais um grande sistema de morte a oferecer e estabelecer a linguagem, de alcance macrocósmico, para codificar, auxiliar e regrar a expressão da dor e o cuidado do enlutado. Nessa conjuntura mais atomizada, paradoxal e complexa, os efeitos terapêuticos dos ritos convencionais se tornaram contingentes, eles *per si* não garantem mais, tanto quanto no passado, as passagens, podendo inclusive ser realizados de forma mecânica, isto é, completamente apartados dos afetos, por mera obrigação moral pública; sobra, então, para o sujeito a busca e/ou invenção de um modo de rearranjar-se frente à morte mais de acordo com seus valores e modo singular de sentir e se expressar.

Enquanto rito reconfigurado ao modo individual, a produção de uma tatuagem de luto tem alcance relativo, contingente, ou seja, ela pode operar ou não como uma terapêutica do pesar; logo, a despeito do sucesso alcançado, ela tem alcance limitado e não se presta de forma alguma como uma terapêutica a ser prescrita para o luto; sua força e operância repousam não em um macrosistema de convenções, mas no sujeito. Porém, isso não significa que não produza efeitos mesmo quando propicia, em vez da mudança na relação com o objeto perdido, a fixidez de um luto desmesurado, inconsolável.

Se tal é o caso, não se trata da fluidez própria do rito de passagem, mas de um rito de apaziguamento que proporciona um alívio momentâneo da dor e, por conta justamente desse efeito catártico, pode tornar-se necessário, rito necessário que não cessa de se escrever; uma fixação à repetição. . . no esforço de passagem a um outro tipo de escrita?.

Rito de passagem "potencial" também por outra razão, desta vez psicanalítica. Vejamos. Assim como a barca de Carontes, a moldura ritual pode favorecer a travessia, mas, para chegar do outro lado da margem, é preciso que o sujeito chegue com algumas condições. No mito grego, estas incluíam os ritos fúnebres, sem os quais o morto não poderia ser aceito pelo barqueiro. No caso do rito individual, ressaltamos que a condição não se basta no rito, pois, o luto não se trata de uma só vez. Nas diversas sociedades que abordam a morte na longa duração, vimos que os ritos fúnebres não visam a suprimir o luto, mas favorecer o seu tratamento, transformá-lo.

Ora, tal passagem ou atravessamento, na perspectiva da psicanálise, exige do sujeito tempo e trabalho, um certo esforço para que a escrita subjetiva do luto se efetue, uma operação simbólica do sujeito. Está do lado do sujeito as inúmeras voltas que ele precisará realizar, "peça por peça, pedaço por pedaço, signo por signo, elemento grande I por elemento grande I"[160] até a separação da pessoa amada e perdida. Nessa passagem, a convocação da função ritual, entre outras coisas, visa a restituir, na experiência do luto, a importância da participação de terceiros junto aos quais as expressões públicas do pesar podem ter lugar e alcançar valor e tratamento.

Em suma, um rito reconfigurado de luto pode servir como uma moldura que participa do esforço do sujeito de efetuar uma escrita subjetiva de luto, para tanto ele convoca todos os recursos simbólico-imaginários para dar tratamento (na junção do luto psíquico e do social) à perda, tratamento à morte.

3.1 Luto, tatuagem e sacrifício

Tatuar-se implica em arranhar, machucar a pele, não sem dor. Na produção da tatuagem, uma parte tangível do corpo é sacrificada, um sacrifício operado no real da carne e não simbolicamente como é o

---

160 Lacan, J. (1960-1961/2010). *O seminário, livro 8: A transferência*, *op. cit.*, p. 480.

caso do sacrifício implicado no "luto do falo" (essencial à estrutura do sujeito) e no "gracioso sacrifício de luto".

Luto marcado a "frio, ferro e fogo, em carne viva".[161] Afeto por excelência do luto, a dor abate e atravessa o corpo, dando a impressão de que está gravemente doente. A dor física, bem como o sacrifício implicado, aparece também como um elemento decisivo na escolha pela tatuagem por ocasião do luto. Com quais funções?

> *Meu irmão faleceu inesperadamente. . . . Eu ainda não consigo suportar a dor da sua perda. Estou em uso de medicação para me ajudar a lidar. Dor tão profunda como essa deve deixar uma cicatriz mais profunda. Eu quero uma tatuagem para que eu possa expressar minha dor fisicamente. Eu quero que machuque para que eu possa focar minha dor em algo tangível.*[162]

> *A verdade é que eu queria que a tatuagem fosse dolorosa. Eu queria uma manifestação física da dor emocional que eu estava sofrendo. Mas ela realmente tem me ajudado a me sentir melhor.*[163]

Recolhe-se desses testemunhos que a tatuagem visa, a princípio, a produzir um *landmark*,[164] uma cicatriz para localizar, demarcar uma dor intangível, incapaz de se metabolizar simbolicamente. É como

---

161 "Tatuagem", canção escrita por Chico Buarque e Ruy Guerra, 1973.

162 http://becauseilive.hubpages.com/hub/In-Loving-Memory-Memorial-RIP-Tattoos

163 http://voices.yahoo.com/memorial-tattoos-help-grieving-process

164 Mieli, P. (2002). Sobre as intervenções irreversíveis no corpo e outros textos psicanalíticos, *op. cit.*

fabricar o "buraco do molar"[165] para concentrar nele toda a dor da alma, na intenção de aliviá-la por desvio, ainda que momentaneamente.

Mas não se trata apenas de demarcar o ponto de dor. Vale lembrar que sacrifício e intervenções corporais participam de diversas práticas de cunho mágico-ritual com fins múltiplos, e o atual uso da tatuagem, fora do contexto religioso, parece ainda manter íntima conexão com esta origem remota.

Em *Sobre o sacrifício*, Mauss e Huber[166] destacaram um traço muito particular do sacrifício religioso: "em todo sacrifício há um ato de abnegação, já que o sacrificante se priva e dá". Mas se ele pode dar algo à divindade, é para não se dar, ele "reserva-se prudentemente. Se ele dá, é em parte para receber. O sacrifício se apresenta assim sob um duplo aspecto. É um ato útil e é uma obrigação". No caso da produção da tatuagem de luto, alguns relatos igualmente apresentam o ato de abnegação física e moral associado à alguma obrigação (superegoica) para com o morto ou em resposta ao que se interpreta como sendo sua demanda.

> *Minha irmã faleceu em 9 de janeiro e tenho pensando em fazer uma tatuagem para ela, mas não sei o que ou mesmo onde . . . Eu odeio agulhas, mas sinto como se eu precisasse fazer isso. Estou pensando no meu ombro direito. Mas se eu receber alguma ideia . . . se alguém tiver alguma ideia o* e-mail *é . . .*[167]

---

165 "No buraco de seu molar se concentra sua alma" (Busch como citado em Freud, S. (1914/2010e). Introdução ao narcisismo. In *Obras completas*. P. C. Souza (Trad.) (v. 12, p. 26). Companhia das Letras).

166 Mauss, M., & Hubert, H. (1899/2013). *Sobre o sacrifício* (p. 107). P. Neves (Trad.). Cosac Naify.

167 http://becauseilive.hubpages.com/hub/In-Loving-Memory-Memorial-RIP-Tattoos

> *Ah, e eu odeio agulhas também. Mas, para que eu possa sempre ter uma memória dele e ele vai sempre ser lembrado quando as pessoas perguntarem da tatuagem . . . eu vou fazê-la e morro de medo de agulhas . . .*[168]

Em consonância com Robert Smith, Freud[169] acentuou que o sacrifício é o "ato sagrado *kat' eochn* [por excelência]" e originalmente significava não uma oferenda à divindade na intenção de reconciliar-se com ela ou ganhar seu favor, mas "um ato de sociabilidade, uma comunhão dos crentes com seu deus". Em outros termos, se o sacrifício tinha por função primeira honrar e celebrar a comum união entre os homens e a divindade, foi apenas posteriormente que ele adquiriu o valor de sacrifício expiatório ou propiciatório, o qual visa essencialmente a comprometer a divindade e se comprometer com ela por uma espécie de contrato, resumido no princípio *do ut des*[170] (dou para que dês).

O sacrifício, segundo Mauss e Hubert,[171] é "um ato religioso que mediante a consagração de uma vítima modifica o estado da pessoa moral que o efetua ou de certos objetos pelos quais ela se interessa". Aqui daremos destaque aos chamados "sacrifícios pessoais" que são aqueles nos quais a personalidade do sacrificante é transformada pelo sacrifício, sendo "sacrificante" a pessoa que recolhe os efeitos do sacrifício ou a eles se submete.

> *No sacrifício a consagração irradia-se para além da coisa consagrada, atingindo, entre outras coisas, a pessoa*

---

168 http://becauseilive.hubpages.com/hub/In-Loving-Memory-Memorial-RIP-Tattoos

169 Freud, S. (1912-1913/2012). *op. cit.*, pp. 204-205.

170 Mauss, M., & Hubert, H. (1899/2013). *Sobre o sacrifício, op. cit.*, p. 73.

171 Ibid., p. 21.

> *moral que se encarrega da cerimônia. O fiel que forneceu a vítima, objeto de consagração, não é no final da operação o que era no começo. Ele adquiriu um caráter religioso que não possuía, ou se desembaraçou de um caráter desfavorável que o afligia; elevou-se a um estado de graça ou saiu de um estado de pecado. Em ambos os casos ele é religiosamente transformado.*[172]

O valor do sacrifício repousa mais na operação que ele efetua do que no objeto oferecido à imolação na medida em que o ato de sacrifício visa à transformação do sacrificante, que sairá da operação renovado, "seja porque suprimiu o mal que padecia, seja porque voltou a um estado de graça, seja ainda porque adquiriu uma força divina".[173] O renascimento ou regeneração pelo sacrifício do corpo participa de muitas crenças religiosas – basta lembrar dos instrumentos de penitência usado por alguns devotos católicos – e persiste ainda hoje em práticas espontâneas de autoflagelação ou automutilação desvinculadas de qualquer sistema religioso.

Entre os ritos de sacrifícios pessoais, encontramos o "sacrifício expiatório" e o "sacrifício de cura", que, no imaginário religioso, por vezes se confundem: "dessa forma, podemos tratar concomitantes os sacrifícios curativos e os sacrifícios puramente expiatórios. Uns e outros tem por objeto fazer passar à vítima, graças à continuidade sacrificial, a impureza religiosa do sacrificante e eliminá-la".[174] Ambos visam ao "bem do sacrificante": eles purificam, curam, aliviam, regeneram uma falta ou mácula física ou moral, destinam-se enfim a produzir uma mudança. Em uma palavra, eles revivificam.

172 Ibid., p. 17.

173 Ibid., p. 70.

174 Ibid., p. 60.

> *Primeiro gostaria de expor que as tatuagens* in memoriam, *para mim, tem um significado muito grande não só pela homenagem, mas também porque serviu como uma forma de transformar a dor psicológica em dor física (ao tatuar), o que me ajudou muito para superar as perdas.*[175]

> *Eu sabia que a dor que eu sentiria naquele momento nunca atingiria a dor que eu senti aos 14 anos [época em que* a mãe morreu*], mas que de alguma forma me libertou e me deixou saber que eu poderia seguir em frente.*[176]

Nota-se que, para além da produção de um *landmark* para localizar e circunscrever a dor, a tatuagem efetua também a expressão dos afetos retidos favorecendo o reinvestimento libidinal da imagem do corpo próprio, do mundo, dos objetos... por vezes, também pode servir a um gozo obscuro que encontrou na tatuagem um canal de extravasamento e que impõe a necessidade incessante de intervenções sobre a pele.

Outro aspecto a ser ressaltado é que quanto mais o sujeito se sentir em dívida ou em falta para com aquele que morreu (uma problemática sensível nas perdas decorrentes de suicídio), mais sente a necessidade de sacrificar-se para purificar, reparar a relação e restabelecer-se com aquele que foi perdido. Questão central do conto de Ōe.

> *Eu queria sentir a dor da tatuagem porque eu estava entorpecida por dentro. Eu precisava me punir um pouco por não ter sido capaz de lidar com a gravidez.*

175 Material gentilmente cedido à autora (arquivo pessoal).

176 http://voices.yahoo.com/memorial-tattoos-help-grieving-process

> *Principalmente eu buscava algo que pudesse focar minha dor desde que eu não tinha túmulo para visitar.*[177]

No rito sacrificial, a figura do "sacrificador" é fundamental, presença terceira a mediar a relação com o mundo sagrado que não pode ser abordado diretamente e nem por pessoas não iniciadas. Graças a ele, os efeitos adversos desse contato são atenuados:

> *Há sacrifícios em que não participam outros atores senão o sacrificante e a vítima. Mas em geral ninguém ousa se aproximar diretamente e sozinho das coisas sagradas, por serem muito graves e elevadas. É necessário um intermediário ou pelo menos um guia: o sacerdote. Mais familiarizado com o mundo dos deuses, ao qual está em parte vinculado por uma consagração prévia, ele pode abordá-lo mais de perto e com menos temor do que o leigo, que possui máculas talvez desconhecidos. Ao mesmo tempo ele evita que o sacrificante cometa erros funestos.*[178]

Com as devidas ressalvas, no universo da tatuagem *in memoriam*, é o tatuador que realiza o papel ocupado no rito religioso pelas figuras do sacerdote, xamã ou psicopompo, pois, é por meio das mãos habilidosas do tatuador que a produção da tatuagem é realizada e, contingencialmente, o rito de passagem individual, no aquém e além da oferta do profissional que a executa. Stefano Alcantara, por exemplo, uma verdadeira celebridade em termos de *body art* realistas (*tattoo portraits*), apontou semelhanças entre o seu ofício e o ofício do xamã: "Por um momento, não parece que eu estou dando uma

177 http://voices.yahoo.com/memorial-tattoos-help-grieving-process

178 Mauss, M., & Hubert, H. (1899/2013). *Sobre o sacrifício, op. cit.*, p. 73.

tatuagem para a pessoa, é mais como se eu estivesse trazendo um ser amado de volta à vida".[179]

O ato de tatuar-se comporta uma certa indeterminação[180] localizada tanto na nomeação do ato em português – "eu me tatuei" – quanto na indistinção entre as posições tatuado-tatuador. No suporte do tatuador, constituído como um duplo, o sujeito pode viver a experiência como sendo produzida por ele mesmo, seja a dor, seja a escritura do luto no corpo.

Além da figura do tatuador, alguns acabam por convidar uma terceira pessoa, geralmente familiares e/ou amigos, para acompanhar o processo em função que extrapola a condição de testemunha. Assim como o coro antigo, eles estão lá para oferecer suporte e mediação nos momentos difíceis e validar, reconhecer e, por vezes, regrar os afetos evocados.

> *... cada um traz pelo menos uma pessoa consigo, parece que aí elas podem falar e se lembrar da situação. Enquanto a tatuagem é feita, elas geralmente só se lembram das coisas engraçadas, as coisas boas. Posso dizer, de modo geral, o quanto elas apreciam, ou quão catártico é a tatuagem. Quando chega no final, elas choram. [Ebon Hackett, tatuador]*[181]

> *No dia seguinte [à morte do noivo], depois que eu saí do hospital eu fui a uma loja de tatuagem com o meu melhor amigo e fiz uma tatuagem em sua memória com uma cruz com fita e o seu nome, foi a primeira vez que*

179 Kakoulas, M., & Kaplan, M. (2011). *Tattoo World* (p. 96). Abrams.

180 Costa, A. (2003). *Tatuagens e marcas corporais, op. cit.*

181 http://voices.yahoo.com/memorial-tattoos-help-grieving-process

> *eu parei de chorar, ela é um lembrete constante de que ele está sempre comigo.*[182]

Ressalta-se que esse rito de passagem individual não se encerra com a produção da tatuagem; à flor da pele, ela pode eventualmente se expor e fazer valer a função do rito fúnebre de dar visibilidade e tratamento à perda, no suporte de um certo público.

3.2 Tatuagem, luto e exposição: "Somente os enlutados serão consolados"

O escritor Kenzaburô Ōe participa de um gênero literário tradicional do Japão, chamado *shishōsetsu*, uma escritura pessoal, autobiográfica. O conto "Aghwee, o monstro celeste" assim como o livro *Uma questão pessoal* ressoam a experiência do escritor ao lado de Hikari, o filho nascido com anomalia cerebral. Seu estilo, diz ele, não se destina ao grande público, mas espera ter "um pequeno número de leitores verdadeiros. É para eles que escrevo".[183] Seu pequeno público leitor costuma receber seus escritos como fonte de inspiração e consolo. Ōe, em entrevista, comenta que ele próprio se sente encorajado e recuperado pelo retorno que recebe dos leitores:

> *Acho que os aspectos mais importantes da literatura são justamente o de tomar conta de si e dos outros. Não sei se ela chega a ter poder de cura para os leitores.*

---

182 http://becauseilive.hubpages.com/hub/In-Loving-Memory-Memorial-RIP-Tattoos

183 Entrevista concedida à Folha de S. Paulo. "Ganhador do Nobel, Kenzaburo Ôe quer encontrar 'Japão periférico'". *Folha de S. Paulo*, 5 abr. 2003. http://www1.folha.uol.com.br/folha/ilustrada/ult90u31877.shtml

> *Mas a recuperação de cada um é o objetivo central da literatura.*[184]

No conto "Aghwee, o monstro celeste", o jovem estudante é transformado pela experiência do luto. Tal transformação é belamente ilustrada, no fim da narrativa, pela recomposição de seu céu, antes um espaço pobre e vazio de "experiências comunicáveis",[185] finaliza-se enriquecido "com figuras brilhantes como uma luz branco-marfim".[186] Por meio da literatura, o estudante (um heterônimo de Ōe?) pôde transmitir algo da singularidade da experiência do luto e, por conseguinte, tornou-se alguém com quem se pode falar e compartilhar experiências similares. Barthes assim como Ōe e tantos outros artistas da palavra reafirmam o alcance apotropaico da literatura como forma de "tomar conta de si e dos outros".

> *A literatura, é isto: que não posso ler sem dor, sem sufocação de verdade, tudo o que Proust escreve nas suas cartas sobre a doença, a coragem, a morte de sua mãe, o seu desgosto, etc.*[187]

Conforme apontado anteriormente, enquanto potencial rito de passagem, o corte simbólico que a tatuagem *in memoriam* opera não se reduz ao instante de sua produção. Há o tempo de publicização no qual a imagem, por meio da fala, pode ir além daquilo que ela mostra. Inicia-se nesse momento, a abertura da imagem às interpretações diversas que podem subverter, deslocar, transformar as significações originalmente pretendidas.

---

184 Ibid.

185 Benjamin, W. (1933/2012a). Experiência e pobreza, *op. cit.*, p. 124.

186 Ōe, K. (1977). Aghwee the sky monster. In *Teach us to outgrow our madness*. J. Nathan (Trad.) (p. 261). Grove Press.

187 Barthes, R. (2009). *Diário de luto, op. cit*, 1º de agosto de 1978, p. 187.

Uma tatuagem memorial para aquele que você perdeu pode ajudá-lo a se curar. A dor física representa a dor que você sente por dentro. A tatuagem é um memorial que vai ficar com você para sempre. Algumas pessoas as consideram como algo privativo. Outros querem que sejam vistas e que perguntem o que elas significam. Ao compartilhar a memória de um ser amado, elas o trazem de volta à vida. Minha primeira tatuagem foi um memorial para o meu bebê, meu filho que nunca nasceu . . .[188]

Esta tatuagem me ajudou muito com o luto, . . . eu senti como se tivesse um pedaço dela que eu poderia levar comigo sempre e eu adoro quando as pessoas me perguntam porque então eu posso dizer-lhes o seu significado.[189]

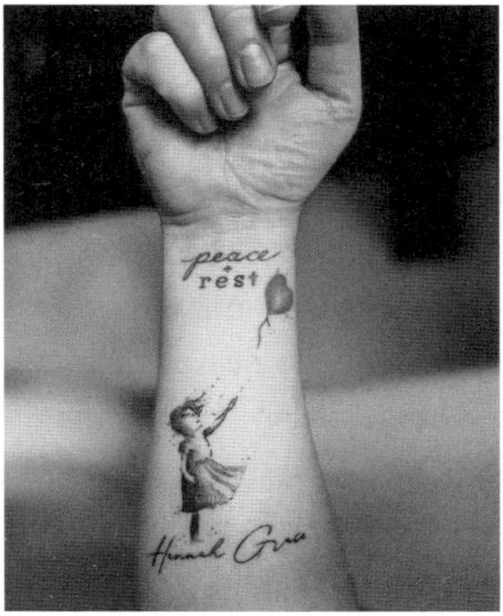

Figura 5.19.[190]

188 http://voices.yahoo.com/memorial-tattoos-help-grieving-process

189 Ibid.

190 Material gentilmente cedido à autora. https://www.instagram.com/p/CNK3FslLkii/

> *Eu precisava fazer isso. Carregá-la comigo, mesmo que ela tenha partido. Eu precisava de um lembrete visual diário de que ela era real e não apenas um sonho que continua terminando da pior forma. Eu precisava ter algo tangível para compartilhá-la com os irmãos, com a família, com o mundo. Você tem alguma tatuagem memorial? Se sim, qual foi a sua motivação para fazê-la?*

Enfatizou-se nesse estudo a importância do rito, logo da participação do público na experiência do luto. Se o luto se escreve nos dois patamares do Grafo do desejo, há, como sugeriu Allouch, uma via descendente do simbólico para o imaginário, patamar inferior no qual o *eu* estimulado, apoiado sobre a imagem de um outro, pode assumir-se de luto; porém, há igualmente um sentido ascendente (do imaginário para o simbólico), no qual, alguns outros na função de passadores favorecem, mediam, como no rito, o tratamento da perda pela via simbólica.

Hoje, a maioria das produções escritas migraram para o mundo digital, e o mesmo movimento se observa em relação às tatuagens cujas imagens circulam em sites e contas privadas das redes sociais virtuais. No caso específico das tatuagens *in memoriam*, é comum a publicação vir acompanhada de algum comentário sobre a homenagem. Porém, em geral, o texto é brevíssimo de modo que paira um certo anonimato sobre o autor da homenagem e sobre o homenageado, às vezes registra-se apenas o nome do morto, alguma referência à causa da morte e o tipo de vínculo que se tinha com ele (se filho, irmão, mãe . . .), e às vezes nem isso. Não é incomum que a imagem publicada alcance vida própria e passe a ser reproduzida na internet sem que se consiga identificar a autoria e origem.

A participação de um certo público no luto favorece e estimula as expressões – os grandes e pequenos gestos, os brados de dor, o choro inconsolável – contribuindo para purgar, aliviar, tratar os afetos participantes do luto. Dor tão grande pede acompanhamento. As contas de redes sociais ou mesmo os fóruns virtuais têm se constituído como um novo canal de expressão do luto no qual pessoas que nunca se viram vêm pedir e oferecer reconhecimento, solidariedade, apoio.

> *Meu avô era meu melhor amigo, meu herói, e como um pai para mim. Vou fazer uma tatuagem amanhã e estou em dúvida do que fazer. A tatuagem vai ser no meu pulso, estou pensando em talvez por "Per sempre il mio eroe Papa Y". O que significa – "para sempre meu herói Papa Y", em italiano. Mas não estou 100% certa. Alguém tem alguma boa idéia para uma tatuagem no pulso? Eu quero fazer algo em homenagem a ele, e toda vez que eu olhar para o meu pulso vai me fazer sorrir e me lembrar dele. Obrigada a todos.*[191]

> *Sua história é comovente, obrigado por compartilhar. Eu perdi minha querida avó de câncer de mama em XX, e eu sei como é a dor de não chegar a tempo para dizer adeus. Sinto muito por você ter passado por isso tão jovem. Seu avô está sempre com você, eu sonho com a minha avó o tempo todo e nos sonhos ela está sempre feliz e com aspecto saudável, o completo oposto de como ela estava no final. Sinto como se ela ainda estivesse comigo e sei que ela está olhando por mim. Nunca se esqueça que o*

191 http://becauseilive.hubpages.com/hub/In-Loving-Memory-Memorial-RIP-Tattoos

> *amor é mais forte que a morte. Acho que "Para sempre meu herói, papa Y", em italiano, é uma excelente ideia.*[192]

> *Oi meu nome é Z eu tenho 13 anos e meu pai faleceu alguns meses atrás e quando eu completar 16 anos eu quero fazer uma tatuagem para me lembrar dele. É cedo para pensar sobre isso, mas eu realmente quero pensar sobre o que vou fazer e preciso de algo especial, alguma ideia?*[193]

> *Meu avô me criou desde que eu tinha 18 meses de idade e faleceu há poucos dias e eu realmente quero que a minha primeira tatuagem seja em sua memória. Alguém tem alguma ideia?*[194]

> *Eu adoraria ter uma tatuagem memorial para a minha mãe. Ela faleceu em XX. Ela amava orquídeas, mas será que fica bem eu tatuar orquídeas no meu corpo (já que eu sou um cara)??? as sugestões são bem-vindas e muito apreciadas.*[195]

"Somente os enlutados serão consolados", anotou Ricoeur[196] no esboço de uma obra inacabada sobre a morte e o luto, uma provável

192 Ibid.
193 Ibid.
194 Ibid.
195 Ibid.
196 Ricoeur, P. (2012). *Vivo até a morte: Seguido de fragmentos* (p. 4). E. Brandão (Trad.). Martins Fontes.

reformulação das palavras do Evangelho: "Bem-aventurados os que choram, pois eles serão consolados" (Mt 5,4). A fórmula poética de Ricoeur ressalta, no luto, sua dimensão social. Porém, se a homologação do valor do luto vem do Outro (que se manifesta por meio dos outros), quando essa falta, resta a solidão e o silêncio de uma experiência fechada entre o enlutado e o seu objeto perdido, no risco da estase e da melancolização.

> *Não suprimir o luto (o desgosto) (ideia estúpida do tempo que abolirá) mas mudá-lo, transformá-lo, fazê-lo passar de um estado de estático (estase, congestionamento, recorrências repetitivas do idêntico) a um estado fluido.*[197]

A tatuagem *in memoriam* e sua exposição, opera, para alguns, como um recurso simbólico-imaginário que busca recuperar, a um só tempo, a visibilidade pública dos mortos, a legitimidade do pesar e a necessária partilha do luto nos espaços sociais. Entretanto, a exposição que aqui nos interessa ressaltar não é aquela que pode levar à cristalização de uma escrita de luto nos moldes do provérbio latino *verba volant, scripta manent* ("as palavras voam, a escrita permanece"). Trata-se antes de uma exposição (ou seria "ex-posição"?) que vise a produzir uma *scripta volant*, isto é, "palavras ao vento", palavras que se lancem não à cristalização do objeto (luto inconsolável), mas a sua queda, separação. Em uma palavra, "publixação".[198]

197 Barthes, R. (2009). *Diário de luto*, *op. cit*, 13 de junho de 1978, p. 152.

198 "*Poubellication*", no original (Lacan, J. *O Seminário 13, o objeto da psicanálise*. L. Matheron (Trad.) Fórum do Campo Lacaniano de São Paulo, 2018. [Edição não comercial destinada aos membros da Escola de Psicanálise dos Fóruns

Barthes[199] propôs que a função essencial do monumento não é ser "o duradouro", mas um "ativo" de reconhecimento. O monumento constitui-se assim como um apelo ao Outro:

> *Cada sujeito (é isso que se mostra cada vez mais) age (agita-se) para ser "reconhecido".*
>
> *Quanto a mim, neste ponto da minha vida (quando a* mam. *morreu) eu era* reconhecido *(pelos livros). Mas coisa estranha – talvez falsa? –, tenho a impressão obscura de que, já não estando ela aqui, tenho de me fazer reconhecer de novo. O que não posso fazer fazendo mais um livro qualquer. . . .*
>
> *Antes de retomar com sabedoria e estoicismo, o curso (não previsto de resto) da obra, é-me necessário (sinto-o bem) fazer este livro à volta de* mam.
>
> *Em certo sentido, também, é como se tivesse de fazer* reconhecer a mam. *É isso o tema do "monumento"; mas para mim, o Monumento não é* o duradouro, o eterno

---

do Campo Lacaniano].). Neologismo lacaniano que joga com as palavras *poubelle* (lixeira) e *publication* (publicação) em referência à escrita como dejeto, em estreita relação com o objeto *a*. Segundo a professora de francês Eve Simmonet, o prefeito de Sena (Paris) se chamava Sr. Poubelle. Em 1884, ele lançou um decreto que obrigava todos os apartamentos e prédios a ter uma lata para o lixo. Paris se tornou umas das cidades mais limpas da Europa, mas o povo, nem sempre satisfeito com as novidades, passou a chamar a lata de lixo de *poubelle*, em "homenagem" ao seu criador. A partir de 1904, a palavra foi escrita nos dicionários e adotada pela Academia Francesa de Letras, sem mencionar a origem. Fonte: http://www.professoradefrances.com.br/a-origem-da-palavra-poubelle-lixeira/. Acesso em: 27 fev. 2021.

199 Barthes, R. (2009). *Diário de luto*, *op. cit*, 5 de junho de 1978, pp. 142-143, grifo do autor.

(a minha doutrina é demasiado profundamente o Tudo passa: os túmulos também morrem), é um ato, um activo que faz reconhecer.

E, por fim, ao compararmos os monumentos em seus diversos suportes (pedra, papel, pele . . .), temos a impressão de que os dois primeiros têm o pendor de se deixarem mais facilmente abandonar – isto é, de se deslocarem ao longo da experiência do luto –, na medida em que restam lá em algum lugar e podem (ou não) ser (re) visitados de tempos em tempos; mas, quando se trata de um signo tatuado, como seria possível separar-se dele? Como realizar esse voto de abandono, esse corte separador sobre uma marca produzida para ser inapagável como uma cicatriz? Supondo uma separação possível, como e por quais meios o objeto tatuado poderia vir a se desgastar, desbotar, passar, enfim a uma escrita que não seja mais idêntica a ela mesma?

Ora, se o luto visa produzir, forçar uma inscrição simbólica da perda, é esperado que a efetuação de uma mudança na relação com o morto incida também sobre seus signos. Desse modo, ainda que um escrito de luto tenha sido produzido na intenção de tornar-se duradouro e imperecível – ao modo de uma *scripta manent* (escrita permanente) –, sabemos que nenhum signo alcança valor por si mesmo, e seu valor e sentido está em função da gramática (fantasmática) do sujeito que o produziu. Ao longo do atravessamento do luto, as significações atreladas aos signos podem esvaziar-se de sua consistência inicial e assumirem, uma forma mais volátil, tão plástica quanto uma *scripta volant* (escrita fugaz). Sob essa perspectiva, um signo de luto, mesmo quando tatuado na pele, tem o potencial de transitar sobre dois planos: o do registro do visível como *scripta manent* e do registro do invisível como *scripta volant.*

Figura 5.21. "Ela viveu e sorriu e amou e partiu".[200]

200 https://www.pinterest.com/explore/memorial-tattoos/ Acesso em: 15 jan. 2015 [autor não identificado, o link original para a imagem não se encontra mais disponível].

6. À flor da pele

Por fim, a morte cala de repente e o luto pede pausa e silêncio, o enlutado, por sua vez, não espera nem ser amordaçado e nem ficar desamparado. Muito pelo contrário. O atual silenciamento das expressões sociais do luto acabou por produzir as mais diversas patologias, bem como outras respostas inusitadas.

A questão do que fazer com os mortos, com seus signos e lembranças é inesgotável e, certamente, um dos pontos mais angustiantes da experiência do luto na modernidade, haja vista que não há mais uma reposta única, isto é, um sistema codificado para prescrever e orientar os modos de se relacionar com os mortos e com os enlutados.

"A morte de um homem", observou Valeri,[1] "*não se vê* imediatamente . . . desta morte ainda invisível, ou apenas perceptível na ausência de alguns signos habituais, nós devemos, pois, convencer". De fato, há no luto um imenso esforço de convencimento individual

1 Valeri, V. (1994a). Luto. In *Enciclopédia Einaudi, v. 30: religião-rito* (p. 482). Imprensa Nacional-Casa da Moeda, grifo do autor.

e coletivo – luto interiorizado, luto exteriorizado – que necessita de uma certa duração no tempo. Freud nomeou de "trabalho do luto" esse esforço de elaboração, não sem dor; já o coletivo inventou os "ritos" como meio de externalizar o pesar, uma terapêutica social do luto.

Por séculos, o período do luto foi acompanhado por um público atento e solidário e emoldurado por crenças e convenções especiais responsáveis por gerir de modo satisfatório a última passagem da vida. No passado, os ritos fúnebres eram necessários e, na ausência destes, temia-se o retorno hostil dos mortos desabençoados. Morrer bem na Idade Média significava ser amparado por rituais. Se os ritos primariamente se destinam a garantir a boa morte e cuidar do morto na outra vida, sabemos que sua função maior é cuidar dos (sobre)viventes: os ritos servem para orientar e moderar as atitudes, os gestos, a indumentária e os sentimentos do luto; fornecer um complexo sistema de signos (palavras e imagens) para expressar e aliviar a dor; realizar mudanças de status e processar as relações dos vivos com seus mortos; e, enfim, recuperar o senso de segurança e de coesão grupal ameaçado pela morte. Em uma palavra, os ritos fúnebres mediam as relações entre o luto psíquico e o social.

Enquanto ato de sociedade, o rito se sustenta das forças que emanam desta, ou, de outro modo, ele opera a partir de pessoas mergulhadas em um sistema simbólico total que o sustenta e valida. Hoje, no estado atual de nossa sociedade, a oferta de ritos se multiplicou, há variações e sincretismo por toda parte. Nesse contexto fragmentado, fragmentário simbolicamente, em vez de necessários, os ritos se tornaram plurais e contingentes, isto é, eles podem ocorrer ou não, e, se ocorrem, podem ser eficazes ou não.

Paradoxalmente, não obstante o movimento de dessacralização da morte com a consequente desritualização, logo dessocialização do luto, pudemos mostrar que a relação com os mortos não foi negligenciada nem abandonada; ela simplesmente se movimentou, assumindo um caráter mais privativo e exterior aos modelos religiosos consagrados. Ao passar para o campo privado, as práticas coletivas tradicionais tendem a reconfigura-se ao combinar elementos heteróclitos oriundos da história e da disposição singular e do universo simbólico onde essa história se desenrola. Com a criatividade de um *bricoleur*, os enlutados têm efetuado a inserção dos mortos na paisagem urbana e, mais ainda, nos espaços virtuais, confirmando a observação de Ricoeur[2] de que "não nos desfazemos dos mortos, nunca nos livramos deles".

Entre as novas formas de dar visibilidade social aos mortos, destacamos a tatuagem fúnebre, que surpreende como um signo não *standard* de luto que alcançou rápida e ampla absorção não só entre jovens. Quando iniciamos nosso estudo, nos perguntávamos sobre o estatuto deste signo e sua função no luto, intrigados como estávamos, se esse tributo não seria apenas mais uma "nova onda ornamental" no contexto da banalização da morte e do luto ou até mesmo uma forma de negação. Mas quem realmente teria a palavra para dizer o que se passa, senão os sujeitos que se fazem tatuar por ocasião de luto?

Ao escutá-los, constatamos que essas expressões renovadas respondem à persistente necessidade humana de fabricar signos para se lembrar dos mortos e, desse modo, inscrevê-los no mundo dos vivos, sob outra forma. O monumento é mais que um signo de duração, como bem o considerou Barthes,[3] mas um "ativo que faz reconhecer". O monumento se constitui assim como um apelo com

2 Ricoeur, P. (2012). *Vivo até a morte: Seguido de fragmentos* (p. 8). E. Brandão (Trad.). Martins Fontes.

3 Barthes, R. (2009). *Diário de luto*. M. S. Pereira (Trad.) (de junho de 1978, p. 143.) Edições 70.

função de dar visibilidade à perda bem como de (re)situar o sujeito no laço com o Outro, com os outros.

Do mesmo modo que "a pele é o que há de mais profundo no homem",[4] a tatuagem *in memoriam* trafega entre dois registros, o do visível e o do invisível, ou se preferirmos, entre o mundo dos vivos e o dos mortos. No limiar do visível, é um pequeno monumento materializado na pele, precisamente um *memento illius* à memória dos mortos tanto quanto uma presença insólita que invoca o pesar e a luta para tratar (com símbolos e imagens) o furo aberto pela morte. Sua presença, tangível e fugaz, é a marca de uma ausência irremediável, uma figuração do mundo das sombras que simultaneamente revela e oculta.

Desde que o luto psíquico recobriu o luto enquanto ritual social, sobra mais para cada um a busca ou invenção de um modo de expressar e tratar a perda no âmbito social. Dado que o rito fúnebre mobiliza a comunidade e todos os elementos e recursos disponíveis para efetuar uma tradução simbólica da perda, não é à toa que reivindica-se com insistência renovada o direito à função ritual, um anseio por ser reconhecido, amparado e acompanhado no luto.

Sob essa perspectiva, propusemos que a produção de uma tatuagem *in memoriam* alcança, para alguns, o valor de um rito de passagem, rito individual, porém não solitário ou privado de público, como temos enfatizado. A tatuagem como uma moldura simbólico-imaginária por meio da qual uma mudança na relação com o morto pode eventualmente se efetuar. Trata-se de um tratamento possível do real pelas vias do simbólico, no suporte do imaginário. Uma tentativa, entre outras, parcial e limitada, de apreensão da morte. Porém essa terapêutica de invenção individual não se encerra

4 Valéry, P. (1960). L'idée fixe. In *OEuvres II* (p. 65). Gallimard.

na produção da tatuagem; há o tempo de exposição no qual uma escritura corporal, em sua função de erótica, busca decifração, circula, faz laço.

Ressaltamos ainda que a realização de uma tatuagem não garante por si só a passagem ou atravessamento do luto, isto é, ela pode ou não operar como um rito de passagem no luto. Não há nada de prescrição nesse sentido. A rigor, sabemos que esta é uma operação subjetiva. Em outros termos, a produção de uma tatuagem ou de algum outro marco simbólico pode oferecer as condições para que um sujeito atravesse o luto, porém essa operação é contingente, pois implica o sujeito no giro que lhe cabe realizar por todo o conjunto simbólico-imaginário no intuito de produzir uma escrita particular e singular de luto. Uma escrita no limite, já que o simbólico não é suficiente para dar conta do real, seja no mistério do amor, seja no mistério da morte.

Enfim, se atravessar o luto é a possibilidade de elaborar, transformar a relação com aquele que foi perdido, uma tatuagem de luto é algo paradoxal. Grafada a ferro e fogo para cristalizar uma memória em forma de cicatriz, uma manifestação figurada do luto inconsolável; como seria possível operar simultaneamente como marco simbólico de passagem, separação? À essa questão, sugerimos que nenhum signo do luto vale por ele mesmo. Assim, a despeito da intenção inicial de se grafar na pele uma escrita-mancha que petrificaria uma memória que não se desloca, as significações em jogo nesta escrita está em função da gramática do sujeito e das vicissitudes do seu luto. Se o estatuto do morto se desloca ao longo da experiência do luto, seus signos irremediavelmente também.

O enlace com o olhar é a abertura do objeto tatuado à interpelação sobre o mais além da imagem, naquilo que ela guarda de invisível quanto as significações e contexto no qual foi produzida. Nessa abertura, à despeito das intenções iniciais, significações outras incidirão proporcionando desbotamento, deslocamento e plasticidade à escrita original. Assim sendo, o signo inicialmente grafado sob a sombra de *ákhos* (pesar, desgosto, lamento) pode vir a ser rememorado, comemorado como *kléos* (glória); lembramos que uma das funções da *kléos* grega é realizar, no coletivo, uma terapêutica dos pesares. Nessa passagem, a escrita do luto na pele pode, enfim, ser genuinamente chamada de tatuagem *in memoriam*.

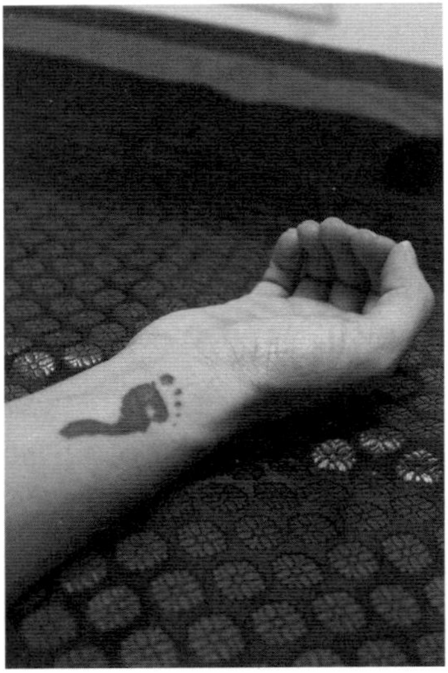

Figura 5.8.

"Tatuagem feita em memória do meu filho Y, que partiu com 26 dias de vida. O desenho escolhido foi a reprodução do pezinho dele, igual ao que consta na caderneta de nascimento fornecida pelo hospital. Ele partiu em XX de 20XX, e a tatuagem foi feita em outubro do mesmo ano. Escolhi fazer essa marca em mim para tê-lo sempre por perto e também para materializar um pouco das transformações pelas quais passei a partir da morte dele."[5]

5 Material gentilmente cedido à autora (arquivo pessoal).

Referências

Abraham, K. (1970a). Notas sobre as investigações e o tratamento psicoanalítico da psicose maníaco-depressiva e estados afins. In *Teoria psicanalítica da libido*. C. M. Oiticica (Trad.) (pp. 32-50). Imago. (Publicado originalmente em 1911)

Abraham, K. (1970b). Breve estudo do desenvolvimento da libido, visto à luz das perturbações mentais. In *Teoria psicanalítica da libido*. C. M. Oiticica (Trad.) (pp. 81-160). Imago. (Publicado originalmente em 1924)

Abraham, K. (1994). A short story of the development of the libido, viewed in the light of mental disorders (Abridged). In Rita V. Frankiel (Ed.), *Essencial papers on loss* (pp. 72-93). New York University Press. (Publicado originalmente em 1924)

Aceves, G. (1999). Imagens da inocência eterna. In *Littoral: Luto de criança*. D. D. Estrada (Trad.) (pp. 21-46). Companhia de Freud.

Albert, J.-P. (1999). Les rites funéraires. Approches anthropologiques. *Les cahiers de la Faculté de Théologie*, *4*, 141-152.

Alencar, S. L. S. (2011). *A vivência do luto em situações de violência urbana e as ações dos Serviços de Saúde Pública* [Tese de Doutorado em Psicologia não publicada]. Pontifícia Universidade Católica de São Paulo.

Allouch, J. (2004). *Erótica do luto: No tempo da morte seca*. P. Abreu (Trad.). Companhia de Freud.

Allouch, J. (2005). Objet perdu, objet dé-composé. *Études freudiennes*, (38), 203-225. http://www.jeanallouch.com/pdf/67

Allouch J. (2007). *A clínica do escrito*. D. D. Estrada (Trad.). Companhia de Freud.

Allouch, J. (2009). *Contra la eternidad: Ogawa, Mallarmé, Lacan*. S. Mattoni (Trad.). El Cuenco de Plata.

American Psychiatric Association. (2000). *DSM-IV: Manual Diagnóstico e Estatístico de Transtornos Mentais*. D. Batista (Trad.). Artes Médicas. (Publicado originalmente em 1994)

American Psychiatric Association. (n.d.). *Highlights of Changes from DSM-IV-R to DSM-5*. https://psychiatry.msu.edu/_files/docs/Changes-From-DSM-IV-TR-to-DSM-5.pdf

Ariès, P. (2012). *História da morte no Ocidente: Da Idade Média aos nossos dias*. P. V. Siqueira (Trad.). Nova Fronteira.

Ariès, P. (1981). *O homem diante da morte*. L. Ribeiro (Trad.). Francisco Alves.

Assmann, A. (2011). *Espaços da recordação: Formas e transformações da memória cultural*. P. Soethe (Trad.). Editora Unicamp.

Backes, M. (2011). Prefácio. In J. W. von Goethe, *Os sofrimentos do jovem Werther* (pp. 7-12). L&PM.

Barthes, R. (2009). *Diário de luto*. M. S. Pereira (Trad.). Edições 70.

Benjamin, W. (2012a). Experiência e pobreza. In *Magia e técnica, arte e política: Ensaios sobre literatura e história da cultura (Obras escolhidas I)*. S. P. Rouanet (Trad.) (pp. 123-128). Brasiliense. (Publicado originalmente em 1933)

Benjamin, W. (2012b). O narrador: Considerações sobre a obra de Nikolai Leskov. In *Magia e técnica, arte e política: Ensaios sobre literatura e história da cultura (Obras escolhidas I)*. S. P. Rouanet (Trad.) (pp. 213-240). Brasiliense. (Publicado originalmente em 1936)

Berta, S. L. (2007). *O exílio: Vicissitudes do luto. Reflexões sobre o exílio político dos argentinos (1976-1983)* [Dissertação de Mestrado em Psicologia Clínica não publicada]. Universidade de São Paulo.

Berta, S. L. (2010). Do trauma ao troumatismo. *Revista de Psicanálise Stylus*, (21), 57-70.

Bloom, H. (2001). *Shakespeare: A invenção do humano*. J. R. O'Shea (Trad.). Objetiva.

Borges, J.L. (1998). O aleph. In *Obras completas*. F. J. Cardozo (Trad.) (v. 1, pp. 87-96). Globo. (Publicado originalmente em 1943)

Bulfinch, T. (2000). *O livro de ouro da mitologia (a idade da fábula): Histórias de deuses e heróis*. D. Jardim (Trad.). Ediouro.

Campos, H. (2010). Visualidade e concisão na poesia japonesa. In *A arte no horizonte do provável* (pp. 63-75). Perspectiva.

Cann, C. K. (2014). *Virtual afterlives: Grieving the dead in the twenty-first century*. The University Press of Kentucky.

Castelluccio, C. (2013). *El fenómeno del tatuaje, nombre proprio y escritura*. Letra Viva.

Conrad, P. (2007). *The medicalization of society: On the transformation of human conditions into treatable disorders*. The John Hopkins University Press.

Costa, A. (2001). *Corpo e escrita: Relações entre memórias e transmissão da experiência.* Relume-Dumará.

Costa, A. (2003). *Tatuagens e marcas corporais.* Casa do Psicólogo.

Cunha, A. G. (2010). *Dicionário etimológico da língua portuguesa.* Lexikon.

DaMatta, R. (1997). A morte nas sociedades relacionais: reflexões a partir do caso brasileiro. In *A casa & a rua* (pp. 121-144). Rocco.

DaMatta, R. (2011). Apresentação. In A. van Gennep, *Os ritos de passagem.* M. Ferreira (Trad.) (pp. 9-20). Vozes.

Dover Wilson, J. (2007). *What happens in Hamlet?* Cambridge University Press. (Publicado originalmente em 1935)

Dunker, C. (2011). *Estrutura e constituição do sujeito da clínica psicanalítica: Uma arqueologia das práticas de cura, psicoterapia e tratamento.* Annablume.

Dunker, C. (2015). *Mal-estar, sofrimento e sintoma: Uma psicopatologia do Brasil entre muros.* Boitempo.

Elias, N. (2001). *A solidão dos moribundos, seguido de "Envelhecer e morrer".* P. Dentzien (Trad.). Jorge Zahar.

Eliot, T. S. (2015). Hamlet e seus problemas. In W. Shakespeare, *Hamlet.* L. F. Pereira (Trad.) (pp. 33-40). Companhia das Letras. (Publicado originalmente em 1921)

Fabre, D. (1987). Le retour des morts. *Études Rurales*, (105-106), 9-34.

Fink, B. (1997). A causa real da repetição. In R. Feldstein, B. Fink & M. Jaanus (Ed.), *Para ler o* Seminário 11 *de Lacan: Os quatro conceitos fundamentais da psicanálise.* D.D. Estrada (Trad.) (pp. 239-245). Jorge Zahar.

Franco, F. L. F. N. (2018). *Da biopolítica à necrogovernamentalidade: Um estudo sobre os dispositivos de desaparecimento no Brasil* [Tese de Doutorado em Filosofia não publicada]. Universidade de São Paulo. Biblioteca Digital USP. https://teses.usp.br/teses/disponiveis/8/8133/tde-25022019-112250/pt-br.php

Freitas, F., & Amarante, P. (2015). *Medicalização em Psiquiatria*. Fiocruz.

Freud, S. (1917). Trauer und Melancholie. In *Gesammelte Werke* (1890-1939). http://staferla.free.fr/Freud/FREUD%20Gesammelte%20Werke.pdf

Freud, S. (1987a). *Carta 52 (06 de dezembro de 1896).* In *Edição Standard Brasileira das obras Psicológicas Completas de Sigmund Freud*. J. Salomão (Trad.) (vol. 1). Imago. (Publicado originalmente em 1896)

Freud, S. (1987b). Totem e tabu. In *Edição Standard Brasileira das obras Psicológicas Completas de Sigmund Freud*. J. Salomão (Trad.) (vol. XIII). Imago. (Publicado originalmente em [1912-1913])

Freud, S. (2003). Letter from Freud to Ludwig Binswanger, April 11, 1929. In G. Fitchner (Ed.), *The Sigmund Freud-Ludwig Binswanger correspondence 1908-1938* (p. 84). Other Press. (Publicado originalmente em 1929)

Freud, S. (2010a). A transitoriedade. In *Obras completas*. P. C. Souza (Trad.) (v. 12). Companhia das Letras. (Publicado originalmente em 1916)

Freud, S. (2010b). Além do princípio do prazer. In *Obras completas*. P. C. Souza (Trad.) (v. 14). Companhia das Letras. (Publicado originalmente em 1920)

Freud, S. (2010c). Considerações atuais sobre a guerra e a morte. In *Obras completas*. P. C. Souza (Trad.) (v. 12). Companhia das Letras. (Publicado originalmente em 1915)

Freud, S. (2010d). Introdução à psicanálise das neuroses de guerra. In *Obras completas*. P. C. Souza (Trad.) (v. 14). Companhia das Letras. (Publicado originalmente em 1919)

Freud, S. (2010e). Introdução ao narcisismo. In *Obras completas*. P. C. Souza (Trad.) (v. 12). Companhia das Letras. (Publicado originalmente em 1914)

Freud, S. (2010f). Luto e melancolia. In *Obras completas*. P. C. Souza (Trad.) (v. 12). Companhia das Letras. (Publicado originalmente em 1917)

Freud, S. (2010g). Recordar, repetir, elaborar. In *Obras completas*. P. C. Souza (Trad.) (v. 10). Companhia das Letras. (Publicado originalmente em 1914)

Freud, S. (2011a). O Eu e o Id. In *Obras completas*. P. C. Souza (Trad.) (v. 16). Companhia das Letras. (Publicado originalmente em 1923)

Freud, S. (2011b). Psicologia das massas e análise do eu. In *Obras completas*. P. C. Souza (Trad.) (v. 15). Companhia das Letras. (Publicado originalmente em 1921)

Freud, S. (2012). Totem e tabu. In *Obras completas*. P. C. Souza (Trad.) (v. 11). Companhia das Letras. (Publicado originalmente em 1912-1913)

Freud, S. (2013). Cinco lições de psicanálise. In *Obras completas*. P. C. Souza (Trad.) (v. 9). Companhia das Letras. (Publicado originalmente em 1910)

Freud, S. (2014). Inibições, sintomas e angústia. In *Obras completas*. P. C. Souza (Trad.) (v. 17). Companhia das Letras. (Publicado originalmente em 1926)

Freud, S. (2015a). Atos obsessivos e práticas religiosas. In *Obras completas*. P. C. Souza (Trad.) (v. 8). Companhia das Letras. (Publicado originalmente em 1907)

Freud, S. (2015b). O escritor e a fantasia. In *Obras completas*. P. C. Souza (Trad.) (v. 8). Companhia das Letras. (Publicado originalmente em 1908)

Freud, S. (2016). Personagens psicopáticos no palco. In *Obras completas*. P. C. Souza (Trad.) (v. 6). Companhia das Letras. (Publicado originalmente em 1942 [1905 ou 1906])

Freud, S. (2017). Os chistes e sua relação com o inc*onsciente*. In *Obras completas*. F. C. Mattos & P. C. Souza (Trad.) (v. 4). Companhia das Letras. (Publicado originalmente em 1905)

Freud, S. (2019). A interpretação dos sonhos. In *Obras completas*. P. C. Souza (Trad.) (v. 4). Companhia das Letras. (Publicado originalmente em 1900)

Freud, S., & Breuer, J. (2016). Estudos sobre a histeria. In *Obras completas*. L. Barreto (Trad.) (v. 2). Companhia das Letras. (Publicado originalmente em 1893-1895)

Freyre, G. (2000). *Casa-grande & senzala*. Record.

Gay, P. (1989). *Freud: uma vida para o nosso tempo*. D. Bottman (Trad.). Companhia das Letras.

Gennep, A., van. (2011). *Os ritos de passagem*. M. Ferreira (Trad.). Vozes. (Publicado originalmente em 1909)

Goethe, J. W. von. (2011). *Os sofrimentos do jovem Werther*. M. Backes (Trad.; org.). L&PM. (Publicado originalmente em 1774)

Goethe, J. W. von. (2014). *As afinidades eletivas*. T. Redondo (Trad.). Companhia das Letras. (Publicado originalmente em 1809)

Goody, J. (2012). Religião e ritual de Tylor até Parsons: o problema da definição. In *O mito, o ritual e o oral*. V. Joscelyne (Trad.) (pp. 19-42). Vozes.

Gorer, G. (1967a). *Death, grief and mourning: A study of contemporary society*. Doubleday Anchor Books.

Gorer, G. (1967b). The pornography of death. In *Death, grief and mourning: A study of contemporary society* (pp.192-199). Doubleday AnchorBooks. (Publicado originalmente em 1955)

Granet, M. (2012). Le langage de la douleur d'après le rituel funéraire de la Chine classique. *Journal de Psychologie*, 15 février 1922 (pp. 1-29). (Publicado originalmente em 1922). https://www.chineancienne.fr/d%C3%A9but-20e-s/granet-le-langage-de-la-douleur/

Guimarães Rosa, J. (2006). *Grande sertão: Veredas*. Nova Fronteira. (Publicado originalmente em 1956)

Hertz, R. (1960). Contribution to the study of the collective representation of death. In *Death and the right hand* (pp. 27-86). The University Press. (Publicado originalmente em 1907)

Hertz, R. (1970). Contribution à une étude sur la représentation collective de la mort. In *Sociologie religieuse et folklore (1912-1915)* (2nd ed., pp.13-42). PUF. (Publicado originalmente em 1907)

Hervieu-Léger, D. (1999). *Le pèlerin et le converti: La religion en mouvement*. Flammarion.

IBGE. Censo 2010: número de católicos cai e aumenta o de evangélicos, espíritas e sem religião. https://censo2010.ibge.gov.br/noticias-censo?id=3&idnoticia=2170&view=noticia

Kakoulas, M., & Kaplan, M. (2011). *Tattoo World*. Abrams.

Karnal, L., & Freitas Neto, J. A. (2004). A escrita da memória. In *A escrita da memória: Interpretações e análises documentais*. Instituto Cultural Banco Santos.

Keats, J. (2010). *Ode sobre a melancolia e outros poemas*. P. E. S. Ramos (Org; trad.). Hedra. (Publicado originalmente em 1819)

Kübler-Ross, E. (1998). *A roda da vida: Memórias do viver e do morrer*. M. L. N. Silveiral (Trad.). GMT.

K'ung-Fu Tzu. (2008). *The Li Chi or book of rites - Part I and II*. J. Legge (Trad.). Forgotten Books. (Publicado originalmente em 1885)

Lacan, J. (1986). *O seminário 1: Os escritos técnicos de Freud*. B. Milan (Trad.). Jorge Zahar. (Publicado originalmente em 1953-1954)

Lacan, J. (1988). *O seminário, livro 3: As psicoses*. A. Menezes (Trad.). Jorge Zahar. (Publicado originalmente em 1955-1956)

Lacan, J. (1995). *O seminário, livro 4: As relações de objeto*. D. D. Estrada (Trad.). Jorge Zahar. (Publicado originalmente em 1956-1957)

Lacan, J. (1998a). A instância da letra no inconsciente ou a razão desde de Freud. In *Escritos* (pp. 496-533). Jorge Zahar. (Publicado originalmente em 1957)

Lacan, J. (1998b). De uma questão preliminar a todo tratamento possível da psicose. In *Escritos* (pp. 537-590). Jorge Zahar. (Publicado originalmente em 1957)

Lacan, J. (1998c). Função e campo da fala e da linguagem. In *Escritos* (pp. 238-324). Jorge Zahar. (Publicado originalmente em 1953)

Lacan, J. (1998d). O estádio do espelho como formador da função do eu. In *Escritos* (pp. 96-103). Jorge Zahar. (Publicado originalmente em 1949)

Lacan, J. (1998e). O seminário sobre "A carta roubada". In *Escritos* (pp. 13-68). Jorge Zahar. (Publicado originalmente em 1955)

Lacan, J. (1998f). Subversão do sujeito e dialética do desejo no inconsciente freudiano. In *Escritos* (pp. 807-842). Jorge Zahar. (Publicado originalmente em 1960)

Lacan, J. (1999). *O seminário, livro 5: As formações do inconsciente.* V. Ribeiro (Trad.). Jorge Zahar. (Publicado originalmente em 1957-1958)

Lacan, J. (2002). *O seminário, livro 6: O desejo e sua interpretação.* Publicação não comercial. Circulação interna da Associação Psicanalítica de Porto Alegre. (Publicado originalmente em 1958-1959)

Lacan, J. (2003). Radiofonia. In *Outros escritos* (pp. 400-447). Jorge Zahar. (Publicado originalmente em 1970)

Lacan, J. (2005a). *O seminário, livro 10: A angústia.* V. Ribeiro (Trad.). Jorge Zahar. (Publicado originalmente em 1962-1963)

Lacan, J. (2005b). O simbólico, o imaginário e o real. In *Nomes-do--Pai.* A. Telles (Trad.) (pp. 9-54). Jorge Zahar. (Publicado originalmente em 1953)

Lacan, J. (2007). *O seminário, livro 23: O sinthoma.* S. Laia (Trad.). Jorge Zahar. (Publicado originalmente em 1975-1976)

Lacan, J. (2008a). Do símbolo e de sua função religiosa. In *O mito individual do neurótico.* C. Berliner (Trad.) (pp. 45-82). Jorge Zahar. (Publicado originalmente em 1954)

Lacan, J. (2008b). Intervenção depois de uma exposição de Claude Lévi-Strauss na Sociedade Francesa de Filosofia, 'Sobre as relações entre a mitologia e o ritual', com uma resposta dele. In *O mito individual do neurótico.* C. Berliner (Trad.) (pp. 83-97). Jorge Zahar. (Publicado originalmente em 1956)

Lacan, J. (2008c). O mito individual do neurótico ou poesia e verdade na neurose. In *O mito individual do neurótico.* C. Berliner (Trad.) (pp. 9-44). Jorge Zahar. (Publicado originalmente em 1952)

Lacan, J. (2008d). *O seminário, livro 7: A ética da psicanálise.* A. Quinet (Trad.). Jorge Zahar. (Publicado originalmente em 1959-1960)

Lacan, J. (2008e). *O seminário, livro 11: Os quatro conceitos fundamentais da psicanálise*. M. D. Magno (Trad.). Jorge Zahar. (Publicado originalmente em 1964)

Lacan, J. (2008f). *O seminário, livro 16: De um outro ao Outro*. V. Ribeiro (Trad.). Jorge Zahar. (Publicado originalmente em 1968-1969)

Lacan, J. (2010). *O seminário, livro 8: A transferência*. D. D. Estrada (Trad.). Jorge Zahar. (Publicado originalmente em 1960-1961)

Lacan, J. (2011). *A identificação*. I. Corrêa & M. Bagno. Publicação não comercial exclusiva para os membros do Centro de Estudos Freudianos do Recife. Recife. (Publicado originalmente em 1961-1962)

Lacan, J. (2013). *Le seminaire livre 6: Le désir et son interpretation*. Éditions de La Martinière et Le Champ Freudien Éditeur. (Publicado originalmente em 1958-1959)

Lacan, J. (2016). *O seminário livro 6: O desejo e sua interpretação*. C. Berliner (Trad.). Jorge Zahar. (Publicado originalmente em 1958-1959)

Lacan, J. O Seminário 13, o objeto da psicanálise. L. Matheron (Trad.) Fórum do Campo Lacaniano de São Paulo, 2018. [Edição não comercial destinada aos membros da Escola de Psicanálise dos Fóruns do Campo Lacaniano].

Legge, J. (2008). Introdução. In K'ung-Fu Tsu, *The Li Chi or the book o rites. Part I*. J. Legge (Trad.). Forgotten Books. (Publicado originalmente em 1885)

Lévi-Strauss, C. (1956). "Sur les rapports entre la mythologie et le rituel". Intervenants: Mme Denise Paulme, MM. Diop, Louis Dumont, Goldmann, Dr. Lacan, Leiris, Merleau-Ponty, Métraux, Tubiana, Jean Wahl. Séance du 26 mai. 1956. *Bulletin de la société française de philosophie*, 50 (3): 99-125.

Lévi-Strauss, C. (2005). *De perto e de longe*. L. Mello & J. Leite (Trad.). Cosac Naify.

Lévi-Strauss, C. (2012a). A eficácia simbólica. In *Antropologia estrutural*. B. Perrone-Moisés (Trad.) (pp. 265-292). Cosac Naify. (Publicado originalmente em 1949)

Lévi-Strauss, C. (2012b). O feiticeiro e sua magia. In *Antropologia estrutural*. B. Perrone-Moisés (Trad.) (pp. 237-264). Cosac Naify. (Publicado originalmente em 1949)

Lévi-Strauss, C. (2012c). *O pensamento selvagem*. T. Pellegrini (Trad.). Papirus. (Publicado originalmente em 1962)

Lise, M. L. Z., Gauer, G. J. C., & Cataldo Neto, A. (2013). Tatuagem: Aspectos históricos e hipóteses sobre a origem do estigma. *Brazilian Journal of Forensic Sciences, Medical Law and Bioethics*, *2*(3), 294-316.

Lussier, M. (2007). *Travail de deuil*. PUF.

Lux, J. (2004). *Examination of the lemures and the lemuria* [Unpublished master's thesis]. University of Florida.

Mallarmé, S. (1961). *Pour un tombeau d'Anatole*. Seuil.

Mallarmé, S. (2021). *[Para um túmulo de Anatole]: [Pour un tombeau d'Anatole*]. G. G. Flores (Trad.). Kotter editorial. (Publicado originalmente em 1961)

Mattoni, S. (2004). O fracasso do pudor. In J. Allouch. *Erótica do luto: No tempo da morte seca* (pp. 172-iv-172-xiii). Companhia de Freud.

Mauss, M., & Hubert, H. (2003). Esboço de uma teoria geral da magia. In *Sociologia e antropologia*. P. Neves (Trad.). Cosac Naify. (Publicado originalmente em 1904)

Mauss, M., & Hubert, H. (2013). *Sobre o sacrifício*. P. Neves (Trad.). Cosac Naify. (Publicado originalmente em 1899)

Metcalf, P., & Huntington, R. (1991). *Celebrations of death: The anthropology of mortuary ritual*. Cambridge University Press.

Mieli, P. (2002). Sobre as intervenções irreversíveis no corpo e outros textos psicanalíticos. In *Sobre as intervenções irreversíveis no corpo e outros textos psicanalíticos*. V. A. Ribeiro & A. V. Azevedo (Trad.) (pp. 11-28), Corpo Freudiano do Rio de Janeiro.

Miller, J. A. (2008). Posfácio. In J. Lacan, *O mito individual do neurótico*. C. Berliner (Trad.). Jorge Zahar.

Miola, R. S. (2011). Editor note to Saxo grammmaticus Historica Danica (1180-1208). In R. S. Miola (ed.), *Hamlet, William Shakespeare* (pp. 207-215). W.W. Norton & Company.

Morin, E. (1970). *L'homme et la mort*. Seuil.

Nagy, G. (1999). *The best of the Achaeans: Concepts of the hero in archaic Greek poetry*. The John Hopkins University Press.

Ōe, K. (1977). Aghwee the sky monster. In *Teach us to outgrow our madness*. J. Nathan (Trad.). Grove Press.

Parkes, C. M. (1998). *Luto: Estudos sobre a perda na vida adulta*. M. H. Franco (Trad.). Summus.

Paveau, M-A. (2010). Uma enunciação sem comunicação: As tatuagens escriturais. *RUA* [*online*]. Revista do Laboratório de Estudos Urbanos do Núcleo de Desenvolvimento da Criatividade *16*(1), 6-41. https://doi.org/10.20396/rua.v16i1.8638829

Peirano, M. G. S. (2001). Rituais como estratégia analítica e abordagem etnográfica. In *O dito e o feito: ensaios de antropologia dos rituais* (pp. 7-14). Relume-Dumará, Núcleo de Antropologia da Política/UFRJ.

Peirano, M. G. S. (2003). *Rituais ontem e hoje*. Jorge Zahar.

Pierrat, J., & Guillon, E. (2000). *Les hommes illustrés, le tatouage des origines à nos jours*. Larivière.

Porge, E. (2006). *Jacques Lacan, um psicanalista: percurso de um ensino*. C. T. G. Lemos, N. V. Araújo Leite & V. Veras (Trad.). Universidade de Brasília.

Platão. (2010). O banquete. In *Apologia de Sócrates, Banquete e Fedro*. E. Bini & A. Pinheiro (Trad.) (pp. 29-66). Folha de São Paulo. (Publicado originalmente por volta de 380 a. C.)

Plutarco. (2006). Carta de consolação à sua mulher. In M. D. Silveira, *A imagem feminina na Moralia: Heroísmo e outras virtudes* [Dissertação de mestrado em Letras Clássicas e Vernáculas]. Universidade de São Paulo. (Publicado originalmente no século I)

Queiroz, R. C. (2013). Do movimento ao fixo (e vice-versa) em Lévi-Strauss. In R. C. Queiroz, & R. F. Nobre. *Lévi-Strauss: Leituras brasileiras* (pp. 201-228). UFMG.

Quinet, A. (2006). *Psicose e laço social: Esquizofrenia, paranoia e melancolia*. Jorge Zahar.

Ramos, C. (2004). *A dominação do corpo no mundo administrado: Uma questão para a psicologia social*. Escuta.

Reis, J. J. (1999). *A morte é uma festa*. Companhia das Letras.

Richard, J.-P. (1961). Avant-propos. In S. Mallarmé, *Pour un tombeau d'Anatole* (pp. 8-13). Seuil.

Ricoeur, P. (2012). *Vivo até a morte: Seguido de fragmentos*. E. Brandão (Trad.). Martins Fontes.

Rosa, M. D., Berta, S. L., Carignato, T. T., & Alencar, S. (2009). A condição errante do desejo: os imigrantes, migrantes, refugiados e a prática psicanalítica clínico-política. *Revista Latinoamericana de Psicopatologia Fundamental, 12*(3), 497-511.

Safouan, M. (1993). *A palavra ou a morte*. Papirus.

Safouan, M. (2004). O grafo de Lacan. In R. Chemama, *Dicionário de psicanálise, Freud & Lacan, vol. 2* (pp. 16-32). Álgama.

Sarduy, S. (1979). *Escrito sobre um corpo*. Perspectiva.

Shakespeare, W. (2015). *A tragédia de Hamlet, príncipe da Dinamarca*. L. F. Pereira (Trad.). Companhia das Letras. (Publicado originalmente em 1604-1605)

Shakespeare, W. (2016). *The tragic history of Hamlet, prince of Denmark* (3rd ed.). A. Thompson & N. Taylor (Eds.). The Arden Shakespeare. (Publicado originalmente em 1604-1605)

Soler, C. (2012). *O inconsciente: que é isso?* C. A. A. Oliveira & D. Fingermann (Trad.). Annablume.

Soler, C. (2016). *O que faz laço?* C. A. A. Oliveira (Trad.). Escuta.

Soler, C. (2017). Nova economia do narcisismo. *Revista de Psicanálise Stylus*, (34), 27-42.

Suzuki, H. (2000). *The price of death – The funeral industry in contemporary Japan*. Stanford University Press.

Svenbro, J. (1993). *Phrasikleia: An anthropology of reading in ancient Greek*. J. Lloyd (Trad.). Cornell University Press.

Svenbro, J. (1999). A criança, a palmeira e as letras fenícias. In *Littoral: Luto de criança*. D. D. Estrada (Trad.) (pp. 7-19). Companhia de Freud.

Tambiah, S. J. (2018). *Cultura, pensamento e ação social: Uma perspectiva antropológica*. L. Loman (Trad.). Vozes.

Terrin, N. A. (2004). *O rito: Antropologia e fenomenologia da ritualidade*. J. M. Almeida (Trad.). Paulus.

Thomas, L.-V. (1985). *Rites de mort: Pour la paix des vivants*. Fayard.

Tolstói, L. (2009). *A morte de Ivan Ilitch*. V. Karam (Trad.). L&PM. (Publicado originalmente em 1886).

Tomasi, J. M. (2014). Cortejos fúnebres e velórios: os ritos fúnebres católicos na cidade de Florianópolis (SC) na contemporaneidade. *Revista Brasileira de História das Religiões*, *6*(17), 215-230.

Valeri, V. (1994a). Luto. In *Enciclopédia Einaudi, v. 30: religião-rito* (pp. 476-487). Imprensa Nacional-Casa da Moeda.

Valeri, V. (1994b). Rito. In *Enciclopédia Einaudi, v. 30: religião-rito* (pp. 325-359). Imprensa Nacional-Casa da Moeda.

Vernant, J-P. (1990). *Mito e pensamento entre os gregos*. H. Sarian (Trad.). Paz e Terra.

Vilaça, H. (2007). Recomposição dos rituais contemporâneos: a peregrinação. *Sociologia: Revista da Faculdade de Letras da Universidade do Porto*, *17*, 55-68. https://ojs.letras.up.pt/index.php/Sociologia/article/view/2344

Vovelle, M. (1974). *Mourir autrefois: Attitudes collectives devant la mort aux XVIIe et XVIIIe siècles*. Gallimard/Julliard.

Vovelle, M. (1991). *Ideologias e mentalidades*. M. J. Cottvasser (Trad.). Brasiliense.

Vovelle, M. (1997). *Imagens e imaginário na História: Fantasmas e certezas nas mentalidades desde a Idade Média até o século XX*. M. J. Goldwasser (Trad.). Ática.

Vovelle, M. (1999). O retorno dos mortos. In *Littoral: Luto de criança*. D. D. Estrada (Trad.) (pp. 81-87). Companhia de Freud.

Vovelle, M. (2010). *As almas do purgatório, ou o trabalho de luto.* A. Meyer & R. Cattani (Trad.). Unesp.

Watt, I. (1990). *A ascensão do romance – Estudos sobre Defoe, Richardson e Fielding.* H. Feist (Trad.). Companhia das Letras.

Wolfe, M. (2013). *Cut these words into my stone – Ancient Greek epitaphs.* The John Hopkins University Press.

Apêndice: O problema de Hamlet – Balizamentos e anotações marginais ao seminário de Lacan "O desejo e sua interpretação"[1]

Bernardo: Quem vem lá?

Francisco: Não, você responde. Alto! Apresente-se.

Hamlet, ato 1, cena 1

O *leitmotiv* deste estudo surgiu de uma questão aparentemente simples: qual versão de *Hamlet*[2] foi estudada por Lacan no seminário 6?[3] Ao buscar respondê-la fui levada a uma incursão inesperada

1 Uma versão modificada deste texto foi publicada na Revista *Livro Zero: Adventos do real*, Fórum do Campo Lacaniano São Paulo/ Escola de Psicanálise do Campo Lacaniano, São Paulo: FCL-SP/EPCL-SP, (10), 189-208.

2 Para todas as citações em português do *Seminário 6*, optou-se pela edição não oficial da Associação Psicanalítica de Porto Alegre (2002) e, quando necessário, consultou-se a versão oficial, em francês, do Campo Freudiano (2013).

3 Para as citações de *Hamlet* em português, usou-se a tradução de Lawrence F. Pereira da Companhia das Letras (2015), trabalho primoroso reconhecido com o prêmio Jabuti (categoria tradução) em 2016. Quanto às citações em inglês da peça, optou-se pela versão da The Arden Shakespeare (3rd ed., 2016), a mesma usada por Alain-Miller na edição do *Seminário 6*. Para notas e referências, consultou-se ainda as seguintes edições: The Royal Shakespeare Company (2008), The Norton Critical Editions (2011).

pelo *background* do texto shakespeariano, que se revela, de partida, bastante problemático: primeiramente, porque não há um texto definitivo, e inúmeras passagens permanecem obscuras e sua origem, incerta. Estudar *Hamlet* significa, então, escolher qual ou quais textos consultar e estar advertido de que as versões mais bem consideradas foram estabelecidas por diferentes editores que se esforçaram, e ainda se esforçam, por esclarecer, regularizar ou ao menos minimizar as variâncias e inconsistências textuais, o que implica, de todo modo, a aposta de alguns termos em sacrifício de outros.[4] E para aqueles que não dominam o idioma do bardo, há ainda a busca pela melhor tradução.

Esses problemas, no entanto, passam para o segundo plano quando adentramos no enredo da peça e nos deixamos afetar pelo "poema ilimitado"[5] que é *Hamlet*. Como se não bastasse o drama cortesão político, histórico e familiar, há ainda a comédia, a tragédia, o romance. Dover Wilson (1935/2007, p. 19), uma autoridade em Shakespeare, enfatizou que "*Hamlet* é um ensaio dramático em mistério; o que significa dizer que é tão bem construído que quanto mais se examina, mais há para se descobrir" na sua fina rede de jogos semânticos, homofônicos, anagramáticos e mesmo ideogramáticos se considerarmos o recurso à figuração na famosa *play scene*, ou encenação dentro da encenação.

No centro da peça, o príncipe dinamarquês é a própria encarnação do mistério. Espirituoso, poético, desconcertante, sublime,

---

4 Um pequeno exemplo: "Vá deitar com o rei balofo" (ato 3, cena 4). A tradição editorial adota o termo plausível *bloat* [balofo] enquanto o segundo in-quarto apresenta *blowt* (inflado) e a edição in-folio *blunt* (maçante) (Bate, 2008).

5 "*Poem unlimited*" é uma expressão que aparece em um diálogo entre Hamlet e Polônio (ato 2, cena 2). Segundo nota editorial da The Royal Shakespeare Company (2008, p. 68), *poem unlimited* é "um verso (uma peça) dramático que não observa as unidades de tempo, lugar e ação; uma peça cujo gênero inclui tudo". É dizer de outro modo que *Hamlet* é uma obra inclassificável.

Hamlet ultrapassou a própria obra para se tornar um "mito independente" ao lado de D. Quixote, Aquiles e Helena de Troia (Bloom, 2001, p. 480). Dada a sua impressionante interioridade reflexiva, há quem considere que ele foi inspirado nos *Ensaios* de Montaigne, mas o link entre Shakespeare e o filósofo francês nunca foi comprovado. Entretanto sabe-se que nos idos de 1590, os escritos de Montaigne já circulavam no ambiente cultural inglês e causavam admiração e interesse pelo seu estilo subjetivo, cético e autorreferencial, de modo que a "percepção e a sensibilidade dadas a Hamlet eram conhecidas pelos contemporâneos de Shakespeare, e de modo algum apenas uma invenção dele" (Pereira, 2015, p. 23). Ou seja, os espectadores da época estavam familiarizados com uma retórica reflexiva e dubitativa.

Fenômeno literário sem precedentes, nenhuma outra peça ou figura de ficção foi capaz de produzir tantos ensaios e controvérsias entre literatos e acadêmicos, seduzidos por um problema central: por que Hamlet demora tanto para executar o plano de vingança que prometera ao fantasma do pai?

> *Hamlet: Fala logo, que eu, com asas bem mais rápidas*
> *Que a meditação e os pensamentos do amor*
> *Voarei pra vingança.*
> (Hamlet, *Ato 1, cena 5).*

Apesar da firme disposição inicial, o que se assiste ao longo da peça é um movimento cambaleante, entre hesitações e procrastinações, que acabou produzindo inúmeras cogitações a respeito da sanidade mental do príncipe: teria ele realmente visto o espectro do pai ou teria sido uma alucinação? Sua atitude excêntrica visaria a disfarçar astuciosamente seus propósitos ou apenas revelaria sua real perturbação mental? Estaria ele fingindo ser louco ou realmente era louco? Qual tipo de perturbação sofreria? Afinal, qual o problema de Hamlet?

Uma breve incursão por Elsinore

A peça *Hamlet* foi escrita durante o reinado de Elizabeth I (1558-1603), período conhecido como a "era dourada" da história inglesa, que viu florescer a literatura, a poesia, a música e, sobretudo, o teatro com as obras de Shakespeare, Marlowe e Kyd. Em paralelo, ocorria uma bem-sucedida expansão comercial e territorial acompanhada de uma contínua tensão política decorrente de intrigas e conspirações contra a rainha protestante constrangida pelas pressões do papa e ameaças da Espanha católica. A legitimidade do trono, o temor da usurpação e incertezas quanto à sucessão são preocupações do período que devem ser levadas em consideração na leitura da peça.

Uma das medidas para conter as ameaças foi o "Estabelecimento Religioso Elisabetano" – base da futura Igreja Anglicana – que fixou uma Igreja unificada independente de Roma, cujo tom moderado trouxe relativa paz aos sangrentos combates entre católicos e protestantes. Mas a reforma religiosa impôs uma severa censura a temas religiosos nas artes, e os dramaturgos precisaram criar roteiros de tom mais secular, distantes da tradição dramática medieval e suas figurações de cunho ideológico católico romano (Johnston, 2007).

Há divergência interpretativa em relação ao papel da religião na peça. Há quem veja uma defesa elaborada do protestantismo, com críticas ao catolicismo, enquanto outros veem uma referência saudosa à ordem católica medieval, agora banida do discurso oficial (Jones, 1970; Johnston, 2007). De fato, ainda que vários elementos dos ritos tradicionais católicos tenham sido amplamente adotados pela recém criada Igreja Anglicana, é notável a referência às crenças e ritos próprios do ofício católico romano, como se pode observar na cena em que o espectro do rei lamenta ter sido "ceifado em plena brotação de meus pecados, sem sacramentos, sem unção, sem confissão", o que lhe rendeu a punição de vagar em tormenta até que os "tetros crimes feitos em meus dias queimem e se depurem" (Shakespeare,

Hamlet, ato 1, cena 5). Como não evocar, nessa passagem, todo o imaginário católico sobre as almas penadas do Purgatório?

Para outros, no entanto, ainda que *Hamlet* esteja imerso em um contexto judaico-cristão, constantemente evocado, não se trata de catolicismo nem de protestantismo; o enredo da peça é essencialmente uma crítica à corte e seus jogos de dissimulação e desmandes sob o fundo de nostalgia e ressentimento de uma era medievalista idealizada (Bloom, 2001; Johnston, 2007): "A Dinamarca é uma prisão", lamenta o príncipe (Shakespeare, *Hamlet*, ato 2, cena 2). Na corte de Elsinore, dois tempos se chocam. De um lado, o tempo do rei Hamlet em que se honrava a palavra, os laços familiares e de amizade, os costumes, os ritos fúnebres sagrados e até as batalhas eram sancionadas por lei e se fazia uso da heráldica. De outro, o "tempo disjunto" (Shakespeare, *Hamlet*, ato 1, cena 5) do rei Cláudio no qual prevalece a astúcia, a hipocrisia, a retórica manipuladora, a conspiração política. Nas palavras de Hamlet: "Um rei tão excelente, comparado a este, um Hipérion na frente de um sátiro" (Shakespeare, *Hamlet*, ato 1, cena 2).

A riqueza e a complexidade do texto de Shakespeare repousam justamente no *gap* aberto pela relativização da ortodoxia religiosa medieval que antes se impunha soberana à ciência, à filosofia e às artes (Johnston, 2007). O tom de *Hamlet* é, desde a abertura, interrogante: "Quem vem lá?". Sobram indagações e presunções sobre a verdade, o sentido da existência, o sexo feminino, a morte. Desde que as velhas certezas religiosas deixaram de funcionar, o drama humano pode ser especulado em termos existenciais para os quais há mais mistério do que garantias. Lembremos que o príncipe criado por Shakespeare é um intelectual formado na universidade alemã de Wittenberg, famosa pelos professores ilustres e polêmicos, entre eles, Martinho Lutero, que deflagrou a reforma protestante em 1517. Hamlet é o representante de uma nova geração que, embora se mantenha cristã, prefere a dúvida à crença supersticiosa, os "fatos que sejam mais concretos" às especulações (Shakespeare, *Hamlet*, ato 2, cena 2), em contraste com a geração do velho rei assentado na bravura e feitos de guerra.

Assim, ainda que o fascínio de *Hamlet* resida em seu apelo mítico atemporal, vale lembrar que a peça foi concebida por "um elisabetano para os elisabetanos" (Dover Wilson, 1935, p. 26). Não nos deixemos enganar pela origem dinamarquesa do herói: Hamlet, na realidade, é um príncipe inglês, e a corte de Elsinore é modelada segundo a retórica discursiva, os costumes e a constituição da corte inglesa sob o reinado da Rainha Virgem.

As origens da peça

É provável que tenha sido escrita entre 1599 e 1600, e encenada pela primeira vez em 1600 ou 1601. Entretanto há registro da existência de uma peça anterior batizada como *Ur-Hamlet* (*Ur* em alemão significa "primordial"), cujo texto não sobreviveu e que parece ter servido de base para a versão shakespeariana. Encenada cerca de uma década antes, há controvérsias quanto à autoria, por vezes atribuída especulativamente a Thomas Kyd, autor da peça *The Spanish Tragedy*, que estabeleceu a moda, no teatro elisabetano, dos dramas de vingança. Alguns críticos acreditam que esta antiga versão é do próprio Shakespeare, outros poucos defendem que talvez o texto publicado em 1603 chamado de Q1 seja derivado desta versão (Bloom, 2001; Bate, 2008; Dover Wilson, 1935).

Do *Hamlet* primordial, chegou aos nossos dias apenas o título e um pequeno fragmento indicador de que lá havia um fantasma que berrava "Hamlet, vingança!"; fontes da época contam que seu exagero dramático virou motivo de chacota. Ainda que não haja nenhuma evidência clara sobre sua autoria ou conteúdo, supõe-se que *Ur-Hamlet* seguia, em linhas gerais, a mesma trama de vingança, com assassinatos espetaculosos e a retórica inflamada presentes tanto nas peças de Kyd quanto em *Titus Andronicus*, do próprio Shakespeare, muito populares à época (Bloom, 2001; Dover Wilson, 1935).

A tragédia de Hamlet tem sua origem em uma lenda nórdica narrada em latim por Saxo Grammaticus, datada do século XII, chamada *Gesta Danorum* (História Dinamarquesa), impressa em Paris em 1514. Trata-se do conto de Amleth: Rorik, o rei da Dinamarca, elegeu dois irmãos, Horwendil e Feng, para reinar sobre a terra de Jutland. O rei cedeu sua filha Gerutha ao primeiro depois que este matou o rei da Noruega em batalha. O casal tem um filho, Amleth. Feng, invejoso do sucesso do irmão, acaba por assassiná-lo. Casa-se com Gerutha e assume o trono. Para evitar ser assassinado, Amleth se finge de tolo.[6] Inúmeras peripécias acompanham seu plano de vingança: ele escapa do assédio de uma mulher enviada para surpreender seu segredo, mata um amigo do tio escondido no quarto da mãe, é enviado à Inglaterra para ser executado, mas consegue adulterar o conduto e enviar à morte os dois guardas que o acompanhavam. Por fim, consegue retornar à Dinamarca, matar o tio com a própria espada e ser reconhecido pelo povo como novo rei (Grammaticus, 1180-1208/2011).

É pouco provável que Shakespeare tenha tido acesso a essa versão; acredita-se que ele leu a adaptação francesa *Histoires Tragiques*, de François de Belleforest, que ampliou e moralizou o texto de Saxo e o publicou em 1576. Como variantes do mito aparecem em contos oriundos da Pérsia, Grécia, China, África e outros lugares, pode ser que Shakespeare também tenha tido notícias dessas outras versões (Miola, 2011). No enredo de Belleforest, Amleth se chama Hamblet, e o assassinato do pai ocorre em público, o adultério da rainha é explícito, e a jovem que corresponde à Ofélia tem papel ativo em

6 Hamlet é um anagrama para Amleth, que, na língua nórdica antiga, significa "tolo" ou "esperto que finge ser tolo" (Bloom, 2001, p. 487).

ajudar o príncipe a escapar da armadilha na qual ela mesma era isca. Detalhe importante: apesar de bancar o louco, o príncipe sabe muito bem o que quer e não se atrapalha em seus objetivos de vingança. Assim, apesar das semelhanças, há um abismo entre o bravo Hamblet e o Hamlet tomado por dúvidas e inquietações que expõem sua divisão subjetiva. A virtuosidade de Shakespeare foi apresentar um riquíssimo trabalho textual que transformou um enredo bruto de vingança em reflexões metafísicas e existenciais.

O texto da peça

Hamlet é a mais longa composição de toda a obra de Shakespeare. Transbordante, o príncipe domina 37% das linhas do texto, tornando-se o mais falante de todos seus personagens. É pouco provável que a divisão da peça em cinco atos venha do dramatista. Essa estrutura segue o modelo do teatro clássico, que tradicionalmente quebrava a encenação em cinco partes para a necessária troca de velas do *Blackfriars Playhouse*, teatro fechado usado pela companhia teatral de Shakespeare, *The King's men*, após 1608 (Bate, 2008).

Apesar de não ter sobrevivido nenhum manuscrito do próprio punho de Shakespeare, no século XVII, diferentes versões apareceram em dois formatos de editoração, chamados *in-folio* (livro no qual a folha é dobrada ao meio, originando cada uma quatro páginas) e *in-quarto* (no qual a mesma folha é dobrada duas vezes, originando 8 páginas).

Pelo fato de Shakespeare não ter, ele mesmo, supervisionado a publicação de suas peças, coube aos editores tomarem decisões quanto à legitimidade das versões existentes. Três são consideradas as mais relevantes e servem de base para as edições modernas: o primeiro in-Quarto (Q1), tido como um "quarto ruim" [*bad Quarto*], publicado em 1603; o segundo in-Quarto (Q2), considerado de boa qualidade, publicado em 1604-5; e o primeiro in-folio ou Fólio (F1), publicado em 1623 e considerado a última versão da peça publicada sete anos após a morte do dramaturgo, ocorrida em 1616. Alguns editores optam por uma composição que funde o texto do Q2 com o do F1, porém há críticas severas a esse modelo por se tratar de um roteiro que Shakespeare nunca propôs (Bate, 2008; Shakespeare, 2016). As edições mais bem consideradas tendem a publicar separadamente as diferentes versões – como a celebrada The Arden Shakespeare – ou a indicar o texto de base e, em separado ou no próprio corpo do texto, apontar as variantes ou os acréscimos do texto complementar.[7]

O Q1 é um texto relativamente curto, 2221 linhas, bem menor que os subsequentes e repleto de linhas ilegíveis e erros de impressão. Acredita-se que seja uma versão pirata provavelmente reconstruída a partir do livro do ponto (*promptbook*) ou mesmo da memória por algum ator. Na época de Shakespeare, não era incomum a compra sorrateira de *scripts* por editores inescrupulosos. Nessa versão, a famosa questão hamletiana (*to be or not to be, that is the question*) aparece assim: *To be or not to be there, ay, there's the point* (Bate, 2008, p. 10).

O Q2 é uma versão mais longa, 4056 linhas, e por esse motivo é raramente encenada em toda sua extensão. Tido como um texto "autorizado", cogita-se que seja oriundo dos manuscritos de Shakespeare com a intenção de desbancar o Q1, dada a reivindicação que consta na página inicial: "Recém-impressa e ampliada o tanto quanto possível, de acordo com a perfeita e verdadeira cópia" (Bate, 2008, p. 25).

---

7 A edição da *The Royal Shakespeare Company*, por exemplo, é baseada no F1 acrescida de Q2; e a Companhia das Letras adotou o Q2, mas no próprio texto-base fundiu as linhas existentes apenas no F1, discriminando quando isso acontece.

Já o primeiro Fólio faz parte de uma coletânea póstuma que reuniu as comédias, histórias e tragédias do bardo. Ainda que siga a tradição do Quarto, o F1 parece derivar do manuscrito teatral, contendo um número considerável de direções de palco e variações textuais: cerca de 80 linhas novas, enquanto 230 linhas do Q2 estão ausentes, inclusive o último solilóquio de Hamlet. Mesmo assim, mantém-se bem próxima do Q2. Vinte anos separam as duas versões, levando a acreditar que Shakespeare continuou a trabalhar sistematicamente na peça (Bate, 2008).

Lacan conhecia as diferentes edições de *Hamlet* e cita especificamente duas, o Q1 e o F1. Ao que tudo indica, Lacan (1958-59/2002, p. 266) recorreu ao Fólio, dada a indicação de que "a edição in-fólio" é "a grande edição de Shakespeare", porém não foi possível precisar a qual edição inglesa ele recorreu por quando de sua leitura das citações originais da peça; o mais provável é que tenha recorrido à celebrada versão da *The Arden Shakespeare* cuja primeira edição data de 1899. Alain-Miller, em nota, declarou o uso da terceira edição da *The Arden Shakespeare*, lançada em 2006, para as citações originais de *Hamlet* que aparecem no Seminário 6, a mesma consultada neste estudo. Quanto à versão para o francês, Lacan (1958-1959, p. 261) se serviu da tradução de Pierre Le Tourneur em vinte volumes: "Eu darei a tradução do Le Tourneur que me parece a melhor". Le Tourneur realizou no século XVIII - de 1776 a 1783 - a primeira tradução das obras completas de Shakespeare para o francês, tomando como base a edição Fólio.

O estilo precioso do bardo

Shakespeare é celebrado pela opulência linguística e versatilidade de composição, que oscila entre versos brancos, rimados e prosa. Lacan (1958-1959, p. 272) notou que "não há um verso em Hamlet, nenhuma réplica que não seja, em inglês, de uma potência de percussão, de violência de termos que é de fato algo em que, a todo instante, se está absolutamente estupefato". A métrica dos versos segue o ritmo do chamado pentâmetro iâmbico[8] usado com liberdade, não se detendo a uma forma única, mas várias, alcançando uma excelência poética incomparável: "Hamlet foi, como nenhuma outra peça de Shakespeare, a virtuosidade desse verso, pois ali o Bardo explorou a polissemia livresca e poética de sua época", notou Pereira (2015, pp. 45-46), tradutor atento à estrutura formal do verso, tendo adotado, em sua versão, o dodecassílabo, considerado o melhor equivalente para o pentâmetro iâmbico teatral.

Para atingir o pretendido efeito teatral dramático, a rica polissemia lexical shakespeariana joga com a homofonia e a equivocidade de sentido, acompanhadas de um fino humor e um complexo trocadilho de palavras que trazem problemas para qualquer tradutor. Lacan recorreu justamente ao texto original para reviver o efeito atordoador do estilo precioso do bardo ilustrado aqui na cena que marca a primeira aparição do príncipe:

King: *. . . But now, my cousin Hamlet, and my son –*
Hamlet: *A little more than kin and less than kind.*
King: *How is it that the clouds still hang on you?*
Hamlet: *Not so, my lord: - I am too much i'th'sun.*
(Hamlet, *ato1 cena 2).*

8 Pentâmetro iâmbico é um tipo de métrica bastante utilizado em poesias dramáticas e épicas inglesas composto por cinco pares de sílabas curtas/longas ou átonas/tônicas, um som fraco seguido de um som forte (de-DUM de-DUM). O que importa, no verso, é o ritmo medido em pequenos grupos de sílabas chamados "pé". Enquanto a palavra "iâmbico" descreve o tipo de pé usado, "pentâmetro" indica que um verso tem cinco pés. Fonte: https://pt.wikipedia.org/wiki/pentametro_iambico. Acesso em: 20 abr. 2020.

Na passagem para o português, consultamos duas diferentes soluções para o enigmático diálogo:

Rei:	*Mas, agora, Hamlet, meu sobrinho e meu filho –*
Hamlet:	*Quase da mesma cepa, não do mesmo corpo.*
Rei:	*Que nuvens são estas ainda te assombrando?*
Hamlet:	*Mas não, senhor, estou bem à sombra do sol.*
	*(*Hamlet, *em versão de Lawrence F. Pereira, 2015, p. 60)*

Rei:	*E agora, caro Hamlet, meu primo e meu filho . . .*
Hamlet:	*Me perfilha como primo, pois não primo como filho.*
Rei:	*Por que essas nuvens sombrias ainda em teu semblante?*
Hamlet:	*Me protejo, senhor, por estar tão perto do sol.*
	*(*Hamlet, *em versão de Millôr Fernandes, 2012, p. 21)*

Para além do *tour de force* dos nossos estimados tradutores, ficam irremediavelmente perdidas a rica textura melódica dos versos, as aliterações e paronomásias (*cousin/son/sun; cousin/kin/kind/cloud*) indutoras da fácil memorização pelos ouvintes ingleses, o jogo entre som e sentido presente em *son/sun* (filho/sol), e ainda a paráfrase contida na última linha do verso (*I am too much i'th'sun*) que faz referência a um ditado popular conhecido da época do bardo e que depois perdeu o sentido original pretendido.

Dover Wilson (1935) revelou que se trata de um velho provérbio inglês cujo sentido foi recuperado apenas na década de 1930: Da benção do céu para o sol ardente[9] cuja significação é a seguinte: De um exaltado ou honrável estado ou ocupação para uma situação inferior ou ignóbil.[10] A partir dessas referências, as falas iniciais

9 No original: "Out of heaven's blessing to the warm sun".

10 No original: "From an exalted, or honourable, state or occupation to a low or ignoble one".

de Hamlet se esclarecem ao serem articuladas com a gramática da época, isto é, com a referência, fornecida por Dover Wilson (1935), quanto ao ponto nevrálgico da peça: a tensão em torno da usurpação do trono.

Nesse sentido, se Hamlet passou a ser "um pouco mais que parente" (*a little more than kin*) desde que o tio virou padrasto, ele claramente se ressente da exclusão da coroa, tornando-se menos gentil (*less than kind*) diante da corte do tio-usurpador, que o atirou abruptamente a um futuro incerto. Ora, então não são as nuvens que lhe perturbam o humor (*clouds still hang on you*), mas o Sol ardente da injustiça que o privou não só da figura paterna protetora mas, e principalmente, do seu "voto agonizante"[11] em favor de sua ascensão ao trono, arruinando, assim, suas pretensões de suceder ao pai (*I am too much i'th'sun*). No esforço mirabolante de se traduzir o espírito da cena, é inevitável trair a linguagem original.

O trabalho semântico cuidadoso de Dover Wilson foi bem apreciado por Lacan, que fez uso de algumas de suas notas ao longo de suas aulas. No dia 15 de abril de 1959, por exemplo, Lacan ressalta o dúbio sentido da palavra "*nunnery*" dita por Hamlet à Ofélia: "Vai para um convento" (ato 3, cena 1). *Nunnery* (convento), esclareceu Dover Wilson, era também uma forma dissimulada para "bordel" na era elisabetana. Ao longo de sua interpretação, Lacan (1958-1959) explorou ao máximo o jogo engenhoso de espírito e as equivocidades poéticas que deixam, ainda hoje, espectadores e leitores estupefatos e que dão ao teatro de Shakespeare "um estilo, uma cor, que é essencialmente característica de seu estilo e que cria essencialmente a dimensão psicológica nele" (p. 351).

11 Voto agonizante (*dying voice*) é o voto deliberado de um monarca em favor da sucessão. No final da peça, por exemplo, Hamlet deu seu "voto agonizante" a Fortimbrás, do mesmo modo que a Rainha Elizabeth nomeou James I o herdeiro do trono inglês (Dover Wilson, 1935/2007).

O problema de Hamlet: soluções

Em 11 de março de 1959, Lacan (1958-1959, p. 267) apresentou o que já havia sido escrito sobre Hamlet no campo analítico e antes dele, dando especial atenção às contribuições em "grande estilo de documentação" de Ernest Jones, que, talvez por escrever em inglês e de modo acessível, tornou-se uma referência "memorável" entre os críticos literários (Dover Wilson, 1935, p. vii). Em 1910, Jones publicou "O complexo de Édipo como explicação para o mistério de Hamlet", artigo elogiado por Freud em nota acrescida em 1919 em *A interpretação dos sonhos*. Em 1949, este material foi reformulado e publicado na forma de livro sob o título *Hamlet and Oedipus* (*Hamlet e o complexo de Édipo,* em português).

Acusado por Dover Wilson de incorrer na falácia de tratar os *personae* da peça como criaturas vivas, e não oriundas da imaginação do autor, Jones (1949/1970, p. 21) dedicou o primeiro capítulo do livro a justificar seu método, trazendo contribuições importantes à questão da interpretação psicanalítica de criações artísticas: "proponho fazer de conta que Hamlet foi uma pessoa, um ser vivo . . . , e investigar que espécie de homem pode ter sido essa pessoa para sentir e agir, em certas situações, da maneira que Shakespeare nos diz". Esse artifício, diz ele, não é usado só por psicólogos e psicanalistas; os críticos literários e teatrais também recorrem a ele para analisar a coerência de um determinado personagem ou de sua personalidade. Atento a essas controvérsias, Lacan (1958-1959, p. 311) deixou claro no seu seminário que não trataria Hamlet como se fosse um caso clínico, mas como uma estrutura que possibilitaria demonstrar a neurose: Hamlet "não é isto ou aquilo, não é um obsessivo pela boa razão primeiramente que ele é uma criação poética. Hamlet não tem neurose, ele nos demonstra a neurose, e isto é diferente de sê-lo". E ainda: "É um drama que permite situar, se quiserem, como uma placa giratória onde se situa um desejo, onde poderemos reencontrar todos os traços do desejo, isto é, orientá-lo, interpretá-lo . . ." (p. 306).

O vasto material organizado por Jones sobre as soluções propostas ao problema de Hamlet parte das interpretações mais extravagantes – Hamlet seria, na verdade, um judeu típico a se queixar contra o sofrimento imposto ao seu povo ou ainda uma mulher erroneamente criada como homem, entre outras – para se deter nas explicações clássicas propostas por grandes autoridades literárias e acadêmicas. As mais bem consideradas foram organizadas em três grupos:

O primeiro, considerado subjetivo ou psicológico, atribui a dificuldade de desempenho da tarefa a um defeito da personalidade de Hamlet. Os poetas Goethe e Coleridge se destacam nesse grupo. Surgida no fim do século XVIII, a interpretação de Goethe foi uma das primeiras e se manifesta na voz do protagonista de *Os anos de aprendizado de Wilhelm Meister*. A chave para se solucionar a procrastinação do príncipe se resume à ideia de "uma grande ação imposta a uma alma que não está à altura de tal ação. . . .. Um ser belo, puro, nobre . . . , mas sem força física que faz os heróis, sucumbe sob um fardo que ele não consegue suportar nem tampouco rejeitar" (Goethe, 1795, p. 181). Em suma, o problema estaria no caráter ultrassensível de Hamlet, que o tornaria incapaz de realizar qualquer tarefa que lhe fosse imposta. Na mesma linha, Coleridge (1812/2011), em "Lectures on Hamlet", argumenta que, embora brilhante, Hamlet vive mergulhado em meditações que lhe roubam a paz e inibem sua capacidade de agir.

Essas concepções alcançaram enorme êxito, influenciando os ensaios críticos posteriores e até a interpretação no palco, perdurando, com sucesso, até o fim do século XIX (Jones, 1949). Em 1921, T. S. Eliot (1921/2015) questionou essa visão por considerar que os autores, em vez de analisar *Hamlet* como obra de arte, haviam projetado na obra suas próprias realizações ou frustrações artísticas. Assim, Goethe teria convertido Hamlet num Werther; e Coleridge, em uma versão de si próprio ao admitir o mesmo gosto pela procrastinação.

Daí o comentário irônico de Lacan (1958-1959, p. 269) acerca do "caráter psicastênico" deste último.

O segundo grupo é uma concepção objetiva e se constitui em uma reação ao primeiro. O problema de Hamlet se deve menos aos traços de seu caráter do que às circunstâncias externas que dificultariam a execução da tarefa, que, de tão problemática, teria dissuadido qualquer um, por mais decidido que fosse. De origem alemã, seus maiores representantes, L. Klein e Karl Werder, apoiam-se na ideia acerca da justiça abstrata de Hegel: "A essência da vingança de Hamlet consistia não só em matar o assassino de seu pai, mas em provar também a sua culpabilidade aos olhos de toda a nação" (Jones, 1949, p. 36). O argumento principal é que a natureza do crime é tão terrível e inacreditável, que necessitaria ser corroborada por um conjunto plausível de provas sem as quais a nação poderia se levantar contra Hamlet em defesa de Cláudio, frustrando seu plano de vingança. Ou seja, não era tanto a dificuldade do ato em si que dissuadia Hamlet, mas os riscos que resultariam de sua ação. Para Jones, a inadequação dessa hipótese é apontada pelo próprio texto da peça no qual não se encontra nenhuma linha que a sustente.

Há aqueles, no entanto, que reduzem o mistério de *Hamlet* a um mero problema de composição da obra. Eliot (1921, p. 36), por exemplo, acusa Shakespeare de ter fracassado em transpor as antigas versões da lenda para a peça: "Longe de ser uma obra-prima de Shakespeare, a peça é certamente um fracasso artístico. . . . De todas as peças é a mais longa e é talvez aquela em que Shakespeare mais despendeu esforços e, mesmo assim, deixou nelas cenas supérfluas e inconsistentes". Para o poeta, a tragédia shakespeariana lida essencialmente com os efeitos da culpa de uma mãe sobre seu filho, mas o bardo não conseguiu harmonizar esse motivo com o material antigo de vingança.

Para o terceiro grupo, não se trata nem de uma falha no sujeito nem no exterior, mas de uma posição conflituosa em relação à tarefa cuja causa é desconhecida pelo próprio herói: "Não sei porque vivo dizendo para mim que só falta essa ação, já que tenho a causa, a vontade, a força e os meios" (*Hamlet*, ato 4, cena 4). Para explicar o conflito mental do herói e suas atitudes excêntricas, alguns autores recorreram à psicopatologia. O principal "diagnóstico" identificado é a melancolia, mas há também os que sugerem loucura sem precisar o tipo, neurastenia, obsessão, histeria, entre outros.

Jones incluiu, nesse grupo, a abordagem psicanalítica, enfatizando que a diferença essencial da Psicanálise em relação às outras teorias psicológicas é o acento dado às motivações inconscientes que subjazem ao conflito. A primeira interpretação analítica do herói foi apresentada por Freud (1900/2019) em um breve comentário que aparece no capítulo V de *A interpretação dos sonhos*, logo após uma menção a Édipo de Sófocles. Lá, Freud se contrapõe à visão de Goethe por não avaliar, de modo algum, Hamlet como alguém incapaz de tomar qualquer atitude, já que ele se mostra bastante ágil e cruel em duas passagens: quando envia premeditadamente Guildenstern e Rosencrantz para a morte; e quando mata, em um rompante de cólera, o pai de Ofélia. Hamlet é capaz de muitas coisas, conclui, menos de cumprir a tarefa imposta pelo fantasma do pai. Por que ele se detém justamente aí se motivos não lhe faltam? A solução proposta por Freud deve ser buscada no conflito de natureza edípica que permanece inconsciente para o herói: se Hamlet hesita em realizar seu plano, é porque o assassino do pai e atual marido de sua mãe "lhe mostra a realização de seus desejos reprimidos da infância" (Freud, p. 306).

Em outras palavras, a vacilação de Hamlet acontece porque ele se encontra identificado com o tio Cláudio, e, assim, o ódio que deveria alimentar sua vingança acaba substituído pelo sentimento de culpa e autorrecriminações, que o fazem lembrar que ele próprio não é melhor do que aquele que deve punir. A peça tem suas raízes plantadas no mesmo solo de *Oedipus Rex*, com todo o tratamento textual que separa duas civilizações e épocas distintas. Se no primeiro encontramos um material bruto que expõe e realiza abertamente a fantasia incestuosa infantil, no segundo, aparece um texto modificado pela operação de recalcamento, como se dá nos casos de neurose. Daí Freud (1905 ou 1906/2016) dizer, um pouco mais tarde, que o fascínio de *Hamlet* repousa no uso bem-sucedido da "neurose no palco" (p. 368): os espectadores, quando identificados ao herói, são capazes de perdoar todos os atos de crueldade, porque reconhecem neles os mesmos conflitos e tentativas (fracassadas) de mantê-los sob recalque.

O estudo de Jones não só ampliou a interpretação freudiana como ainda recuperou outras versões da lenda cuja variante mais antiga é a saga do rei persa Kaikhosrav, que, na juventude, precisou simular loucura para ludibriar o tio vilão. Jones – assim como Otto Rank (1914) – isolou, na estrutura mítica de *Hamlet*, sua forma mais simples: a luta de um jovem contra um rival tirânico, em geral, o genitor previamente advertido de seu iminente declínio. Desde o nascimento, a vida do herói é ameaçada, e ele tem de escapar de inúmeras ciladas até, por fim, executar sua vingança, algumas vezes matando inadvertidamente o pai, como vemos acontecer na lenda de Édipo. Lacan (1958-1959, p. 272) reconheceu o importante passo analítico de Jones, que soube reconhecer e valorizar em *Hamlet* uma estrutura mítica equivalente ao Édipo: "O primeiro passo analítico consiste em transformar uma referência psicológica não em uma referência a uma psicologia mais profunda, mas em uma referência a um arranjo mítico suposto ter o mesmo sentido para todos os seres humanos".

Ella Sharpe com Hamlet

Um ponto controverso da interpretação de Freud (1900, p. 307) é quando ele passa Shakespeare ao divã e começa a considerar sua criação dramática como efeito de supostos conflitos neuróticos, especialmente em relação às mulheres:

> *a aversão sexual concorda muito bem com isso, e Hamlet a expressa em seu diálogo com Ofélia; trata-se da mesma aversão sexual que, nos anos seguintes, passaria a dominar cada vez mais a psique do poeta até alcançar sua expressão máxima em* Timão de Atenas. *Naturalmente, só pode ter sido a vida psíquica do próprio poeta que se expressa no* Hamlet

De um estudo especulativo de George Brandes, *William Shakespeare: A critical study*, lançado em 1898, Freud (1900, p. 307) extrai a informação de que *Hamlet* foi escrito após a morte do pai do poeta ocorrida em 1601, daí deduz: "ou seja, em pleno luto por ele e, como podemos supor, no reavivamento dos sentimentos da infância referentes ao pai". Ele ainda comenta que o único filho do bardo, morto aos 11 anos de idade em 1596, chamava -se Hamnet, quase o mesmo nome do príncipe, concluindo que o luto do pai tanto quanto o do filho pode estar refletido na peça e finaliza:

> *Como todos os sintomas neuróticos e também o próprio sonho são passíveis de ser sobre interpretação e até mesmo a exigem para sua compreensão plena, cada criação poética autentica também resulta de vários motivos ou emoções na psique do poeta e permite mais de uma interpretação. Tentei aqui apenas a interpretação do estrato mais profundo de impulsos na psique do poeta que cria (Freud, 1900, p. 307).*

Muito embora seja uma grande tentação lançar mão da vida pessoal de Shakespeare para se forçar uma "ponte sobre o abismo de Hamlet" (Lacan, 1958-1959, p. 253), é notável que as melhores "pontes" lançadas por Freud para alcançar o príncipe se fizeram à luz da teoria psicanalítica, e não a partir da biografia do bardo, que a rigor pouco ou nada conhecemos nem sequer temos certeza se seu nome é exatamente o que consta nas peças e sonetos. Entretanto as especulações biográficas levantadas por Freud abrirão a via sobre a qual muitos outros analistas se lançarão, escavando em fatos ou circunstâncias da vida de um autor os motivos que engendram e animam a criação das obras literárias.

Ainda que esta via não seja sem interesse, há grandes riscos em se abordar uma obra a partir da vida do autor bem como em se tentar deduzir os traços biográficos de um autor pela obra, pois perde-se a oportunidade, como observou Lacan, de não se analisar o alcance da obra como tal. Daí o cuidado de Lacan (1958-1959, p. 291) em especificar seu método de abordagem da peça. Já que se tratava de um seminário sobre o desejo e sua interpretação, *Hamlet* lhe interessava na medida em que poderia se servir do seu valor enquanto uma "estrutura equivalente àquela do Édipo":

> *É bem evidentemente o conjunto, a articulação da tragédia nela própria que nos interessa . . . E aquilo que faz com que . . . nestes suportes . . . , na necessidade de um determinado número de planos superpostos, a profundidade de uma peça, de uma sala, de uma cena, a profundidade é dada, no interior do que se pode colocar da maneira a mais ampla o problema para nós na articulação do desejo (p. 292).*

Portanto não se trata de uma investigação sobre o inconsciente do poeta,

> *mesmo se ele testemunha com sua presença alguns traços não concertados em sua obra, por elementos de lapsos,*

> *por elementos simbólicos dele mesmo despercebidos, não é isto que nos interessa de maneira maior, pode-se encontrar em* Hamlet *alguns traços, isto que foi empregado por Ella Sharpe, como lhes disse da última vez (p. 291).*

Neste ponto crítico, Lacan (1958-1959, p. 254) faz referência à analista inglesa Ella Sharpe, que tentou, como alguns outros na esteira de Freud, "ordenar em torno do problema do recalcamento pessoal o conjunto da obra de Shakespeare". Lacan se refere especificamente ao material "An unfinished paper on Hamlet", publicado postumamente em 1948, no *International Journal of Psychoanalysis.*[12]

Grande amante da poesia shakespeariana, Ella Sharpe começou sua carreira como professora de literatura, e sua formação literária teve importante influência sobre sua escuta clínica. Foi membro da British Society of Psychoanalysis, e seus artigos são citados por Lacan em alguns de seus seminários, em especial, no *Seminário 6*, no qual dedicou cinco lições a comentar o relato detalhado da análise de um sonho que a analista publicou, em 1937, sob o título "Analysis of a single dream". É admirável o estilo delicado de Sharpe, que escuta, pinça e realça aquilo que Lacan mais tarde conceberá como significante. Dada a sua preciosa sensibilidade poética, ela se interessou particularmente pela linguagem metafórica que encontrava nos enunciados de seus analisantes, tema explorado por ela no artigo "An examination of metaphor" (Lauth, 2007). Morta em 1947, ela soube fazer uso, como poucos, da função poética da linguagem para orientar sua escuta e interpretação muito antes de Roman Jakobson haver conquistado o tema e de Lacan introduzir

12 A nota de rodapé no. 87 da edição do *Seminário 6* da Associação Psicanalítica de Porto Alegre cita, equivocadamente, nesse ponto, o artigo "The impatience of Hamlet" em vez de "An unfinished paper on Hamlet", citado pelo próprio Lacan no mesmo parágrafo.

a ideia do inconsciente estruturado como uma linguagem: "É, portanto, mérito de Ella Sharpe ter escutado seus pacientes através de suas metáforas, mesmo que as suas explicações estejam aquém das teorias de Lacan" (Triol, 2007, p. 77).

"An unfinished paper" fazia parte de um grande projeto ao qual a analista se dedicava por ocasião de sua morte: *The cyclic movement in Shakespeare's play*. A ousadia do projeto pode ser deduzida de um esquema no qual a obra completa do bardo é dividida em duas fases que seguem a cronologia das peças e a alternância de ritmo entre tragédia e comédia, um movimento cíclico que a autora faz corresponder aos supostos estados maníaco-depressivos do poeta em paralelo aos movimentos de fluxo-refluxo da organização libidinal infantil: "O estudo da peça de *Hamlet* leva adiante o passo em busca do movimento cíclico que eu acredito ser subjacente aos fenômenos dos dramas shakespearianos e que inter-relaciona todas as peças que, em si mesmas, manifestam todas as facetas da experiência cíclica" (Sharpe, 1950, p. 252).

Das passagens da peça, Sharpe (1950, p. 260) tentou extrair os traços velados da biografia do autor, suas "memórias enterradas devidamente encenadas". Assim, a fala de Hamlet dirigida ao crânio de Yorick, o bobo da corte, é interpretada como uma homenagem ao pai do dramatista cuja fortuna se deteriorou à medida que o filho crescia, "o pai que o poeta recuperou e para quem obteve o Brasão de armas e o título de cavalheiro. Aqui, mais do que no *ghost*, está o tributo ao verdadeiro pai da infância e também o testemunho da culpa edípica. Aqui estão os 'vestígios' daquele pai que era invejado, rico, próspero e feliz" (p. 260).

Lacan (1958-1959, p. 266) tinha uma grande admiração pelo estilo da analista inglesa, mas esse estudo – vale ressaltar, inacabado – o deixou desapontado: "Devo dizer ainda de nossa Ella Sharpe, a quem tenho tomado em alta conta, que nisso, em seu artigo, é verdade,

Unfinished, que se encontrou após sua morte, ela me decepcionou imensamente" dada a sua insistência em esquematizar, "tomar no conjunto a evolução da obra de Shakespeare como significativa de algo" presente no seu inconsciente (p. 254): Ela "fez alguma coisa imprudente, em todo caso criticável do ponto de vista metódico, o que não exclui que ela tenha encontrado efetivamente alguma coisa de válido" (p. 266).

O que ela encontrou de válido acerca de *Hamlet* pode ser provavelmente melhor apreendido em outro artigo lançado duas décadas antes, "The impatience of Hamlet", publicado no *International Journal of Psychoanalysis*, em 1929. Esse artigo não citado – ao menos não explicitamente por Lacan – contém algumas articulações recuperadas, em parte, no "Unfinished paper". É improvável que Lacan, tão atento às produções de Sharpe, não o conhecesse. Poderia ele estar se referindo a esse artigo quando mencionou que "Ella Sharpe igualmente adiantou sobre *Hamlet* um certo número de coisas que não são sem interesse, o pensamento de Shakespeare e a prática de Shakespeare estando no centro da formação desta analista" (Lacan, 1958-1959, p. 251)? E que coisas interessantes acerca de *Hamlet* Sharpe teria antecipado?

Entre outras coisas, a ênfase dada ao tema do luto analisado por ela desde *Luto e melancolia*. A autora inicia o artigo elogiando o trabalho meticuloso de Ernest Jones para, em seguida, desviar-se de toda a tradição interpretativa da tragédia para centrar todo o problema da peça na urgência, na impaciência: "A tragédia de Hamlet, eu proponho, não é uma tragédia da procrastinação, mas, ao contrário, uma tragédia da impaciência . . . ainda que cega, uma ação impetuosa trai Hamlet no final, não a procrastinação" (Sharpe, 1929, p. 270).

Interessa aqui ressaltar a associação que a analista fez entre a impetuosidade da ação do príncipe e o luto que se melancoliza, a seu ver, em razão do "choque emocional" ocasionado pelo casamento apressado de sua mãe, pela notícia do assassinato do pai e pela perda de Ofélia: "A morte de um pai amado implicaria por si só na retirada do mundo e um período de luto. A perda emocional decorrente do casamento imediato de sua mãe, a recusa de Ofélia complicam enormemente o trabalho de luto. Soma-se a isso a informação de que seu pai fora assassinado" (Sharpe, 1929, p. 270). A precipitação dos acontecimentos teria impedido o tempo necessário à elaboração do luto: "O luto precisa do fator tempo. Melancolia precisa mais ainda. Hamlet não podia tolerar o tempo de espera, a auto-depreciação, a perda de amor e empobrecimento de espírito próprios desse estado. Para penetrarmos na raiz desta impaciência fundamental precisamos recorrer às dramáticas representações dos outros objetos de amor, a mãe e Ofélia" (p. 273).

Importante ressaltar que Sharpe (1929, p. 270) interpreta o luto complicado de Hamlet a partir da melancolia proposta por Freud e Karl Abraham: "Freud e Abraham elucidaram o trabalho do luto normal e o correlacionaram com o mecanismo da melancolia. O luto de Hamlet foi consequência da perda do pai; a tendência melancólica seguiu-se à perda da mãe e de Ofélia". Melancolizado, o luto não elaborado assumiria a forma da autodepreciação e autorreproche, indicativos de que a perda do objeto se tornou uma perda concernente ao eu que, ao identificar-se aos objetos de amor frustradores, virou alvo do sadismo do superego. Na visão da autora, a impetuosidade das ações de Hamlet seria a manifestação do sadismo do supereu que o impele, no final, a uma ação mortal: "É esta urgência do sadismo do supereu que me leva a propor que fundamentalmente a impaciência de Hamlet, não a procrastinação, é o problema central da peça" (p. 273).

Algo curioso, apesar de toda a insistência do artigo de Sharpe quanto a problemática do luto em *Hamlet*, Lacan, na lição de 29 de abril de 1959, afirma desconhecer se outro autor já havia explorado essa temática na peça: "Eu não sabia com efeito de nenhum autor que se tenha detido somente nessa observação, difícil, no entanto, de ignorar, uma vez que se tenha formulado, que de um ponto a outro de Hamlet, não se fala senão de luto", no parágrafo seguinte, ele prossegue falando do casamento apressado da rainha, sua falta em relação ao luto do pai e de todos os lutos e ritos não satisfeitos que aparecem em *Hamlet*: "Também sobre a questão do luto não podemos não ser tocados pelo fato de que em todos os lutos que são maiores, que são postos em questão em Hamlet, sempre retorna isso de que os ritos foram abreviados, clandestinos" (Lacan, 1958-1959, p. 360). Ao longo das lições dedicadas a *Hamlet*, outras passagens parecem ressoar algumas das observações de Sharpe ainda que lidas por Lacan em outra perspectiva; a seguir selecionamos algumas:

> *Se é bem de um problema de luto que se trata, eis que vemos entrar pelo intermediário, e ligado ao problema do luto, o problema do objeto, o que talvez nos permitirá dar uma articulação a mais ao que nos é trazido em* Trauer und melancholie *(p. 303).*
>
> *Esse elemento da procrastinação não pode, de nenhuma maneira (ainda que determinados autores, numa literatura que eu cada vez mais, no decorrer deste estudo, aprofundei . . .) ser descartada, a procrastinação permanece uma das dimensões essenciais da tragédia de Hamlet. Quando ele age, em contraposição, é sempre com precipitação (p. 341).*
>
> *E aqui aparece uma nova dimensão da tragédia de Hamlet. Eu lhes disse no inicio, é uma tragédia do mundo subterrâneo. O* ghost *surge de uma inexpiável ofensa; Ofélia aparece, nesta perspectiva, neutra, nada mais do que uma vítima oferecida a esta ofensa primordial . . .*

> *O assassinato de polônio e esta extraordinária cena do cadáver escondido, desafiando a sensibilidade e a inquietude de todo o entorno não é ainda senão uma derrisão daquilo do qual se trata, ou seja, de um luto não satisfeito (p. 357).*
>
> *A primeira observação de* Hamlet *concerne a esse escândalo, esse casamento apressado de sua mãe. Esse casamento que a mãe, ela mesma, em sua ansiedade, sua ansiedade em saber o que atormentava seu filho amado, chamou ela mesma, "nosso casamento demasiado precoce" (p. 359).*

No início da lição de 11 de março de 1959, Lacan (1958-1959, p. 265) anuncia que foi "levado a reler uma parte do que foi escrito de *Hamlet* no plano analítico, e também do que foi escrito antes. Os autores, ao menos os melhores não são, bem entendido, sem fazer emprego do que foi escrito bem antes e devo dizer que fomos levados bem longe". De fato, o estudo de *Hamlet* por Lacan não teria alcançado tamanha sofisticação, complexidade e ressonâncias analítica e poética sem se apoiar nos estudos daqueles que se adiantaram nessa tarefa. Reconhecidos em função da pertinência de seus discursos, Lacan soube deles se servir para atingir seu objetivo maior de (dis)cernir, na tragédia de *Hamlet*, a função do desejo e de sua interpretação na análise.

Referências

Bate, J. (2008). Introduction. In W. Shakespeare, *Hamlet* (pp. 1-17). The Royal Shakespeare Company.

Bloom, H. (2001). *Shakespeare: A invenção do humano*. Objetiva.

Coleridge, S.T. (2011). Lectures on Hamlet. In W. Shakespeare, *Hamlet* (pp. 245-249). W. W. Norton & Company. (Publicado originalmente em 1812)

Dover Wilson, J. (2007). *What happens in Hamlet*. Cambridge University Press. (Publicado originalmente em 1935)

Eliot, T. S. (2015). Hamlet e seus problemas. In W. Shakespeare, *Hamlet* (pp. 33-40). Companhia das Letras. (Publicado originalmente em 1921)

Freud, S. (2019). A interpretação dos sonhos. In *Obras completas* (v. 4), P. C. Souza (Trad.). Companhia das Letras. (Publicado originalmente em 1900)

Freud, S. (2016). Personagens psicopáticos no palco. In *Obras completas* (v. 6), P. C. Souza (Trad.). Companhia das Letras. (Publicado originalmente em 1942 [1905 ou1906])

Goethe, J. W. (1994). *Os anos de aprendizagem de Wilhelm Meister*. Ensaio. (Publicado originalmente em 1795)

Grammaticus, S. (2011) Historia Danica. In W. Shakespeare, *Hamlet* (pp. 207-214). W. W. Norton & Company. (Publicado originalmente em 1180-1208)

Jones, E. (1970). *Hamlet e o complexo de Édipo*. Zahar Editores. (Publicado originalmente em 1949)

Johnston, B. (2007). *Courses in drama: Hamlet*. http://coursesindrama.com/modules/smartsection

Lacan, J. (2013) *Le seminaire livre 6: Le désir et son interpretation*. Éditions de La Martinière et Le Champ Freudien Éditeur. (Publicado originalmente em 1958-1959)

Lacan, J. (2002) *O seminário, livro 6: O desejo e sua interpretação*. Publicação não comercial. Circulação interna da Associação Psicanalítica de Porto Alegre. (Publicado originalmente em 1958-1959)

Lauth, L. M. (2007). Le parcours d'Ella Sharpe. In L. M. Lauth (Ed.), *Ella Sharpe lu par Lacan* (pp. 7-15). Hermann Editeurs.

Miola, R. (2011). Imagining Hamlet. In W. Shakespeare, *Hamlet* (pp. 1-33). W. W. Norton & Company.

Pereira, L. F. (2015). Introdução. In W. Shakespeare, *Hamlet* (pp. 7-32). Companhia das Letras.

Shakespeare, W. (2008). *Hamlet* (J. Bate & E. Rasmussen, Eds.). The Royal Shakespeare Company.

Shakespeare, W. (2012). *Hamlet* (M. Fernandes, Trad.). L&PM.

Shakespeare, W. (2015). *Hamlet* (L. Pereira, Trad.). Companhia das Letras.

Shakespeare, W. (2016). *Hamlet* (A. Thompson & N. Taylor, Eds.) (rev. ed.). The Arden Shakespeare.

Sharpe, E. (1929). The Impatience of Hamlet. *International Journal of Psychoanalysis*, *10*, 270-279.

Sharpe, E. (1950). An unfinished paper on Hamlet. In E. Sharpe, *Collected papers on Psychoanalysis* (pp. 242-265). Hogarth Press.

Triol, J. (2007). La métaphore dans la dynamique inconsciente d'Ella Sharpe à Jacques Lacan. In L. M Lauth (Ed.). *Ella Sharpe lu par Lacan* (pp. 77-86). Hermann Editeurs.

GRÁFICA PAYM
Tel. [11] 4392-3344
paym@graficapaym.com.br